Über dieses Buch   Die FISCHER LÄNDERKUNDE vermittelt in zehn eigens für diese Reihe geschriebenen Bänden ein umfassendes Bild der Erde – nicht allein der Landschaften, ihrer klimatischen Bedingungen und natürlichen Lebensgrundlagen, sondern vor allem auch der auf ihnen gewachsenen kulturellen, wirtschaftlichen, sozialen und politischen Formen. Bewußt wurde auf die herkömmliche Gliederung nach Ländern zugunsten einer Einteilung nach Kulturkontinenten verzichtet. Die Autoren kennen die von ihnen behandelten Räume und Themen aus eigener Forschungsarbeit.

Der Leser erfährt hier die geographischen, wirtschaftlichen und gesellschaftlichen Gegebenheiten als zusammenhängende Struktur und gewinnt damit sichere Grundlagen für ein kritisches Verständnis der aktuellen Nachrichten, die uns täglich aus allen Teilen der Welt erreichen.

Der vorliegende Band behandelt ein Gebiet, das sich vom Atlantischen Ozean bis zum Fuße des Hindukusch erstreckt, von Marokko bis Afghanistan. Die Gemeinsamkeit ergibt sich aus den klimatischen Bedingungen. Kulturelle Bindeglieder sind der Islam und die Geschichte Irans, der Araber und der Osmanen. Vor diesem Hintergrund sind die gegenwärtigen wirtschaftlichen, sozialen und politischen Verhältnisse zu sehen.

Die Autoren Horst G. Mensching, geboren 1921, ist em. ordentlicher Professor der Geographie an der Universität Hamburg und Leiter eines Forschungsprojektes (Sudan–Sahel) der Akademie der Wissenschaften in Göttingen. Zahlreiche wissenschaftliche Veröffentlichungen und Bücher hat er über seine Hauptforschungsgebiete zur Geomorphologie, Länderkunde und zur Desertifikationsforschung in Trockengebieten, insbesondere Afrikas, vorgelegt. Seine angewandte geographische Forschung konzentriert sich auf Entwicklungsprojekte in den Subtropen und Tropen.

Eugen Wirth, geboren 1925, ist ordentlicher Professor und Direktor des Geographischen Instituts der Universität Erlangen-Nürnberg. Er hat sich in zahlreichen wissenschaftlichen Veröffentlichungen besonders mit der Länderkunde, Wirtschafts- und Sozialgeographie sowie Stadtgeographie des Vorderen Orients beschäftigt.

Fischer Länderkunde

Herausgegeben von
Willi Walter Puls †

Band 4

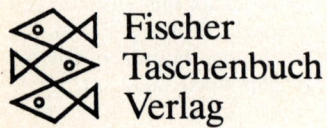

Fischer
Taschenbuch
Verlag

Nordafrika
und Vorderasien
Der Orient

Herausgegeben und verfaßt von
Horst Mensching
Eugen Wirth

Fischer
Taschenbuch
Verlag

Überarbeitete Neuausgabe
der erstmals 1973 erschienenen Originalausgabe
Veröffentlicht im Fischer Taschenbuch Verlag GmbH
Frankfurt am Main, März 1989
Die Karten zeichnete Rudolf Rössler vom Geographischen Institut
der Universität Erlangen-Nürnberg
Umschlaggestaltung: Buchholz/Hinsch/Hensinger

Inhalt

Vorwort zur ersten Ausgabe 1973

In den vergangenen Jahren hat sich an den deutschen Hochschulen das ursprüngliche Gleichgewicht zwischen Forschung und Lehre immer mehr zuungunsten der Forschung verlagert. Hochschullehrer und wissenschaftliche Mitarbeiter werden in einem von Jahr zu Jahr steigenden Maße aber nicht nur durch Aufgaben der akademischen Lehre, sondern darüber hinaus auch durch Verpflichtungen im Rahmen der Organisation und Selbstverwaltung von Hochschule und Wissenschaft belastet. Die Zeit für Forschungen schrumpft dadurch immer stärker zusammen. Wer überhaupt noch in der Lage ist, eigene wissenschaftliche Arbeit zu betreiben, widmet sich verständlicherweise vor allem denjenigen oft sehr speziellen Problemkreisen und Detailuntersuchungen, die ihm besonders am Herzen liegen; für einen breiteren Leserkreis bestimmte länderkundliche Darstellungen müssen demzufolge bei einem Hochschulgeographen in der Dringlichkeitsliste des zu Schreibenden wohl zu Recht hintanstehen.

Die beiden unterzeichneten Verfasser des vorliegenden Bandes haben sich trotz dieser Situation dem beharrlichen Drängen des Herausgebers und des Verlags der ›Fischer Länderkunde‹ nicht verschließen können, Nordafrika und Vorderasien unter besonderer Betonung der aktuellen wirtschaftlichen und sozialen Problematik in einer möglichst allgemeinverständlichen länderkundlichen Synthese darzustellen; denn es kann kein Zweifel darüber bestehen, daß eine solche Arbeit mit zu den Anforderungen gehört, welche die sogenannte ›Gesellschaft‹ heute an die geographische Wissenschaft stellt. Beide Autoren beschäftigen sich nun schon seit ca. 2 Jahrzehnten mit dem Orient; damit versteht es sich von selbst, daß eine solche Überblicksdarstellung auf den bisherigen spezielleren Arbeiten der Verfasser aufbaut. Wo es im Rahmen der Gesamtkonzeption angebracht erschien, lehnen sich auch die Formulierungen an frühere eigene Veröffentlichungen an.

Den jeweiligen spezielleren Arbeitsgebieten entsprechend hat H. MENSCHING die beiden Hauptabschnitte 2 (Die Landesnatur und ihr Nutzungspotential) und 4 (Nordafrika) verfaßt; von E. WIRTH stammen die Abschnitte 1 (Einleitung), 3 (Die gegenwärtige wirtschaftliche und soziale Situation) und 5 (Vorderasien); der Abschnitt 6 (Schlußbetrachtung und Ausblick) wurde gemeinsam verfaßt. In ständigem wechselseitigen Kontakt bemühten sich beide Autoren darum, in allen Abschnitten die gemeinsam erarbeitete Grundkonzeption im Auge zu behalten. Herr Dr. H. SCHAMP hat dankenswerterweise das Kapitel 4.4 (Ägypten) geschrieben und zur Veröffentlichung zur Verfügung gestellt. Alle Manuskripte wurden Anfang 1972 abgeschlossen.

Horst Mensching
Eugen Wirth

Vorwort zur überarbeiteten Neuausgabe 1989

In den sechzehn Jahren seit Erscheinen der ersten Auflage 1973 hat sich nicht nur die politische, wirtschaftliche und soziale Situation in Nordafrika und Vorderasien in vieler Hinsicht gewandelt; auch die Fragestellungen und theoretischen Konzeptionen der Geographie und der gegenwartsbezogenen Orientforschung haben sich nicht unerheblich weiterentwickelt. Damit hätte der vorliegende Band eigentlich völlig neu geschrieben werden müssen. Die nur begrenzte Arbeitszeit und Arbeitskraft der Verfasser standen einer solchen Ideallösung aber entgegen. Wir hoffen, daß der vorliegende Kompromiß einer grundlegenden Überarbeitung allen Forderungen nach Aktualisierung hinreichend Rechnung trägt. Auch die meisten Karten sind neu gezeichnet worden.

Das in der ersten Ausgabe von H. SCHAMP geschriebene Kapitel 4.4 (Ägypten) wurde von H. MENSCHING völlig überarbeitet und größtenteils neu verfaßt.

Horst Mensching
Eugen Wirth

1 Einleitung: Der Orient – Versuch einer Definition und Abgrenzung (E. Wirth)

Wenn in der vorliegenden Länderkunde Teile zweier getrennter Kontinente, nämlich *Nordafrika* und *Vorderasien*, zu einem einheitlichen Großraum ›Orient‹ zusammengefaßt werden, so ist dies alles andere als selbstverständlich. In der gängigen geographischen Literatur wird Nordafrika in der Regel beim Kontinent Afrika, Vorderasien beim Kontinent Asien abgehandelt. In der nicht-geographischen Literatur hingegen haben sich die aus dem angelsächsischen Sprachgebrauch übernommenen Begriffe ›Naher Osten‹ oder ›Nah- und Mittelost‹ eingebürgert; diese fassen Ägypten mit Teilen Vorderasiens zu einem engeren Teilbereich zusammen.

Gegenüber solchen weithin üblichen Abgrenzungen wird nachfolgend ganz bewußt die These vertreten, daß Nordafrika und Vorderasien im Rahmen des altweltlichen Trockengürtels sowohl hinsichtlich ihrer Landesnatur als auch hinsichtlich ihrer Kulturlandschaft eine übergreifende geographische Einheit darstellen. Jeder, der Nordafrika und Vorderasien von längerem Aufenthalt oder ausgedehnteren Reisen her kennt, ist immer wieder davon überrascht, wie sehr sich sowohl die Landschaften als auch die Lebensformen in dem ganzen Bereich zwischen Atlantik und Indus, zwischen Kaspischem Meer und zentraler Sahara gleichen. Hinter aller Vielfalt, Mannigfaltigkeit und Buntheit scheint immer wieder die große übergeordnete regionale Einheit des Orients auf.

Diese Großregion des Orients aus geographischer Sicht einigermaßen befriedigend zu definieren und gegen die benachbarten Großregionen abzugrenzen, würde den Rahmen vorstehender Einleitung bei weitem sprengen. Deshalb sei zu einer ersten Orientierung nur mit ein paar Stichworten und Schlaglichtern angedeutet, was der Geograph unter ›Orient‹ versteht. Dabei wird dann sofort deutlich, daß die wesentlichen Bestimmungselemente des Orients gerade diejenigen großräumigen Zusammenhänge beinhalten, die Nordafrika und Vorderasien zu einer übergreifenden geographischen Einheit verbinden. Man kann die grundlegenden geographischen Charakteristika vielleicht in folgenden Thesen zusammenfassen:

a) Der Orient ist der westliche und mittlere Teil des großen altweltlichen Trockengürtels. Der Grabenbruch des Roten Meeres, die Grenze der Kontinente Afrika und Asien, wird beiderseits von Großlandschaften gesäumt, die sich nicht nur in Gebirgsbau und Oberflächenformen, sondern auch hinsichtlich ihres Klimas weitgehend gleichen. Das Klima des Orients ist sommerheiß und meist sommertrocken. Von wenigen Gunstregionen abgesehen, wird der Spielraum menschlicher Betätigung durch Wassermangel erheblich eingeengt. Wüste, Halbwüste und Steppe überwiegen. Wo jedoch die Möglichkeit der Feldbewässerung gegeben ist, erlauben die meist subtropischen Temperaturverhältnisse Oasenkulturen mit intensivem Anbau mannigfaltiger Feldfrüchte und Baumhaine.

Der *Nordostteil* des altweltlichen Trockengürtels (Zentralasien) unterscheidet sich in vieler Hinsicht vom *Orient* als dessen westlichem und mittlerem Teil: Das subtropische Trockenklima des Orients resultiert aus der Breitenlage, d. h. aus der atmosphärischen Zirkulation; das kühlgemäßigte Trockenklima des Nordostens hingegen resultiert aus dessen extremer Kontinentalität. Dementsprechend werden hier die Temperaturdifferenzen noch größer, das Maximum der Niederschläge liegt im Sommer, der Schnee bleibt im Winter monatelang liegen, und Oasenkulturen sind nicht mehr möglich. Dem Kamel- und Kleintiernomadismus des Orients steht im Nordosten überwiegender Rindernomadismus gegenüber.

b) Der Orient ist die nach heutigem Wissen erdölreichste Großregion der Erde. Aus geologischen ›Zufälligkeiten‹ heraus sind diese reichen Erdölvorkommen gerade wieder auf den westlichen und mittleren Teil des altweltlichen Trockengürtels, also auf Nordafrika und Vorderasien, beschränkt. Tabelle 1 zeigt wohl besser als viele Worte, welche Bedeutung die Erdölländer des Orients im Rahmen der Welt-Erdölwirtschaft besitzen. Fast zwei Drittel allen Erdöls der Welt liegen im Orient. Die sicheren Erdölreserven allein Saudi-Arabiens übertreffen die des gesamten Ostblocks beträchtlich, und dasselbe gilt von den sicheren Erdölreserven Irans oder Kuwaits im Vergleich mit denen ganz Nordamerikas. In zwei späteren Abschnitten (3.4, 5.7) wird die überragende Rolle des Erdöls für viele Staaten des Orients noch ausführlicher gewürdigt.

c) Der Orient ist kulturgeschichtlich das Ursprungszentrum sowohl der neolithischen Revolution als auch unserer Hochkulturen. Kein Raum der Erde ist damit für die Entwicklung und Entfaltung menschlicher Gesittung und Kultur von solch überragender Bedeutung gewesen wie der Orient. Alle wesentlichen Schritte, welche die Menschheit zwischen der Altsteinzeit und der griechisch-römischen Antike vorwärts gebracht haben, wurden nach dem heutigen Stand der Forschung zum ersten Mal im Orient getan. Eine grundlegende anthropologische Differenzierung – wieder zwischen westlichem und mittlerem Teil des altweltlichen Trockengürtels einerseits und dessen Nordostteil andererseits – war diesem Prozeß der Kulturentwicklung wohl bereits vorangegangen: Der Orient gehört noch ganz zum Lebensraum der sogenannten weißen Rasse, der Nordosten hingegen zu dem der gelben Rasse.

Die ›neolithische Revolution‹ begann vor etwa 10 000 Jahren in den Steppen und Bergländern Vorderasiens. Seit dieser Zeit läßt sich hier in ersten Anfängen eine seßhafte Bevölkerung nachweisen, die kleine Lehmhüttendörfer bewohnt. Wenig später wurden bereits Frühformen unseres Weizens und unserer Gerste angebaut sowie Rinder, Schafe und Ziegen als Haustiere gehalten. Schon im vierten vorchristlichen Jahrtausend findet man dann im Orient den Gebrauch von Zugtieren, Pflug, Rad und Wagen, Töpferscheibe sowie erste tastende Anfänge einer Metallverarbeitung. Damit war die früheste durch Funde nachweisbare Kultur qua ›cultura‹ (Bauernkultur) unserer Erde entstanden: An die Stelle des Menschen der älteren Steinzeit, der sich als Wildbeuter oder Jäger von der pflanzlichen und tierischen Natur einfach das nimmt, was er benötigt oder bekommen kann, tritt der Mensch der Jungsteinzeit, der bereits Vorsorge für die Zukunft trifft und der als Bauer Pflanzen wie Tiere hegt und pflegt.

In einem weiteren entscheidenden Schritt menschlicher Kulturentwicklung sind dann auch die ersten *Hochkulturen* der Erde im Orient entstanden. Schon im vierten vorchristlichen Jahrtausend finden wir in den Stadtstaaten der Sumerer (Unterirak) Metallguß, kupferne Nadeln und Beile, Stempelsiegel und Mauerwerk aus Lehmziegeln. Wenig später, vor etwa fünftausend Jahren, lassen sich im Unterirak schon Bilderschrift und monumentale Palast- und Tempelbauten nachweisen. Ägypten folgte bald nach. Wir finden in diesen ersten Städten der Welt eine straffe politische Ordnung, eine bereits geschichtete Gesellschaft, Beamtentum, kodifiziertes Recht, Anfänge von Mathematik und Astronomie, aber auch die Nutzung der Dattelpalme und des Weinstockes, Wollverarbeitung durch Spinnen und Weben, Verwendung von Schmuck, Spiegel und Schminke. Die Handelsbeziehungen reichten damals vom Unterirak bereits nach Innerpersien, nach Kleinasien, Nordsyrien und Ägypten, wahrscheinlich sogar bis Indien.

Nochmals Jahrtausende später gewinnt schließlich das Wort ›ex

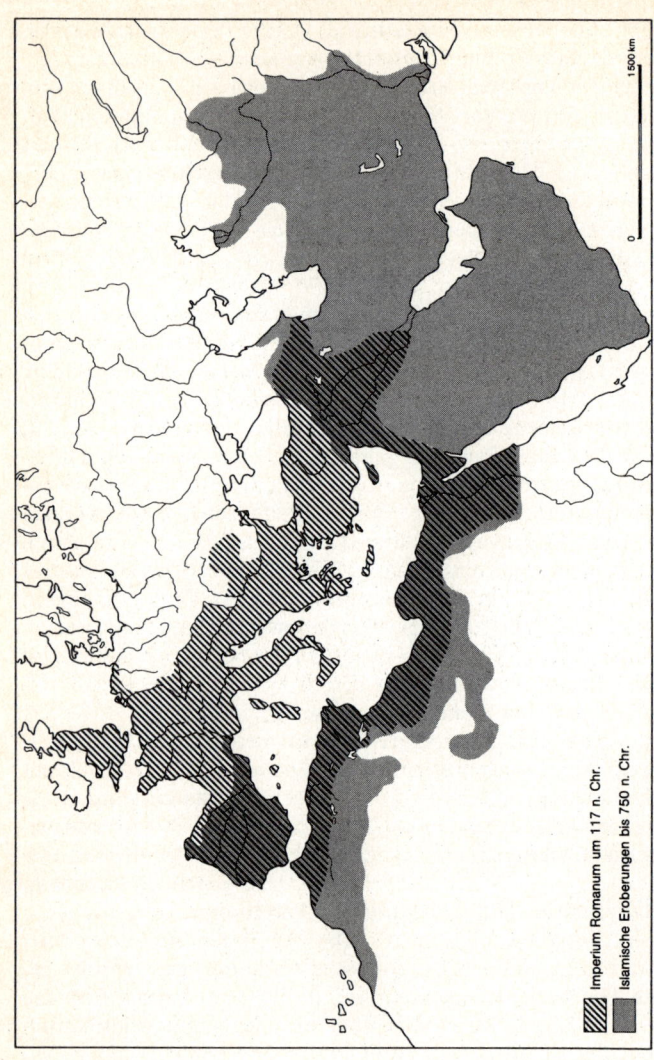

Imperium Romanum um 117 n. Chr.

Islamische Eroberungen bis 750 n. Chr.

1 500 km

Fig. 1: Römerreich und früher Islam

18

oriente lux‹ nicht nur in allgemein-kultureller, sondern auch in religiös-geistiger Hinsicht eine grundlegende, weltumspannende Bedeutung: Nachdem Zarathustra in Iran als wichtiger Vorläufer gewirkt hat, entstehen im Orient die *Weltreligionen* Judentum, Christentum und Islam. Sie haben sich, ebenso wie Bauernkultur und städtische Hochkultur, als Geschenk des Orients an die Menschheit über weite Teile unseres Erdballs ausgebreitet.

d) Der Orient ist derjenige Teil der antiken, hellenistisch-römisch beeinflußten Mittelmeerwelt, der im 7. Jahrhundert n. Chr. von den Arabern erobert wurde und noch heute überwiegend dem Islam zugehört (H. V. WISSMANN 1942). Man vergißt nur allzu leicht, daß Morgenland und Abendland vor der Eroberung durch die Araber ein Jahrtausend lang in dem ›orbis terrarum‹ des *antik-mediterranen Kulturkreises* vereinigt waren. Südeuropa, Nordafrika und Vorderasien, die drei schon Herodot bekannten ›Kontinente‹, erschienen um das Mittelmeer zentriert. Das Imperium Romanum, seine Kultur und seine Wirtschaftsorganisation umfaßten gleichermaßen Westeuropa und Teile Mitteleuropas wie Nordafrika und weite Teile Vorderasiens. Auch die gleichzeitigen Reiche im Hochland von Iran und in Südarabien wurden kulturell vom Mittelmeer her stark beeinflußt. Vor allem in den Jahrhunderten der Pax Romana mit ihrer einheitlichen Reichsorganisation und mit vielfältigen, dichten Handelsbeziehungen zwischen allen Teilen des Reiches wurde der Orient ganz entscheidend geprägt (Fig. 1).

Damit ruht die Kultur des heutigen Orients in mindestens ebenso starkem Maße wie die des heutigen Europas auf antiken, hellenistisch-römisch beeinflußten Fundamenten. Dem aufmerksamen Beobachter tritt antikes Erbe allenthalben im Orient noch heute in überraschend starkem Maße entgegen – und zwar nicht nur in eindrucksvollen Ruinen, sondern als lebendige Gegenwart auch in Lebensformen, Wirtschaftsweise und Gegenständen des täglichen Gebrauchs. Diese gemeinsame Tradition, vielfältige kulturelle wie wirtschaftliche Beziehungen im Mittelalter (Kreuzzüge!) und in der frühen Neuzeit sowie starke Tendenzen einer modernen Verwestlichung lassen Orient und Okzident, Morgenland und Abendland bei aller Unterschiedlichkeit doch als nah verwandte Kulturgroßräume erscheinen.

Die Traditionen des ›Alten Orients‹, der Hochkulturen und Reiche in den zwei bis drei Jahrtausenden vor der klassischen Antike, sind allerdings niemals erloschen; sie waren nur überdeckt gewesen. Bereits in der Spätantike beginnen sie wieder aufzuleben. Die Eroberungen durch die *Araber* und der Siegeszug des *Islam* bedeuten im Grunde genommen nur eine Fortsetzung dieses Prozesses der ›Rück-Orientalisierung‹. Dennoch stellen sie einen ganz entscheidenden historischen Einschnitt dar; denn der Islam beinhaltet nicht nur eine Religion, sondern eine ganz eigengeartete, in sich geschlossene Kultur und Lebensform. Nicht zufällig werden ›orientalische‹ und ›islamische‹ Kultur vielfach gleichgesetzt. Für den Maghreb, der außerhalb der frühen Hochkulturen des Alten Orients lag, bedeutete die arabische Eroberung sogar die erste Orientalisierung. Damit zerfällt im 7. Jh. n. Chr. der Erdkreis der späten Antike endgültig in Abendland und Morgenland, Europa und Orient.

Von Iran und einigen Nachbarprovinzen abgesehen, umfaßten die arabischen Eroberungen der frühen Kalifenzeit (635–750 n. Chr.) überwiegend die Länder der römisch-byzantinisch geprägten Mittelmeerwelt (Fig. 1). Dies sind noch heute die Kernräume des Orients. Demgegenüber können viele Gebiete spätmittelalterlicher und neuzeitlicher islamischer Eroberung und Mission – welche ja weit nach Tropisch-Afrika und Südasien ausgriff – nicht mehr zum Orient gerechnet werden, selbst wenn sich deren Bevölkerung noch heute überwiegend zum Islam bekennt. Spanien und Sizilien gingen andererseits dem Orient durch die christliche Rückeroberung wieder verloren.

e) Im Mittelalter und in der frühen Neuzeit haben mächtige Staatensysteme mit ihrer politisch-wirtschaftlichen Organisation und ihrem kulturellen Gestaltungswillen einige Teilregionen des Orients bis heute nachhaltig geprägt. Vom Beginn des 16. bis zum Ende des 19. Jahrhunderts gehörten dieserart Ägypten und das westliche Vorderasien zum Herrschaftsgebiet des *Osmanischen Reiches*; dieses hat in mancher Hinsicht die Tradition des Byzantinischen Reiches weitergeführt. Der große Rivale des Osmanischen Reiches in Vorderasien war das *Safawidenreich* mit seinem Bekenntnis zur schiitischen Glaubensrichtung des Islam; in den frühen Jahrhunderten der Neuzeit umfaßte es die Hochländer von Iran und Afghanistan. Das *westliche Nordafrika* (Maghreb, Atlasländer) schließlich wurde vom 11. bis zum 15. Jahrhundert durch die »maurischen« Reiche der Almoraviden, Almohaden und Meriniden zusammengebunden und einheitlich geprägt. Für längere Zeit gehörte auch Südspanien (Granada, Cordoba, Sevilla) diesen maurisch-nordafrikanischen Staatsgebilden an.

f) Die Länder des Orients sind heute rentenkapitalistisch geprägte Entwicklungsländer alter Kulturtradition. Die vieltausendjährige, für die Entfaltung unserer Kultur so entscheidend wichtige Geschichte des Orients ist keineswegs etwa nur lange zurückliegende Vergangenheit oder nur eine zu unserem Bildungsgut gehörende historische Reminiszenz; sie reicht vielmehr bis in die unmittelbare Gegenwart hinein. Im Laufe der vergangenen Jahrtausende haben sich nämlich im Orient sehr spezifische *Wirtschafts- und Gesellschaftssysteme* herausgebildet; diese erscheinen heute in festen Formen geprägt und erweisen sich gegenüber jeder modernen wirtschaftlichen und technischen Erschließung als ein hartnäckig resistenter Faktor. Gerade die alte und hochentwickelte Zivilisation des Orients verleiht damit der Problematik der dortigen Entwicklungsländer eine eigengeartete Note.

HANS BOBEK (1959, 1962) hat das traditionelle, im Orient noch heute sehr lebendige Wirtschafts- und Sozialsystem ›*Rentenkapitalismus*‹ genannt. Im Rentenkapitalismus werden nach streng rechenhaften Prinzipien bei möglichst geringen eigenen produktiven Investitionen möglichst hohe Ertragsanteile abgeschöpft. Um die aktuelle Problematik moderner wirtschaftlicher und technischer Entwicklung aufzuzeigen, könnten wir in Anlehnung an BOBEK die Länder des Orients als rentenkapitalistisch geprägte Entwicklungsländer alter Kulturtradition definieren. In einem späteren Abschnitt (3.2) wird darauf noch ausführlicher einzugehen sein.

Versucht man, die vorstehend kurz umrissene Definition des Orients in einer übergreifenden länderkundlichen Synthese etwas mit Inhalt zu füllen, dann lassen sich grob skizzierend vier charakteristische *Landschaftstypen* unterscheiden. Es sind dies der *mittelmeerische Orient*, die *Gebirgslandschaften*, die *Wüsten und Halbwüsten* sowie die großen *Stromniederungen* des Orients. Diese vier Landschaftstypen gehören unabdingbar zum Orient, gerade in ihrem Nebeneinander und mit ihren vielen Übergangs- und Zwischenformen. Sie sind es auch, die vom Orient zu den benachbarten Großräumen überleiten: Der mittelmeerische Orient führt, über das Meer hinweg, zum mittelmeerischen Europa. Der riesige Wüstengürtel der Sahara vermittelt zu den Räumen des Sudan und Tropisch-Afrikas, die Gebirge und Hochländer Irans und Afghanistans leiten zu den Gebirgsketten und Hochländern Zentralasiens über. Die Stromniederungen des Orients schließlich zeigen in ihrem Landschaftsbild und der Lebensweise ihrer Bewohner schon viele Ähnlichkeiten mit den Stromlandschaften Indiens.

Das Bild des Orients, wie es vor dem Auge des aufmerksamen Beobachters ersteht, wird nun aber nicht nur durch die charakteristischen Landschaften geprägt – durch Wüste und Gebirge, Mittelmeersaum und Stromniederungen; auch die Menschen und ihre *Lebensformen* müssen unabdingbar in die Betrachtung mit einbezogen werden.

Seit vielen Jahrtausenden gehört die Bevölkerung des Orients drei ganz verschiedenen Welten an: der Welt des *Hirtennomaden*, der des *Fellachen* bzw. Bauern und der des *Städters*. Jede dieser Welten umfaßt alle Bereiche menschlichen Seins: Denken und Werten, Wirtschaftsweise und Lebensform, Siedlung und soziale Bindungen. Jede stand im traditionellen Orient als ein kleiner Kosmos, als geschlossenes Ganzes, den beiden anderen Welten gegenüber. Andererseits sind die drei Lebensformen des Orients eng miteinander verbunden und in starkem Maße aufeinander angewiesen. In dieser Spannung zwischen eigengeartetem Wesen und gegenseitiger Abhängigkeit haben Hirtennomade, Fellache und Städter die *Kulturlandschaft des Orients* geschaffen und ihren unverwechselbaren Charakter geprägt. Erst in jüngster Zeit werden die drei altüberlieferten Lebensformen des Orients unter dem Ansturm europäisch-westlicher Wertungen und Zivilisationsgüter aufgeweicht.

Die drei Lebensformen des Orients decken sich in ihrer Verbreitung keineswegs mit den vier großen Landschaftstypen: Hirtennomaden finden sich nicht nur in Wüste und Steppe, sondern auch im Bergland. Fellachen leben im mittelmeerischen Orient ebenso wie in den großen Stromniederungen, in den Oasen und im Gebirge. Die orientalische Stadt schließlich ist in jeder der vier Landschaften zu finden, als Wallfahrtsstätte sogar ohne umgebende Oase mitten in der Wüste (Mekka). Die Wechselbeziehungen zwischen den Menschen und ihrer Umwelt schlagen sich dementsprechend in einem *vielschichtigen sozialräumlichen Gefüge* nieder.

Das sei mit einigen groben Strichen am *Beispiel der Nomaden* skizziert. Diese sind für den Orient in besonderer Weise charakteristisch; städtische und bäuerlich-ländliche Lebensformen kennen wir – allerdings in anderer Ausprägung – auch in Europa. Nomadische Lebensform war in den vergangenen Jahrzehnten auch den stärksten Wandlungen unterworfen.

Der natürliche Lebensraum der Hirtennomaden liegt dort, wo eine seßhafte Landwirtschaft nicht mehr sinnvoll betrieben werden kann. Das sind einmal die Gebiete sehr geringen Niederschlags ohne die Möglichkeit künstlicher Bewässerung, also die Trockensteppen, Halbwüsten und Wüsten, zum anderen aber die Hochweidegebiete im Gebirge, die infolge langer winterlicher Schneebedeckung oder wegen zu steiler Hänge nicht mehr für den Ackerbau geeignet sind. Der Hirtennomade vermag auch diese Räume im Grenzsaum der bewohnten Welt noch zu nutzen. Zwar bieten sie jeweils nur für wenige Wochen oder Monate eine gute Weide. Aber der Zeitpunkt des Gras- und Krautwuchses ist jahreszeitlich jeweils von Ort zu Ort ganz verschieden. So kann der Hirtennomade durch stete Ortsveränderung das ganze Jahr über Futter für seine Tiere finden.

Die Trockensteppen, Halbwüsten und Gebirgsregionen sind für die Nomaden nicht nur Weidegebiete, sondern in einem umfassenderen Sinn Lebensraum. Bis zum Ende des vergangenen Jahrhunderts haben die Nomaden diese Räume politisch und militärisch beherrscht. Handel und Verkehr mußten beim Durchqueren Schutzgelder zahlen; überdies erbrachte der Verkauf von Kamelen gute Preise, da sowohl die Fernhändler (Karawanen) als auch der Staat (Militär, Polizei) einen recht hohen Bedarf hatten. Schließlich bot die Wüste Schutz vor Verfolgung, wenn die Beduinen durch Raubzüge in besiedelte Gebiete ihr Einkommen aufgebessert hatten.

Als in der Folge des Zweiten Weltkrieges alle Staaten des Orients ihre nationale Souveränität erlangten, mußte man befürchten, daß die Lebensform der Nomaden zum Untergang verurteilt sei. Die politische Führungsschicht sah im Nomadismus ein »mittelalterliches« Relikt und ein nur schwer zu kontrollierendes Element. Deshalb wurde die Seßhaftmachung der Nomaden sogar im Text einiger Verfassungen kodifiziert.

Hinzu kam eine rasche Verschlechterung der wirtschaftlichen Situation, die auf mehreren Ursachen beruhte: Verlust der ergiebigen Weidegründe durch das kraftvolle Vordringen des Regenfeldbaus in die Trockensteppe hinein, Verlust wesentlicher Transportfunktionen und Niedergang der Kamelzucht infolge der Verlagerung des Wüstenverkehrs von der Karawane auf das Kraftfahrzeug, Brechung der politischen und militärischen Überlegenheit der Nomaden durch mit modernen Waffen ausgerüstete Polizei- und Truppenverbände. Diese Wandlungen haben den Nomaden die wichtigsten ihrer bisherigen Lebensgrundlagen entzogen; als Alternative zur Vernichtung der wirtschaftlichen wie der physischen Existenz schien für die nomadisierenden Stämme Nordafrikas und Vorderasiens nur das Seßhaftwerden übrigzubleiben (vgl. A. LEIDLMAIR 1965, E. WIRTH 1969, F. SCHOLZ 1975, 1976, SCHOLZ-JANZEN 1982).

Erst seit etwa einem Jahrzehnt beginnt sich wieder eine Wende abzuzeichnen. Der Lebensstandard einer breiten Mittelschicht in den Städten hat sich dank Erdölwirtschaft und Gastarbeiterwanderungen kräftig verbessert. Schaffleisch ist jetzt kein Luxus mehr; man kann es sich viel häufiger leisten, und damit sind die Preise entsprechend angestiegen. Der Verkauf von Schafen sichert den Nomaden wieder ein gutes Einkommen. Auch die Einstellung vieler Staaten zum Nomadismus hat sich geändert: In Trockenjahren und bei sehr strengen Wintern werden die Nomaden durch staatliche Abgabe von Futter unterstützt.

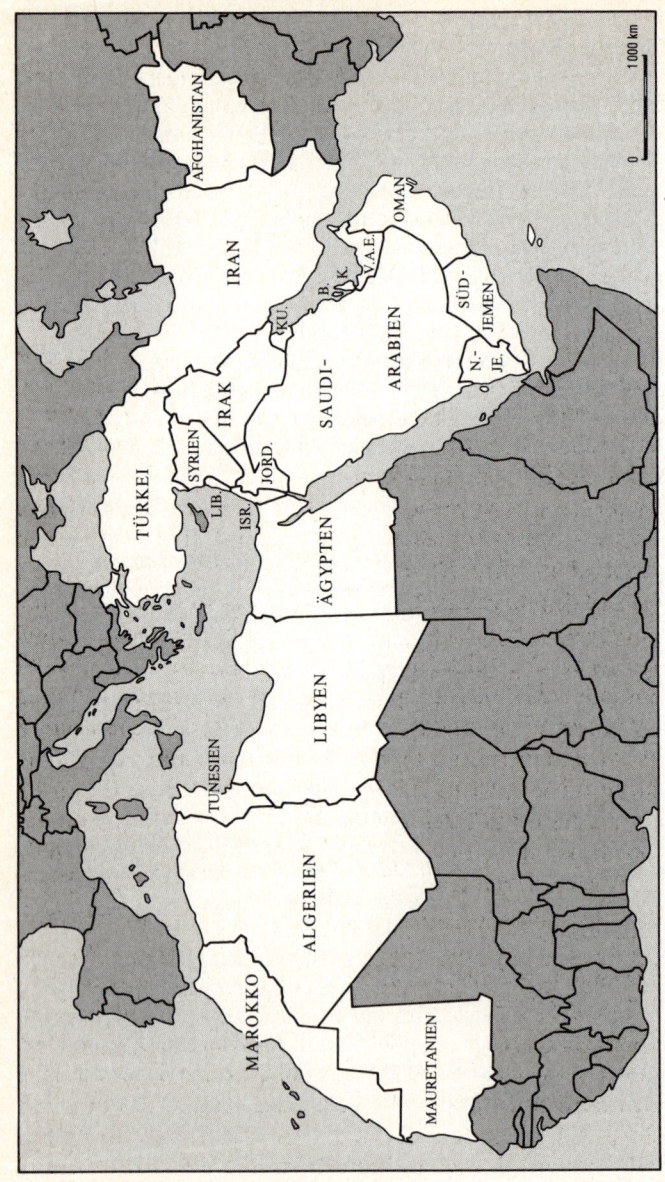

Fig. 2: Die Staaten des Orients

Das Überleben und eine recht gute wirtschaftliche Situation im modernen Orient haben die Nomaden allerdings mit mancher Umstellung ihrer Lebens- und Wirtschaftsformen erkaufen müssen: Auch für die Beduinen, die stolzen arabischen Kamelnomaden, werden Schafe und Lämmer immer mehr zum wichtigsten Herdentier. Der Vollnomadismus weicht zunehmend unterschiedlichen Spielarten des Halbnomadismus, und zum Transport nicht nur von Wasser und Futter, sondern auch der Herdentiere selbst verwendet fast jede Nomadenfamilie heute Lastkraftwagen und Traktoren (vgl. G. MEYER 1984).

Schon um der statistischen Vergleichbarkeit willen ist eine jede Länderkunde gehalten, diejenigen *Staaten* zu benennen, die sie dem von ihr behandelten Großraum zuordnen will. Speziell in Nordafrika treten dabei erhebliche Schwierigkeiten auf: Gerade in der zentralen Sahara, etwa unter dem Wendekreis, grenzt heute eine Gruppe nördlich gelegener (Algerien, Libyen, Ägypten) an eine Gruppe südlich gelegener Staaten (Mali, Niger, Tschad, Sudan). Obwohl die innerhalb der letztgenannten Staaten gelegenen Teile der Sahara noch stark vom Orient beeinflußt sind, werden nachstehend Mali, Niger, Tschad und Sudan nicht mehr mit einbezogen; denn die Schwerpunkte von Bevölkerung, Landnutzung und Wirtschaft dieser südlichen Staaten liegen eindeutig bereits im Bereich des tropischen Afrika.
Auch Pakistan mit der Stromoase des Indus und Sowjetisch-Mittelasien mit den alten islamischen Städten Samarkand, Buchara und Chiwa erinnern sowohl in ihrer Landesnatur wie in der Kulturlandschaft und den Lebensformen ihrer Bewohner noch in vieler Hinsicht an den Orient. Die lange Zugehörigkeit zum anglo-indischen Kolonialreich bzw. zur Sowjetunion hat beide Regionen jedoch so nachhaltig überprägt, daß man mit triftigen Argumenten auch für eine Einreihung in andere Großräume plädieren kann. Die länderkundliche Einheit des Subkontinents Indien wie die staatliche Einheit der Sowjetunion lassen eine entsprechende Zuordnung Pakistans und Sowjetisch-Mittelasiens ratsam erscheinen.
Dem Orient seien damit folgende Staaten zugerechnet: Mauretanien, Marokko, Algerien, Tunesien, Libyen, Ägypten, die Staaten, Scheichtümer und Emirate der Arabischen Halbinsel, Jordanien, Libanon, Syrien, Irak, Iran und Afghanistan (Fig. 2). Da ihr Staatsgebiet auf dem Boden Vorderasiens liegt, seien auch die Türkei und Israel mit eingeschlossen, obwohl sich diese beiden Staaten in bewußtem Bekenntnis als einen Teil Europas betrachten.
In der Umgrenzung auf die genannten Staaten umfaßt der Orient etwa

13,5 Mill. km^2 mit (1987) rd. 300 Mill. Einwohnern (Nordafrika: ca. 6,6 Mill. km^2 mit ca. 110 Mill. Einw.; Vorderasien: ca. 6,9 Mill. km^2 mit ca. 190 Mill. Einw.). Sowohl hinsichtlich Flächenumfang als auch hinsichtlich Einwohnerzahl liegt der Orient damit in der Größenordnung zwischen Südamerika und den USA.

2 Die Landesnatur und ihr Nutzungspotential
(H. Mensching)

2.1 Natur und Lebensraum im Orient

Nordafrika und Vorderasien lassen in der Gesamtheit des orientalischen Lebensraumes auch naturgeographisch Gemeinsamkeiten und Leitlinien erkennen, die nicht nur für die geographische Differenzierung der großen Landschaftsräume wichtig sind. Vielmehr spielen sie auch für die Nutzungsmöglichkeit des natürlichen Potentials durch den Menschen eine entscheidende Rolle, zumal der natürliche Eignungsraum des Orients im weitesten Sinne einen breiten Grenzsaum darstellt. Dieser Grenzsaum leitet vom feucht-mediterranen Klima des Mittelmeerraumes und seiner Randgebiete zum kontinentalen Binnenklima Nordafrikas und Vorderasiens über und bewirkt an der Trockengrenze des Feldbaus entscheidende Beschränkungen in den Landnutzungssystemen. Der Hinweis, daß die Landwirtschaft – sehen wir von der Erdölgewinnung, dem Bergbau und einer voranschreitenden Industrialisierung mancher Regionen einmal ab – nach wie vor den Haupterwerbszweig der Bevölkerung der meisten Länder darstellt, mag die Bedeutung dieser Abhängigkeiten von der Natur unterstreichen. Ihre genaue Kenntnis schützt vor mancher Fehlinterpretation der Entwicklungsmöglichkeiten der Agrarwirtschaft in diesem orientalisch geprägten Großraum. Es wird deshalb notwendig sein, vor allem die klimatischen Grundlagen des Landschaftshaushalts und ihre Konsequenzen für die Agrarwirtschaft zu umreißen.

Der zonale Wandel des mediterranen Klimas wird durch die Verbreitung der hohen alpidischen Randgebiete sowohl im Küstenbereich des Mittelmeeres als auch im westlichen Teil der hohen Kettengebirge des vorderasiatischen Raumes entscheidend beeinflußt. Deutlich zeigen dies die Atlasketten des Maghreb, das Libanongebirge und die Randketten Anatoliens sowie des westlichen Iran, die jeweils ihr Binnen- und Hinterland abschirmen und die die an ihnen aufsteigenden feuchten Luftmassen der winterlichen Zyklonen zum weitgehenden Abregnen zwingen. Dadurch unterscheiden sich überall die humideren Gebirgslandschaften von den ariden Becken und Ebenen sehr deutlich. Selbst im vorderasiatischen Binnenland Irans sind diese Gegensätze noch ausgeprägt. Dort aber, wo in den mittelmeerischen Randgebieten keine Gebirge vorhanden sind, zeigt sich die fehlende

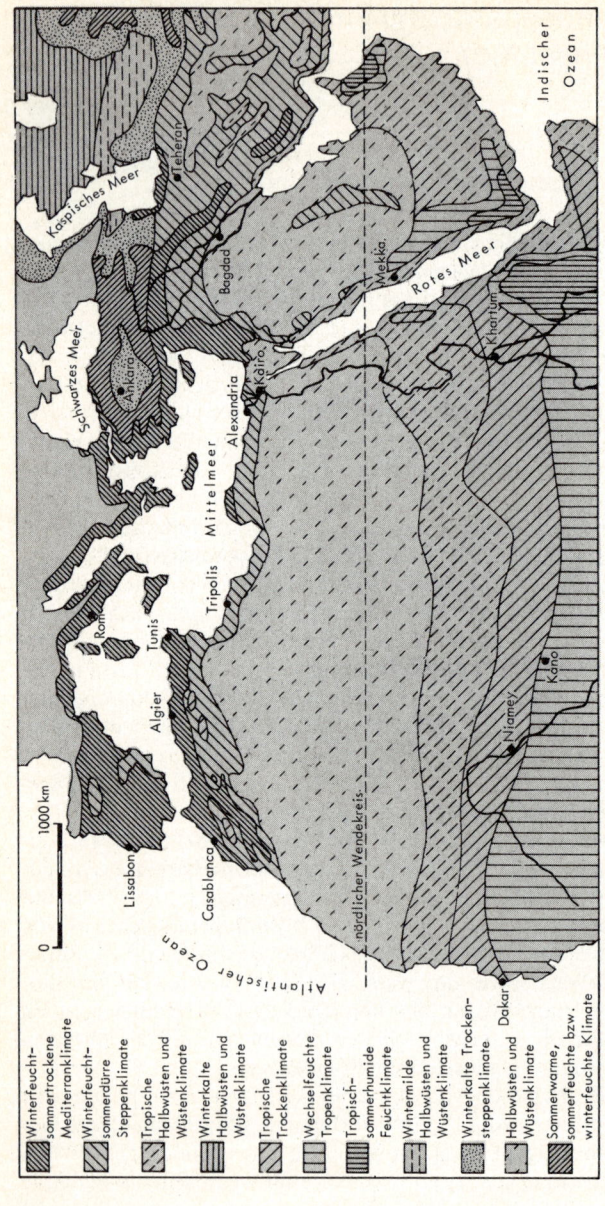

Fig. 3: Jahreszeiten-Klimate

Legende (von oben nach unten):

Winterfeucht-sommertrockene Mediterranklimate

Winterfeucht-sommerdürre Steppenklimate

Tropische Halbwüsten und Wüstenklimate

Winterkalte Halbwüsten und Wüstenklimate

Tropische Trockenklimate

Wechselfeuchte Tropenklimate

Tropisch-sommerhumide Feuchtklimate

Wintermilde Halbwüsten und Wüstenklimate

Winterkalte Trocken-steppenklimate

Halbwüsten und Wüstenklimate

Sommerwarme, sommerfeuchte bzw. winterfeuchte Klimate

Kartenbeschriftung: Kaspisches Meer, Teheran, Schwarzes Meer, Ankara, Bagdad, Mekka, Rotes Meer, Chartum, Indischer Ozean, Kaspisches Meer, Kairo, Alexandria, Mittelmeer, Tripolis, Tunis, Rom, Algier, Kano, Niamey, nördlicher Wendekreis, Casablanca, Lissabon, Atlantischer Ozean, Dakar, 1000 km, 0

Klimawirksamkeit hoher Gebirgsketten am klarsten: In Libyen und Ägypten z. B. können die baumlose Steppe und die Wüstensteppe bis zur Küstenlinie vordringen, wobei die Niederschläge hier nur wenig höher als im Binnenland sind. Klima und Relief bestimmen also übergeordnet und sich gegenseitig beeinflussend die naturgeographischen Leitlinien des orientalischen Lebensraumes vom Atlantik bis nach Vorderasien.

Für den Menschen ergeben sich aus diesem naturgegebenen Eignungsraum, wie ihn OTREMBA genannt hat, Konsequenzen in bezug auf seine Anpassung an die Möglichkeiten des vorhandenen Nutzungspotentials. Gerade aus dem Mittelmeerraum mit seinen sehr alten Kulturen ist bekannt, daß die natürlichen Grenzen in vielfacher Weise zu wenig beachtet worden sind. So wurde beispielsweise der Wald in den gebirgigen Nährzonen des beschränkten Wasserhaushaltes seit frühester Zeit rücksichtslos abgeholzt, und auch die Grenzsäume zur Wüste wurden unmäßig überweidet. Dadurch wurden gerade auch die semiariden Randsäume der Wüste erheblich in ihrem Ökosystem degradiert und durch Desertifikation geschädigt, so daß viele Bereiche der Steppen und Wüstensteppen viel von ihrem Nutzungspotential verloren haben. Jedes Entwicklungsprogramm für eine bessere und intensivere Landnutzung muß in diesen Ländern heute mehr denn je solche Zusammenhänge beachten und beträchtliche Mittel für Maßnahmen des Erosionsschutzes und der Wiederaufforstung aufwenden. So werden der Wasserhaushalt, seine physisch-geographischen Grundlagen und seine über Jahrtausende andauernde menschliche Nutzung mit ihren durch die Technik sich wandelnden Formen zu einem wichtigen geographischen Fragenkomplex, der stärker im Vordergrund der Betrachtung stehen muß, als dies in humiden Erdbereichen zunächst notwendig zu sein scheint.

Der im ganzen Orient bis auf die montanen Randzonen zumeist defizitäre Wasserhaushalt offenbart eine Reihe von unmittelbaren Erkennungsmerkmalen im Landschaftsbild. Dazu gehört das natürliche und das durch den Menschen veränderte Pflanzenkleid ebenso wie die damit eng zusammenhängende Bodenbildung. Ihre unmittelbare Relevanz zur Bodennutzung ist offensichtlich. In allen Bereichen der Kulturlandschaft des Orients, in den Gebirgen, den Steppenebenen und in den Wüsten sind in der langen Geschichte der Besiedlung durch die verschiedenartigen Nutzungssysteme schwerwiegende Eingriffe in diesen Teil des Landschaftshaushaltes erfolgt, die es zu erkennen gilt. Eine wichtige Grundlage hierfür wurde im Auftrage der UNESCO-FAO in der ›Carte Bioclimatique de la Région Méditerranéenne‹ (1963) entwickelt, die in zwei Kartenblättern (1:5 Mill.) auf der Basis eines

Trockenheitsindex den gesamten Orient einschließlich Afghanistan und Pakistan in bioklimatische Zonen gliedert. Für eine Beurteilung des agraren Nutzungspotentials ist sie unentbehrlich, besonders, weil sie ökologisch konzipiert ist. Hilfreich ist auch die UNESCO-Karte ›Répartition Mondiale des Régions Arides‹ (1977, mit Note Technique 7, du MAB, 1977), die es erlaubt, die hier behandelten orientalischen Länder in den klimatischen Weltrahmen einzuordnen und ihre Position zu erkennen.

In der Tat sind die sehr verschiedenartigen Auswirkungen der Aridität von Nordafrika bis zum Hochland von Iran wohl das wichtigste gemeinsame Merkmal der orientalischen Naturlandschaft, in der nur die Gebirge günstigere Voraussetzungen haben und durch ihre ›Fernwirkung‹ mittels ausreichender Wasserversorgung der wenigen großen Flüsse (Atlasflüsse, Nil, Euphrat und Tigris, Indus) auch die wüstenhaften Tafel- und Beckenlandschaften mit ihren Flußoasen versorgen.

Entsprechend der Zielsetzung dieser länderkundlichen Reihe sollen hier diejenigen physiogeographischen Grundlagen der Natur im Vordergrund der Betrachtung stehen, deren unmittelbare Auswirkungen im menschlichen Lebensraum des Orients von Bedeutung sind.

2.2 Strukturleitlinien des Großreliefs

Betrachtet man eine Atlaskarte, die den gesamten Mittelmeerraum und Vorderasien umfaßt, so erkennt man sofort die Zugehörigkeit des Großreliefs zu zwei übergeordneten Einheiten: zum alpidischen *Kettengebirgssystem* im nördlichen Teil unseres Raumes und zum *Tafelland* der alten Landmassen des afrikanisch-arabischen Festlandblocks. Der Grenzsaum mit den südwärts ausstrahlenden Ausläufern der west-östlich streichenden Faltengebirgszone läßt vereinzelte Vorposten erkennen, sei es durch Hebungen und schwache Ondulationen, oder auch, wie im Libanongebirge, ausgeprägte Gebirgsbildung, wenn auch mit abgeschwächter Faltung der Gesteinsschichten. Auch die vorherrschende Nord-Süd-Richtung dieses Gebirges weist auf die Übergangsstellung zwischen dem mittelmeerischen und vorderasiatischen Bereich hin. Der Kontaktsaum, in dem die starre afrikanisch-arabische Tafel mit ihrem Grundgebirgssockel (Basement) an das junge, tertiäre Gebirgssystem der Atlasländer stößt bzw. diese gefaltet und gehoben hat sowie an den Bruchrändern zu den Mittelmeerbecken absinken ließ, erstreckt sich von der marokkanischen Atlantikküste südlich des Hohen Atlas und entlang des Sahara-Atlas bis zur tunesischen Syrtenküste, wo er mit dem Einbruch des östlichen Mittelmeeres untergetaucht ist. Auf der Südseite der vorderasiatischen Gebirgsketten des anatolischen Taurus mit dem Südzweig des Libanon und am Südrand des Zagrosgebirges mit der mesopotamischen Senke, in der Euphrat und Tigris fließen, stößt das arabische Sockelrelief ebenfalls an den alpidischen Gebirgsgürtel an.

An der Ostküste des Persischen Golfes und an der Nordküste des Golfes von Oman hat der Meereseinbruch beide Großeinheiten des Reliefs und seiner verschiedenartigen geologischen Strukturen voneinander getrennt. Die küstennahen Randerhebungen beiderseits dieses großen Meeresarmes, besonders mit dem über 3300 m ansteigenden Oman-Gebirge, lassen den Umfang dieser Kontaktzone noch einmal deutlich werden. Wie sehr sich die geologisch-tektonischen Leitlinien (Lineamente) im Bereich des iranischen Südbogens in Laristan, Mekran und Belutschistan bis zur Indus-Senke schon aufgespalten haben und nicht mehr den engen Zusammenhang wie im Nordbogen erreichen, zeigen die langen, voneinander isolierten Bergrücken dieses Gebietes mit ihren zahllos dazwischengeschalteten Senken (Depressionen), die nicht selten abflußlos sind. Durch diese hier kurz umrissene Aufgliederung des geologisch jungen Gebirgssystems in die nördlichen und südlichen Stränge, wodurch auch die ausgedehnten inneren Hochländer Anatoliens und Irans entstehen konnten, unterscheidet sich dieser Bereich Vorderasiens im morphologischen Landschaftsbild erheblich von der Arabischen Halbinsel und dem östlichen Teil Nordafrikas, in denen die ausgedehnten, ebenen Hochplateaus mit ihren steilen Stufenrändern das Großrelief bestimmen.

Auf einen anderen geologischen Unterschied, den auch E. WIRTH (1970) besonders hervorgehoben hat, muß man hinweisen, da er dem Orientreisenden auffällt. Der Ararat in der Türkei (5165 m) und der Demawend in Nordiran (5671 m) lassen ebenso wie viele andere zumeist isoliert stehende Vulkankegel im Orient die Bedeutung des Vulkanismus im vorderasiatischen Raum erkennen. Zwar fehlen vulkanische Erscheinungen in Nordafrika keineswegs, auch ist ihre reliefprägende Wirksamkeit in den zentralsaharischen Wüstengebirgen des Ahaggar, Air und Tibesti deutlich genug, doch erreichen sie im Gebirgssystem des mediterranen Nordafrika nirgends jene imponierenden Reliefgestalten, die im Osten so beherrschend sind.

Die großen Reliefeinheiten der afrikanisch-arabischen Tafel mit ihrem Grundgebirgssockel werden in weiten Bereichen von den mesozoischen und neogenen Deckschichten (Sandsteine, Kalkgestein) beherrscht. Sie bestimmen das Bild der ausgedehnten *Schichttafeln* mit ihren steilen Stufenrändern, wie sie in vielfältiger Weise im *Hamma-*

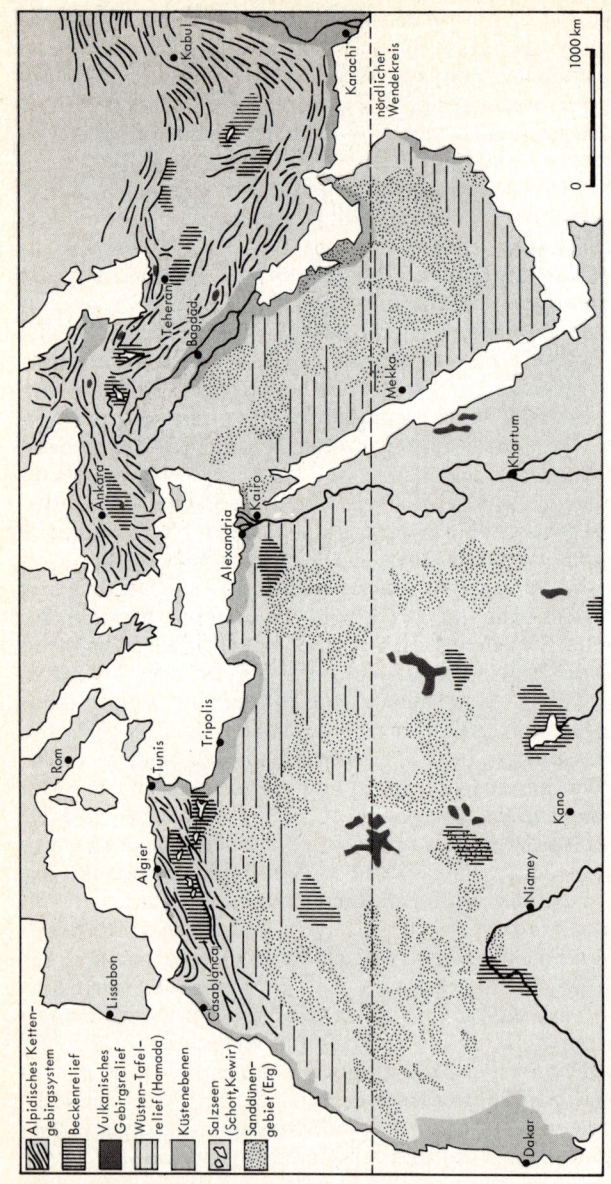

Fig. 4: Das Großrelief

Legende:
- Alpidisches Kettengebirgssystem
- Beckenrelief
- Vulkanisches Gebirgsrelief
- Wüsten-Tafelrelief (Hamada)
- Küstenebenen
- Salzseen (Schott, Kewir)
- Sanddünengebiet (Erg)

Ortsangaben: Kabul, Karachi, Teheran, Bagdad, Mekka, Khartum, Ankara, Kairo, Alexandria, Rom, Tripolis, Tunis, Algier, Lissabon, Casablanca, Niamey, Kano, Dakar

nördlicher Wendekreis

1000 km

darelief der nördlichen Sahara und Arabiens auftreten. Die weiten, sehr flachen Senken mit feineren Ablagerungen (Serir) bilden den zweiten Haupttyp des Flachlandes außerhalb der Gebirgszone. Stufenländer und weitgespannte Depressionen entstanden in der jüngeren (tertiären und quartären) Erdgeschichte ebenso wie die zentralsaharischen Wüstengebirge im Gefolge der ausgreifenden Reflexbewegungen der beschriebenen alpidischen Gebirgsbildungszone, die sich quer durch die ›Alte Welt‹ erstreckt. Ihr erdgeschichtlicher Vorläufer war jener große Senkungstrog, der in der Meereszone der Tethys (griechische Bezeichnung nach der Gemahlin des Gottes Okeanos) die mächtigen Gesteinsschichten vorwiegend des Erdmittelalters sedimentierte; durch die junge Gebirgsbildung (Orogenese) sind diese Sedimentgesteine (Sand- und Kalkgestein) im wesentlichen am Aufbau des Reliefs beteiligt. Allerdings sind auch Teile der älteren Massive des Paläozoikums dabei einbezogen worden. Die Leitlinien dieser erdgeschichtlichen Entwicklung bestimmen die landschaftlichen Großräume des Reliefs im Orient und bilden ein Gliederungsprinzip, das sich in den Gebirgslandschaften, den Vorlandsenken, den Stufenländern und im Gefolge der Meereseinbrüche auch in den großen Gräben des Roten Meeres und der Golfzonen widerspiegelt. Besonders aus dem unterschiedlichen oder sogar fehlenden Anteil der verschiedenen orientalischen Länder an der großen Gebirgszone ergeben sich beträchtliche Unterschiede für die verschiedenen Lebens- und Eignungsräume mit ihrem natürlichen Potential. Aus einer Reihe von geographischen Gründen besitzen jene Länder, die einen ausgewogenen Anteil von Gebirgen und ebenen Vorländern haben (z. B. Marokko oder die Türkei), Gunstfaktoren, die sich vielfältig besonders in einem günstigeren Wasserhaushalt auswirken. Aber erst ihr unmittelbarer Zusammenhang mit den klimatischen Grundlagen kann dies noch deutlicher machen.

2.3 Die klimatischen Grundlagen des orientalischen Lebensraumes

Fast alle Kartendarstellungen von Klimazonen rechnen Nordafrika und Vorderasien zur *Subtropenzone*, also zu jenen *außertropischen* Klimaten, die sich nördlich an die Tropenzone anschließen und den Übergang zum Klima der Gemäßigten Breiten bilden. Den keinesfalls einheitlichen Klimaregionen dieser ›warmgemäßigten Subtropenzone‹ (TROLL und PAFFEN 1964) ist im gesamten Orient gemeinsam, daß ihre Niederschläge in den Wintermonaten, einschließlich Herbst und Frühjahr, fallen. Ihre weitere Differenzierung erfolgt nach der Menge und Konzentration dieser Niederschläge und damit nach dem Grad der Humidität oder besser nach der Aridität, weil diese im Jahresgang bei weitem überwiegt. Allerdings gehören einige Randgebiete des Orients wie etwa der Südteil der Arabischen Halbinsel schon zu den tropischen Sommerregengebieten. Die südlichen Randgebirge des Schwarzen Meeres und des Kaspi-Sees haben dagegen schon Niederschläge zu allen Jahreszeiten und winterlichen Schneefall. Auch die Binnensteppen der Türkei und die Wüsten Irans sind sehr winterkalt. Auch alle Höhenstufen der Hochgebirge, die diese Zone durchsetzen, haben in den winterkalten Monaten häufigen Schneefall zu verzeichnen, der für die Wasserversorgung der Vorländer von großer Bedeutung ist, zumal eine Vergletscherung dieser Gebirge nicht existiert.

Unterteilt man die gesamte subtropische Winterregenzone nach dem für den menschlichen Lebensraum so bedeutenden Grad der Aridität, so ergeben sich für den Orient die folgenden übergeordneten klimatischen Merkmale: Das feuchtere mediterrane Winterregenklima beschränkt sich auf die gebirgigen Randzonen des Mittelmeeres und dringt mit ihnen in Vorderasien binnenwärts nach Osten vor; in einem ebenfalls noch schmalen anschließenden Steppengürtel, mit 100–200 Trockentagen im Jahr (nach EMBERGER, GAUSSEN u. a.) schon semiarid, vollzieht sich sodann der unmittelbare Übergang vom mediterranen zum ariden Klima der Halb- und Vollwüsten. Betrachtet man Nordafrika und Vorderasien insgesamt, so bildet der hohe Grad der Aridität ein übergeordnetes Klimamerkmal, das als Ungunstfaktor von Marokko bis Afghanistan und Pakistan beherrschend ist. Hierdurch wird die ungünstige Position für die Wassernutzung im ganzen Orient deutlich. Es ist kein Wunder, daß sich im Zusammenhang damit überall gleiche oder ähnliche Wassernutzungsformen, verwandte Brunnentypen oder Bewässerungssysteme entwickelt haben, die in fast allen orientalischen Kulturlandschaftaen anzutreffen sind.

Nachdem der gesamte Orient einen so entscheidenden Anteil am Trockengürtel der Alten Welt hat, muß kurz auch die Frage nach den Gründen dieser hohen Aridität gestellt werden. In den Sommermonaten liegen Nordafrika und Vorderasien im Bereich des Einflusses der subtropischen Antizyklone, die keine feuchten Luftmassen eindringen läßt, denn diese Abschirmung mit absteigender Luft wird von einem relativ stabilen Jet-Höhenstrom gesteuert, der sich über diesem altweltlichen Trockengürtel ausbildet. Nur in den Randbereichen der mediterranen Subtropen und am Südrand der Sahara – im Norden im Zusammenhang mit der Tropenfront – kann es zu sommerlichen Niederschlägen kommen. Bei starker vertikaler Luftbewegung kann es jedoch zu Gewitterniederschlägen auch im Mediterrangebiet kommen. Im östlichen Grenzbereich wird diese sommerliche Trockenzone durch große Höhentröge unterbrochen, die die subtropischen Hochdruckzellen trennen (H. FLOHN 1957), und monsunale Sommerregen können dort auftreten. Die niederschlagbringenden Tiefdruckgebiete im Bereich der Polarfronten wirken sich in den Wintermonaten besonders in der mediterranen Klimazone aus, wobei – wie erwähnt – die höheren Gebirgsketten als Regenfänger dienen. Regenbringende Zyklonen erreichen die inneren Gebiete in den Wüstensteppen nur selten und die Wüsten selbst nur episodisch, die dadurch ständig arid bleiben. Es wird also deutlich, daß die nordafrikanisch-vorderasiatischen Gebirgsländer (Atlasländer, Türkei, Libanon und die Gebirgsränder des westlichen Iran), die noch die mediterrane Klimagunst besitzen, in ihrem Wasserhaushalt bevorzugt sind. Auch in der natürlichen Vegetation spiegelt sich dies wider. Die Binnenländer dagegen sind auf die Zufuhr von Fremdwasser in den großen Strömen angewiesen, die die bekannten Oasenbänder des Nil, Euphrat und Tigris sowie im Industal hydrologisch versorgen.

Die Häufigkeit und die Zugbahnen der regenbringenden Zyklonaltätigkeit während der winterlichen Monate von September/Oktober bis März/April sind jedoch sehr variabel. Das bedeutet, daß die langjährigen Mittelwerte nur Annährungswerte sind, die von Jahr zu Jahr großen Schwankungen unterliegen. Die Abweichung vom Mittelwert ist um so größer, je arider die Region ist. Dürrejahre treten schon in den mediterranen Gebieten auf, ihre größte Auswirkung haben sie jedoch in jenen Teilen des Steppengebietes, in denen der winterliche Regenfeldbau gerade noch betrieben werden kann und die agronomische Trockengrenze (ca. bei 4 humiden Monaten) in ihrer Mittellage noch nicht erreicht ist. Die hohe Variabilität in diesem Bereich bedeutet gleichzeitig, daß die Anbaugrenze von Wintergetreide sich oft um 100–200 km verschieben kann.

Für die Landnutzung im Orient ist auch der Temperaturgang bedeutungsvoll. Er unterliegt einmal dem Höhenwandel, zum anderen werden durch Zunahme der Kontinentalität vom Atlantik bis zum Hochland von Iran die Temperaturgegensätze vom Sommer zum Winter akzentuierter, so daß im nördlichen Vorderasien (Türkei, Iran) winterlicher Frost von −20 °C nicht selten auftritt. Den ausgeglichensten Jahresgang zeigt die atlantische Küste Marokkos unter der Einwirkung des ausgleichenden Kanarenstromes. Die Höhenstufen der Gebirge des Orients innerhalb und oberhalb der Waldstufe haben Frost selbst in den frühen und späten Sommermonaten aufzuweisen. In den

Wintermonaten fällt hier regelmäßig Schnee, der zuweilen eine länger dauernde Schneedecke bilden kann. Die Hochlagen des Atlas und des Libanongebirges sind als Skigebiete bekannt. Die heutige klimatische Schneegrenze verläuft in den Atlasländern oberhalb der Gipfel, während sie in den vorderasiatischen Gebirgsketten, etwa am iranischen Demawend, in einer Höhe von 4500 m (H. BOBEK 1937) liegt, und somit auch bereits Gletscher auftreten. Die winterliche Schneedecke in allen Hochgebirgen des Orients ist auch deshalb von großer Bedeutung, weil sie den Wasserhaushalt durch eine erhöhte sommerliche Abflußspende bis in die trockenen Vorländer hinein begünstigt und dadurch die Voraussetzungen für die Bewässerungswirtschaft verbessert. Da im meerfernen Binnenland nur die großen Fremdlingsflüsse das ganze Jahr hindurch Wasser führen und nur wenige Flüsse der Gebirgsländer ganzjährig durchflossene Täler haben, wird wiederum deutlich, daß die Gebirgsvorländer mit periodischer Wasserversorgung in besonderer Weise zu den Gunstgebieten der Landnutzung mit Bewässerungsmöglichkeit gehören.

Diese wenigen hier aufgezeigten physisch-geographischen Zusammenhänge zwischen Klima, Relief und Wasserhaushalt, die vor allem für das agrare Nutzungspotential entscheidend sind, müssen durch eine kurze Betrachtung der Pflanzenwelt und der Bodentypen ergänzt werden.

2.4 Pflanzenwelt und Böden

Die natürliche *Vegetation* in Nordafrika und in Vorderasien ist in ihrer pflanzengeographischen Prägung ein unmittelbares Abbild der klimatischen Gegebenheiten, modifiziert durch die Höhenverhältnisse und die verschiedenen Gesteinsarten. Damit wird auch hier die Verbreitung der Trockenheit zum Leitsystem. Das Nutzungspotential erfährt hier eine weitere Differenzierung. H. WALTER (1970) hat in seiner Abhandlung ›Vegetationszonen und Klima‹ eine komprimierte Darstellung gegeben, die wichtige Zusammenhänge aufzeigt. Die schon genannte Bioklimatische Karte der UNESCO gibt darüber hinaus einen guten Gesamtüberblick über die klimatischen Voraussetzungen für die Pflanzenwelt.

Die feuchteren, überwiegend gebirgigen Regionen der nordafrikanischen und vorderasiatischen Mittelmeerküste sind durch die *Hartlaubvegetation* des Winterregengebietes gekennzeichnet. Die natürliche Vegetation dieser Zone war sicher vom immergrünen Wald mit vorherrschenden *Steineichen* (Quercus ilex) bestimmt, der heute durch

Abholzung und Überweidung außerordentlich dezimiert ist. Aus dem unteren Strauchbestand sind noch *Buxus* (Buchsbaum), *Pistacia* u. a. vorhanden. Im westlichen Mittelmeergebiet wächst auf kalkfreien Böden noch die wirtschaftlich wichtige *Korkeiche* (Quercus suber), während im östlichen Bereich die *Kermeseiche* (Quercus coccifera) verbreitet ist. In Nordafrika wird auch oft die *wilde Olive* (Olea oleaster) angetroffen.

Teile des Atlasgebirges einschließlich des nordmarokkanischen Rif tragen in ihrer Höhenstufe oberhalb 1800–2000 m noch größere Bestände an *Zedern* (Cedrus atlantica). Die schönsten Bestände weist der Mittlere Atlas auf, die zur Holzgewinnung intensiv genutzt werden und daher teilweise in ihrem Bestand gefährdet sind. Von dem einst gerühmten Zedernwald im Libanon sind nur noch wenige Exemplare vorhanden.

Fast überall ist jedoch dieser mediterrane Wald, wo er nicht vollständig gerodet ist, zu einem Buschwald (Macchia) geworden. Unter mehr kontinentalen Bedingungen, so in der südlichen Türkei und in Westsyrien, tritt zu den im ganzen Mittelmeer verbreiteten *Aleppo-Kiefern* (Pinus halepensis) noch die verwandte *Pinus brutia* hinzu.

Über die natürlichen Wälder und Gehölzfluren Irans hat H. BOBEK (1951) eine Studie veröffentlicht, die beispielhaft für die Pflanzengeographie dieses Raumes ist. Neben den Trockenwäldern (Eichen, Kiefern, Wacholder) in den Gebirgsketten des Taurus, Zagros und Elbrus treten Feuchtwälder am Kaspi auf, die als Bergwald vor allem aus Buchen, Eichen, Weißbuchen, Eschen und Eiben bestehen, während der Niederwald Ahorn, Ulmen und das wertvolle Gehölz *Parrotia persica* enthält. Neben diesem kaspischen Feuchtwald unterscheidet sich am Schwarzen Meer der Wald des Pontischen Gebirges (vgl. hierzu H. LOUIS 1939) von den sonst verbreiteten Trockenwäldern des Orients. Die Niederschläge erreichen im Bereich der Feuchtwälder bis 2000 mm im Jahresmittel, während sie in den Trockenwäldern nur bis maximal 900 mm ansteigen und bis 300 mm absinken können.

Der mediterran-vorderasiatische *Steppengürtel*, der sich an die Hartlaubvegetationszone anschließt, ist im wesentlichen baumfrei und wird von Halbsträuchern (Artemisia u. a.) und von Steppengräsern (Stipa, Poa, Halfa- und Espartogras) eingenommen. Die Winterregenmenge liegt hier im Mittel des Jahres zwischen 400 und 200 mm, wodurch sich noch eine gleichmäßig verteilte Strauch- und Gräserbedeckung bilden kann. Dieser natürliche Steppenbereich wird heute überwiegend im Regenfeldbau genutzt. Vereinzelt treten auch Euphorbiengebiete und Arganiabestände auf, z. B. in Südwest-Marokko, und überall sind in den Steppen des Maghreb der *Christusdorn*

(Zyzyphus) und im Übergangsbereich zur Wüste auch Akazien anzutreffen. Große Teile der Steppen Nordafrikas sind durch die seit der Römerherrschaft verbreitete und in der Kolonialzeit gewaltig ausgeweitete agrarische Nutzung zu Kultursteppen geworden mit starker Degradierung und Vernichtung der natürlichen Vegetation und der Böden. Hierauf wird in den Regionalkapiteln noch einzugehen sein.

Große Teile der orientalischen Länder haben Wüstencharakter. In der Halbwüste rechnet man noch mit 25 % Bodenbedeckung durch die Pflanzenwelt. Die ›diffuse‹ Vegetation geht allmählich zur Wüste in eine ›kontrahierte‹ über (WALTER 1970); sie konzentriert sich in Vorzugsgebieten wie Senken, Abflußmulden und Trockentälern. Dies trifft natürlich auch auf die Verbreitung von Kulturpflanzen zu, die in den Steppen z. T. noch flächenhaft, aber in den Wüsten, konzentriert auf wenige Gunstlinien, nur noch inselhaft angebaut werden. Die Oasen sind dafür ein bekanntes Beispiel. Wegen der starken Anreicherung von Bodensalzen in allen Abflußrinnen und besonders in den Endpfannen der Verdunstung (Sebcha, Schott, Kewir), die in allen ariden Gebieten auftreten, wachsen sehr viele *Halophyten* (Salzpflanzen) in den Wüsten. Neben den schon genannten Akazien ist auch die Tamariske ein wichtiger Baum in den extremen Trockengebieten, während als wichtigste Kulturpflanze die Dattelpalme in den Fluß- und Grundwasseroasen des sommerheißen und wintermilden Klimagebietes verbreitet ist.

Betrachtet man die pflanzengeographischen Zonen des nordafrikanischen und vorderasiatischen Orients in der Zusammenschau, so wird noch einmal die Dreigliederung deutlich: Gebirgswälder, Steppen und Wüsten differenzieren das Pflanzenkleid in seiner natürlichen Verbreitung. Überall hat der Mensch in entscheidender Weise eingegriffen, am stärksten jedoch im Bereich der Wälder, die fast nirgends mehr ursprünglich sind. Ihre weitgehende Vernichtung hat den Oberflächenwasserhaushalt stark verändert. Darunter haben vor allem die natürlichen Böden gelitten. Ganz besonders betrifft dies die einst weiter verbreitete rote Erde der Kalksteingebiete, die *Terra rossa*, die zum größten Teil von den Hängen gespült wurde und heute im Sediment der Täler und im Vorland angetroffen wird. Es herrschen daher in höheren Lagen vor allem steinige Skelettböden vor. Besonders die Gebirgsketten des Rif und Tell der Atlasländer, also die humid-mediterranen Küstengebirge, lassen solche Terra-rossa-Relikte an den unteren Talhängen und in den Senken als Verlagerungsprodukte erkennen (MENSCHING 1955). Die Gebirgsrandgebiete und deren Vorländer sind häufig Bereiche starker Verbreitung von *Karbonatkrustenböden*. Sie behindern durch ihren Kalkpanzer erheblich den Anbau, so daß selbst die Anlage von Baumkulturen mit dem Herausschlagen von Pflanzlöchern beginnen muß. Für ihre Entstehung sind vor allem der flächenhaft ausgebreitete kalkreiche Oberflächenabfluß des Niederschlagwassers, die Anreicherung des Kalks in den oberen Sedimentschichten und die hohen Verdunstungswerte bei zumeist kapillarem Aufstieg des Bodenwassers verantwortlich. In den Übergangsbereichen von der Steppe zur Wüste sind auch Gipskrustenböden weit verbreitet.

Die *Steppenböden* sind je nach ihrem Ausgangsgestein sehr vielfältig, wenn auch immer humusarm. Sie reichen je nach dem Durchfeuchtungsgrad von kastanienfarbenen bis zu den grauen Bodentypen. Daneben sind zimtfarbene bis gelbe Böden weit verbreitet, die ebenfalls kalkhaltig sind und nach O. STREBEL (1965) in Syrien den Anbau von Getreide ermöglichen. Von großer Bedeutung für die landwirtschaftliche Nutzung der Steppen sind auch die schwarzen als ›Tirs‹ bezeichneten Böden, die in Gebieten mit erhöhtem Bodenwasserhaushalt, so z. B. in flachen Senken, entstanden sind. Sie sind sowohl aus den Atlasländern als auch aus Vorderasien (hier ›Grumusol‹ genannt) bekannt, wo sie allerdings zur dunkelroten Färbung neigen. Sie sind allgemein für Regenfeldbau geeignet. Weit verbreitet sind auch Sandböden, die etwa in Küstenbereichen wie im tunesischen Sahel geeignet sind, die höhere Luftfeuchtigkeit zur Anreicherung der Bodenfeuchte auszunutzen und selbst bei geringeren Niederschlägen einen Anbau von Baumkulturen begünstigen.

Die Wüsten sind ganz allgemein durch außerordentlich geringe Bodenbildung gekennzeichnet. Da die Anbaugebiete in Tälern und Senken und in den Randbereichen der großen Salztondepressionen (Schott, Kewir) fast immer mit hohen Salzgehalten im Boden zu rechnen haben, ist hier eine umfangreiche Melioration unerläßlich. Ansonsten eignen sich die Wüstenböden des Orients nur zur extensiven Weidenutzung.

Eine umfassende Zusammenstellung der Bedeutung der Böden in den Trockengebieten für ihre Nutzung und Gefährdung durch die Kultivierung hat R. GANSSEN (1968) gegeben.

2.5 Heutiges Nutzungspotential und Vorzeitklima

Es konnte bisher gezeigt werden, in welcher Weise die Landnutzung im gesamten Orient durch die Zunahme der Aridität von den randmediterranen Bereichen um das Mittelmeer und durch die Hochgebirge nach Vorderasien hineingetragen, differenziert und schließlich erschwert bzw. begrenzt wird. Diese natürlichen Voraussetzungen für das Landnutzungspotential entsprechen zwar im allgemeinen den heutigen Klimavoraussetzungen, doch spielt für die Entstehung der Böden die Auswirkung von Vorzeitklimaten eine wichtige Rolle. Dies gilt auch für die Genese der Sedimentdecken im Gebirgsvorland und in den Ebenen, die Grundlage der Landnutzung sind.

Der alte Kulturraum des Mittelmeeres und Vorderasiens hat seit einigen Jahrtausenden eine fühlbare Verschlechterung des natürlichen Landnutzungspotentials für die ständig wachsende Bewohnerzahl erfahren. Besonders gilt dies heute im Vergleich zur Römerzeit. In vielen Abhandlungen ist diese Verschlechterung zu Unrecht auf einen Klimawandel zurückgeführt worden. Durch zahlreiche Untersuchungen konnte nachgewiesen werden, daß vor allem der Mensch durch Raubbaumaßnahmen, zu denen vornehmlich die Vernichtung des Waldbestandes, aber auch der Steppenpflanzen gehört, den natürlichen Landschaftshaushalt zu seinen eigenen Ungunsten verändert hat.

Andererseits hat vor allem K. W. BUTZER (1958, 1959) festgestellt, daß das Klima nach dem letzten Pluvial (Feuchtzeit) bis etwa 5000 v. Chr. trockener geworden ist. Es folgte eine feuchtere Phase bis etwa 2400 v. Chr. (›neolithische Feuchtphase‹), und seither sind in den Randgebieten der großen Passatwüste nur wenige Hinweise auf einen beachtenswerten Klimawandel erkennbar. Als sicher kann heute gelten, daß die mediterranen Randgebiete Nordafrikas und Vorderasiens im Gefolge unserer Eiszeiten des Quartärs Feuchtzeiten erlebt haben, in denen die höhere Vegetation vorrücken und sich der Wald weiter ausbreiten konnte. Dabei dürften die Wüstengebiete im wesentlichen trocken geblieben sein, wenn auch Schwankungen in ihren Randgebieten wahrscheinlich sind. Für das iranische Wüstengebiet hat z. B. H. BOBEK (1955) solche pluvialzeitliche Niederschlagsvermehrung entschieden abgelehnt. Zwar wurde dem widersprochen (K. SCHARLAU 1958) oder diese Ansicht modifiziert (E. EHLERS 1971), doch scheint sich zu bestätigen, daß die extremen Trockenräume Vorderasiens und Nordafrikas ›stabile Zonen der Aridität‹ geblieben sind, wenn auch nicht ohne klimatische und graduelle Schwankungen (vgl. hierzu W. MECKELEIN 1959, und H. MENSCHING 1970). Die Forschungen der letzten Jahre haben nun besonders aus dem nordafrikanischen Trockengebiet und aus dem marinen Bereich vor der nordwestafrikanischen Küste eine Fülle von Daten zur pleistozänen und holozänen Klimageschichte gebracht, die im einzelnen hier nicht dargestellt werden können. Es wird auf die Arbeiten von FLOHN, JÄKEL, PACHUR, SARNTHEIN und SONNTAG verwiesen.

Es erscheint gesichert, daß die Klimageschichte dieses Raumes seit dem Höhepunkt der letzten Kaltzeit (ca. 18 000 vor heute) bis zu den heutigen Bedingungen auf weiträumige Veränderungen auch in der Pflanzenwelt schließen läßt (W. LAUER u. P. FRANKENBERG 1979). Für das westliche Trockengebiet Nordafrikas kann somit bis 4500 vor heute von etwas humideren (feuchteren) Verhältnissen ausgegangen werden, die dann nach dem Neolithikum zu den heute herrschenden Trockenklimaten überleiteten. Von einer generell ›grünen Sahara‹ kann allerdings auch während der feuchteren Phasen nicht gesprochen werden, denn aus den ariden Gebieten wurden allenfalls semiaride Wüstensteppen oder Steppen. Der Ostteil der Sahara blieb dabei wohl trockener als der Westteil.

Für den Wasserhaushalt der nordafrikanischen Wüste ist mit Sicherheit eine stärkere Speisung des Grundwasservorrats während der pleistozänen Feuchtzeiten anzunehmen, auch wenn sie sich nur in den Randgebieten der Wüste stärker ausgewirkt hat, wie es vor allem die jüngeren Datierungen durch Isotopenforschung bestätigt haben (vgl. C. SONNTAG et al. 1978). Im nördlichen Wüstengebiet der Sahara wurden diese Grundwässer überwiegend aus den Westdriftregen (Winterregen) gespeist, während in der südlichen Sahara und im Sahel die Tiefdruckzellen der ITCZ (Innertropische Konvergenzzone) den Sommerniederschlag brachten.

Diese ›vorzeitlichen‹ Grundwasservorräte entsprechen also teilweise nicht dem heutigen Wasserkreislauf, so daß bei einer technisch fortgeschrittenen Nutzung durch Tiefbohrungen durchaus Vorsicht geboten ist. Für die Nutzungsplanung der Wüsten des Orients sind diese Zusammenhänge mit dem Klima der Vorzeit von großer Bedeutung. Das Absinken der Grundwasservorräte seit dem Altertum ist sicher als eine Folge der vermehrten menschlichen Nutzung in der genannten Weise zu interpretieren. Die ausreichend beregneten Bereiche um das Mittelmeer sind hiervon allerdings nicht betroffen. Hier wirkte sich der unkontrollierte Eingriff des Menschen in den Naturhaushalt vor allem an der Oberfläche aus. Aber gerade dort sind Pläne für einen ›Umweltschutz‹ des Naturpotentials notwendiger denn je, besonders wenn die explosionsartige Bevölkerungsentwicklung berücksichtigt wird. Das Problem der Desertifikation (H. MENSCHING 1986) ist daher für die gesamte Entwicklung des ländlichen Raumes in Nordafrika und Vorderasiens zu einem der gravierendsten im Rahmen der Erhaltung des agrarischen Nutzungspotentials dieser mediterranen und kontinentalen Klimazone geworden.

3 Die gegenwärtige wirtschaftliche und soziale Situation (E. Wirth)

3.1 Die geographischen Grundlagen wirtschaftlicher Entwicklung

Bereits im Abschnitt 2.1 (Natur und Lebensraum im Orient) wurde dargelegt, daß das *Trockenklima* des Orients eine jede Nutzung durch den Menschen erheblich erschwert. Für Europa und für ausgedehnte Gebiete Nordamerikas oder Ostasiens sind eine lückenlose, flächenhafte Landnutzung und eine dichte Besiedlung weiter zusammenhängender Landstriche charakteristisch. Im Orient hingegen sind die wenigen Inseln, Bänder und Säume mit dichterer Besiedlung und seßhafter Landnutzung durch weite, kaum nutzbare und fast unbewohnte Räume voneinander getrennt. Nur ungefähr 10 % der vorhandenen Areale werden als Acker- bzw. Gartenland oder durch Baumkulturen genutzt, und nur etwa 1 % der Gesamtfläche wird bewässert. Das räumliche Muster der Kulturlandschaft ist damit nicht flächendeckend, sondern sehr lückenhaft. Wüsten und Wüstensteppen, die höchstens für jeweils kurze Zeit des Jahres in nomadischer Weidewirtschaft genutzt werden, nehmen fast drei Viertel aller Flächen des Orients ein.

Desungeachtet gibt es im Orient viele Landstriche, die von Natur durchaus *begünstigt* erscheinen: die Stromlandschaften von Nil, Euphrat und Tigris mit ihren Möglichkeiten intensiver Bewässerungskultur, die gut beregneten, fruchtbaren Küstenebenen und Gebirgsvorländer am Mittelmeer und im Bereich des Fruchtbaren Halbmondes sowie viele recht niederschlagsreiche Beckenlandschaften und Talzüge in den Gebirgen und Hochländern. Antike Quellen berichten von dichter Besiedlung, intensiver Landnutzung und blühenden Städten. Einige dieser Landschaften bildeten bereits vor Jahrtausenden die Kernräume mächtiger Reiche. Später folgten lange Perioden des Verfalls. Noch in der Mitte des letzten Jahrhunderts waren sie relativ dünn besiedelt und wirtschaftlich ausgesprochen unterentwickelt.

Vieles hat sich seitdem grundlegend gebessert. Vor allem ist in den vergangenen 150 Jahren fast überall im Orient die agrarische Produktion um ein Vielfaches erhöht worden: Weite, noch um 1900 von Nomaden genutzte Steppenareale kamen wieder unter den Pflug, das Bewässerungsland wurde erheblich ausgedehnt und der Anbau darauf intensiviert. Trotzdem besteht immer noch ein erheblicher *Entwick-lungsrückstand*; auch die einschlägigen Statistiken weisen noch die meisten Staaten des Orients als Entwicklungsländer aus, wenn wir den Erdölsektor bei der Betrachtung ausschließen.

Die Ungunst der Landesnatur kann einen solchen Verfall seit den Blü-tezeiten der Antike offensichtlich nicht hinreichend erklären. Auch *Zivilisationsstand* und *Kulturhöhe* des Orients lassen auf den ersten Blick den gegenwärtigen Entwicklungsrückstand nur schwer verständ-lich erscheinen: Der Orient ist ein Raum altehrwürdiger, hoher Zivili-sation. Moderne westliche Wirtschaft und Technik haben zumindest in Teilen dieses Großraums schon relativ früh Fuß gefaßt. Die sozial und wirtschaftlich tonangebenden Schichten erkennen die westlichen In-dustriestaaten hohen Lebensstandards als Vorbild an, und sie bemü-hen sich in ihrer persönlichen Lebensgestaltung, es diesen gleichzu-tun. Seit 1973 sind schließlich auch die Erdöleinkünfte vieler Staaten des Orients so stark angestiegen, daß für moderne Entwicklungspro-jekte genügend Kapital vorhanden wäre.

Die Voraussetzungen für eine rasche wirtschaftliche und technische Erschließung scheinen damit in Nordafrika und Vorderasien wesent-lich günstiger zu sein als in manchen anderen Entwicklungsregionen der Erde. Überraschenderweise stößt aber eine solche moderne Ent-wicklung auch im Orient auf große Schwierigkeiten und Hindernisse. Sie liegen in festverwurzelten traditionellen *Wertsystemen* und *Verhal-tensmustern* begründet, durch welche die Gesellschafts- und Sozial-struktur des Orients in vieler Hinsicht noch heute geprägt wird. Sie gründen aber auch in entwicklungshemmenden politischen, sozialen und religiösen Strömungen, in jahrelangen kriegerischen Auseinan-dersetzungen und in einer oft sehr prestigebetonten, kurzsichtigen Entwicklungspolitik. Obwohl die Landesnatur einen nur kargen Rah-men für Siedlung und Wirtschaft abgibt, liegen die entscheidenden Entwicklungshemmnisse also beim Menschen und seiner politisch-kulturellen und sozioökonomischen Organisation.

3.2 Der Rentenkapitalismus und seine Überwindung

Insbesondere die traditionellen Handlungsstrategien des *orienta-lischen Rentenkapitalismus* reichen als schwere Hypothek einer viel-tausendjährigen Geschichte bis in die unmittelbare Gegenwart des Orients hinein. HANS BOBEK, von dem der Begriff Rentenkapitalismus stammt, definiert ihn folgendermaßen: »In diesen alten Hochkulturen mit ihrem mehrtausendjährigen Städtewesen kam ein Wirtschaftssystem zur Ausbildung, das man als echten Kapitalismus ansprechen muß, insofern es mit allen typischen Kennzeichen des rationalen Erwerbsstrebens als Ziel an sich behaftet ist. Von dem uns geläufigen Kapitalismus unterscheidet es sich vor allem dadurch, daß seine Träger der Gütererzeugung selbst nur geringes Interesse entgegenbringen. Diese überlassen sie vielmehr sich selbst, d. h. dem bäuerlichen, handwerklichen, grubenmäßigen usw. Kleinbetrieb, um ihr Interesse auf das Abschöpfen von Ertragsanteilen (›Renten‹) zu konzentrieren« (1962, S. 8).

Im klassischen Rentenkapitalismus werden von dem stadtsässigen ›Kapitalisten‹ aus den abhängigen Betrieben alle Ertragsanteile abgezogen, die über das nackte Existenzminimum der meist auch noch hoch verschuldeten Fellachen, Handwerker usw. hinausgehen. Investitionen irgendwelcher Art zur Erhaltung oder gar zur Steigerung der Produktivität eines Betriebs sind dem Rentenkapitalismus wesensfremd. Damit ist ihm vielfach ein ausgesprochen parasitärer Charakter eigentümlich; das Abschöpfen fast aller Erträge führt zu einem fortschrittshemmenden Raubbau. Die ausgebeuteten Bauern, Handwerker usw. zeigen aber nicht das geringste Interesse an einer Steigerung ihrer Produktion, an innerbetrieblichen Verbesserungen, an Modernisierung und Intensivierung; denn der Mehrertrag ihrer erhöhten Aufwendungen würde ja nicht ihnen selbst, sondern nur dem ›Kapitalisten‹ zugute kommen.

Am klarsten und eindeutigsten prägte sich das System des orientalischen Rentenkapitalismus im Bereich der *Landwirtschaft* aus. Bis zu dem sozialen Umbruch, der mit der ägyptischen Revolution im Jahre 1952 begann, konnte die Masse der bäuerlichen Bevölkerung im Orient nur einen kleinen Teil des Ertrags ihrer Bemühungen für sich behalten. Die Hälfte, oftmals drei Viertel und gelegentlich sogar neun Zehntel der Ernte mußten an die in der Stadt ansässigen Großgrundbesitzer, Notabeln, Geldleiher oder Kaufleute abgeführt werden. Sie, die Besitzer der Rententitel, stellten dem Fellachen den Boden, das Bewässerungswasser, das Saatgut, nicht selten auch Gerät und Zugtiere oder die Wohnung zur Verfügung. Als Gegenleistung für jeden dieser ›Produktionsfaktoren‹ beanspruchten sie dann je ein Fünftel der Ernte (im Maghreb ›Khammessat‹ genannt, von Khamsa = 5). Oft verblieb dem Fellachen nur noch ein einziges Fünftel als Entgelt für seine Arbeitsleistung. Zusätzlich zur Abgabe solcher Ernteanteile wurde vielfach noch die Zahlung außerordentlich hoher Zinsen für Darlehen, Vorschüsse usw. gefordert.

Aufgrund solcher rentenkapitalistischer Verstrickungen war der Fellache im Orient noch vor 30 Jahren vielerorts eine eigenartige Mischung zwischen Pächter, Landarbeiter und bodengebundenem Leibeigenen. Er erschien in jeder Hinsicht von außenstehenden Mächten abhängig und hatte allein das Risiko von Dürrejahren, Überschwemmungen, Heuschreckenschwärmen usw. zu tragen. Elend, Krankheit, sklavenähnliche Abhängigkeit und damit verbunden größte Wirtschaftsunsicherheit waren die entscheidenden Faktoren im Leben des orientalischen Fellachen. Ein tiefer Fatalismus beherrschte das Leben der Menschen; irgendein Planen für die Zukunft, ein Sparen oder Vorsorgen erschienen gänzlich zwecklos. Da die Arbeit aber nicht lohnte und nur für den Grundherren, kaum für den Arbeitenden selbst Ertrag abwarf, wurde sie als Fluch empfunden und möglichst umgangen.

Nicht so offenkundig, aber nicht minder effektiv war der Zugriff des traditionellen Rentenkapitalismus im Bereich der *gewerblichen Produktion*. Das städtische Handwerk wie das ländliche Heimgewerbe bekamen vielfach sowohl das Arbeitsgerät (Webstuhl, Schmelzöfen usw.) als auch das Rohmaterial (Garn, Kupferplatten usw.) vom städtischen Geldgeber zur Verfügung gestellt. Selbst die Räume, in denen gearbeitet wurde, waren nicht selten im Besitz des städtischen Kapitalisten. Von allen ›Produktionsfaktoren‹ blieb damit vielen Gewerbetreibenden wieder nur ihre Arbeitskraft, die mit einem unglaublich niedrigen Hungerlohn vergütet wurde. Auch der kleine Einzelhandelskaufmann im Bazar war häufig ganz und gar vom Großhändler und städtischen Geldgeber abhängig; diesen gehörten die Ladenräume oft ebenso wie die darin zum Verkauf angebotenen Waren (E. WIRTH 1974/75).

Trotz vieler Reformen und privatwirtschaftlicher Initiativen in den vergangenen Jahrzehnten trifft man noch heute im Orient häufig solche *traditionellen rentenkapitalistischen Bindungen*: Der mit Hilfe der jüngsten Bodenreformen und Landenteignungen eben erst von der Feudalherrschaft befreite Kleinbauer hat sich durch Kauf auf Pump vielfach bereits wieder beim städtischen Geldgeber hoch verschuldet. An Tilgung der Schuld ist schon nicht mehr zu denken; geht doch allein als Zinszahlung wieder ein erheblicher Ernteanteil an den städtischen Kapitalisten. Der Schuhputzer, der vor der Türschwelle eines großen Hotels hockt, muß, um hier geduldet zu werden, dem Hotelportier einen Teil seines ohnehin geringen Verdienstes abführen. Die ambulanten Händler in den belebten Geschäftsstraßen der großen Städte verkaufen Ware, die sie leihweise vom Großhändler überlassen bekommen; die Verkaufs- und Verrechnungspreise sind dabei so kalkuliert, daß der Löwenanteil des Erlöses an letzteren fällt. Der Agha

oder Scheich, der Männer seines Dorfes als Arbeitskräfte für die Bau-
stelle einer europäischen Firma anwirbt, kassiert deren gesamte Löh-
nung und gibt davon nur ein Taschengeld weiter. Die Reihe solcher
Beispiele ließe sich fast beliebig verlängern. Immer wird eine durch
traditionelle Vorrechte oder Verschuldungspraktiken überlegene
Machtposition dazu ausgenutzt, um hohe Anteile des Bruttoertrags an
sich zu ziehen, ohne daß dafür entsprechend hohe Aufwendungen ein-
gebracht würden.

Es versteht sich von selbst, daß dieses System des orientalischen Rentenkapitalismus und der daraus resultierende *Wirtschaftsgeist* (vgl.
E. WIRTH 1956) ein großes Hindernis für jede moderne wirtschaftliche
und technische Erschließung darstellen. Selbst die westlich erzogene,
einflußreiche und vermögende Oberschicht bevorzugt häufig in alter
rentenkapitalistischer Tradition noch heute eine langfristige Geldan-
lage im Grundbesitz oder eine kurzfristige Anlage im Darlehens- oder
Bazargeschäft, in der Boden- und Bauspekulation. Von westlichen
Firmen errichtete Industriebetriebe, technische Anlagen und Einrichtungen der Infrastruktur werden manchmal in kürzester Zeit herun-
tergewirtschaftet oder sie verkommen; denn niemand denkt daran,
irgendwelche Investitionen für Reparaturen vorzunehmen. Die Ab-
schreibungsbeträge werden nicht reinvestiert, sondern als vermeint-
lich zusätzlicher Ertrag kassiert.

Solche Hemmnisse treten noch heute allenthalben im Orient auf; sie
scheinen unabhängig von der sehr unterschiedlichen Wirtschaftspolitik der jeweiligen Staaten zu sein. Trotzdem beschreibt das Modell des
Rentenkapitalismus nur einen Teil der ökonomischen Handlungs- und
Verhaltensstrategien im Orient. In zunehmendem Maße wird nämlich
wirtschaftliches Handeln auch im Orient von modernen westlichen
Grundsätzen, von *Freude an Privatinitiative, Risiko und Erfolg* geprägt.
Wo man den Menschen genügend Freiheit und Handlungsspielräume
läßt, verhalten sie sich nicht anders als Menschen der hochentwickelten
westlichen Industriestaaten. Das aber ist keine Nachahmung im-
portierter moderner Lebensformen und Verhaltensnormen, sondern
eine Weiterführung alter *Wirtschaftstraditionen der großen orientalischen Fernhandelsstädte.*

Diese Städte – z. B. Bursa und Izmir, Aleppo und Damaskus, Alexandria, Tunis und Fès, Täbriz und Isfahan – hatten teilweise schon im
Spätmittelalter und in der frühen Neuzeit rege Handelsbeziehungen
mit dem mediterranen Europa. Sie zeigen viele Gemeinsamkeiten mit
Städten wie Venedig und Genua, Florenz und Pisa, Marseille, Lyon
und Barcelona. Da wie dort war es eine kleine Schicht von wagemuti-
gen, kapitalkräftigen Fernhändlern, Unternehmern und Bankiers, die

den Austausch hochwertiger Waren zwischen den Handels- und Produktionszentren des Orients und des Abendlandes organisierten und finanzierten. Armenier und Juden waren als Mittelsmänner tätig. Ein solcher Handel konnte nur deshalb bis in die erste Hälfte des 19. Jahrhunderts ungeachtet aller politischer Gegensätze und kriegerischer Auseinandersetzungen in hoher Blüte stehen, weil sowohl die Kaufleute der orientalischen wie diejenigen der europäisch-mediterranen Fernhandelsstädte gemeinsamen Rechtsvereinbarungen, Handlungsstrategien und Verhaltensnormen folgten, und zwar denen des westlich-dynamischen Vor- und Frühkapitalismus.

Diese Tradition ist in einer wohlhabenden, risikofreudigen und überaus anpassungsfähigen Schicht von Großhändlern, Geldleihern und Unternehmern in großen orientalischen Städten bis heute lebendig geblieben. Sie haben schon im 19. Jahrhundert an der Wiederbesiedlung von in nomadischer Hand befindlichen Steppengebieten mitgewirkt, sie haben in eigener Regie sowohl im Regen- wie im Bewässerungsfeldbau moderne vollmechanisierte Betriebe aufgebaut, sie haben ländliches Heimgewerbe und städtisches Klein- und Mittelgewerbe organisiert und finanziert. Auch die Gründung vieler moderner Industriebetriebe geht auf ihre Initiative zurück. Ihrem Vorbild folgen in jüngerer Zeit viele mittlere und kleinere Bauern, Handwerker, Händler und Fuhrunternehmer – sofern man ihnen nur die Möglichkeit gibt, ein bescheidenes Startkapital zu erwerben und freie Initiative zu entfalten. Für den Wirtschaftsgeist im Orient sind solche Aspekte heute fast schon wichtiger als das traditionelle Modell des Rentenkapitalismus (vgl. E. WIRTH 1982, 1985).

3.3 Der Prozeß der Verwestlichung und seine Konsequenzen

›Verwestlichung‹ im Sinne einer Übernahme technischer, wirtschaftlicher, sozialer und zivilisatorischer Ideen und Einrichtungen von den hochentwickelten modernen Industriestaaten (Europa, USA, UdSSR) ist ein für alle Entwicklungsländer charakteristischer Prozeß. Für viele Entwicklungsländer in allen Teilen der Welt trifft es auch zu, daß Verwestlichung nicht schon automatisch eine Hebung des Lebensstandards oder eine Steigerung der Produktivität beinhaltet; man spricht oft zu Recht von ›*Modernization without Development*‹. Speziell im Orient zeigt das Phänomen der Verwestlichung aber einige Besonderheiten, die bei allem Bemühen um wirtschaftliche und soziale Entwicklung dieser Großregion zusätzlich berücksichtigt werden müssen.

Die räumliche Nachbarschaft von Abendland und Morgenland sowie vielfältige Beziehungen über das Mittelmeer hinweg brachten den Orient – im Unterschied zu manchen anderen Großräumen der Dritten Welt – schon sehr früh und dann immer wieder mit dem Westen in Verbindung. Damit ist Verwestlichung im Orient ein viele Jahrhunderte altes Phänomen:

- Die fast eintausend Jahre hellenistisch-römisch-byzantinischer Antike haben, wie bereits in der Einleitung erwähnt, in vielen Ländern des Orients bis in die Gegenwart reichende westliche Strukturen geschaffen.

- Auch nach der Eroberung des Orients durch den Islam rissen im Mittelalter und in der frühen Neuzeit die Verbindungen mit dem Westen nicht ab. Die Kreuzzüge, sehr aktive Handelsniederlassungen der europäischen Seefahrerstädte bzw. Handelsnationen sowie frühe Bemühungen christlicher Mission im ›Heiligen Land‹ sind Beispiele für eine solche wechselseitige kulturelle und wirtschaftliche Beeinflussung.

- Schon lange vor dem 19. oder gar 20. Jahrhundert wurden von Herrschern orientalischer Staaten ganz bewußt europäische Errungenschaften übernommen oder westliche Vorbilder nachgeahmt, wenn das vorteilhaft erschien. Der nach der Konzeption Vaubans errichtete Befestigungsgürtel der Stadt Tunis mit seinen dreieckigen Bastionen oder die Stadtgrundrisse, Gebäude und Kunstwerke in Iran aus der Zeit der Safawiden und der Kadjaren (Kadscharen) seien hier als Beispiele genannt. Das Osmanische Reich verdankt seine großen militärischen Erfolge gegen Byzanz, die Safawiden und die Mameluken in den Jahrzehnten um 1500 nicht zuletzt auch der Tatsache, daß es bei seinen Feldzügen die westliche Innovation von Artillerie und Belagerungsgeschützen eingesetzt hat.

- Seit der ersten Hälfte des 19. Jahrhunderts hat europäischer Wirtschaftsimperialismus dann auch gegen den Willen der Betroffenen zu einer zunehmenden Verwestlichung geführt: Die Märkte des Orients wurden für europäische Waren geöffnet; der Bau von Überseehäfen und von Straßen und Eisenbahnlinien ins Binnenland förderte das Einströmen europäischer Waren, Ideen und Institutionen. Die direkte politische, militärische und wirtschaftliche Kontrolle durch Protektorat bzw. Kolonialherrschaft in Nordafrika oder Mandatsregime in Vorderasien hat dann den westlichen Einfluß nochmals verstärkt.

- Im 20. Jahrhundert führte interessanterweise gerade auch die Abwehr direkter westlicher Einflußnahme zu einer Beschleunigung des Verwestlichungsprozesses. In ganz bewußter Anlehnung an westliche Vorbilder haben sich z. B. Kemal Atatürk in der Türkei oder Reza Schah in Iran darum bemüht, moderne Staatswesen zu schaffen, um deren politische Unabhängigkeit zu sichern. Auch sozialistische Reform- und Abkoppelungsbewegungen lehnen sich sehr an westliche oder sowjetische Vorbilder an.

- Seit dem Zweiten Weltkrieg schließlich erfaßt der Prozeß der Verwestlichung im Orient auch die einfacheren Sozialschichten und die entlegeneren Gebiete. Westliche Vorbilder werden jetzt wegen des mit ihnen verbundenen höheren Sozialprestiges freiwillig, teilweise sogar betont nachgeahmt. Die in ihre Heimat zurückgekehrten Auswanderer dienen vielfach als Vorbild. Westliche Konsumgewohnheiten und westlich orientierte Lebensführung sind im Orient zu einem Statussymbol geworden (vgl. hierzu H. MEJCHER 1976).

Angesichts dieser alten und vielfältigen Beziehungen und Beeinflussungen erscheint es zunächst schwer verständlich, daß der Orient auch auf kräftige Impulse moderner Entwicklungshilfe oft nur träge reagiert und daß die Entwicklungsimpulse auch hoher Erdöleinnahmen geringer sind, als man es sich zunächst erhofft hatte. Im äußeren Anstrich erscheinen zwar schon viele Länder des Orients stark an Europa angenähert; eine auch tiefere Strukturen erfassende wirtschaftliche und soziale Entwicklung hat aber gerade im Orient noch immer mit Schwierigkeiten zu kämpfen.

Es wurde bereits dargelegt, daß die jahrtausendealte Kulturtradition hier als Hemmschuh wirkt: Die Verwestlichung stößt im Orient nicht auf eine Bevölkerung relativ primitiver, niedriger Kulturstufe, sondern auf eine *alte und hochentwickelte Zivilisation*. Diese erscheint festgefügt und erweist sich damit als ein vielfach hartnäckig resistenter Faktor. Das System des Rentenkapitalismus, von dem bereits die Rede war, und die Lebensordnungen des Islam sind Teilelemente innerhalb eines übergeordneten Sozialsystems, welches das Alltagshandeln im Orient seit vielen Jahrhunderten regelt.

Diese traditionellen, im Rahmen einer stabilen Gesellschaftsordnung normierten *Lebensformen* des Orients mit ihren sehr spezifischen Wertsystemen und Verhaltensmustern beinhalten nun in wirtschaftlicher Hinsicht ebenso traditionelle *Bedarfsstrukturen*, Verbraucherwünsche und Konsumgewohnheiten. Deshalb bilden auch der Bestand an von der Gesellschaft vorgeschriebenen Konsumgütern, tägliches Brauchtum, Produktion und Austausch ein weitgehend geschlossenes System. Die herkömmlichen handwerklichen und gewerblichen Erzeugnisse des Orients (z. B. Textilien und Hausrat, Schmuck und Produkte des Nahrungsmittelgewerbes) sind keineswegs in ihrer Form beliebig austauschbare Ware; sie sind vielmehr Bestandteil einer bei den einfacheren Bevölkerungsschichten im Grunde noch ungebrochenen *materiellen Zivilisation.* Jahrhundertealte Traditionen der Gesellschaft schreiben vor, wie die einzelnen Konsumgüter zu fertigen sind, wie sie auszusehen haben und was zu welcher Gelegenheit zu verwenden, d. h. aber zu konsumieren ist.

Ein Gang durch orientalische Bazare zeigt jedem aufmerksamen Beobachter in eindrucksvoller Weise, daß die traditionelle Gesellschaft im Orient – wie übrigens jede Gesellschaft – ganz spezielle Typen von Gebrauchsgegenständen hat. Man nehme z. B. das überaus mannigfaltige Textilangebot des Bazars: Für jeden Zweck sind jeweils andere Stoffsorten und -muster durch altes Herkommen vorgeschrieben. Dies erklärt uns auch die erstaunliche, trotz der Konkurrenz industrieller Massenfertigung immer noch weitgehend ungebrochene Lebenskraft des städtischen *Handwerks* in Bazar und Altstadtquartieren. Seit mehr als 100 Jahren haben ihm europäische Beobachter einen raschen Untergang prophezeit; immer noch aber ist in vielen Ländern des Orients die Zahl der im traditionellen Handwerk und Gewerbe Beschäftigten größer als die Zahl der Beschäftigten in modernen Industrien. Solange es noch einen aufgrund jahrhundertealter Überlieferung in Geschmack und Konsumgewohnheiten traditionell eingestellten Kundenkreis gibt, wird auch das alte orientalische Handwerk und Gewerbe zumindest in Restbeständen am Leben bleiben (vgl. D. CHEVALLIER 1982).

Das vorstehend skizzierte altüberlieferte Wirtschafts- und Sozialsystem des Orients hat sich als sehr stabil erwiesen. Erst jetzt wird es zunehmend aufgeweicht, oder es beginnt zu zerbrechen. Auf Anstöße von außerhalb reagieren die Menschen zunächst einmal systemimmanent; man versucht also, vom Westen kommende *Neuerungen in das alte System mit einzubauen* (vgl. E. WIRTH 1985). Die Sattler des Bazars z. B. verarbeiten heute unter Beibehaltung ihrer alten Handwerkstechniken statt Leder alte Autoreifen; das Metall für einen primitiven Bronzeguß wird heute nicht mehr über dem Holzkohlenfeuer, sondern über der Propangasflamme erhitzt. Paradox erscheint ein solcher Einbau des Neuen ins Alte dann z. B. dort, wo auf einem Dreschplatz der altüberlieferte orientalische Drehschlitten von einem Traktor im Kreis herumgezogen wird.

Fatalerweise hat nun aber gerade die Tendenz, den Westen systemimmanent in die traditionellen Gesellschafts- und Lebensordnungen des Orients mit einzubeziehen, während der vergangenen einhundert Jahre zu *krassen Fehlentwicklungen* geführt. Viele der sozialen Gravamina des gegenwärtigen Orients sind letztlich nur hieraus zu erklären: das relative Absinken der Löhne im traditionellen Handwerk und Gewerbe fast unter die Grenze des Existenzminimums; der Niedergang des ländlichen Heimgewerbes und damit der Verlust von Möglichkeiten des Nebenerwerbs; die Usurpation von Grundbesitz durch Feudalherren und städtische Geldleiher und damit verbunden die Entstehung großer Latifundien; die rücksichtslose wirtschaftliche Ausbeutung der Stammesgenossen durch einflußreiche Nomadenscheichs. Vieles spricht sogar für die Vermutung, daß auch das traditionelle System des orientalischen Rentenkapitalismus erst durch Übernahme westlicher Komponenten einen betont parasitären Charakter angenommen hat (E. WIRTH 1972).

Solche im Zusammenhang mit der Verwestlichung des Orients aufgetretenen schweren Fehlentwicklungen sind ein überzeugendes Argument gegen alle Bestrebungen, moderne westliche Einflüsse als Systemelemente in die alten Wirtschafts- und Sozialordnungen des Orients einzubauen. Auch der islamische Fundamentalismus kann nicht westliches Denken und westliche Lebensformen ablehnen, gleichzeitig aber westliche Technologie weiterhin nutzen. Nach einer möglicherweise noch längeren Übergangzeit muß der eingeschlagene Weg der Verwestlichung wohl auch im Orient konsequent zu Ende gegangen werden, falls es nicht gelingen sollte, in einer schöpferischen Synthese völlig neue Wege zu finden.

Wenn vorstehend die entwicklungshemmende Rolle der traditionellen Wirtschafts- und Sozialstrukturen besonders betont wurde, so darf demgegenüber doch nicht vergessen werden, daß die Verwestlichung auch im Orient *viele Lebensbereiche* bereits *stark umgestaltet* hat. Der ausgeprägte Nationalismus orientalischer Staaten kommt ebenso vom Westen wie die modernen sozialistischen Strömungen. Rechtsordnung und Schulwesen, Verwaltung und Armee sind nach europäischwestlichen Vorbildern organisiert. Im Zusammenhang mit den überwiegend westlich orientierten Konsumgewohnheiten der Mittel- und Oberschicht entstanden zur Deckung des neuen Bedarfs auch neue Branchen von Produktion, Handel und Verkehr, die sich neue Standorte außerhalb der bisherigen Altstadtgeschäftsbezirke (Bazare) suchten.

In allen größeren Städten des Orients findet man deshalb heute neben dem Bazar als dem Einkaufszentrum der traditionell eingestellten ärmeren Bevölkerungsschichten moderne Geschäftsstraßen und Geschäftsviertel mit einem betont westlichen Waren- und Dienstleistungsangebot. Ein Teil dieser Güter wird bereits in heimischen Fabriken hergestellt. Hochhäuser, Parkplatznot, Verkehrsstauungen am Morgen und Abend, Hüttenquartiere am Stadtrand und moderne Villenviertel in den bevorzugten Wohngegenden sind ein augenfälliges Indiz dafür, daß die *Urbanisierung* als ein wesentliches Moment der Verwestlichung auch im Orient unaufhaltsam voranschreitet (E. WIRTH 1968).

3.4 Die Dynamik der jungen Erdölerschließung

Bereits in der Einleitung wurde darauf verwiesen, daß der Orient die mit erheblichem Abstand erdölreichste Großregion der Erde darstellt (Tab. 1). Die Erschließung der dortigen Erdölvorräte ist allerdings erst seit einem Menschenalter energisch vorangetrieben worden (Tab. 2). Noch am Vorabend des Zweiten Weltkrieges war die Förderung auf die beiden Länder Iran und Irak beschränkt. In den jüngst vergangenen Jahrzehnten sind dann auch in anderen Ländern Vorderasiens und in Nordafrika ergiebige Vorkommen gefunden worden. Heute ist bereits die Mehrzahl aller Staaten des Orients an der Erdölproduktion beteiligt. Zwar hat die Preispolitik der OPEC-Staaten in den vergangenen zehn Jahren zu einem Rückgang der Erdölförderung geführt (Tab. 2). Da die Lagerstätten des Orients aber fast zwei Drittel der Welt-Erdölreserven bergen, wird die Bedeutung des Orients für die Welt-Energiewirtschaft in den kommenden Jahren sicher noch erheblich zunehmen.

In den entsprechenden regionalen Kapiteln von Teil 4 (Nordafrika) und 5 (Vorderasien) wird die Erdölwirtschaft jeweils eingehend berücksichtigt. Deshalb seien hier vorab nur einige übergreifende Gesichtspunkte kurz erörtert. Die Bedeutung des Erdöls aus Vorderasien und Nordafrika für die jungen Staaten des Orients selbst wie auch für die Weltwirtschaft läßt sich am besten anhand einiger *Schlüsselzahlen* verdeutlichen:

- Es wurde soeben schon erwähnt, daß nach dem gegenwärtigen Stand unseres Wissens knapp zwei Drittel der Welt-Erdölreserven im Orient liegen. Tab. 2 zeigt in Ergänzung dazu, wie steil zwischen 1939 und 1974 sowohl die absolute Förderung aus den Lagerstätten Nordafrikas und Vorderasiens als auch der Anteil des Orients an der Welt-Erdölförderung angestiegen sind.
- Aus Tab. 3 ist zu ersehen, daß von den 14 größten Erdölfeldern der Welt – d. h. von allen mit jeweils mehr als eineinhalb Milliarden t sicherer Reserven – nicht weniger als 13 im Orient liegen. Jedes der beiden größten Erdölfelder des Orients verfügt über mehr sichere Erdölreserven als die gesamten Vereinigten Staaten.

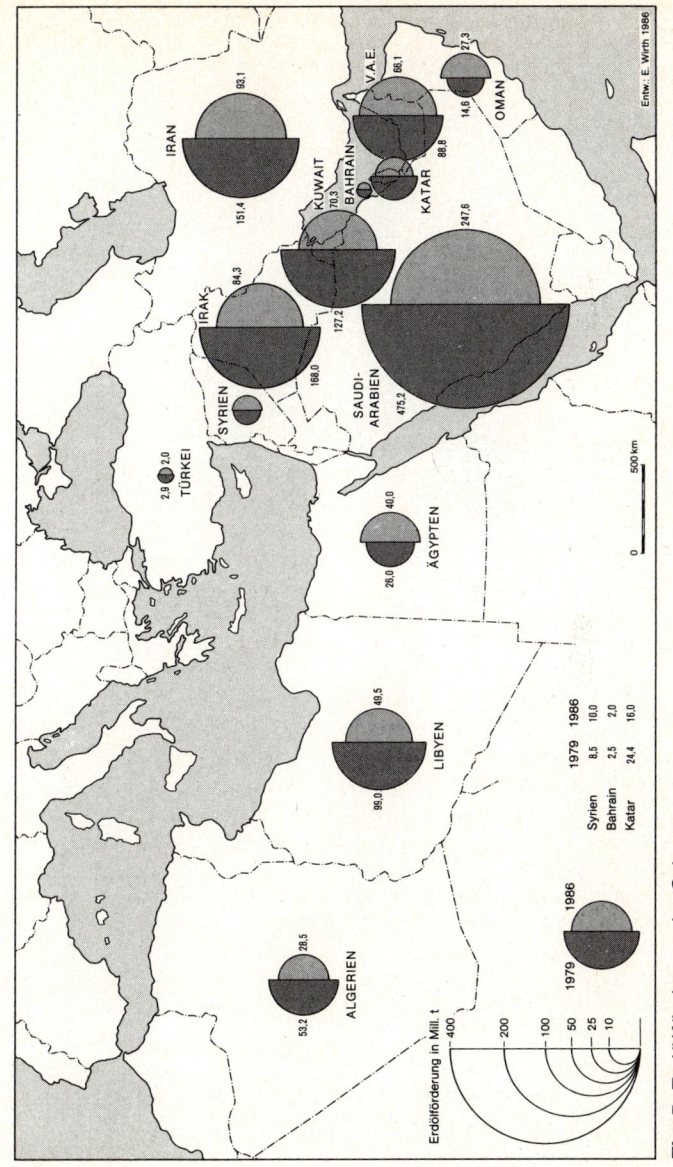

Fig. 5: Erdölförderung im Orient

Entw.: E. Wirth 1986

IRAN 151,4 93,1

V.A.E. 66,1 27,3

BAHRAIN

KUWAIT 70,3

KATAR 88,8 14,6 OMAN

IRAK 168,0 84,3

SYRIEN

SAUDI-ARABIEN 475,2 247,6

127,2

TÜRKEI 2,9 2,0

ÄGYPTEN 26,0 40,0

LIBYEN 95,0 49,5

	1979	1986
Syrien	8,5	10,0
Bahrain	2,5	2,0
Katar	24,4	16,0

ALGERIEN 53,2 28,5

1979 1986

500 km

0

Erdölförderung in Mill. t

400
200
100
50
25
10

53

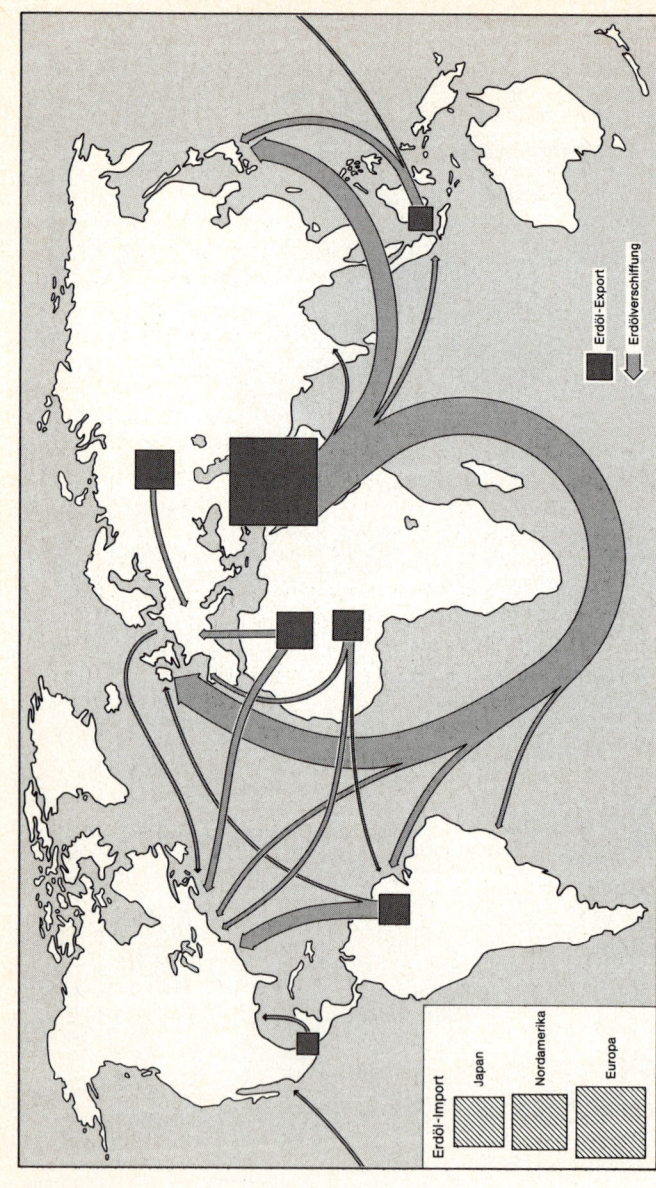

Fig. 6: Die Welthandelsströme des Erdöls

Erdöl-Export

Erdölverschiffung

Erdöl-Import

Japan

Nordamerika

Europa

54

● Burgan in Kuwait, eines der größten Erdölfelder der Welt, könnte beim derzeitigen Verbrauch (1986) den Erdölbedarf der Bundesrepublik für ca. 75 Jahre decken. Dieses Feld hat eine etwa ovale Ausdehnung von nur 25 x 15 km. Mit etwa 300 km^2 entspricht sein Areal ungefähr der Fläche der Stadtkreise Köln oder München.

● Von allen Großräumen der Erde weist der Orient heute ungeachtet des starken Rückgangs der OPEC-Produktion seit 1980 immer noch die höchste Erdölförderung auf (1986: 737 Mill. t). Sein Gewicht auf dem Weltmarkt ist aber noch wesentlich stärker, als es der Anteil an der Weltförderung erkennen läßt; denn der Eigenverbrauch Vorderasiens und Nordafrikas an Erdöl schlägt gegenwärtig noch kaum zu Buche. Damit ist der Orient der bei weitem bedeutendste Erdölexporteur; sein Anteil am Weltexport belief sich 1980 auf etwa 80 %. Bis zum Jahre 1971 konnte der Erdölüberschuß Lateinamerikas etwa das Erdöldefizit Nordamerikas decken. Der Erdölüberschuß des Orients wurde folglich im wesentlichen dafür verwandt, die sehr hohen Defizite Europas und Japans auszugleichen. Auf einen solchen transportkostenorientierten interkontinentalen Ausgleich hatten sich die Welthandelsströme des Erdöls eingespielt (Fig. 6). Seit 1972 werden die Lagerstätten des Orients nun aber auch in einem von Jahr zu Jahr noch steigenden Umfang zur Deckung des rasch wachsenden Erdöl-Importbedarfs der USA herangezogen.

● Nochmals bevorzugt erscheint der Orient schließlich dadurch, daß die Produktionskosten für Erdöl hier sehr viel niedriger liegen als in anderen Erdölregionen. Aufgrund einer einige Jahre zurückliegenden Schätzung kommt die Förderung pro Tonne Erdöl in Venezuela dreimal, in der Sowjetunion achtmal, in den USA fünfzehnmal und in Kanada zwanzigmal teurer als im Bereich des Arabisch-Persischen Golfs. Wie sehr die Felder des Orients hinsichtlich ihrer Förderung begünstigt sind, zeigt auch Tab. 4.

Vielfach herrschen in der breiteren Öffentlichkeit noch recht *unangemessene Vorstellungen* über die Situation der orientalischen Erdölländer. Als die Rohölpreise auf dem Weltmarkt mit zwei großen Sprüngen 1973 und 1979 auf mehr als das Zehnfache der Preise von 1973 anstiegen, da hörte man viele Klagen über die angeblich so überzogenen finanziellen Forderungen der Förderländer. Auch werden immer noch die alten Geschichten von übermäßigem Luxus und von ausschweifender, üppiger Lebensführung der ›Erdölscheichs‹ kolportiert, oder man schmunzelt etwas herablassend über den arabischen Souverän, der sich alle Gewinnanteile zunächst in Gold-

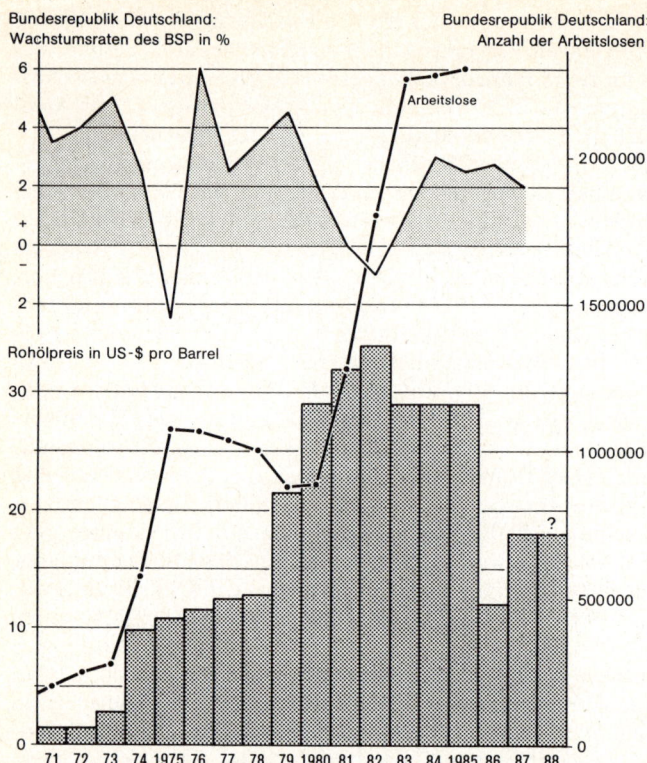

Fig. 7: Die Entwicklung der Rohölpreise

münzen ausbezahlen ließ und in großen Kisten unter seinem Bett verwahrte.

Die heutige Wirklichkeit sieht demgegenüber doch sehr anders aus. Als die Rohölpreise in der ersten Hälfte des Jahres 1986 durch ein erhebliches Überangebot auf dem Weltmarkt von knapp 30 US-Dollar/barrel auf etwa 10 US-Dollar/barrel absanken, bedeutete das für die Erdölstaaten des Orients einen schweren Rückschlag: Große Entwicklungsprojekte mußten aufgeschoben oder gar storniert werden, der Staatshaushalt war in Einnahmen und Ausgaben nicht mehr ausgeglichen, die Überweisungen der in den Ölstaaten tätigen Gastarbeiter in ihre meist armen Heimatstaaten gingen zurück.

Aber auch die großen Ölverbrauchsländer waren nicht glücklich: Bei

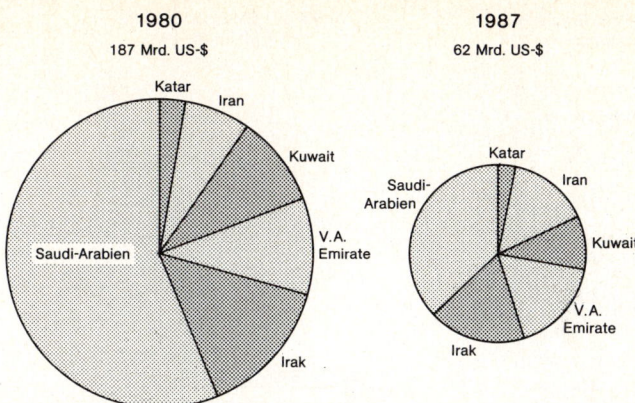

Fig. 8: Prozentuale Verteilung der Erdöleinnahmen im Bereich des Arabisch-Persischen Golfs

wieder niedrigen Rohölpreisen ließ der Antrieb für energiesparende Maßnahmen nach, und man verzichtete auf die Erkundung neuer Erdöllagerstätten, weil der zu erwartende Ertrag den Aufwand nicht lohnte. Heute sind sich die Erdölstaaten des Orients und die westlichen Industriestaaten darüber einig, daß ein Rohölpreis um 20 US-Dollar/barrel einen guten Kompromiß zwischen Produzenten- und Verbraucherinteressen darstelle.

Auch unter einem anderen Aspekt erscheint dieser Kompromiß ausgewogen: Die Darstellung von Tab. 5 basiert auf den Angaben eines führenden internationalen Erdölkonzerns, der im Orient große Beteiligungen besaß. Damit ist die Berechnung wohl über allen Verdacht erhaben, die Situation zugunsten der orientalischen Staaten beschönigen zu wollen. Aus Tab. 5 ergibt sich, daß die Erdölländer des Orients bei einem Rohölpreis von 18–20 US-Dollar/barrel nur einen *bescheidenen Anteil am Endpreis des Produkts erhalten*. Niemand sollte es ihnen deshalb verargen, wenn sie bemüht sind, die Relationen ein wenig zu ihren Gunsten zu verschieben.

Saudi-Arabien, Kuwait und die Vereinigten Arabischen Emirate leisten sich zwar den ›Luxus‹, ihre öffentlichen Parks und Gartenanlagen inmitten der Stadt mit entsalztem Meerwasser zu bewässern. Der größte Teil der Erdölabgaben wird heute aber auch dort für einen großzügigen Wirtschaftsaufbau und für auf längere Sicht geplante Investitionen verwandt. Außerdem werden hohe Summen für den Ausbau von öffentlichen Einrichtungen aufgebracht, von denen alle Be-

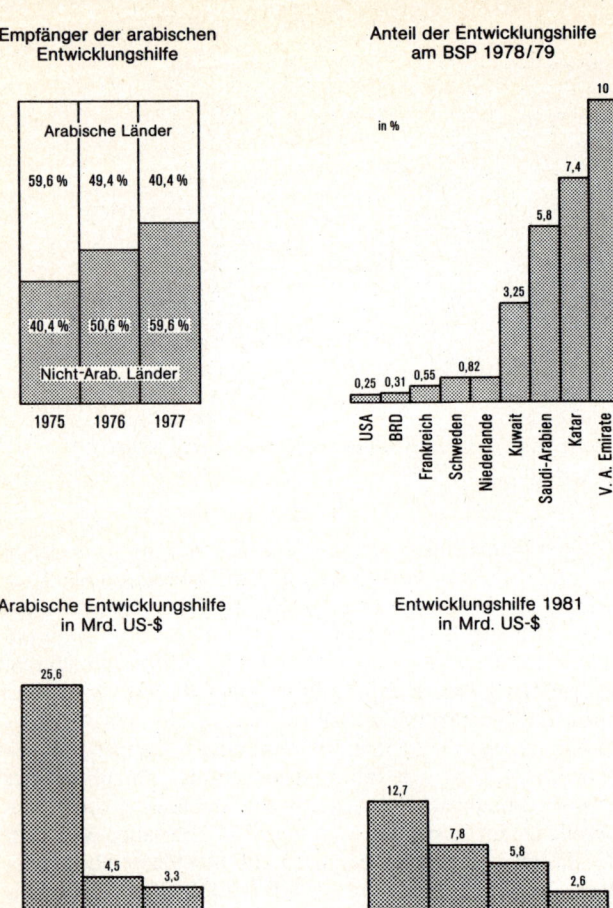

Empfänger der arabischen Entwicklungshilfe

Arabische Länder

1975	1976	1977
59,6 %	49,4 %	40,4 %
40,4 %	50,6 %	59,6 %

Nicht-Arab. Länder

Anteil der Entwicklungshilfe am BSP 1978/79

in %

USA	BRD	Frankreich	Schweden	Niederlande	Kuwait	Saudi-Arabien	Katar	V. A. Emirate
0,25	0,31	0,55	0,82		3,25	5,8	7,4	10

Arabische Entwicklungshilfe in Mrd. US-$

Saudi-Arabien 1972-83	Kuwait 1962-85	V. A. Emirate 1970-85
25,6	4,5	3,3

Entwicklungshilfe 1981 in Mrd. US-$

EG	OPEC	USA	Ostblock
12,7	7,8	5,8	2,6

Entw.: E. Wirth 1986

Fig. 9: Entwicklungshilfe der arabischen Erdölstaaten

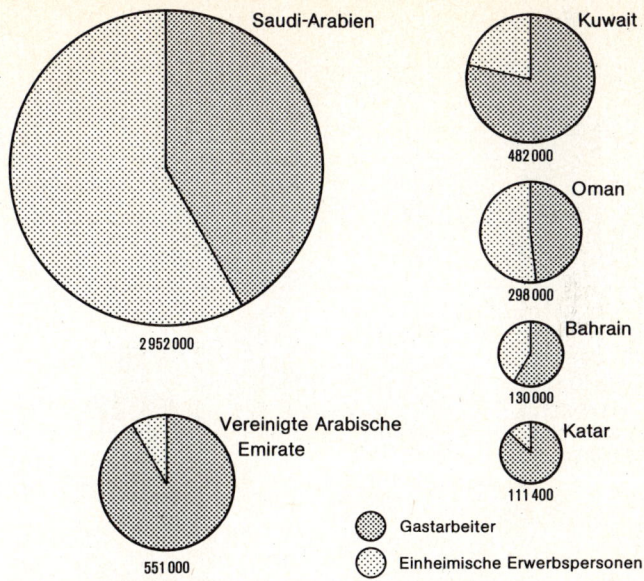

Fig. 10: Gastarbeiter am Arabisch-Persischen Golf

wohner profitieren: Krankenhäuser, Schulen, Sportanlagen, Straßen und öffentliche Verkehrsmittel, Projekte des sozialen Wohnungsbaus. Ärztliche Behandlung, Schul- und Universitätsbesuch, Trinkwasser, elektrischer Strom für den Haushalt kosten nichts, und die Belastung von Einkommen und Konsum durch Steuern und Zölle ist minimal. Die hohen Erdöleinnahmen schlagen sich also direkt in hoher Lebensqualität auch für die einfacheren Bevölkerungsschichten nieder.

Viel zu wenig ist auch bekannt, daß Staaten wie z. B. Kuwait oder die Vereinigten Arabischen Emirate eine sehr aktive und großzügige *Entwicklungshilfe* zugunsten ärmerer Staaten des Orients betreiben. Der 1961 gegründete ›Fund for Arab Economic Development‹ z. B. erhielt im Jahre 1966 vom Staat Kuwait Mittel in Höhe von 2 Mrd. DM und 1981 nochmals von knapp 7 Mrd. US-Dollar. Unabhängig davon überweist Kuwait seit 1967 jährlich ca. 500 Mil. DM an andere arabische Staaten als Subventionen, die nicht zurückgezahlt werden müssen. Insgesamt stellte das kleine Ölscheichtum auf diese Weise im Jahre 1967 etwa 280 Dollar pro Einwohner für Entwicklungshilfe zur Verfügung. Das noch kleinere Ölemirat Abu Dhabi hat in den 15 Jahren 1970–1985 mehr als 3 Mrd. US-$ Entwicklungshilfe gezahlt – das sind

59

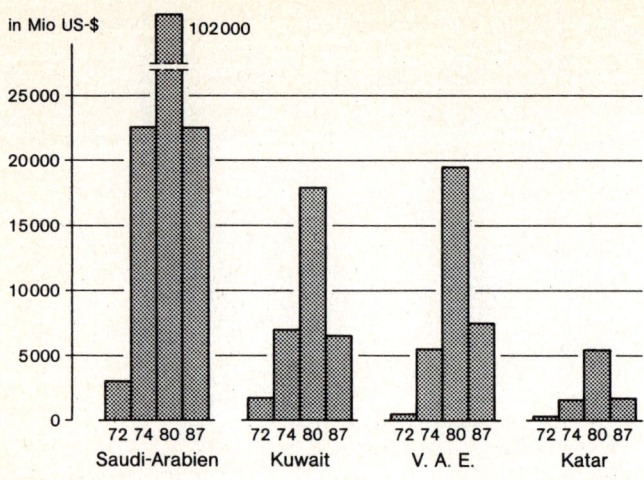

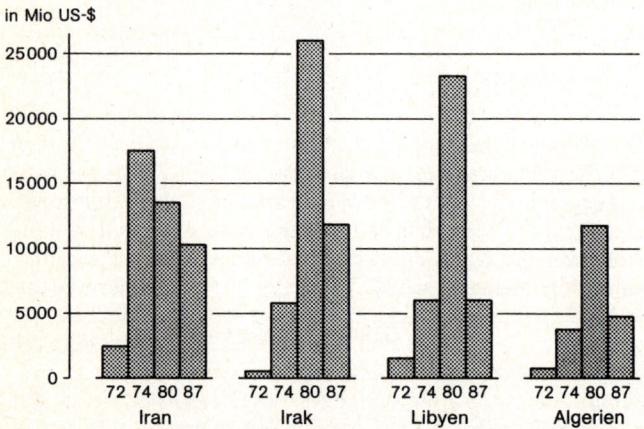

Fig. 11: Die Entwicklung der Erdöleinnahmen ausgewählter Staaten des Orients

60

pro Jahr und Einwohner 300 $! Die entsprechenden Zahlen für die USA belaufen sich auf 19 Dollar pro Einwohner, für die Bundesrepublik auf 9 Dollar und für Japan auf 4 Dollar pro Einwohner! Die Erhöhung des Rohölpreises 1973/74 führte zu einer entsprechenden Steigerung der Entwicklungshilfe; 1975–1977 brachten die arabischen Ölstaaten hierfür jährlich mehr als 10 Mrd. DM auf!

Entwicklungshilfe wird in gewisser Hinsicht auch geleistet, wenn die *Gastarbeiter* in den Erdölstaaten am Arabisch-Persischen Golf jährlich viele Milliarden US-Dollar in ihre devisenschwachen Herkunftsländer überweisen. In den vergangenen Jahren war die Summe dieser Gastarbeiter-Überweisungen höher als die Summe aller Entwicklungshilfeleistungen der westlichen Industriestaaten! Die Überweisungen der Gastarbeiter in ihre Heimat trugen 1980 sechzehn Prozent zum ägyptischen Bruttosozialprodukt bei; die Gastarbeiter-Überweisungen nach Jordanien entsprachen 1986 dem zweieinhalbfachen Wert aller jordanischen Ausfuhren.

Fast alle Staaten des Orients mit einer ins Gewicht fallenden Erdölförderung verwenden heute den größten Teil ihrer *Erdöleinnahmen für langfristige Entwicklungsprojekte*. Das kommt sehr viel teurer, als man ursprünglich veranschlagt hatte. Einmal versickert doch ein Teil des Geldes in den Kanälen des traditionellen Rentenkapitalismus, zum anderen sind große Bauvorhaben und technische Anlagen im Orient erheblich kostspieliger als in Europa: Bei uns sind qualifizierte Arbeitskräfte, das organisatorische Umfeld und die technische Infrastruktur für solche Projekte ganz selbstverständlich gegeben; im Orient müssen sie erst geschaffen werden. Trotzdem gehören die Erdölstaaten des Orients grundsätzlich zu denjenigen Entwicklungsländern, deren Erschließung nicht schon – vor allen anderen Schwierigkeiten – durch einen fast hoffnungslosen Kapitalmangel gehemmt wird.

Allerdings bestehen gerade in dieser Beziehung von Land zu Land große Unterschied. Tab. 6 veranschaulicht, daß die insgesamt gezahlten Erdölabgaben im Verhältnis zur Bevölkerungszahl und zum Entwicklungspotential bei den einzelnen Staaten des Orients sehr unterschiedlich wiegen: Nur einige Scheichtümer, wie Kuwait und Abu Dhabi, bekommen pro Einwohner so hohe Zahlungen, daß eine sinnvolle Investition aller Gewinnanteile im Lande selbst kaum möglich erscheint. Die großen, ganz dünn besiedelten Flächenstaaten Libyen und Saudi-Arabien erhalten pro Einwohner schon erheblich niedrigere Abgaben. Bei den Staaten Iran und Irak schließlich, die eine relativ hohe Bevölkerungsdichte und ein großes Entwicklungspotential aufweisen, reichten die Erdölabgaben pro Kopf der Bevölkerung schon vor Ausbruch des iranisch-irakischen Krieges 1980 in keiner Weise für eine zügige Landesentwicklung aus. Auch vor diesem Hintergrund erscheint die Forderung der großen Förderländer des Orients nach höheren Erdöleinnahmen durchaus verständlich.

Es versteht sich von selbst, daß der Prozeß der *Verwestlichung* durch die moderne Erdölerschließung und durch das Hereinströmen von Kapital und ausländischen Arbeitskräften in allen Erdölländern des Orients sehr gefördert wird. Selbst Staaten wie Saudi-Arabien, die sich lange Zeit gegen unerwünschte westliche Einflüsse hermetisch abzuriegeln versuchten, beginnen heute einzusehen, daß solche Bemühungen zum Scheitern verurteilt sind. Die mit *den modernen Entwicklungen verbundenen Probleme* sind nun aber viel stärker aktualitätsbezogen als der sich über viele Jahrzehnte hinziehende Verwestlichungsprozeß: Was noch vor zehn Jahren als ein kaum lösbares Problem erschien, hat heute keine Bedeutung mehr; die brennenden Probleme 1987 hingegen begannen sich in den siebziger Jahren gerade erst abzuzeichnen. Unter diesem Vorbehalt wären gegenwärtig zu nennen:

- Der *Krieg zwischen Irak und Iran*, der im Herbst 1980 begann, hat tiefe Spuren hinterlassen. Vor allem iranische Luft- und Seestreitkräfte griffen immer wieder unter neutraler Flagge verkehrende Tankschiffe an, die in den großen Terminals Kuwaits, Saudi-Arabiens und der kleineren arabischen Emirate Öl geladen hatten. Auch drohte Iran immer wieder einmal, die Straße von Hormuz für die Schiffahrt zu sperren. Aufgrund solcher Bedrohung bauten die großen arabischen Erdölexporteure leistungsfähige Pipelines quer durch Arabien zu Verladeterminals am Roten Meer und am Indischen Ozean.
- In vielen Erdölländern des Orient fehlen *qualifizierte Arbeitskräfte*. In Kuwait und einigen Scheichtümern am Arabisch-Persischen Golf übertrifft die Zahl der dort tätigen Gastarbeiter bereits bei weitem die Zahl der einheimischen Bevölkerung. Damit ist nicht nur die Gefahr einer bevölkerungsmäßigen Überfremdung akut geworden; viele der Gastarbeiter fühlen sich auch – trotz viel höherer Entlohnung als in ihrem Heimatland – unterprivilegiert. Sie leben in großen, ummauerten Lagern wie in Ghettos, und sie müssen immer damit rechnen, daß ihre Aufenthaltserlaubnis nicht mehr verlängert wird.
- Bei den kleinen Ölscheichtümern und bei denjenigen Flächenstaaten, die ganz überwiegend aus nicht entwicklungsfähigen Wüsten und Wüstensteppen bestehen, taucht schließlich die Frage nach einer *langfristig sinnvollen Investition der Erdöleinkünfte* auf. Infla-

tion infolge zu hohen Geldumlaufs, übermäßige Anhebung von Lohnniveau und Mieten, steiles Ansteigen der Bodenpreise und im Zusammenhang damit eine kaum zu bremsende Grundstücksspekulation sind einige der Gefahren, die sich hierbei fast zwangsläufig einstellen. Vor allem aber gibt es noch keine überzeugende Antwort auf die Frage: Wovon soll denn die kommende Generation einmal leben, wenn in 30–50 Jahren die Erdölvorkommen erschöpft sind?

- Diese Frage ist um so brennender, als in den ersten Jahrzehnten des kommenden Jahrhunderts vermutlich nicht nur die Erdöllagerstätten, sondern auch die *Grundwasservorkommen erschöpft* sein werden. In fast allen Wüsten und Wüstensteppen der orientalischen Erdölstaaten wird aus zunehmend tieferen Horizonten Grundwasser heraufgepumpt, um Felder und Oasengärten mit Getreide-, Grünfutter- und Gemüseanbau zu bewässern. Es handelt sich dabei überwiegend um fossiles Wasser aus einer lange zurückliegenden feuchteren Periode – also um eine sich nicht mehr erneuernde Ressource. Schon heute sinkt der Wasserspiegel in vielen Brunnen um mehrere Meter jährlich ab. Durch einen solchen »Bergbau auf Grundwasser« wird die kostbarste Ressource der Wüstenstaaten rasch erschöpft und möglicherweise die Lebensgrundlage kommender Generationen zerstört.

3.5 Die Konkurrenz dreier Staats- und Gesellschaftsformen im Orient: Kapitalismus, Sozialismus und islamischer Fundamentalismus

Bis in die Jahre nach dem Zweiten Weltkrieg hinein waren alle Länder des Orients privatwirtschaftlich organisiert gewesen. Meist waren feudalistisch-rentenkapitalistische und produktiv-westlich-kapitalistische Komponenten miteinander vermischt, mit stärkerer Betonung entweder der traditionellen oder der modernen Strukturen. Staat und Gesellschaft gaben nur den allgemeinen Rahmen für wirtschaftliches Handeln ab; dieses blieb im wesentlichen privater Initiative vorbehalten.

Im Jahre 1952 beginnt dann mit der *ägyptischen Revolution* eine Serie von Staatsstreichen und Militärputschen, welche sozialistischen Tendenzen zum Durchbruch verhalfen: 1958 wurde in einer blutigen Revolution im Irak die Monarchie beseitigt. Es folgten mit ähnlich linksorientierten Revolutionen 1963 Syrien, 1965 Algerien, 1969 Libyen und Südjemen sowie 1973 Afghanistan. Damit war der Orient in der Mitte der siebziger Jahre in zwei unterschiedlichen Staats-, Gesell-

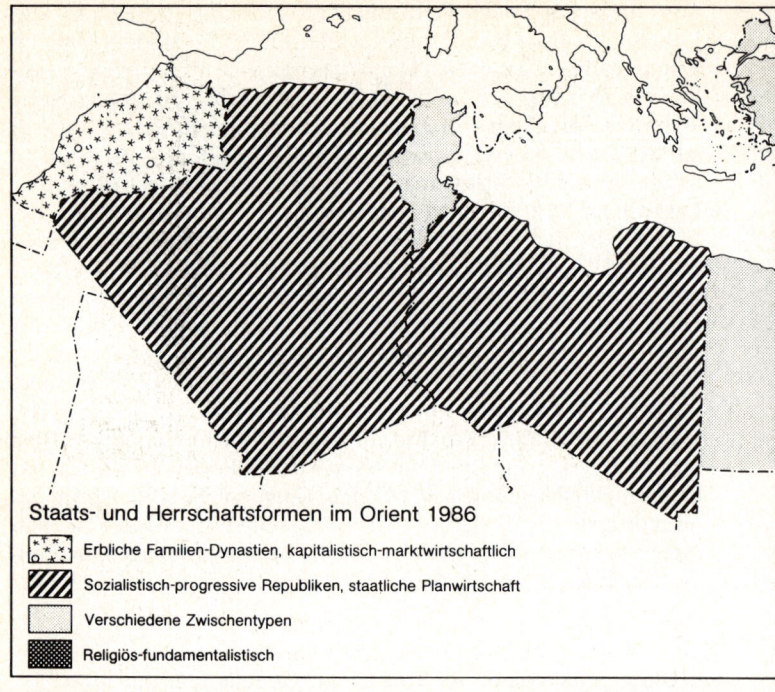

Staats- und Herrschaftsformen im Orient 1986

- Erbliche Familien-Dynastien, kapitalistisch-marktwirtschaftlich
- Sozialistisch-progressive Republiken, staatliche Planwirtschaft
- Verschiedene Zwischentypen
- Religiös-fundamentalistisch

schafts- und Wirtschaftssystemen organisiert: Zum traditionell kapitalistisch-monarchistischen Flügel zählten Iran, Saudi-Arabien, Jordanien, die Scheichtümer am Arabisch-Persischen Golf und Marokko, zum progressiv-sozialistischen Flügel Algerien, Libyen, Syrien, Irak, Südjemen und Afghanistan. Dazwischen lagen in einem teils stärker rechts, teils stärker links gefärbten Mittelfeld Tunesien, Ägypten, Libanon, die Türkei und Nordjemen.

Seit Beginn der achtziger Jahre meldet nun als Reaktion auf die Unvollkommenheit und Schwächen beider Systeme eine dritte Kraft ihre Herrschaftsansprüche im Orient an: der *islamische Fundamentalismus*. Obwohl der Islam nur wenig konkrete Vorschriften macht und erhebliche Flexibilität erlaubt, wird er von den religiösen Fundamentalisten als eigenes System verstanden. Religiös-fundamentalistische Tendenzen waren schon seit Ausbruch des Bürgerkrieges 1975 im Libanon zu erkennen. Sie setzten sich dann 1978 in Iran mit der islamischen Revolution Chomeinis durch.

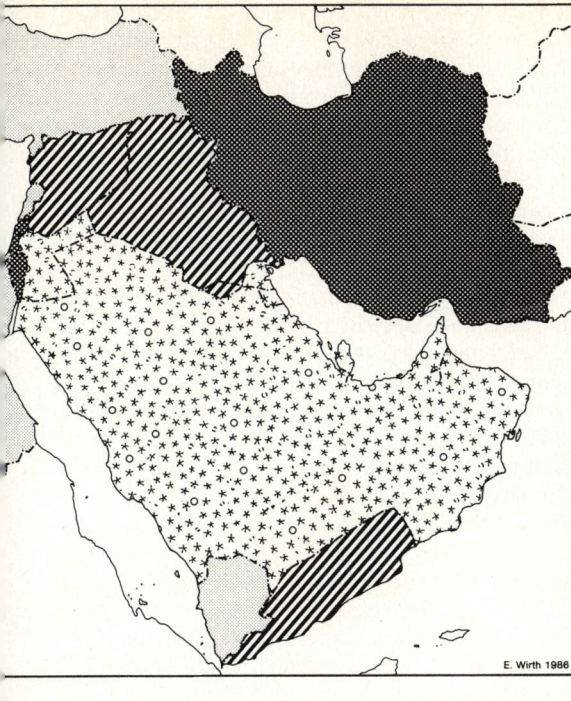

Fig. 12.
Staats- und
Gesellschafts-
systeme
im Orient

E. Wirth 1986

In Iran wird der islamische Fundamentalismus von der schiitischen Glaubensgemeinschaft getragen; von Anbeginn bestand die Gefahr, daß er auf schiitische Gruppen in anderen orientalischen Staaten überspringt. Die Eroberung der im Irak gelegenen schiitischen Hauptheiligtümer Kerbela und Nedjef wurde von Chomeini seit 1978 immer wieder gefordert. Irak suchte dieser Gefahr 1980 durch einen Präventivkrieg zuvorzukommen; die Schiiten im Libanon werden schon von Iran aus gesteuert. Saudi-Arabien und die Scheichtümer am Arabisch-Persischen Golf befürchten, daß die in einigen Teilregionen lebenden schiitischen Minderheiten zur Speerspitze des islamischen Fundamentalismus auch in diesen ganz überwiegend sunnitischen Staaten werden könnten.

Aufgrund dieser ganz jungen Entwicklungen stehen im heutigen Nordafrika und Vorderasien *drei sehr verschiedene Staats- und Gesellschaftssysteme* miteinander in Konkurrenz (Fig. 12). Die Frage nach der künftigen Entwicklung ist ohne prophetische Gaben nicht zu beantworten: Braucht es nur noch wenige Jahre, bis durch weitere Revolutionen auch die letzte Monarchie im Orient hinweggefegt sein wird, und wird sich die religiöse Massenbewegung des islamischen Fundamentalismus weiter ausbreiten – vielleicht bis zur Eroberung von Jerusalem, was schon heute auf iranischen Briefmarken als Ziel proklamiert wird? Oder hat sich die politische und militärische Situation im Orient in den letzten Jahren so weit stabilisiert, daß hier künftig drei Typen von Staats- und Gesellschaftssystemen nebeneinander bestehen werden, die auch wirtschaftliches Handeln an je wieder anderen Normen messen?

Viel wichtiger als alle diesbezüglichen Spekulationen ist für den Geographen, Wirtschafts- und Sozialwissenschaftler die Frage: Welches der drei genannten Staats- und Wirtschaftssysteme treibt *die Landesentwicklung im Orient* am raschesten und effektivsten voran? Beim Versuch einer Antwort darauf werden wir zunächst das sozialistisch-staatswirtschaftliche mit dem kapitalistisch-privatwirtschaftlichen System vergleichen und erst anschließend den islamischen Fundamentalismus in die Betrachtung mit einbeziehen.

Im Kontrast zu den Doktrinen der iranischen Revolution haben Kapitalismus und Sozialismus im Orient einige grundlegende Gemeinsamkeiten: Beide bejahen letztlich den Fortschritt mit moderner Technik und Industriegesellschaft als Entwicklungszielen; beide streben einen zumindest bescheidenen Wohlstand auch der breiten Massen auf der Basis westlicher Konsumgüter an, und sie nehmen westlich orientierte Lebensnormen in Kauf; beide bejahen eine enge Verflechtung ihrer jeweiligen Volkswirtschaft mit Weltwirtschaft und Welthandel. Vor allem aber: Im Gegensatz zum islamischen Fundamentalismus sind sowohl die Befürworter des kapitalistischen wie diejenigen des sozialistischen Wegs – einer guten alten orientalischen Tradition folgend – in politischen und soziokulturellen Grundsatzfragen letztlich *Pragmatiker* und nicht *Fanatiker*. Bei wirtschaftlichen Entscheidungen allerdings kann sich der islamische Fundamentalismus, wenn es ums Überleben geht, ebenfalls zum Pragmatismus durchringen.

Wenn wir nun nach diesen allgemeinen Bemerkungen Sozialismus und Kapitalismus im Orient in ihren Licht- und Schattenseiten gegeneinander abwägen, dann sollte eines allem vorweg festgehalten werden: Die *Landreformen und die Brechung der Macht des feudalen Großgrundbesitzes* im Zusammenhang mit den Revolutionen z. B. im Irak oder in Ägypten waren schon lange fällig und wohl unausweichlich; sie haben sozial unhaltbaren Zuständen, rücksichtsloser Ausbeutung und schreiendem Unrecht ein Ende gesetzt. Auch die Enteignung der europäischen Siedler im Maghreb erscheint aus sozialen Gründen in vieler Hinsicht gerechtfertig (vgl. Abschn. 4.1.6.2); wenn sie wirtschaftlich für die einheimische Bevölkerung zunächst kaum eine Besserung brachte, so lag dies wohl vor allem an den Schwierigkeiten einer Umstellung auf ganz neue Betriebsformen.

Im Gegensatz zum Maghreb zog die Bodenreform im Irak oder in Ägypten keine ernsthaftere wirtschaftliche Krise nach sich; denn die Neuverteilung von Grund und Boden ließ sich hier zunächst unter Beibehaltung der alten Produktionsweise und Betriebsstruktur durchführen. Das Einkommen der Fellachen verbesserte sich schon allein dadurch nicht unerheblich, daß ihnen nunmehr infolge geringerer Abschöpfung höhere Teile des Ernteertrages verbleiben. Aufgrund dieser jungen Wandlungen verhungern die Menschen im Orient heute nicht mehr – im Gegensatz etwa zum randtropischen Afrika, wo nach wie vor ein weithin kaum vorstellbares Massenelend herrscht.

Gerechterweise muß nun aber darauf verwiesen werden, daß eine ganz analoge Entwicklung auch in vielen der bis vor kurzem von Revolutionen verschonten, also der ›feudalistisch‹ verbliebenen Länder des Orients eingesetzt hat und unaufhaltbar fortschreiten dürfte. Trotz aller gegenteiliger Behauptungen hat die Bodenreform auch schon während der Monarchie in Iran große Fortschritte gemacht (U. PLANCK 1974), und sie machte beachtenswerte Fortschritte im Königreich Marokko (H. POPP 1983). Soziale Reformen wurden hier zwar sicherlich nicht mit derselben Rigorosität durchgeführt wie im Irak oder in Algerien; dafür blieb aber die Eigeninitiative weitgehend erhalten. Dies führte dazu, daß gerade in den dynamischen Wirtschaftszentren des ›kapitalistischen‹ Orients der traditionelle Rentenkapitalismus zunehmend von einem modernen privatwirtschaftlichen Kapitalismus abgelöst wurde, der nicht nur das Einkommen und Vermögen der Oberschicht vermehrte, sondern auch den Lebensstandard der breiten Massen fühlbar anhob. Die marxistische These, im Kapitalismus würden die Reichen immer reicher und die Armen immer ärmer, trifft hier also gerade für die Armen nicht zu.

In ähnlicher Weise lassen sich Pro und Contra auch bezüglich vieler anderer Aspekte sozialistischer und kapitalistischer Gesellschafts- und Wirtschaftsorganisation gegeneinander abwägen. Wenn man in den frühen *siebziger Jahren* eine *Bilanz* zu ziehen versuchte, dann schien es, als ob *Kapitalismus und Privatinitiative* im Orient eine raschere und dynamischere Entwicklung ermöglichten als Sozialismus und staatliche Planung. Auf der Basis hinreichender, aber nicht reichlicher oder gar üppiger Erdöleinkünfte wurde in den kapitalistischen Staaten sparsam gewirtschaftet, wohlüberlegt und gut vorbereitet investiert und nur das impotiert, was sich nicht im Lande selbst herstellen ließ. Entwicklungsplanung hatte einen langen Atem; sie setzte Akzente, und sie überforderte die heimischen Ressourcen und Kapazitäten nicht.

Bei den *sozialistischen Staaten* hingegen dauerten die revolutionären Wirren oft viele Jahre lang an. Führungscliquen kämpften gegeneinander um die Macht; die entscheidenden Positionen in der Verwaltung waren nicht mehr von Fachleuten, sondern von ›alten Kämpfern‹, verdienten Revolutionären und Offizieren besetzt. Durch die Verstaatlichung nicht nur der Schlüsselindustrien, der Banken und Versicherungen, sondern oft auch mittlerer Gewerbebetriebe, des Groß- und Außenhandels wurde das Vertrauen in die Wirtschaft untergraben und alle Privatinitiative abgewürgt.

Immer wieder gab es auch erbitterte Debatten über die künftige Wirtschafts- und Sozialpolitik; denn die oft sehr unterschiedlichen Gruppierungen, die zur Revolution aufgerufen hatten, waren sich nur bezüglich dessen einig, was abgeschafft, beseitigt, geändert werden sollte: der Großgrundbesitz, die Monarchie, die Herrschaft einer ganz dünnen, reichen Oberschicht, der Einfluß westlicher Ölgesellschaften und Großmächte. Nun gab es konfliktträchtige Entscheidungen bezüglich des künftigen Weges.

In der Zwischenzeit hat sich vieles geändert; die Entwicklung ist sowohl in den sozialistischen wie in den kapitalistischen Staaten weitergegangen, und es lassen sich dabei manche *Konvergenzen* feststellen. So hat sich in fast allen *sozialistischen Staaten des Orients* die Situation weitgehend stabilisiert. Die Führungscliquen müssen nicht mehr laufend um den Machterhalt kämpfen, und die Spitzenpositionen sind jetzt eher wieder mit Fachleuten besetzt. Vor allem aber: Die Anhänger des arabischen Sozialismus sind nicht so sture Doktrinäre wie viele Marxisten; sie verstehen es, aus Fehlern zu lernen und immer wieder auch rein pragmatisch und situationsgerecht zu entscheiden. Maßnahmen und Anordnungen, die auf den einhelligen Widerstand breiter Bevölkerungsschichten stoßen, werden entsprechend abgemildert, abgeändert, zurückgenommen. Auch bemüht man sich meist darum, der Privatinitiative noch genügend Raum zu belassen (vgl. E. WIRTH 1982).

Diese auf längere Sicht erstaunlich schmiegsame Politik wurde in den ›sozialistischen‹ Ölstaaten durch das Ansteigen der Erdöleinkünfte auf mehr als das Zehnfache zwischen 1973 und 1980 wesentlich erleichtert, ja gefördert: Man verfügte jetzt über mehr als genügend Finanzmittel (auch für aufwendige, publikumswirksame Groß- und Prestigeprojekte), ohne daß man hierfür die Steuerschraube anziehen oder Großvermögen beschlagnahmen oder den freien Handel mit Devisen einschränken mußte. Die sozialistische Republik Irak hatte sogar bis zu Beginn der achtziger Jahre mehr Geld zur Verfügung, als sie sinnvoll ausgeben konnte. So wurden – entgegen aller sozialistischer Theorie – hier allenthalben private Initiativen und Unternehmungen durch zinslose oder niedrigverzinsliche staatliche Darlehen unterstützt: Gründung einer Werkstätte oder kleinen Fabrik, Bau eines Stadthauses mit Mietwohnungen, Kauf eines Lastkraftwagens für Speditionszwecke, Errichtung einer Hühnerfarm für Fleisch- oder Eierproduktion, Niederlassen eines Grundwasserbrunnens und Installation einer Pumpe für bewässerten Gemüseanbau usw.

Auch viele *kapitalistisch-privatwirtschaftlich organisierte Staaten* des Orients haben von dem steilen Anstieg der Erdöleinkünfte auf mehr als das Zehnfache zwischen 1973 und 1980 profitiert. Der korrumpierende Einfluß von Geld, das in solcher Höhe oft nicht mehr sinnvoll ausgegeben werden kann, ist in einer freien Wirtschaft aber wohl doch größer als in sozialistischen Systemen: Viele Einkünfte versickerten in unkontrollierbare Kanäle; nachdem man alles in beliebigen Mengen und bester Qualität importieren konnte, erhielt die heimische Produktion wenig Impulse. Die eigene historische Tradition überlebte nur noch in folkloristischen ›Nischen‹; im Lebensstil und der materiellen und technischen Kultur bekennt man sich heute rückhaltlos zum Vorbild der westlichen Industriestaaten. Als Reservate islamischer Tradition ragen in Saudi-Arabien das strenge Alkoholverbot und viele Restriktionen beim Auftreten von Frauen in der Öffentlichkeit wie erratische Blöcke in die moderne Gegenwart hinein; sie werden als Heuchelei empfunden, wenn man sieht, wie die saudische Oberschicht bei Reisen ins westliche Ausland diese Restriktionen selbst in keiner Weise beachtet.

Um den Fluß der Finanzmittel einigermaßen im Griff zu behalten, übertrugen die Monarchien und Scheichtümer am Arabisch-Persischen Golf die Durchführung großer Bauvorhaben – Überseehäfen, Industriekomplexe, neue Städte – oft staatlichen oder halbstaatlichen Gesellschaften. Das erinnert an Staatskapitalismus und kommt schon vergleichbaren Organisationsstrukturen in sozialistischen Ländern nahe. Das massive Ansteigen der Erdöleinkünfte seit 1974 läßt eben die Zuordnung zu ›kapitalistisch‹ und ›sozialistisch‹ in vieler Hinsicht fragwürdig werden.

Auch beim Grundstücksmarkt ergeben sich gelegentlich eigenartige Konvergenzen, ja sogar gegenläufige Tendenzen: Im sozialistischen Irak z. B. ist der städtische Grundstücks- und Immobilienmarkt völlig frei; der Grundstücksbesitzer kann fast unbegrenzt über sein Eigentum verfügen und den Preis im Gegenspiel von Angebot und Nachfrage aushandeln. Im kapitalistischen Emirat Dubai hingegen hat der ›Ruler‹ die alleinige Verfügungsgewalt über Grund und Boden; er bestimmt, wer wann wo wieviel Land zu welchem Preis erhält.

Man könnte den Vergleich zwischen den kapitalistischen und den sozialistischen Staats-, Wirtschafts- und Gesellschaftssystemen noch um viele weitere Aspekte bereichern – im Endergebnis würde sich nichts mehr ändern. Die Licht- und Schattenseiten erscheinen in so verwirrender Weise gleichmäßig verteilt, daß man kaum entscheiden kann, welches System für die wirtschaftliche Entwicklung günstiger und für die Menschen tragbarer ist.

Bezüglich des *islamischen Fundamentalismus* ist ein solches Votum noch viel weniger möglich; er muß seine Bewährungsprobe in der politischen und wirtschaftlichen Praxis erst noch bestehen. Es können nur einige Anmerkungen zu den ersten zehn Jahren islamisch-fundamentalistischer Handlungspraxis in Iran gemacht werden, und das erscheint sogar geboten: Die Wortführer dieser Bewegung, hohe schiitische Würdenträger in Iran, treten als Verfechter höchster moralischer Ansprüche auf. Mit diesem Maß sollten sie auch selbst gemessen werden, zumal sie von einem missionarischen Sendungsbewußtsein beseelt sind.

Wie es zur islamischen Revolution 1978 in Iran gekommen ist, wird im betreffenden regionalen Abschnitt (5.5.3) noch kurz berichtet werden. Wirtschaftlich geht es den Menschen in Iran heute fast durchweg schlechter als vor 1978. Ursache hierfür ist zunächst einmal der Krieg mit Irak, der zwei Jahre nach der Revolution begann, bis 1988 andauerte und hohe materielle Opfer und Menschenverluste forderte. Der wirtschaftliche Niedergang Irans hatte aber ganz massiv schon vor Beginn des Krieges mit Irak eingesetzt. Die Forderung der Ayatollahs, sich politisch, weltanschaulich-religiös und geistig sowohl von der westlichen Industriekultur wie vom kommunistischen Ostblock abzukoppeln, und der Widerstand gegen ›semi-koloniale Übervorteilung‹ haben zu schweren Rückschlägen geführt.

Noch schwerer in der Bilanz wiegt aber die skrupellose *Mißachtung der Menschenrechte* durch die islamischen Fundamentalisten in Iran. Gewiß, auch in ›sozialistischen‹ und ›kapitalistischen‹ Staaten des Orients werden Menschenrechte mißachtet – aber nicht so brutal-systematisch und nicht im Namen und zu Ehren Gottes und des Islam. Der Einsatz von Giftgas gegen die Zivilbevölkerung in kurdischen Dörfern durch irakische Truppen ist ein verabscheuungswürdiges Verbrechen. Daß aber die Anhänger einer Religionsgemeinschaft (Bahai) nur wegen ihres Glaubens verfolgt und deren Führer sogar hingerichtet werden, kommt nur in Iran vor.

In den Gefängnissen Teherans und anderer großer iranischer Städte schmachteten 1987 mehr Menschen als in den schlimmsten Jahren des Schah-Regimes, und die Häftlinge dort wurden wohl noch brutaler gefoltert als damals. Kinder wurden dazu aufgerufen, ihre Eltern zu denunzieren, und auf den Schlachtfeldern gegen Irak wurden beim Angriff Tausende von Kindern und Jugendlichen vor den regulären Truppen hergetrieben, um die Sprengsätze der Minenfelder zur Explosion zu bringen. Entgegen allem islamischen Recht wurden Kinder und schwangere Frauen hingerichtet, junge Mädchen vergewaltigt – und das alles im Namen Gottes und der islamischen Revolution! Gelegentlich sickern sogar schon Meldungen durch, denen zufolge hohe schiitische Würdenträger oder deren engste Familienmitglieder ähnlich korrupt waren wie die Oberschicht zur Zeit des Schah-Regimes.

Der 1981 ermordete ägyptische Präsident und Träger des Friedens-Nobelpreises Anwar Sadat hat kurz vor seinem Tode festgestellt, daß dieses unmenschliche Regime den Beinamen ›islamisch‹ zu Unrecht beansprucht; denn der Islam sei kein Bekenntnis zum Fanatismus, zum Haß, zur gnadenlosen Orthodoxie, sondern eine Religion der Toleranz, des Ausgleichs, der Menschlichkeit, ja, der Versöhnung. Angesichts des schiitischen Fundamentalismus und der islamischen Revolution in Iran kann man als Wissenschaftler, der lange in Iran gearbeitet hat, nicht wertfrei-distanziert bleiben. Gerade als Freund der orientalisch-islamischen Welt und als Bewunderer persisch-iranischer Kulturleistungen ist man hier zu einer persönlichen Stellungnahme aufgerufen. Diese muß nur klar als solche gekennzeichnet sein, und sie darf nicht in unterschwelligen Wertungen versteckt werden.

Erst seit Beginn des Jahres 1988 zeichnet sich in Iran eine Wende zum Besseren ab: Die rigorose und gnadenlose Durchsetzung einer orthodox-islamischen Rechts- und Gesellschaftsordnung tritt gegenüber pragmatischeren Lösungen zurück. Westliche Industriekultur und Technik gelten nicht mehr eo ipso als verderblich; gemäßigtere, kompromißbereite religiöse und politische Führer beginnen sich durchzusetzen. Die Einwilligung Irans zur Feuereinstellung im Krieg gegen Irak im Sommer 1988 ist ein sehr ermutigender Schritt im Zuge dieser Neuorientierung.

4 Nordafrika
(H. Mensching)

Der Begriff Nordafrika und die Umgrenzung dieses Raumes sind nicht klar festgelegt. Man findet ihn sehr verschieden verwendet. So wurden in der französischen Literatur vor allem der Kolonialzeit meist nur die Atlasländer als ›L'Afrique du Nord‹ (J. DESPOIS 1949) bezeichnet. Man sprach auch von ›Nordafrika *und* Ägypten‹. Hier wird unter Nordafrika jener Raum verstanden, der das gesamte nördliche Afrika einschließlich der Sahara umfaßt, jedoch die Länder am Südrand der Sahara, wie Senegal, Mali, Niger, Tschad und Sudan außerhalb läßt. Dies entspricht auch der Konzeption dieser länderkundlichen Reihe, die in Band 5 ›Afrika – südlich der Sahara‹ (von W. MANSHARD) den südlichen Grenzsaum der Sahara mit einschließt. Diese Abgrenzung ist schon deshalb sinnvoll, weil im tropischen Übergangsraum vom ariden Wüstenklima zum humiden Tropenklima, also in der Sahel- und Sudanzone, die schwarzafrikanische Bevölkerung zu Hause ist, somit *Nordafrika etwa gleich Weißafrika* zu setzen ist. An der atlantischen Küste reicht die Kontaktzone zwischen Schwarz und Weiß im Lande Mauretanien weit in die Sahara hinein nach Norden, so daß dieser westsaharische Raum schon zum Übergangsbereich von Weiß- und Schwarzafrika zählt. Damit bilden die afrikanischen Kontaktländer schwarz-weißer Bevölkerungsintegration mit den ethnischen Gruppen der Mauren, großer Teile der Tuareg, der Tubbu und der Nubier im Sudan gleichzeitig auch den Grenzsaum des orientalischen Kulturerdteils. Islamisierung und zum Teil auch die Arabisierung sind hier noch typische Merkmale.

4.1 Der Maghreb – kulturhistorische und geographische Gemeinsamkeiten

4.1.1 Die historische Entwicklung des Maghreb

Was ist eigentlich der Maghreb? Die Sinngebung des arabischen Wortes Maghreb oder Moghrib (= der Westen) leitet sich vom Land im Westen ab, dem Bereich, in dem die Sonne untergeht, im Gegensatz zum ›maschrig‹, dem Osten, in dem die Sonne aufgeht. Den äußersten

Westen des nordafrikanischen Festlandes, ›Maghreb el-aqsa‹, bildet an der Atlantikküste das Land Marokko, das diese arabische Bezeichnung noch heute trägt und offiziell verwendet.

Vor den islamisch-arabischen Eroberungszügen, die in Nordwestafrika am Ende des 7. Jahrhunderts ihren ersten Höhepunkt erreichten und sich in vielen Wellen noch mehrere Jahrhunderte auswirkten, bezeichnete man Nordwestafrika noch nicht als den Maghreb. Vielmehr hatten die dort in vielen Gruppen wohnenden *Berber* ihren Namen schon in der griechischen und römischen Antike erhalten, als man von dem Land der ›Barbari‹ oder der ›Barbaria‹, der Berberei also, sprach. Dem Fremden in diesem Land, dem Barbaren, wurden später nicht selten die Eigenschaften ›roh‹, ›grausam‹ oder ›wild‹ unterstellt. Der von Berbern besiedelte Raum Nordafrikas reichte ursprünglich von der Atlantikküste bis zur Syrte und südwärts bis in die nördliche Sahara hinein. Von hier aus drangen Gruppen immer wieder in die Wüste vor, so daß heute berberische Tuareg weit verbreitet bis zum Sahel Westafrikas angetroffen werden.

Über die Geschichte der Berber, ihre ethnische Zusammensetzung und Verbreitung sowie ihre ersten Reiche berichtet ausführlich CH.-A. JULIEN (1968, überarbeitet von R. LE TOURNEAU) in seinem ersten Band der Geschichte Nordafrikas. Wenn man auch den Bereich Nordafrikas westlich von Ägypten als überwiegend berberisch ansah, so lagen die ›Königreiche‹ der Berber im 2. und 3. Jahrhundert doch vor allem im Westen bis etwa zum Aurèsgebirge, das noch heute vorwiegend berberisch besiedelt ist. Im nördlichen Marokko lebte eine wichtige Stammesföderation, die bereits als *Maurenreich* bezeichnet wurde. Nach der Beherrschung der frühen berberischen Mächte durch die Karthager und später durch die Römer blieb der Name ›Mauren‹ in den römischen Provinzen Mauretania, Tingitana und Caesariensis erhalten und wurde auf die Dynastien des 11. bis 13. Jahrhunderts, insbesondere die Almoraviden und Almohaden, übertragen. Diese islamisch arabo-berberischen Reiche, die neben dem Maghreb auch große Teile der Iberischen Halbinsel umfaßten, stellten machtpolitisch, religiös und kulturhistorisch die Blütezeit des Maurenreiches dar.

Es ist bemerkenswert, daß in griechisch-römischer Zeit in Nordwestafrika neben dem maurischen Herrschaftsbereich noch das Gebiet der *Numidier* genannt wurde, das etwa im heutigen Ostalgerien und in Tunesien lag. Daneben erhielt die östliche Berberei die Bezeichnung ›Africa‹, als es zur römischen Provinz wurde (im 3. Jahrhundert als Africa proconsularis bekannt) und Numidia nur noch ein Rest zwischen Mauretania und Africa geworden war. Über das römische Nordafrika hat neben JULIEN auch CHARLES-PICARD (deutsche Übersetzung

73

1962) eine gute Zusammenfassung gegeben. Hier kann nur in großen Zügen die historische Entwicklung angedeutet werden.

Im Mittelalter wurde der Maghreb in drei große Bereiche eingeteilt. IBN KHALDOUN (CHALDŪN), der bedeutende Geograph und Historiker in Nordafrika (1332–1406), bezeichnete den atlantisch-marokkanischen Raum als den äußeren Westen (Maghreb el-aqsa), den heute vorwiegend algerischen Teil des zentralen Maghreb und den östlichen Bereich der römischen Provinzen Numidia und Africa weiterhin als Ifrikiya (= Africa), so genannt nach den im Küstenbereich der Syrte wohnenden Afarig (Afra). Man sieht also, wie sich der Begriff Maghreb mehr auf den nordwestafrikanischen Bereich und nicht auf Nordafrika allgemein konzentrierte. Durch die islamisch-arabische Machtausbreitung war jedoch wiederum ein einigendes Band über den gesamten Maghreb ausgebreitet, das schließlich durch die Islamisierung und durch die teilweise Arabisierung – beides läßt sich zumeist nicht klar voneinander trennen – das traditionelle Wohngebiet der Berber entscheidend beeinflußt hat. Der bisher vom ursprünglichen arabischen Kulturkreis des Orients fern im Westen gelegene Maghreb wurde durch die sich ständig erneuernden Eroberungszüge aus Nordostafrika und Arabien über Jahrhunderte hinweg nun selbst zum arabischen Lebensraum. Zweifellos war dies nur regional differenziert der Fall, wie die größeren berberischen Refugien, vor allem in den Gebirgsräumen des Atlassystems, erkennen lassen. Die Verbreitung des Islam ›mit Feuer und Schwert‹, wie es der Prophet Mohammed verkündet hatte, erfaßte zwar alle Berbergruppen, doch konnten sich gerade bei ihnen mancher sektenartige Zusammenschluß und viele ursprüngliche, auch vom Christentum beeinflußte religiöse Gewohnheiten halten. Der maghrebinische ›Marabutismus‹ ist hierfür ein deutliches Kennzeichen.

Für die Entwicklung des Maghreb ist festzuhalten, daß diese Zeitepoche, die Mitte des 7. Jahrhunderts begonnen hatte und mit dem Einfall der arabischen Beni Hilal, denen die Beni Solayim im 11. Jahrhundert folgten, fortgesetzt wurde, entscheidend geworden war. Zweifellos hatten sowohl die oft zerstörerischen Eroberungszüge als auch die allmählichen Infiltrationen arabischer Stämme und Gruppen die ›Orientalisierung‹ des Maghreb zur Folge, die uns heute berechtigt, auch den Maghreb zu den orientalischen Ländern zu rechnen.

Die arabischen Stämme dieser Zeit waren zumeist Nomaden, die mit ihren Familien und mit ihren Herden nach Westen vordrangen. Manche blieben schon in Tripolitanien, andere erreichten Ifriquiya, und wiederum einige drangen etappenweise bis zum äußersten Westen nach Marokko vor. IBN KHALDOUN beschrieb diesen Vorgang so: »Wie ein Schwarm Heuschrecken zerstörten sie alles, was sie auf ihrem Wege antrafen.« Dennoch darf man nicht vergessen, daß mit den ersten arabischen Eroberern auch berberische Bevölkerung die Straße von Gibraltar überquerte (711) und durch Unterwerfung, Verbreitung arabischer Kultur und Islamisierung große Teile der Iberischen Halbinsel in das Maurische Reich einbezogen hatte.

Mit der Orientalisierung des Maghreb waren auch *neue Kulturpflanzen* verbreitet worden, wie Zuckerrohr, Reis und verschiedene Zitrusarten; auch Indigo, Henna und Safran wurden mitgebracht. Viele dieser Kulturpflanzen fanden auch auf der Iberischen Halbinsel Verbreitung und wurden Bestandteil der großen bewässerten Vega in Andalusien oder an der levantinischen Küste Spaniens. Mit dem Abschluß der Reconquista und der Wiedereroberung von Granada (1492) war das Maurenreich zusammengebrochen. H. LAUTENSACH hat in mehreren Arbeiten über den maurischen Einfluß in der Kulturlandschaft Iberiens berichtet, doch soll hier vor allem auf die Auswirkungen des Rückwandererstroms und der vertriebenen Mauren (span. moros und moriscos) im Maghreb selbst hingewiesen werden. Im Maghreb wurden sie ›Andalusier‹ genannt, die vor allem im nördlichen Marokko und in der Küstenzone bis zur Syrte nachhaltig die Kulturlandschaft beeinflußten. Bis heute lassen sich diese Einflüsse im Siedlungsbild und in der Landnutzung nachweisen, wie J. DESPOIS dargestellt und H. ACHENBACH (1964) für die tunesische Halbinsel Cap Bon untersucht hat. Noch heute heißt ein Stadtviertel von Fès ›El-Andalūs‹. So muß in der historischen Entwicklung des Maghreb das nach Europa übergreifende Maurenreich als ein wesentliches Element auch von kulturgeographischer Prägekraft angesehen werden. Man denke hierbei an die maurische Baukunst der Städte, Moscheen und Paläste, die dem Maghreb innerhalb des Orients seine eigenen Attribute verliehen haben und auch in Iberien als wertvolle Kulturdenkmäler angesehen werden (Cordoba, Sevilla, Granada u. a.).

Seine Eigenständigkeit behielt der Maghreb ebenfalls in türkisch-osmanischer Zeit. Die vordringenden Türken mußten im Maghreb vielfach spanische und portugiesische Eroberer der Küstenstädte von Marokko bis zur Syrte verdrängen. Diese *iberischen Stützpunkte* in Nordafrika waren im Gefolge des Zusammenbruchs des Maurenreiches Hafenfestungen geworden, die noch heute in vielen Städten historische Bauwerke von großer Bedeutung sind; man findet sie von Mogador (heute Essaouira), Mazagan (El Jadida), Casablanca über Tanger, Oran, Bizerte und die Insel Djerba bis nach Tripolis, das 1510 erobert worden war.

Der *Osmaneneinfluß* im Maghreb konzentrierte sich auf den zentralen

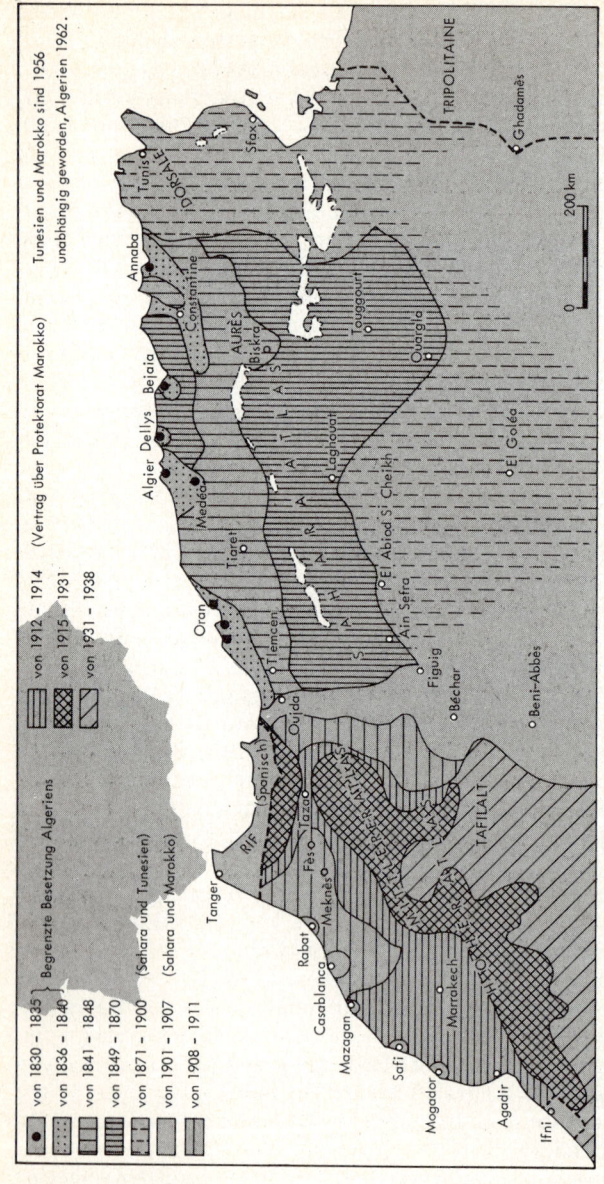

Fig. 13: Die Stadien der französischen Besetzung des Maghreb

und östlichen Bereich; besonders Libyen war davon betroffen (1551–1911). Unter türkischem Einfluß entstand auch die Einheit des heutigen Algerien, zu dem das einstige Numidien hinzukam und dessen Grenze zwischen den Regenten von Algier und von Tunis 1614 festgelegt wurde. Algier wurde auch zur Hauptstadt des türkisch regierten Algerien; in Tunis regierte ein türkischer Bey (Dey), doch konnte sich das Land frei entwickeln, besonders mit Hilfe der erwähnten andalusischen Flüchtlinge. So hinterließ die Türkenherrschaft des 17. und frühen 18. Jahrhunderts keine allzu tiefgreifenden Spuren im Maghreb. Dennoch war die Korsarenherrschaft türkischer Seeräuber in den Küsten- und Hafenstädten ein machtpolitisches Merkmal jener Zeit, das schließlich von den europäischen Mächten, nicht zuletzt von Frankreich, zum Anlaß genommen wurde, militärische Expeditionen an die nordafrikanische Küste zu senden, um die Stützpunkte der Seeräuber zu beseitigen. Für die Stadt Algier bedeutete dies 1830 den Beginn der kolonialen Unterwerfung.

Die beginnende *Kolonialherrschaft* in Nordafrika leitete für die Maghrebländer den wohl schwerwiegendsten Eingriff in ihre Entwicklungen ein. Diese Zeit soll daher in einem eigenen Kapitel (4.1.4) behandelt werden. Für den Raum der französischen Kolonialländer Marokko, Algerien und Tunesien benutzte man nun mehr und mehr die Bezeichnung ›L'Afrique du Nord (française)‹. Zwar bedeutete diese Zeit keine Einigung des Maghreb zu einem politischen Verband; dazu war die koloniale Vorgeschichte in den einzelnen Ländern zu verschieden, ebenso ihr kolonialpolitischer Status, zumal Frankreich glaubte, Algerien zu einem nordafrikanischen Teil des Mutterlandes machen zu können. Das Ende der Abhängigkeit von Frankreich (1962) nach einem siebenjährigen verlustreichen Krieg hat die Unmöglichkeit eines solchen Vorhabens bewiesen. Die Beendigung der Protektorate in Tunesien und Marokko (1956) war weniger blutig verlaufen. Dennoch: Trotz aller kolonialfranzösischer Einflußnahme, wirtschaftlicher Entwicklung und Ausbeutung, trotz aller stark uniformen Überprägung der Maghrebländer und des Strebens der städtischen Bevölkerungsschichten nach französischer Zivilisationsanpassung gab es nach dem Ende der Kolonialzeit kein geeintes Nordafrika, das man jetzt wieder vorzugsweise den Maghreb nannte. Die vielen Ansätze zur Einigung und Vereinigung scheiterten bereits an der Eigenständigkeit der politischen und wirtschaftlichen Staatsgebilde. Ganz besonders zeigt sich dies in den vergeblichen Versuchen, auch das im weiteren Sinne zum Maghreb gehörende, italienisch kolonisierte Libyen, das zu einer bedeutenden Erdölmacht geworden ist, zur Maghrebeinheit zu bewegen. Vielmehr ist das ehemalige Königreich unter der revolutionären Führung vom Muamar Al Gaddafi völlig eigene Wege politischer Integrationsversuche mit Ägypten, Tunesien, Marokko u. a., die schließlich alle scheiterten, gegangen.

Es ist die Tragik kolonialzeitlicher Grenzen in Afrika, daß diese nach der Befreiung z. T. politisch wirksamer wurden, als sie es während der Kolonialherrschaft gewesen sind. So bleibt für den Maghreb das Fazit, daß dieser Raum sowohl ethnisch und in seinem Naturpotential als auch in seiner historischen Entwicklung eine gewisse Einheit darstellt, zu der man mit Einschränkung auch Libyen, besonders Tripolitanien, rechnen kann. Aber die postkoloniale politische Entwicklung und die durch das Sahara-Erdöl wirtschaftlich unterschiedliche Machtposition haben eher zu Schwierigkeiten bei den Einheitsbestrebungen geführt.

4.1.2 Die ethnologische Bevölkerungsstruktur

Das ethnologische Grundelement des Maghreb sind die *Berber* als die mediterrane Altbevölkerung Nordwestafrikas. Durch die islamisch-arabische Eroberung ganz Nordafrikas wurden auch sie überprägt und arabisiert, so daß es heute oft schwerfällt, Berber, arabisierte Berber und Araber im Maghreb voneinander zu unterscheiden. Dennoch kann man feststellen, daß die Gebirgsregionen des Atlas in Marokko, der Großen Kabylei in Algerien sowie im Aurès und der Djebel Nefusa in Tripolitanien bis heute die bedeutendsten Berberrefugien geblieben sind.

Ursprünglich bewohnten drei große Berbergruppen den Maghreb: die Masmûda, die Sanhâdja und die Zenata. Bis heute lassen sich die meisten Stammesverbände hierauf zurückführen. Im zentralsaharischen Bereich bilden die bekannten *Tuareg* eine nicht sehr zahlreiche, aber recht bekannte Gruppe, die sich heute bis in die Sudanzone bzw. den Sahel Westafrikas ausgebreitet hat (so in Mali und Niger). Diese Tuareg sind allgemein wesentlich dunkelhäutiger, besonders im nigrischen Air-Gebirge, als die mediterranen Nordberber. Einzelne kleinere Berbergruppen werden noch in den algerischen Oasen der Nordsahara angetroffen, so die schon genannten Mozabiten und die Gourara.

Da die Berber keine einheitliche Schriftsprache entwickelt haben und keine anthropologisch klar abgrenzbare Berberrasse existiert hat, tritt uns eine breite Skala berberischer Bevölkerungselemente entgegen. Ihre *Sprachgruppen* werden ›Taschelhît‹, ›Tamazight‹, ›Zenâtîya‹ und

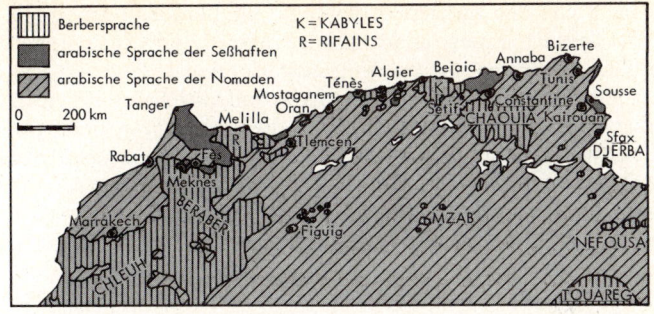

Fig. 14: Die Verbreitung der Sprachgruppen in Nordafrika

›Tamaschegg‹ (Tamahagg) genannt. Fragt man heute nach dem Berberanteil in der Bevölkerung des Maghreb, so läßt sich dieser nur nach dem Anteil der Berberdialekte sprechenden Gruppen ermitteln. In Marokko werden heute noch 24% der Bevölkerung (1956: 40%) als berberophon bezeichnet, in Algerien lebt eine zahlenmäßig nicht mehr erfaßte Gruppe (1960: 25%) besonders in der Kabylei und im Aurès, während in Tunesien – bis auf den Süden des Landes – kaum noch berberisch gesprochen wird. Die meisten Berber des Maghreb sind heute bilinguistisch, beherrschen also auch das Arabische, zumal es die offizielle Staatssprache ist. Allerdings unterscheidet sich das Arabisch des Maghreb (›maghrebinisches Arabisch‹) beträchtlich vom Arabisch, das etwa in Ägypten oder in Vorderasien gesprochen wird und dem Hocharabisch weit näher steht.

Auch in Libyen, besonders in Tripolitanien, lebt noch eine beträchtliche Berbergruppe, die etwa 20% der tripolitanischen Bevölkerung ausmacht. Im Zuge allgemeiner Arabisierungsbestrebungen aller Maghrebländer, einschließlich Libyens, werden berberisch-arabische Bevölkerungsunterschiede kaum noch offiziell genannt.

Dennoch hat das Berbertum in der Familie, Sippe und im Stammesverband viele Eigenheiten bewahrt. Brauchtum, Handwerk (Berberteppiche!) und Landnutzung in den Gebirgen haben berberische Charakterzüge, auch wenn sie sich schwer konkretisieren lassen. Die muselmanische Religion des Islam hat bei den Berbern mancherlei Wandel erfahren. Islamisches Sektierertum und Heiligenverehrung (›Marabut‹) spielen bei ihnen eine große Rolle. Ganz allgemein hat das Berberelement vor allem die ländliche Gesellschaftsordnung geprägt, während es in den Städten wenig zutage tritt. Eine Ausnahme bildet nur die Stadt Marrakesch, die sich dadurch – als große Landstadt – auch von den übrigen ›arabischen‹ Städten des Bürgertums (z. B. Fès) deutlich unterscheidet. Infolge dieser Landverbundenheit der Berberbevölkerung spielt bei ihnen die traditionale Gesellschaftsordnung mit Großfamilie und Stammesverband noch heute eine ganz wesentliche Rolle. Eine hohe Kinderzahl, die sowohl die Arbeitskraft einer Familie bestimmt als auch die sonst fehlende Altersversorgung ersetzt, ist für die maghrebinische Bevölkerung kennzeichnend.

Die Kolonialzeit hat allgemein eine Lockerung bzw. sogar eine Auflösung der Stammesgebundenheit mit sich gebracht. Dabei gibt es große regionale Unterschiede. In Marokko sind solche Erscheinungen am geringsten, in Algerien am häufigsten, wenn man die saharische Bevölkerung einmal außer acht läßt. Die Integration in ein modernes Wirtschaftsleben, vor allem im Einzugsbereich der Städte, fördert natürlich eine Auflockerung. Der unmittelbare Kontakt mit den europäischen Kolonialvölkern hatte die gleiche Wirkung. Die seit langer Zeit zwischen Algerien und Frankreich bestehende Arbeitskräftewanderung, die in manchen Jahren eine halbe Million Gastarbeiter umfaßte, wirkte sich entsprechend aus.

Ein weiteres Volkselement im Maghreb stellt seit früher Zeit das *Judentum* dar. Sehen wir von jenen Berbern ab, die sich dem jüdischen Glauben angeschlossen hatten – man trifft sie heute als ›Berberjuden‹ z. B. im Atlasgebirge –, so konzentrieren sich die Juden in den Städten, nicht selten im eigenen Stadtviertel, in Marokko ›Mellah‹ oder in Tunesien ›Hara‹ genannt. Es ist nicht einfach, ihren zahlenmäßigen Anteil zu erfassen, da viele algerische Juden bei Volkszählungen als Franzosen gezählt wurden. Im Verlauf des arabisch-israelischen Konfliktes hat die Zahl der Juden auch im Maghreb erheblich abgenommen, so in Marokko von ca. 200 000 (1956) auf heute etwa 30 000, immerhin noch die größte jüdische Gruppe in einem arabischen Land, während in den übrigen Ländern Nordafrikas nur noch zahlenmäßig unbedeutende jüdische Bevölkerungsanteile vorhanden sind. In Israel lebt dagegen eine beträchtliche Gruppe eingewanderter nordafrikanischer Juden.

Die Nachkommen der *Türken* im östlichen Maghreb sind zwar zahlenmäßig unbedeutend, doch werden sie immer noch als ›Kouloughli (Kuluchli)‹ besonders bezeichnet. Zu erwähnen bleibt noch der Anteil der *schwarzen Bevölkerung*, besonders im Übergangsbereich und in den Sahara-Oasen selbst. In Südmarokko sind negride Bevölkerungselemente besonders zahlreich. Sie sind zumeist die Nachfahren der im Gefolge von Eroberungen im Sahel (Timbuktu, Gao) im 17. Jahrhundert in den Maghreb gebrachten Schwarzen.

4.1.3 Mediterrane, atlantische und saharische Einflüsse

Der Lebensraum der Nordafrikaner im Maghreb erstreckt sich zwischen der Mittelmeerküste und der Sahara sowie zwischen dem Atlantischen Ozean und der Cyrenaika. In diesem Großraum, der von West nach Ost über eine Entfernung von über 3000 km reicht, aber in Nord-Süd-Richtung nur eine relativ schmale Verdichtungszone der Bewohner aufweist, bewirken drei übergeordnete Einflußsphären eine ganz entscheidende Differenzierung des Lebensraumes. Man kann die grundlegenden Wirkungsfaktoren als die mediterranen, die atlantischen und die saharischen bezeichnen (MENSCHING 1971). Dabei stellen im Sinne LAUTENSACHS die mediterranen und die saharischen Faktoren ein planetarisches Ordnungsprinzip dar, während die atlantischen Einflüsse sich zwar generell mit den mediterranen – insbesondere klimatisch – überlagern, in ihrer unmittelbaren Auswirkung jedoch auf den westlichen, d. h. marokkanischen Maghreb beschränken. Aus diesen Gründen partizipiert Marokko in besonderem Maße von diesen Gunstfaktoren. So konnten sich vor allem die atlantischen Küstenebenen durch ihre agrarische Entwicklung, die schon in der französischen Kolonialzeit begann, zu den wichtigsten Agrarproduktionsgebieten mediterraner Exportprodukte entwickeln, besonders im Norden des Landes. Dieser atlantische Einfluß mit seinen ausreichenden Niederschlägen verringert sich aber schon beträchtlich auf den höher gelegenen Tafeln der marokkanischen Meseta, er verstärkt sich aber wieder an den Westseiten des Atlasgebirges, wo mit zunehmender Höhe die Niederschlagsmengen zunehmen.

Die hier als Grundlagenfaktoren bezeichneten mediterranen, atlantischen und saharischen Einflüsse beschränken sich nicht auf den Naturbereich. Immer wieder haben Bevölkerungsgruppen aus dem mediterranen Raum mit den ihnen eigenen Mitteln der Landnahme und Landnutzung versucht, möglichst weit südwärts in den nordafrikanischen Kontinentteil vorzustoßen. Andererseits haben auch saharische Gruppen mit ihren dort entwickelten besonderen Methoden der Anpassung an die extreme Trockenheit Nordvorstöße, besonders in Marokko, unternommen. Sie haben sich dort teilweise assimilieren können, verschiedentlich haben sie aber auch eine volle Nutzung der von ihnen in Besitz genommenen Landstriche verhindert.

Wie schon früher betont (2.1), reicht der ursprüngliche Konfrontationsbereich zwischen weißen Nordafrikanern und Schwarzafrikanern des Sudan bis in den Saharagürtel hinein, vor allem in dessen Oasen. Im weiteren Sinne betrifft diese Konfrontation den mediterranen Orient mit dem tropischen Afrika, wenn es auch in Nordafrika, ›vor-

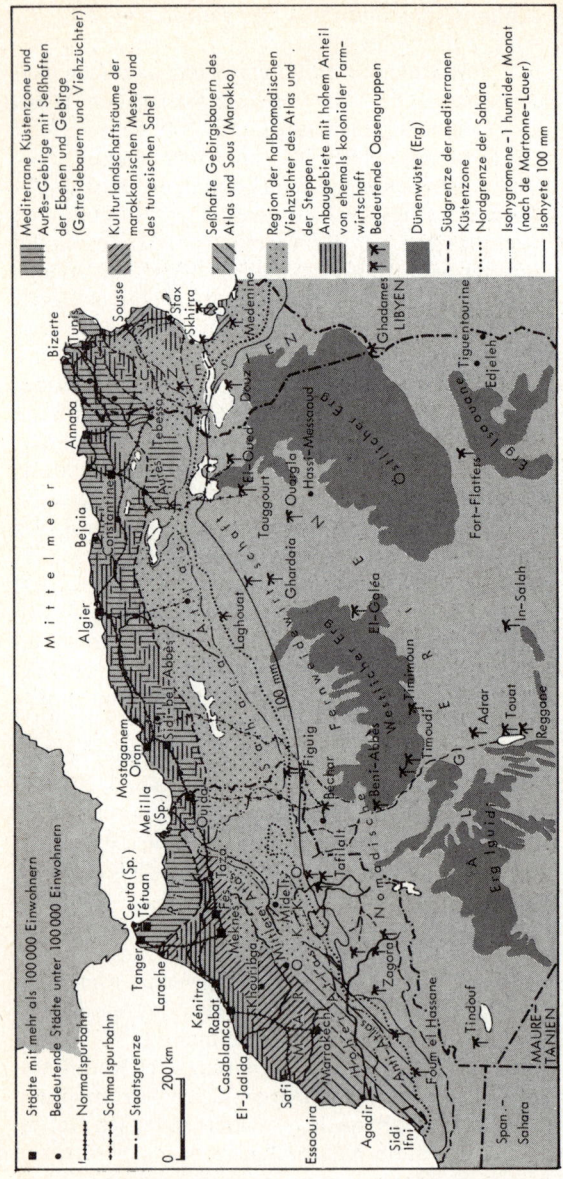

Fig. 15: Geographischer Eignungsraum und seine Nutzung

82

orientalische‹ Vorstöße aus dem Mittelmeerraum gegeben hat, wie man es schon für die Zeit der Garamanten, über die HERODOT berichtet hat, annehmen muß. Aus dem libyschen Fessan sollen sie schließlich durch den Vorstoß der Araber bis in die südlich-zentrale Sahara vertrieben worden sein.

Die mediterranen Grundfaktoren und ihre Auswirkung in der Gliederung der Landschaften des Maghreb sind zonal bestimmt und ergeben sich aus dem planetarischen Klimawandel, wie er in seinen Leitlinien für den gesamten Orient im Abschnitt 2.3 dargelegt wurde. Sowohl die Luftmassendynamik als auch die Niederschlagsvariabilität im jahreszeitlich so konträren Wettergeschehen und selbst die singulären Katastrophen wie die Hochwasserkatastrophe im östlichen Maghreb 1969 (MENSCHING, GIESSNER, STUCKMANN 1970) haben unmittelbare Folgen für die Landwirtschaft und die Viehhaltung. Wenn man bedenkt, daß im Agrarsektor in Marokko noch 41 % (1985), Algerien 25 % und Tunesien 32 % (1982) – allerdings mit einer z. T. mehr als 50 % betragenden Reduzierung dieses Anteils seit der Kolonialzeit – der Erwerbstätigen voll- oder teilbeschäftigt sind (in Industrieländern meist unter 10 %!) und bei weit verbreiteter Subsistenzwirtschaft ein noch höherer Prozentsatz der Bevölkerung von der Landwirtschaft lebt, so kann man ermessen, welche Bedeutung die natürlichen Grundlagen hier haben. Dabei begrenzt die ›agronomische Trockengrenze‹ den flächenhaft möglichen Regenfeldbau auf etwa 4 humide Monate. W. MANSHARD hat für Gesamtafrika seinem Band 5 dieser Reihe (1970/ 1988, S. 22) eine Karte der Trockenräume Afrikas beigegeben. Die allgemeine Bedeutung naturgeographischer Grenzen für den Maghreb hat MENSCHING (1967) dargestellt.

Das mediterrane Klima hat in Nordafrika einen deutlichen Übergangscharakter. Dieser bezieht sich insbesondere auf den Übergang von humiden zu ariden Klimaverhältnissen bei gegebener Jahreszeitenverteilung (Winterregen). GAUSSEN und BAGNOULS (1957) unterschieden eine eumediterrane (humide) Zone und eine mediterran-semiaride Zone, die schließlich in die aride Zone übergeht. Im humiden Bereich treten durchschnittlich höchstens 100 Trockentage im Jahr auf. Dieser klimatische Gunstbereich ist in den nördlichen Küstengebirgsketten und im Mittleren Atlas am deutlichsten ausgeprägt. Je günstiger dabei die Reliefvoraussetzungen mit Becken, weiten Tallandschaften und Randebenen sind, um so höher ist der Grad der *Nutzungsmöglichkeit*. Optimale Gunstgebiete solcher Art weist Algerien im Chélifftal und in der Mitidja auf (vgl. 4.3.2.2), Tunesien im Medjerdatal und Marokko zwischen dem Atlantik und dem Gebirgskranz in einer größeren Anzahl als die anderen Atlasländer. Libyen besitzt solche Gunstgebiete nicht, weil hier durch die fehlenden Küstengebirgsketten saharisches Klima bis an das Mittelmeer vordringen kann. In der Cyrenaika, in der mit 400–600 mm im Djebel Akhdar (Dschebel Achdar) die höchsten Niederschlagsmengen fallen, verhindert vor allem das verkarstete Kalkplateau eine vollständige Ausnutzung der höheren Regenmengen.

In solchen klimatisch und morphologisch günstigen Voraussetzungen schafft die Bewässerungswirtschaft den höchsten Grad der Nutzung mediterraner Landschaften. Es folgt die unbewässerte Landnutzung mit Getreidebau, Weinanbau und Gemüsefeldbau. Die weit verbreiteten und im ganzen Mittelmeergebiet ähnlichen Baumkulturen (vor allem Oliven, Aprikosen) greifen auch weit in den semiariden bis ariden Bereich hinein, wie etwa die ausgedehnten Ölbaumpflanzungen im südlichen tunesischen Sahel zeigen. Die bewässerten Zitruspflanzungen in ihrer großen Exportbedeutung (Marokko!) beschränken sich allerdings mehr auf die Küstengebiete und die damit verbundenen Talbereiche.

Es ist selbstverständlich, daß eine optimale Landnutzung in dem eumediterranen Bereich des Maghreb entsprechende Agrartechniken, Betriebsorganisationen und auch eine diesen Verhältnissen angepaßte Besitzstruktur voraussetzt, die zwar eine möglichst hohe Produktion, aber auch eine sozial gerechte Beteiligung der Agrarbevölkerung an dieser Produktion erreichen sollte. Diese sozialgeographischen Voraussetzungen sollen an späterer Stelle erläutert werden.

Im Vergleich der Maghrebländer untereinander treten wesentliche Unterschiede im Anteil an dieser mediterranen Gunstzone, die zumeist gebirgig ist, auf. Im Küstenstreifen des marokkanischen Rif, des algerischen Tell und des tunesischen Küstentell hat Algerien die besten reliefbedingten Grundlagen. Allerdings bleibt dieser Küstenstreifen insgesamt mit 50 bis 100 km Breite recht schmal. Da sich jedoch der Gebirgskranz in Marokko mit dem feuchten Mittleren Atlas weit nach Süden ausdehnt und auch der Hohe Atlas zum Wasserspender für das Vorland wird, hat Marokko durch seine zahlreichen Möglichkeiten für die Bewässerungswirtschaft in den Gebirgsvorländern insgesamt die günstigsten Voraussetzungen für eine ertragreiche mediterrane Landnutzung mit Spezialkulturen (Orangen, Frühgemüse, Reis u. a.).

In den Gebirgsländern selbst ist das mediterrane Kulturlandschaftselement mit Baumkulturen an den Hängen, mit Getreideanbau und Terrassensystemen besonders bei den alteingesessenen Berbern zu finden. Ein gewisser Nachteil bleibt hierbei, daß in diesen agraren Traditionalräumen zumeist die Subsistenzwirtschaft vorrangig geblieben ist. Man produziert überwiegend nur für die Familie und den lokalen Markt.

Daß die hier beschriebenen eumediterranen Grundlagen für die Kulturlandschaft keinesfalls zwingend auch für eine optimale Landnutzung sind, zeigt das Beispiel des Mittleren Atlas, in dem durch Fernweidewirtschaft halbnomadischer Bevölkerung (Berber) nur eine extensive Landnutzung verbreitet ist. Andererseits haben im östlichen Teil des gleichen Gebirges vor einem Jahrhundert dort seßhaft gewordene Bevölkerungsteile der Beni Hassan eine intensiv genutzte Tallandschaft mit allen mediterranen Landnutzungsformen entwickelt.

Das *semiaride Mediterranklima* herrscht im Maghreb in weiten Teilen der großen Ebenen und Plateaus vor, dringt allerdings auch in die Gebirge ein, wie z. B. in das östliche Rif vom Trockenklima der Moulouyaebene aus. Es erstreckt sich allgemein auf die marokkanische Meseta, die ostmarokkanischen Hochebenen, das algerische Hochland der Schotts und das steppenhafte zentraltunesische Hoch- und Tiefland. Auch viele Gebirgssenken sind bereits semiarid. Mit dem ›xerothermischen Index‹, wie er für die bioklimatische Karte der UNESCO verwendet wurde, erfaßt man in diesem Gebiet 100–150 Trockentage im Jahr. Wie erwähnt, wird hierbei die höhere Variabilität mit Abweichungen im Mittel von 20–30 % schon sehr bemerkenswert. Für den algerischen Küstentell gaben BIROT u. DRESCH (1953) eine mittlere Abweichung von 15–20 % vom Mittelwert an, die sich bis zum Sahararand auf 45 % erhöht. Aus diesen Zahlen wird deutlich, mit welcher Unsicherheit die Landnutzung in den Trockengebieten und schon in den semiariden Bereichen des Maghreb zu rechnen hat. Dies betrifft insbesondere den Getreideanbau.

Ganz allgemein unterscheidet sich neben dem Bild der Naturlandschaft auch das der agrarbestimmten Kulturlandschaft mediterraner Prägung nur wenig von dem südeuropäischen Bereich. Dies gilt besonders im südlichen Iberien. Natürlich ist dabei auch die jahrhundertelang miteinander verbundene historische Entwicklung einmal im Maurenreich, zum anderen während der Kolonialherrschaft von Bedeutung. Hier soll nur auf gemeinsame Elemente hingewiesen werden: einerseits Großbesitz, andererseits Kleinstbesitz des überwiegenden Teiles der Landbevölkerung, unüberschaubare Pacht- und Unterpachtabhängigkeiten, aber auch hochentwickelte Bewässerungsländereien mit den gleichen Anbauprodukten in Südeuropa und Nordafrika. Die postkolonialen Agrarreformen haben zwar Veränderungen, aber keine durchgreifende Änderung dieses Sozialsystems gebracht. Lediglich Algerien macht hier eine Ausnahme (s. Kap. 4.3.2). Die südliche Begrenzung der mediterranen Einflüsse im Maghreb wird durch die Atlaskette am Rande der Sahara markiert. Diese Grenzgebirge zeigen selbst jedoch nur noch wenige mediterrane Merkmale, die sich vor allem auf die Vegetation beschränken. Der mancherorts fließende, in manchen Gebirgsteilen, z. B. im Aurès, aber auch unmittelbare Übergang zum saharischen Einflußbereich wird deutlich in der Landschaft erkennbar.

Die *atlantischen Einflüsse* wirken sich in starkem Maße unmittelbar nur in Marokko aus. Die Überlagerung der mediterranen durch die atlantischen Einflüsse bewirken sowohl thermisch als auch hygrisch eine Sonderstellung des gebirgsumkränzten inneren Landesteiles, den man das ›atlantische Marokko‹ nennt. So erhält die nördliche Meseta, die schon auf dem Breitenkreis der ariden Schottsenke im östlichen Maghreb liegt, immerhin noch 400–600 mm Jahresniederschlag bei ›nur‹ 150 Trockentagen. Hier liegen ausgedehnte Getreidegebiete. Durch den kühlen Kanarenstrom werden im Küstengebiet die Temperaturschwankungen auffallend gemildert (z. B. betragen die Schwankungen im Mittel zwischen dem wärmsten und kältesten Monat in den atlantischen Küstenstationen zwischen 6 und 10 °C, während sie in Marrakesch schon 15 °C beträgt). Der atlantische Einfluß trägt dieses ausgeglichene Klima mit seiner geringen Jahresamplitude somit weit nach Süden; in gleicher Richtung wirken sich die noch ausreichenden Niederschläge im Hohen Atlas aus. Die agrare Landnutzung kann hierdurch in Marokko ebenfalls weit nach Süden ausgreifen, allerdings nur in einem schmalen Küstenstreifen und im unmittelbaren Vorland der Gebirge. Das atlantisch bestimmte Mediterranklima der Gebirge sorgt damit im gesamten atlantischen Marokko für die besten Bewässerungsmöglichkeiten großer Kulturflächen im ganzen Maghreb. Erst sehr spät hat man in Marokko begonnen, diese Gunstvorteile besser auszunutzen und die großen Bewässerungsperimeter entsprechend auszubauen.

Ein nicht zu übersehender Faktor ist dieser atlantische Einfluß auch für den Ausbau der *Touristik* an der marokkanischen Küste. Man denke hier besonders an die touristische Bedeutung von Agadir, das zum größten Touristenzentrum des Landes für Badeaufenthalte geworden ist.

Weder Algerien noch Tunesien und schon gar nicht Libyen können mit unmittelbaren atlantischen Einflüssen rechnen, mittelbar sind sie dagegen im Ablauf des mediterranen Jahresganges der Niederschläge von den atlantischen Zyklonen der winterlichen Regenzeit abhängig. Über die Bedeutung des atlantischen Klimas in Marokko findet sich eine ausführliche Darstellung bei MENSCHING (1957).

Der atlantische Einfluß ist für die marokkanische Wirtschaft neben dem Agrarsektor auch für die *Fischerei* wichtig, die den Fischreichtum in den kühlen Auftriebswässern des Kanarenstromes jedoch in noch nicht ausreichendem Maße nutzt. Zwar waren die Fischanlandungen zwischen 1955 und 1966 in Marokko zehnmal so hoch wie in Algerien und in Tunesien, doch hat der jüngste Ausbau der Fangstationen in den Atlantikhäfen die Fangmenge 1983 auf 439895 Tonnen steigern können, während diese in Algerien und Tunesien nur 70000 bzw. 75000 t betrug.

Die *saharischen* Einflüsse interferieren in vielerlei Hinsicht mit den mediterranen Geofaktoren des Klimas, der Pflanzenwelt, der Böden und des daraus resultierenden Wasserhaushaltes. Aber auch die Bevölkerungen beider an sich konträrer Lebensräume haben sich – wie bereits erwähnt – in einer breiten Übergangszone gegenseitig durchdrungen. Hier soll nochmals auf das nordwärts gerichtete Wandern saharischer kulturgeographischer Elemente hingewiesen werden. Randsaharische Stämme kamen schon in der Almoravidenzeit des 11. Jahrhunderts über den Hohen Atlas in die atlantischen Ebenen. Sie gründeten Marrakesch, das in vieler Hinsicht saharische Merkmale erkennen läßt: Es ist die einzige Oase saharischer Prägung nördlich des Atlas mit einem großen Palmenhain und mit saharischen Bewässerungsmethoden durch Foggara-Kanäle, die hier ›Rhettara‹ heißen. Solche unterirdischen Kanalsysteme sind im Maghreb in der präsaharischen Zone noch im oberen Moulouyatal und in Tunesien bis Gafsa bei El Guettar verbreitet. Sie sind ein besonderes Kennzeichen des gesamten Orients (vgl. hierzu C. TROLL 1963).

Fast alle saharischen Einflüsse wirken sich auf den Wasserhaushalt aus. Dies gilt besonders dann, wenn anhaltende saharisch-kontinentale Wetterlagen in den Herbst- und Frühjahrsmonaten das Vordringen atlantisch-mediterraner Zyklonen als Regenbringer verhindern und sich lange winterliche Trockenzeiten außerordentlich schädlich auf die Vegetationszeit der Kulturpflanzen, vor allem auf den Getreideanbau, auswirken. Dies kann erhebliche Ernteausfälle zur Folge haben. Hiervon sind alle Maghrebländer in Trockenjahren betroffen, die zwar unregelmäßig, aber doch in Abständen immer wieder auftreten. Selbst die großen Ölbaumhaine des Maghreb, die in Südtunesien bis in den präsaharischen Raum hineinreichen, reagieren nach solchen Trockenjahren mit oft mehrjährigem Rückgang der Ernteerträge. Die saharischen Oasenkulturen, fast gänzlich vom Grundwasser und nicht vom Oberflächenwasser abhängig, sind dem starken Wechsel des Niederschlags vollständig angepaßt.

Das Übergangsgebiet zwischen Wüste und Steppe ist altes Kampfgebiet zwischen seßhafter und nomadisierender Bevölkerung. Im Maghreb manifestiert sich hierin auch der Verfall oder das Aufblühen mediterraner Kulturlandschaften. In Zeiten des Vordringens saharischer Nomaden schrumpfen häufig die Kulturen der Seßhaften stark zusammen. Ein Beispiel ist der tunesische Sahel. Mehrfach wurde hier das Kulturland bis auf einen schmalen Küstenstreifen zurückgedrängt. Deutliche Hinweise auf den Einfluß saharischer Bevölkerungsgruppen liefert der marokkanische Süden. Er zeigt zugleich, daß solche Einflußsphären nicht allein durch die ethnische Gruppierung, etwa Araber oder Berber, begründet werden können. Es gibt ebenso die arabische wie auch eine berberische Beeinflussung des mediterranen Raumes.

In Südmarokko zeigen die vornehmlich berberischen Siedlungen den Typus der Kasbah-Siedlung, die festungsartige Formen (Tirhemt, auch Agadir genannt) aufweist. Mit solchen Kasbah-Siedlungen sind ursprünglich saharische Berbergruppen auch in den Hohen Atlas vorgedrungen, z. B. die bekannten ›Ait Hadidou‹. Ihre Wohnfestungen, die als ›Ksar‹ (pl. ›Ksour‹) bezeichnet werden, sind ein saharisches Element, das man nur in diesem Grenzsaum findet, der sich vom Hohen Atlas über den Sahara-Atlas bis zu seinen Ausläufern in Südtunesien erstreckt.

Als saharische Kulturpflanze hat die *Dattelpalme* (Phoenix dactilifera) in wirtschaftlich ertragreichen Anpflanzungen – sieht man von Marrakesch ab – mit der nördlichen Saharagrenze auch ihre Verbreitungsgrenze. Maurische Vorstöße brachten zwar bis in das süd-östliche Spanien kleine Dattelpalmenoasen, doch ist ihr Nutzwert beschränkt. So ist die nördliche Verbreitungsgrenze der Dattelpalme auch als Indiz für die Saharagrenze zu betrachten (CAPOT-REY 1952).

Als Element der saharischen Viehwirtschaft können nur die vollnomadischen Wanderungen angesehen werden, jedoch nicht die Wanderung von Siedlungen aus, die überall im mediterranen Raum verbreitet ist. Die vollnomadische Fernweidewirtschaft hat die mediterranen Regionen nur im semiariden Steppenbereich des zentralen Maghreb als Wandergebiete einbezogen. Deutlich heben sich hierbei die saharischen Einflußgebiete im ostmarokkanischen Steppenhochland und das algerische Hochland der Schotts ab. Ein ausgesprochenes Übergangselement stellt die halbnomadische Viehwirtschaft in den Steppen des Maghreb dar, ebenso im Mittleren Atlas Marokkos. Die Beni M'Guild, über die H. NACHTIGALL (1967) berichtet hat, sind dabei weit in das atlantisch-mediterrane Marokko vorgestoßen und haben sich nur teilweise an die ›neuen Bedingungen‹ assimiliert. Das Seßhaftwerden dieser Gruppen ist z. B. im Mittleren Atlas ein außerordentlich langsamer Vorgang. Auch der östliche Hohe Atlas (Ayachi) wird überwiegend durch nomadische Fernweidewirtschaft genutzt. Allerdings sind die letzten Jahrzehnte, wie sich schon in der Kolonialzeit abzeichnete, durch weitgehendes Seßhaftwerden gekennzeichnet. In dieser Grenzzone hat das zur Überbelastung des Ökosystems und damit zu Desertifikationserscheinungen geführt (vgl. hierzu MENSCHING u. IBRAHIM 1976).

Zusammenfassend kann man feststellen, daß der gesamte Maghreb als westliche Variante des Orients in Nordafrika eine Kontaktzone mediterraner und saharischer Einflüsse darstellt, die sowohl physisch-geographisch als auch kulturgeographisch beide Einflußsphären widerspiegelt. Das Relief des Atlassystems hat bewirkt, daß diese mediterran-saharische Übergangszone des Maghreb unter dem atlantischen Einfluß in Marokko am weitesten südwärts ausgreifen kann. In Algerien und Tunesien erstreckt sie sich küstenparallel in einer bereits wesentlich schmaleren Zone, die in Nordtunesien zur Syrte hin ausgreift. Tripolitanien steht daher schon ganz unter saharischem Einfluß, der im Barka-Hochland der Cyrenaika noch einmal durch mediterrane Einflüsse, vorwiegend physisch-geographischer Art, unterbrochen wird. Das anschließende Ägypten dagegen wird vollends vom Einfluß der nordafrikanischen Wüste beherrscht.

4.1.4 Die Kolonialzeit im Maghreb

Die Zeit der Kolonialherrschaft hat auch im Maghreb tiefgreifende Spuren hinterlassen. Das allgemeine Urteil über diese Zeitepoche ist zumeist negativ, und das nicht nur in den ehemaligen Kolonien. Diese führen ihre vor allem wirtschaftliche Unterentwicklung auf die koloniale Ausbeutung zurück, die eine Eigenentwicklung der beherrschten Länder verhinderte. Diese kolonialen Abhängigkeiten hatten in den Atlasländern Auswirkungen auf die Entwicklung in fast allen Lebensbereichen der Bevölkerung der seinerzeit als ›Eingeborene‹ bezeichneten Nordafrikaner. Man unterschied zwischen der europäischen Kolonialbevölkerung und den ›Autochthonen‹, deren Belange man in verschiedenen Gebieten durch die ›Bureaux des affaires indigènes‹ regelte. In der ersten Zeit nach den jeweiligen Eroberungen wurden auch die Verwaltungsfunktionen durch Militärstationen wahrgenommen, bis diese selbst in den unteren Bereichen durch Europäer, Franzosen, Spanier und Italiener, übernommen wurden. Nordafrikaner waren nur wenig vertreten, es sei denn in dem stark aufgeblähten Bereich der einfachen Dienstleistungen.

Mit dem Ende der Kolonialzeit wurde die politische Selbständigkeit zwar erreicht, doch ist im Maghreb der *Einfluß Frankreichs* in vielen Lebens- und Wirtschaftsbereichen bis heute erhalten geblieben. Nicht selten spricht man hierbei von ›Neokolonialismus‹. Um sich ein möglichst gerechtes Urteil über die Kolonialzeit im Maghreb machen zu können, müssen die verschiedenen Bereiche analysiert und bewertet werden. Subjektive Momente sollten hierbei weitgehend zurücktreten. Der Verfasser kann sich bei dieser Darstellung auf die Kenntnis des Maghreb seit über dreißig Jahren und somit auch auf die Kenntnis der Atlasländer während der kolonialen Epoche berufen. Beginnen wir mit dem ehemaligen Französisch-Nordafrika. Die Kolonialgeschichte Frankreichs im Maghreb begann mit der Besetzung von Algier im Jahre 1830. Tunesien wurde 1881/83 zum französischen Protektorat, Marokko durch den Vertrag von Fès im Jahre 1912. Eine schmale Nordzone, im wesentlichen das Rifgebirge, wurde Spanien zugesprochen. Zahlreiche Eroberungszüge waren notwendig gewesen, bis in den dreißiger Jahren unseres Jahrhunderts ganz Marokko als letztes Atlasland unterworfen war. Auch die Sahara konnte erst spät voll beherrscht werden, nachdem man durch die Besetzung aller Oasen auch die hiervon abhängige nomadische Bevölkerung einbezogen hatte. Aus kolonialherrschaftlicher Sicht wurde die Zeit der Eroberung als ›Pacification‹ bezeichnet.

Das Vordringen des französischen Militärs bis weit in die südliche Sahara hatte den Zweck, die Verbindung zu Französisch-Westafrika herzustellen. Seitdem gehört ein großer Teil der Sahara zu Algerien. Man bedenke den Vorteil, den Algerien aus dem Sahara-Öl heute ziehen kann.

Der Versuch, Algerien als eine nordafrikanische Provinz mit den drei alten Départements Algier, Oran und Constantine als Teil des Mutterlandes Frankreich zu behandeln, hatte schließlich zur Folge, daß dort die tiefgreifendsten kolonialen Integrationsmaßnahmen ergriffen wurden. Sie haben einen langjährigen Befreiungskampf der Algerier ausgelöst, der erst 1962 beendet werden konnte (Vertrag von Évian). Die Aufhebung des Protektoratsstatus in Marokko und Tunesien war dagegen schon 1956 nach weniger blutigen Unruhen erfolgt. Bis zum Ende der Kolonialzeit hatte in den Ländern Nordafrikas der Anteil von Europäern an der Geamtbevölkerung – ohne Militär – ständig zugenommen: In Marokko betrug dieser Anteil 1952 etwas über 5%, wobei die Franzosen überwogen; in Tunesien waren es 1956 9%, darunter ein Viertel Italiener, und in Algerien hatten Franzosen und ›Naturalisierte‹ mit über einer Million rund 10% Anteil an der Gesamtbevölkerung. Ebenfalls etwa 10% Bevölkerungsanteil hatten bis zum letzten Weltkrieg 120 000 Italiener im Bereich des heutigen Libyen, das 1947 aus Tripolitanien, der Cyrenaika und dem Fessan konstituiert wurde. Mit dem Ende der Kolonialherrschaft schrumpfte der Anteil von Europäern allgemein stark zusammen, die auch in der Zahl der Ausländer nur noch einen Teil ausmachen. So wurden für Marokko (1982) 60 000 Ausländer registriert, für Algerien sind vor allem Franzosen zahlenmäßig unbedeutend geworden, ebenso in Tunesien, wo der europäische Anteil an der Gesamtbevölkerung 1956 noch 7 % betrug. Libyen hat in den letzten Jahren keine Ausländer mehr registriert.

4.1.4.1 Die Agrarkolonisation der Franzosen und Italiener

Der Maghreb erlebte während der Kolonialzeit außerordentlich wirksame Eingriffe auf dem landwirtschaftlichen Sektor, der bis dahin ausschließlich von der Subsistenzwirtschaft der Bewohner bestimmt war. In den Atlasländern waren fast 20 % des kultivierbaren Landes in der Hand von weniger als 40 000 Kolonisten. Mit 2,7 Mill. ha Agrarland war der Anteil der kolonialen Landnutzung in Algerien am weitesten verbreitet, gefolgt von Marokko mit 1,03 Mill. ha und Tunesien mit 0,75 Mill. ha. In der Küstenzone Tripolitaniens war der Anteil der italienischen Kolonisten am Siedlerland mit 206 000 ha ebenfalls beachtlich, in der Cyrenaika dagegen geringer.
Die regionale Verteilung des Koloniallandes läßt erkennen, daß diese für den einheimischen Landbesitz schwerwiegende Folgen haben mußte. Vorwiegend lag das Kolonialland nämlich in jenen Bereichen des Küstensaumes und in den begünstigten Vorlandebenen der Gebirge sowie in den großen Talsenken des algerischen Tell, dort also, wo auch die Anlage von Bewässerungsfeldern möglich war. Hierzu wurde von seiten der Kolonisten immer wieder versichert, daß durch offizielle und private Agrarkolonisation fast nur Land erworben worden sei, das von den Fellachen bis dahin gar nicht oder nur extensiv genutzt worden war. Dabei wird nicht erwähnt, daß diese Gebiete von der Gebirgsbevölkerung als notwendiger Ergänzungsraum für die Herdenwanderungen als Winterweide genutzt wurden. Eine moderne Nutzung dieser Gunstgebiete war allerdings bis dahin nicht erfolgt.
Mit der Ausdehnung des Koloniallandes in den natürlichen Gunstgebieten wurden immer mehr Fellachen in die Gebirgsregionen zurückgedrängt und ihre Vorlandwanderungen unterbunden. Dadurch entstanden als Folge starker Überweidung große Erosionsschäden (J. PONCET 1962). Die Gebirge vom marokkanischen Rif bis zum ost-

algerischen Teil sind ein Bereich hoher Bevölkerungsdichte. In weiten Teilen werden sie dennoch bis heute von traditional bestimmter Subsistenzwirtschaft der Bergbauern genutzt. So stehen die Gebirge den Agrargebieten mit moderner Entwicklung in ihren Vorländern und Talsenken schroff gegenüber.

Die älteste Agrarkolonisation im Algerien des 19. Jahrhunderts hatte wenig Erfolg. Erst in den letzten dreißig Jahren der Kolonialherrschaft hatte sie sich in allen Atlasländern hervorragend entwickelt. Hinwendung zu Exportprodukten bei häufiger Abnahmegarantie durch Frankreich, günstige Landerwerbsbedingungen und schließlich die geringen Arbeitslöhne brachten den ›Colons‹ hohe Profite. Weitgehende Mechanisierung der Betriebe war ein weiteres Kennzeichen, das die kolonialen Farmen von der einheimischen Landnutzung erheblich unterschied.

Die Erweiterung des Bewässerungsfeldbaus im Zeichen der kolonialen Agrarwirtschaft erforderte den Bau von Wasserstauwerken an den Gebirgsrändern. Das war nur unter hohem Kapitaleinsatz möglich, der nur von der Kolonialverwaltung der einzelnen Länder geleistet werden konnte. Nach den ersten älteren Stauwerken im algerischen Teil wurden größere moderne Dammbauten jedoch erst kurz vor oder nach der Aufhebung des Protektorates in Marokko oder Tunesien fertiggestellt, so in Bin el-Ouidane im marokkanischen Atlas und am Mellègue im Medjerdasystem Nordtunesiens, den größten Stauseen des Maghreb.

Die Agrarproduktion mit Zitruspflanzungen, Frühgemüse, Wein und anderen Spezialkulturen ist heute ebenso wie zur Kolonialzeit vorwiegend exportorientiert. Vielfach war der Bewässerungsfeldbau bereits kooperativ organisiert oder wurde vor allem für den Getreide- und Weinanbau von großen Domänen betrieben. Ein Teil der Großgrundbesitzer hatte seine Ländereien verpachtet und lebte selbst in den größeren Städten des Landes oder in Frankreich.

Ein auffallendes Landschaftsmerkmal im kolonialen Kulturland bildeten die Hofanlagen der Farmer. Große Baumalleen führten zu den oft gutsähnlichen Gebäuden, die einzeln und inmitten der Großfelder lagen. Nicht selten hatten sich um sie herum ärmliche Tagelöhnersiedlungen in Lehmbauweise (›Gourbis‹) gruppiert.

Im Verlauf der Kolonialzeit hatten sich die Gegensätze zwischen der Landnutzung der ›Colons‹ und der der Fellachen immer mehr verstärkt. Nicht nur die Art der Bewirtschaftung, sondern auch die völlig unterschiedlichen Besitzverhältnisse unterstrichen den Gegensatz. So besaßen beispielsweise die ›Colons‹ in Algerien als mittlere Betriebsgröße 120 ha Land in begünstigten Lagen, während der Durchschnitt

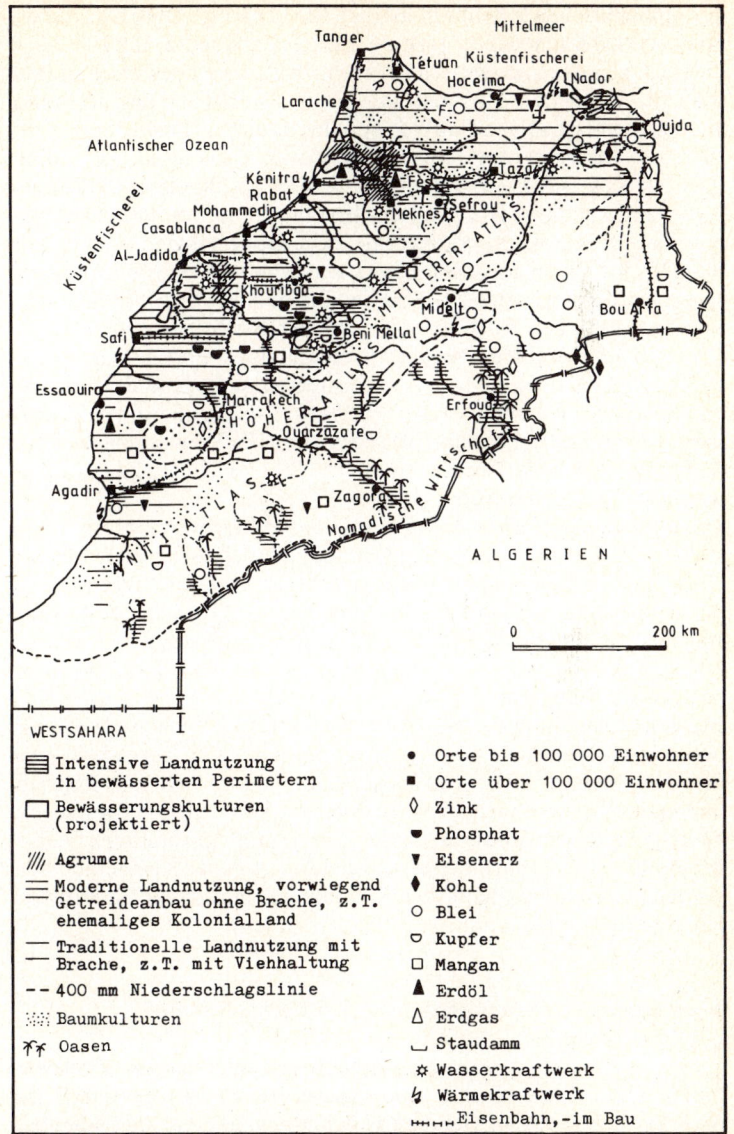

Fig. 16: Wirtschaftsgeographische Karte Marokkos

Legende:

- ▤ Intensive Landnutzung in bewässerten Perimetern
- ☐ Bewässerungskulturen (projektiert)
- ⫻ Agrumen
- ≡ Moderne Landnutzung, vorwiegend Getreideanbau ohne Brache, z.T. ehemaliges Kolonialland
- — Traditionelle Landnutzung mit Brache, z.T. mit Viehhaltung
- -- 400 mm Niederschlagslinie
- ⁛ Baumkulturen
- ⵠⵠ Oasen

- • Orte bis 100 000 Einwohner
- ■ Orte über 100 000 Einwohner
- ◊ Zink
- ⬤ Phosphat
- ▼ Eisenerz
- ◆ Kohle
- ○ Blei
- ▽ Kupfer
- ☐ Mangan
- ▲ Erdöl
- △ Erdgas
- ⌣ Staudamm
- ✳ Wasserkraftwerk
- ⅘ Wärmekraftwerk
- ⊦⊦⊦⊦ Eisenbahn, - im Bau

der einheimischen Kleinbetriebe bei 10–11 ha lag. Daneben hatten etwa 600 000 Kleinpächter fast gar keinen Landbesitz, mußten aber dennoch von der Landwirtschaft leben. In Tunesien bewirtschafteten etwa die Hälfte der Farmbetriebe mehr als 250 ha Land, während 480 000 tunesische Fellachen weniger als 6 ha zur Verfügung hatten. In Marokko herrschte der feudale Großbesitz noch lange vor, wobei noch in den siebziger Jahren 20 % der Landbesitzer 60 % des Agrarlandes in ihrer Hand hatten. Erst in dem letzten Jahrzehnt waren auch in Marokko agrarreformerische Bestrebungen vorhanden, wodurch jedoch die feudalistische Grundstruktur nicht vollständig beseitigt wurde, wie es z. B. in Algerien der Fall war. Auch in Tunesien scheiterten mit Ben Salah die sozialistischen Reformen.

Die kolonialwirtschaftliche Agrarproduktion war in Algerien mit ca. 50 %, in Tunesien mit 35 % an der gesamten Landesproduktion beteiligt. So wurde die Landwirtschaft im Maghreb eindeutig von den europäischen Farmen beherrscht, was ebenso auf die Verwertung der Produkte zutrifft. Für die Entwicklung der nichtkolonialen Landwirtschaft wurde insgesamt sehr wenig getan.

Die überwiegende Zahl der ›Colons‹ waren Franzosen. Nach ihnen stellten die Italiener die größte Gruppe, die sich in Tripolitanien als einzige, in Tunesien innerhalb einer größeren Zahl von Kolonisten an der agraren Nutzung des Landes beteiligte. In Tunesien hatten die Italiener Anteil vor allem am Klein- und Mittelbesitz. Die französischen ›Colons‹ kamen zu einem großen Teil auch aus Korsika, sonst zumeist aus Südfrankreich.

Bei der Behandlung der einzelnen Maghrebländer sollen die jeweils besonderen Merkmale der Agrarkolonisation näher betrachtet werden. Hier bleibt abschließend festzustellen, daß die Kolonialwirtschaft im Maghreb in erheblichem Maße durch die koloniale Landwirtschaft geprägt worden ist, und zwar um so mehr, je größere natürliche Gunstgebiete (s. o. 4.1.3) mit mediterranen und atlantischen Klimaeinflüssen vorhanden sind. Im saharischen Einflußbereich blieb der Eingriff von Kolonisten unbedeutend.

4.1.4.2 Der koloniale Bergbau und die Industrialisierung

In der Kolonialzeit begann im Maghreb eine umfangreiche Prospektion auf die Bodenschätze der Atlasländer. Zwar gab es z. B. in Marokko schon vorher Bergbau in den Mangangruben im Süden des Landes, an dem auch deutsche Firmen beteiligt waren. Im Zusammenhang damit wurde 1911 durch den bekannten ›Panthersprung‹

eines deutschen Kanonenbootes vor Agadir die zweite Marokkokrise heraufbeschworen. Eine systematische Erforschung der Lagerstätten begann jedoch erst später. Die ersten bedeutenden Phosphatlagerstätten des Maghreb wurden 1873 in Algerien bei Boghari und 1885 in Südtunesien entdeckt. Ihnen folgten ab 1912 die marokkanischen Prospektionen im Raum Khouribga und Youssefia auf dem Phosphatplateau der südlichen Meseta, die Marokko an die erste Stelle der Weltexporteure brachten. 1929 erreichte der Phosphatabbau des Maghreb 55 % der Weltförderung.

Der Abbau von Eisenerzen war wesentlich bescheidener. Mit 2,5 % der Weltförderung blieb der Maghreb 1938 weit hinter den Erwartungen der französischen Kolonialmacht zurück. Führend war hierbei Algerien, das 1961 eine Förderleistung von fast 3 Millionen Jahrestonnen erreichte. Andere Erze (Blei, Zink u. a.) sind zwar in den Maghrebländern vorhanden, sie konnten aber keine nennenswerten Abbauziffern erreichen. Lediglich Marokko soll als Produzent der seltenen Metalle Kobalt und Molybdän hier noch genannt werden. Die dort schon früh bekannten Manganvorkommen erhielten durch verstärkten Abbau im Süden und Osten des Landes ebenfalls eine größere Bedeutung.

Mit der Bergbauentwicklung ging eine notwendige Verkehrserschließung zu den Förderzentren einher. Da vorher das gesamte Transportwesen allein durch Menschen- und Tiereinsatz bewältigt wurde, mußten Straßen und Eisenbahnen gebaut werden. Es ist klar, daß die Linienführung nur den genannten kolonialen Belangen folgte, darunter natürlich auch der militärischen Sicherung. Bis zum letzten Weltkrieg waren in Französisch-Nordafrika etwa 52 000 Kilometer ausgebaute Straßen fertiggestellt, davon 34 000 km in Algerien, 9200 in Marokko und 9000 in Tunesien. Dabei fällt das Mißverhältnis zwischen Marokko und Algerien auf; dies ist auf die späte Erschließung zurückzuführen: Bis 1960 wurde das ausgebaute Straßennetz in Marokko auf über 20 000 km erweitert. Das Eisenbahnnetz, zu einem großen Teil schmalspurig, erreichte bis 1950 eine Länge von knapp 8700 km, davon rund die Hälfte in Algerien. Neben der Hauptverbindungslinie, die von Marrakesch über Rabat–Fès–Algier–Tunis bis Gabès reichte, waren die meisten Bahnen Bergbaubahnen zu den Phosphat- und Kohlengruben.

Kohle als Energieträger ist im gesamten Maghreb außerordentlich selten. Als 1907/08 die Kohlenlager Kenadsa am Sahararand bei Colomb-Béchar und bei Djerada in Ostmarokko entdeckt wurden, hatte man hieran große Hoffnungen geknüpft, die jedoch trügerisch waren. Die höchste Jahrestonnage wurde in Algerien (1954) mit 303 000 t erreicht, in Marokko (1953) mit 565 000 t. Die Kohle ist dabei industriell nicht voll verwertbar. Hinzu kommen die hohen Transportkosten besonders für die Kohle von Kenadsa. Der Abbau ging sogar bis zum Ende des Befreiungskrieges auf unter 100 000 t (1961) zurück. Die Hoffnungen auf ein nach europäischen Maßstäben zu messendes Industriekombinat bei Béchar haben sich also in keiner Weise erfüllt. Marokko konnte die Steinkohlenförderung 1984 auf 838 000 t steigern, während Kohleförderung in Algerien als Erdölland für die Energiewirtschaft keine Bedeutung besitzt.

Mit dem Ende der Kolonialzeit waren auch die Pläne, die Eisenbahn über Béchar (Abadla) hinaus durch die Sahara zum Niger zu verlängern, utopisch geworden. Hatte noch die Kolonialmacht Frankreich ein Interesse, Nordafrika mit Westafrika durch eine solche Linie zu verbinden, so besteht hierfür heute weder ein ökonomischer noch ein politischer Anreiz.

Die Entwicklung der Erdölwirtschaft in Nordafrika vollzog sich im wesentlichen in der postkolonialen Wirtschaftsphase. Dies gilt insbesondere für Libyen und Algerien. Sie soll erst später (4.2.1) behandelt werden.

Die *Industrialisierung* des kolonialzeitlichen Nordafrika kann nur unter dem Aspekt betrachtet werden, daß Frankreich kein großes Interesse daran hatte, die Atlasländer im Hinblick auf eine Anhebung des Sozialproduktes der Nordafrikaner zu entwickeln. So stand – wie überall – die Ausfuhr der Rohprodukte des Bergbaus, allenfalls durch Anreicherung verbessert, im Vordergrund. Dadurch mußten fast alle Fertigwaren, wiederum überwiegend aus Frankreich, importiert werden. Auch in der Landwirtschaft wurden kaum Produkte angebaut, die im Lande selbst für eine industrielle Verarbeitung, z. B. von Baumwolle für Textilien, in Frage gekommen wären. Allgemein vertrat Frankreich die koloniale Wirtschaftspolitik, daß die Maghrebländer Agrarländer bleiben müßten, zumal ja auch die Energieträger fehlten. Auch die einheimischen besitzenden Schichten waren nicht gewillt, Kapital für eine mögliche Industrialisierung zur Verfügung zu stellen. Die ersten Jahre nach dem Zweiten Weltkrieg ließen dazu auch den Franzosen wenig Möglichkeiten, neben der Überwindung ihrer eigenen wirtschaftlichen Schwierigkeiten noch im Maghreb industrielle Investitionen vorzunehmen. Eine gewisse Ausnahme hiervon machte lediglich Algerien.

Ansätze einer Industrialisierung waren bei der Verarbeitung von Agrarprodukten zu verzeichnen, so für Früchte, Wein, Olivenöl, darüber hinaus in verschiedenen Bereichen der Lebensmittelherstellung. Aber selbst Konservenfabriken waren nur beschränkt errichtet worden. Aus der handwerklichen Verarbeitung von tierischen Produkten (Wolle, Häute, Felle), besonders in Familienbetrieben, konnten sich vereinzelt größere Fabriken entwickeln, vor allem in der Lederverarbeitung. Die Textilherstellung in Fabriken fehlte dagegen fast gänzlich. Konfektionsbetriebe bestanden nur in Tunis, Algier und Casablanca. Kleinere Betriebe verarbeiteten Korkrinde und Pflanzenfasern (Zwergpalme und Halfagras).

Trotz des großen Städtewachstums blieb die Baustoffindustrie im Maghreb bescheiden. Die wenigen Zementwerke konnten den Bedarf nicht decken. Auch die chemische Industrie war nur in Ansätzen vorhanden, so bei der Düngephosphatherstellung. Metallverarbeitende Betriebe stellten vorwiegend Ersatzteile her, und die Ausrüstung aller Fabriken war zumeist ungenügend.

So kann man feststellen, daß die kolonialzeitliche Industrie im Maghreb recht gering war und nur wenig zur wirtschaftlichen Entwicklung der Atlasländer beitrug.

4.1.4.3 Die Entwicklung der Städte von der Kolonialzeit bis heute

Die Zuwanderung von Europäern während der Kolonialzeit im gesamten Maghreb hatte zur Folge, daß sich auch das Bild und die Funktion der Städte entscheidend veränderten. Bedenkt man, daß in dieser Zeit ganz allgemein rund 80 % der Europäer in den Städten lebten, so wird klar, daß dies eine Innovation besonderer Art für die alten und neuen Städte Nordafrikas bedeutete, denn die traditional geprägte, zumeist ummauerte arabische *Medina* konnte diese europäischen Zuwanderer nicht aufnehmen. Betrachten wir diese Entwicklung einmal in ihren verschiedenen historischen Phasen.

Die erste Phase des Eingriffes von Europäern in die Maghrebstädte ist vorkolonialzeitlich. Die portugiesischen und spanischen Gegenstöße nach Nordafrika, die sich nach der Beendigung der Reconquista (Fall von Granada 1492) im wesentlichen auf die Gründung von Hafenstützpunkten beschränkten, haben in mehreren Städten des Maghreb vor allem einzelne Befestigungsanlagen hinterlassen und zuweilen eine Absicherung der Medina gegen diese europäischen Eingriffe bewirkt. Mehrere solcher Küstenstützpunkte behielten ihre spanische oder portugiesische Benennung bis zum Ende der Kolonialzeit bei. Genannt seien hier Mogador, Mazagan, Casablanca, Ceuta und Melilla, von denen die beiden letzten als ehemalige ›Presidios‹ bis heute zu Spanien gehören.

Die wichtigste Phase städtischer Entwicklung wurde von der französi-

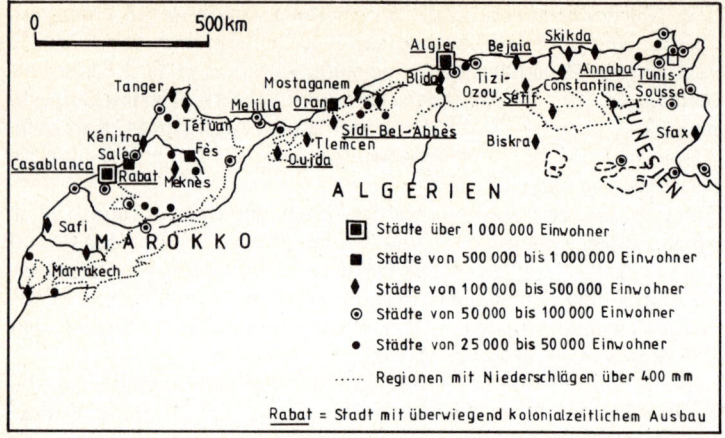

Fig. 17: Städte in Nordafrika 1986/87

schen Kolonialmacht eingeleitet. Infolge der älteren Unterwerfung Algeriens verlief diese Entwicklung dort etwas anders als in Marokko und Tunesien. In Marokko hat der bedeutende erste Generalresident, Marschall Lyautey, die Stadtentwicklung durch seinen Grundsatz beeinflußt, die Medina nicht zu verändern, sondern den Europäern eine eigene Neustadt, die ›Ville Nouvelle‹ zu errichten. Diese kann sich unmittelbar an die Medina anschließen, aber auch einige Kilometer entfernt errichtet sein, wie es die Beispiele Meknès, Fès oder auch Marrakesch zeigen. Der Vergleich der Stadtskizzen von Meknes und Tlemcen in Algerien zeigt, daß dort die Idee einer politischen Integration der Bevölkerung auch städtebaulich wirksam wurde. In Spanisch-Marokko und in Tunesien zeigen die Stadtbilder zumeist eine Anlehnung der Europäerstadt an die Mauern der Medina (Tetuan, Tunis, Sousse, Sfax).

Der Zweite Weltkrieg hatte die Zuwanderung von Franzosen nach Nordafrika noch verstärkt. Sie alle zogen vorwiegend in die Städte. JEAN DESPOIS (1949, 1964) gibt in seinem Buch über Nordafrika eine eingehende Darstellung der europäischen Einwanderungsgeschichte im Maghreb. Die Auswirkungen auf die moderne Stadterweiterung und der damit verbundene Funktionswandel werden deutlich, wenn man berücksichtigt, daß nach dem Krieg allein ein Viertel der Europäer Algeriens in der Hauptstadt Algier, zwei Drittel des europäischen Bevölkerungsanteils Tunesiens in Groß-Tunis und 42% der Europäer in Marokko (1947) in Casablanca, der wirtschaftlich bedeutendsten Stadt des Landes, gewohnt haben. Die Anteile haben sich bis heute natürlich verändert.

Das Bild der Neustädte glich dem von südeuropäischen Städten. Der jeweilige Anteil von Spaniern in Nordmarokko und Westalgerien und von Italienern in Tunesien ließ entsprechende nationale Anklänge auch im Stadtbild erkennen. Tripolis und Benghasi beherbergten jeweils 25–30% der Italiener in den beiden Landesteilen. Vergleichend kann man feststellen, daß Libyen und Tunesien den höchsten städtischen Europäeranteil und Algerien den niedrigsten (ca. 15%) aufzuweisen hatten. Für Algerien spiegelt sich in dieser Zahl der hohe Anteil von ländlichen Kolonisten wider.

Die koloniale Neustadt vereinigte zumeist alle administrativen, kommerziellen und kulturellen Funktionen. Zugleich war sie Wohnstadt. Infolge des Fehlens eines neuen Stadtkerns – mit Ausnahme von Algier, das schon im vorigen Jahrhundert ein beachtliches Wachstum zu verzeichnen hatte – vermißt man in den meisten ›Villes Nouvelles‹ des Maghreb eine wirkliche Citybildung, die häufig durch eine längere Zentralstraße ersetzt wird, so in Tunis, Rabat oder auch Fès.

Die größeren Geschäfte der Neustädte waren überwiegend europäisch, nur die kleinen Versorgungsläden wurden von Einheimischen unterhalten. Monumentalbauten von Banken, Kathedralen und Theatern fehlten dort nicht. Die anfänglichen architektonischen Anpassungsversuche an die maurisch-orientalischen Stilelemente, die auch in Profanbauten wie der Post in Algier, der Banque du Maroc in Rabat und fast immer bei den größeren Hotels ihren Niederschlag gefunden haben, wurden später durch die Glas-Betonbauten internationaler Prägung abgelöst. Da sich diese Bauweise ganz überwiegend bis heute fortgesetzt hat, haben die Neustadtbereiche der Städte des Maghreb kaum noch orientalisches Gepräge, sondern gleichen in ihrem Baubestand eher den Städten Südeuropas. Natürlich ist durch das Abwandern der europäischen Bevölkerung in postkolonialer Zeit auch eine gewisse ›Reorientalisierung‹ zumindest des äußeren Stadtbildes eingetreten.

Außer der Erweiterung von Städten in der Art der ›Villes Nouvelles‹ gab es auch koloniale Neugründungen. Sie hatten verschiedene Ursachen. Mit dem Errichten von zunächst kleineren Kolonialverwaltungen oder auch militärischen Stützpunkten entwickelten sich oft kleinere Marktzentren, die auch Handwerker anzogen. Kleine Restaurationsbetriebe mit Übernachtungsmöglichkeiten kamen hinzu, da diese neuen Kleinzentren immer an Verkehrswege (Straßen, Pisten oder Bahnen) angeschlossen waren. Heute haben solche Siedlungen nicht selten 10 000 Einwohner. Besonders in Algerien ist auch häufig ein kleines Agrarzentrum Ausgangspunkt für eine städtische Entwicklung geworden. Vielfach haben solche Orte europäisches Gepräge erhalten. Für Algerien ist dabei noch typisch, daß auch die Namengebung häufig rein französisch war: Orléansville, Philippeville, Affréville, Lafayette sind Beispiele für einige hundert Namen, die nach der Befreiung geändert worden sind (vgl. hierzu die von w. PLUM 1967 seinem Buch beigegebene Liste der veränderten Namen).

Koloniale Stadtgründungen sind auch im Zuge des Ausbaus der größeren Bergbaugebiete erfolgt. Das bedeutendste Beispiel hierfür ist die marokkanische Bergbaustadt Khouribga auf dem Phosphatplateau. Die Siedlung erreichte schon in der Protektoratszeit rund 30 000 Einwohner, sie ist inzwischen auf ein Vielfaches gewachsen und zur größten Bergbaustadt des Landes geworden, in deren Präfektur 1982 über 430 000 Menschen registriert waren. Auch das algerische Kenadsa als Bergbaustadt ist hier zu nennen, das allerdings durch den Bedeutungsverlust des Kohleabbaus keine Weiterentwicklung zeigt. Zahlreiche andere Bergwerkssiedlungen konnten sich zunächst nicht zu wirklichen Städten entwickeln, wie die tunesischen Phosphatsiedlungen Metlaoui, Redeyef und Mdilla. Metlaoui entwickelte sich jedoch durch seine Transportfunktion mit Bahnanschluß bis heute zu einer beachtlichen Bergbaustadt. Interessant ist auch die Wanderbewegung der Arbeiter in diesen Bergbauzentren, die in Südtunesien zeitweise Tripolitanier, dann saharische Soufi aus den Soufoasen und auch Marokkaner beschäftigen. Immer kamen die Bergarbeiter als große Gruppen aus bestimmten Regionen, wie in Khouribga die berberischen Schlöh aus dem Atlasgebirge. Oft errichteten sie hier die heimatlichen Haustypen, so besonders in Metlaoui, wo noch heute ein Bauviertel mit typischen Hausformen aus der Soufoase (Algerien) existiert.

Einen bedeutenden Ausbau erfuhren die Hafenstädte infolge des stark ansteigenden Import- und Exportgeschäftes in der Kolonialzeit. Er richtete sich dabei in erster Linie nach den kolonialwirtschaftlichen Gesichtspunkten der entwickelten Regionen. So blieben ältere Häfen oft unausgebaut, andere wurden zu großen Überseehäfen, wie Casablanca, Tanger, Oran, Algier und Bône (heute Annaba), Tunis sowie viele weitere mit mehr lokaler Bedeutung. Mehrere Häfen fielen in ihrer Bedeutung zurück, z. B. Sousse, nachdem die Phosphate vorwiegend über Sfax exportiert wurden. Viele blieben auch nur für den örtlichen Fischfang bedeutungsvoll, wie Agadir, Mogador (Essaouira), Mahdia und Gabès in Tunesien. Schließlich bleiben noch die Militärhäfen zu erwähnen, die besonders stark ausgebaut wurden, so z. B.

Bizerte und Mers el-Kebir bei Oran. Ihr Funktionswandel nach Abzug der europäischen Streitkräfte hat oft große Schwierigkeiten gemacht, wie in Bizerte, das von einem wichtigen mittelmeerischen Militärhafen auf einen Fischereihafen lokaler Bedeutung zurückgefallen ist. Dies wirkte sich natürlich auf die Wirtschaftsstruktur der Stadt aus.

Die auch nach dem Ende der Kolonialzeit anhaltende starke Tendenz zur Urbanisierung hat zur Folge, daß viele Zuwanderer keine oder nur schwer Arbeitsplätze finden. Das durchschnittliche Wachstum der Städte im Maghreb lag bei 5,2 % jährlich. Da der Wohnungsbau mit dieser Entwicklung nicht Schritt halten konnte, entstand das typische Stadtrandbild der Slumsiedlungen ohne Wasserversorgung und hygienische Maßnahmen. Nach dem am meisten verwendeten ›Baumaterial‹ der Hütten, nämlich Kanisterblech, bekamen diese Viertel die Bezeichnung ›Bidonville‹. Sie wurden in vielen Großstädten des Maghreb zum Symbol eines unkontrollierten Urbanisierungsprozesses mit schwerwiegenden sozialen und politischen Folgen.

Zum Vergleich zur kolonialzeitlichen Entwicklung der Städte des Maghreb und zur Kennzeichnung der Urbanisierungstendenzen seien an dieser Stelle auch einige neuere Daten gegenübergestellt. Die Verstädterungsquote betrug in Marokko 1984 43 % (1965: 32 %), in Algerien 46 % und in Tunesien 54 %. Das bedeutet, daß auch in nachkolonialer Zeit, also in den letzten drei Jahrzehnten, der Zuzug zu den Städten stark angestiegen ist. Fast alle großen Städte haben seit 1960 ihre Einwohnerzahl verzweieinhalbfacht, manche sogar vervierfacht, am stärksten ist das Städtewachstum in Marokko, denn die algerischen und tunesischen Städte waren schon in der französischen Kolonialzeit stark entwickelt.

Casablanca (siehe 4.3.1.2) ist mit 2,2 Millionen (1982) Einwohnern die größte Hafen-Industriestadt, gefolgt von Algier mit 1,7 Millionen (1983), während Tunis mit 774 400 (1984) die kleinste Hauptstadt der Maghrebländer ist und eine etwa gleiche Einwohnerzahl hat wie die marokkanische Landeshauptstadt Rabat-Salé (893 000 E., 1982). In Marokko und Algerien weisen heute je 10 Städte mehr als 100 000 E. auf, von denen die größten jeweils Küstenstädte sind. Große Binnenstädte entwickelten sich nur in Marokko, das damit – auch historisch – andere Strukturmerkmale als seine östlichen Nachbarn besitzt, die ganz wesentlich durch den unterschiedlichen Naturraum mitbestimmt sind.

In Libyen lebten schon 1973 60 % der Bevölkerung in Städten, doch nur zwei Städte (Tripolis mit 1981: 859 000 E. und Bengasi 1979: 327 000 E.) sind als Großstädte zu bezeichnen.

Die wirtschaftliche Entwicklung mit der einhergehenden Urbanisierung konzentriert sich somit im gesamten Maghreb vorwiegend auf die schmale Küstenzone, was ein großes Ungleichgewicht der Landesentwicklung vom Binnenland zur Küste ausgelöst hat, das mancherlei Probleme aufwirft, und zwar seit der Kolonialzeit und danach.

4.1.4.4 Die Bildungspolitik der Kolonialmächte und ihr Wandel

Am Ende der Kolonialzeit des Maghreb betrug der Anteil der Analphabeten an der Gesamtbevölkerung rund 90%. Diese Situation wirft ein klares Licht auf die Bildungspolitik der Kolonialmächte in Nordafrika. Über das Unterrichtswesen in Marokko gab A. AYACHE (1959) eine ausführliche Darstellung. Sie entsprach auch in etwa der Situation in Tunesien, während durch die anfänglichen Integrationsbestrebungen Algerien nicht ganz damit zu vergleichen ist. Man kann folgendes feststellen:

In den traditionellen Koranschulen, in die von der Kolonialverwaltung nicht eingegriffen wurde, bekamen die meisten muselmanischen Kinder, wenn auch nur temporär und oft sehr unregelmäßig, eine Einführung in die Anfangsgründe des Lesens, zuweilen auch des Schreibens und damit in das Arabische. Selten reichte jedoch die Teilnahme am Unterricht der Koranschulen aus, um auch nur annähernd die Ausbildung zu erhalten, wie sie eine Elementarschule normalerweise bietet. Die Koranschulen waren also kein Ersatz für Volksschulbildung.

Vielfach wurde diese Situation damit begründet, daß man die nordafrikanischen Kinder nicht aus ihrem sozialen Milieu, ihrer Umgebung und dem Bereich ihrer späteren Tätigkeit, vor allem also in der traditionalen Landwirtschaft, herausnehmen wolle. Zwar fehlte es bis zum letzten Weltkrieg in den einzelnen Ländern nicht an Bestrebungen, das Bildungswesen zu verbessern und auch den muselmanischen Kindern eine Schulausbildung zu ermöglichen, doch blieben die wirklich durchgeführten Maßnahmen bescheiden. Nach dem Weltkrieg wurde auf die unhaltbare Bildungssituation auch von seiten der Kolonialverwaltungen hingewiesen, und es wurden neue Bildungspläne erarbeitet. Es ist klar, daß die Zeit bis zum Ende der Kolonialherrschaft und die vorhergehenden Unruhen eine erfolgreiche Verbesserung unmöglich gemacht haben. A. AYACHE (S. 408) gibt eine Aufstellung für das Jahr 1952, in dem rund 163 000 Mohammedaner in Marokko Schulen besuchten:

Schulwesen in Marokko in der Protektoratszeit
(Angaben für 1952)

Schularten	Knaben	Mädchen	Insgesamt
Elementar- u. Berufsschulen			158 600
davon mohammedanische	120 000	37 000	157 000
europäische	1 400	200	1 600
Gymnasien u. höhere techn.			
Lehranstalten			4 406
davon mohammedanische	3 000		3 000
europäische	840	200	1 040
techn. Lehranstalten	245	121	366
Hochschulen			663
in Frankreich	438		438
in Marokko	223	2	225

Daraus geht hervor, daß 1952 etwa 10 % der im schulischen Alter stehenden Kinder Marokkos wirklich eine Schule besuchen konnten. Besonders gravierend ist der sehr bescheidene Anteil der Besucher von höheren Schulen und Hochschulen. In allen Maghrebländern hat sich nach der Befreiung von der Kolonialherrschaft gezeigt, daß ausgebildete Kräfte für die Aufgaben der Selbstverwaltung in sämtlichen Lebensbereichen nicht vorhanden waren. Es ist somit keinesfalls verwunderlich, daß die ersten Jahre nach der Befreiung in dieser Hinsicht größte Schwierigkeiten mit sich gebracht haben. Dies gilt in besonderem Maße für Algerien, da hier nach dem Unabhängigkeitskrieg kaum noch europäische Kräfte im Land geblieben waren. In Marokko war dies anders. Im Bereich der spanisch regierten Nordzone Marokkos, abgesehen von den mit Sonderstatus versehenen Städten Tanger (internationale Zone), Ceuta und Melilla (Soberania, d. h. zu Spanien gehörig), war die Bildungssituation eher schlechter. Schulen gab es nur in Tetuan.

Die kolonialzeitliche Bildungssituation in Libyen zeigte zwar die gleichen Merkmale wie in den Atlasländern, wurde aber noch dadurch erschwert, daß in den Landesteilen verschieden große Anteile (20–45 %) der Bevölkerung nomadisch bzw. halbnomadisch waren und deren Kinder schwer eingeschult werden konnten. Andererseits war der halbnomadische Prozentsatz der Bevölkerung in der italienischen Kolonialzeit stark zurückgegangen. Jedenfalls ist bezeichnend, daß am Ende der italienischen Herrschaft in Libyen nur neun libysche Abiturienten vorhanden waren.

Aufgrund dieser Situation wurden nach der Befreiung überall heftige Kampagnen gegen das Analphabetentum und die Beseitigung des ›Bildungskolonialismus‹ eingeleitet, die in verschiedenen Ländern, so besonders in Tunesien, beachtenswerten Erfolg hatten.

Während in Marokko die Analphabetenrate 1960 noch 86 % betrug, war sie 1982 auf 65 % herabgedrückt, was jedoch immer noch recht hoch ist, am höchsten blieb sie mit 82 % in den ländlichen Gebieten gegenüber 44 % in den Städten. Man erkennt hieraus die Bedeutung der Entwicklungsnotwendigkeit des ländlichen Raumes, der ein Schwerpunkt auch der bundesdeutschen Entwicklungshilfe ist. In Algerien und Tunesien konnte die Analphabetenrate bis 1985 auf 50 % bzw. 46 % gedrückt werden (bezogen auf 15 bzw. 10 Jahre alte Jugendliche). Aber auch in diesen beiden Maghrebländern ist der Unterschied zwischen ländlichen und städtischen Gebieten ebenso deutlich wie auch zwischen den weiblichen und männlichen Jugendlichen, was durchaus als ein Zeichen der ›Unterentwicklung‹ angesehen werden kann.

Für Libyen werden 1980 noch 20 % der Männer und 50 % der Frauen als Analphabeten geschätzt (Länderbericht des Statist. Bundesamtes, Wiesbaden 1984).

Als Erbe der kolonialen Kulturpolitik ist im Maghreb außer Libyen auch die Bedeutung der ›Francophonie‹ anzusehen. Alle Nordafrikaner, die während der Kolonialherrschaft selbst bescheidene Ämter erlangen wollten, mußten sich der französischen Sprache bedienen. Auch der Dienst im französischen Militär hat zur Verbreitung der Sprache beigetragen, die besonders auf dem Gebiet technischer Beschreibungen allein verwendbar war. Auf den Sektoren der Wirtschaft und Verwaltung mit internationalen Verbindungen war nicht ohne die französische Sprache auszukommen, sie war daher Amtssprache der Kolonialzeit. Es ist verständlich, daß aus diesen Gründen ein großer Teil der Nordafrikaner, selbst Analphabeten, sich Sprachkenntnisse im Französischen, in der Nordzone Marokkos und in Tanger auch im Spanischen sowie in Libyen im Italienischen aneigneten. Die an französischen Schulen und den Universitäten Frankreichs ausgebildeten Nordafrikaner sprachen fast nur noch französisch, wobei die seltsame Situation auftrat, daß einzelne Politiker des Maghreb in der Unabhängigkeitszeit ihrer Länder besser das Französische als ihre Muttersprache Arabisch beherrschten.

Die postkolonialzeitlichen Folgen waren, daß die ›Francophonie‹ weiterhin im Maghreb herrscht und Französisch überall als Verkehrssprache neben der Amtssprache Arabisch verbreitet ist. In den heutigen Elementarschulen ist Französisch als Zweitsprache obligatorisch. Selbst das maghrebinische Arabisch ist stark mit französischen Worten durchsetzt, was den Maghreb von den übrigen orientalischen Ländern unterscheidet.

Neben der Sprache sind auch andere Verhaltensweisen der ›Civilisation française‹, wie die Kleidung, Freizeitgestaltung, Straßenleben, Heimgestaltung u. a. verbreitet. Die zu Beginn der Unabhängigkeit stark propagierte ›Re-Arabisierung‹ hatte demgegenüber nur bedingt Erfolg. Das gesamte Bildungswesen ist auch heute nach französischem Vorbild organisiert, wenn auch Anstrengungen unternommen werden, der Arabisierung mehr Gewicht zu geben, vor allem auch in den Universitäten.

Von der Kolonialzeit bis heute fand ein beachtenswerter Ausbau der Universitäten statt, zumal außer der schon bestehenden Universität in Algier, in Marokko und Tunesien nur die ›Écoles des Hautes Études‹, ebenfalls fast nur mit französischen ›Professeurs‹ besetzt, bestanden. Heute studieren an den marokkanischen Universitäten (Rabat, Casablanca, Fès, Oujda und Marrakesch) etwa 120 000 Studenten (1985), an den algerischen (Algier, Constantine und Oran) etwa 96 000 (1982/83) und in Tunesien (Tunis, Sfax, Sousse) im Bildungsjahr 1984/85 rund 39 000 Studenten, davon 90 % in Tunis.

Ein Kennzeichen für diese Hochschulbildung ist, daß Geisteswissenschaften bevorzugt gegenüber Naturwissenschaften, Landwirtschaft und Technik studiert werden und hierdurch bereits ein Überhang an Hochschulabsolventen besteht. Dennoch studieren noch zahllose Studenten aus dem Maghreb im Ausland, vor allem an französischen Universitäten. An den beiden Universitäten Libyens (Tripolis, Bengasi) waren 1980 17 400 Studenten eingeschrieben, davon 25 % Studentinnen.

Die Bildungspolitik von der Kolonialzeit bis heute hat sich also in den letzten drei Jahrzehnten grundsätzlich gewandelt, wenn auch viele Strukturprobleme noch gelöst werden müssen.

4.1.5 Die Bevölkerungsdynamik als Entwicklungsproblem der Maghrebländer

Die Bevölkerungsschätzung für 1966, die auf statistischen Erhebungen in einzelnen Ländern beruhte, ergab für den Maghreb die Zahl von rund 30 Millionen Bewohnern, die sich bis 1985 auf 51 Millionen erhöht hat. Seit 1936 hat sich die Einwohnerzahl bereits verdoppelt, und die Zunahmegeschwindigkeit wird immer größer. Die Gründe hierfür liegen einerseits in der hohen Geburtenziffer, die durch Verminderung der Kindersterblichkeit durch Verbesserung der medizinischen Versorgung seit der Kolonialzeit zunächst erheblich anstieg, dann jedoch in Marokko auf ein Bevölkerungswachstum von 2,5 %, in Tunesien auch durch Familienplanung sogar auf 2,1 % jährlich absank, während sich das Wachstum in Algerien bis 1984 bei einer jährlichen Rate von 3 %, der höchsten in Nordafrika, einpendelte. So wiesen Marokko und Algerien 1985 eine gleiche Bevölkerungszahl von 22 Millionen auf, während das kleinste Maghrebland Tunesien 7,2 Millionen Einwohner hatte. Immerhin bedeutet das für alle Maghrebländer rund eine Verdoppelung der Bewohnerzahl seit dem Ende der Kolonialzeit. Dabei zeigt dann die Bevölkerungspyramide einen außerordentlich hohen Anteil der jungen Jahrgänge. In Marokko waren 1982 rund 42 % (1971 rund 46 %) der Bewohner unter 15 Jahren, in Algerien 46 % und in Tunesien rund 40 %, was den angegebenen Zuwachsraten der Länder entspricht.

Die Geburtenrate liegt in den Maghrebländern noch höher als in Europa vor der Industrialisierung. Sie hat vor allem soziale Gründe, denn Ansehen, Kreditwürdigkeit und Landrechte innerhalb des Besitzes der Sippen werden häufig nach der Kinderzahl bemessen. Zudem bilden viele Kinder eine gewisse Garantie für die Altersversorgung, die nur selten anders geregelt ist. Diese Aussagen gelten überwiegend für Marokko, während in Tunesien und Algerien Ansätze zu einer Sozialsicherung für das Alter bereits vorhanden sind. Grundsätzlich gilt, daß die Wachstumsrate des Sozialprodukts die der Bevölkerung übertreffen muß, wenn das Pro-Kopf-Einkommen gesteigert werden soll.

In diesem Zusammenhang ist auch die Bevölkerungsverteilung im Maghreb von Interesse. Entsprechend den natürlichen Voraussetzungen gibt es eine relativ schmale Zone größerer Bevölkerungsdichte, die sich vom atlantischen Marokko über die Rif-Tell-Zone bis zum tunesischen Sahel erstreckt und den überwiegenden Teil der maghrebinischen Gesamtbevölkerung ernähren muß. In Marokko sind am stärksten besiedelt neben der schmalen Küstenebene die Flußebenen, z. B. das Sebu-Tiefland (Rharb, auch Gharb geschrieben), Teile des Rifgebirges und die Randzonen der Meseta. Da in diesen Räumen auch die größten Städte des Landes liegen, ergeben sich Dichtewerte für diese Präfekturen, die sich zwischen 150 Einwohnern je km^2 (Fès) und 1600 (Casablanca) bewegen, wobei natürlich die Größe dieser Städte berücksichtigt werden muß. In den Präfekturen des Südens leben nur 2–10 Einwohner/km^2.

In Algerien leben in der nördlichen Küsten- und Tellzone, dem klimatisch bevorzugten Raum, auf nur 17 % der Landesfläche 96 % der Bevölkerung (1986). Da hier auch alle größeren Städte liegen, wird das Ungleichgewicht der Bevölkerungsverteilung deutlich. Dichtezentrum ist die Wilaya (Verwaltungseinheit) Algier mit 3100 Einwohnern/km^2.

Auch in Tunesien leben 70 % der Bevölkerung des Landes im Norden und dort vorwiegend im Küstengebiet, wo ebenfalls die meisten großen Städte liegen. Im Großraum Tunis lebten 1983 rund 2 Millionen Einwohner, was für das Gouvernorat Tunis einer Dichte von 2240 Einwohner/km^2 entspricht. Auch die Agrarebenen sind über 200 Einwohner/km^2 dicht besiedelt, die in den letzten 10 Jahren Zuwachsraten von 5–7 % jährlich zu verzeichnen hatten. In den Steppen des zentralen Hochlandes, deren Gouvernorate wesentlich geringere Wachstumsraten aufweisen, liegt die Bevölkerungsdichte zwischen 40 und 60 Einwohner/km^2, davon am höchsten noch im Becken von Kairouan.

Für Libyen liegen nur ältere statistische Daten vor (1973), doch ist eine höhere Bevölkerungsdichte einzig für das Kommissariat Tripolis mit 295 Einwohner/km^2 (1979) herausragend. Die riesigen Saharagebiete weisen lediglich punkthafte Bevölkerungskonzentrationen in den Oasen auf.

Die weitere Küstenzone erweist sich somit als Verdichtungszone und für den Maghreb regional bereits als Ballungsraum. Eine starke Bevölkerungsvermehrung bedeutet hier die Notwendigkeit, in diesem Bereich mehr Arbeitsplätze zur Verfügung zu stellen. Ohne Industrialisierung ist dies ein kaum lösbares Problem.

Die Steppen Marokkos und Tunesiens besitzen also im ländlichen Raum keine große Bevölkerungsdichte, wenn auch mit verbesserter Agrarentwicklung ein Anstieg in den letzten Jahrzehnten auf 30–50 Einwohner/km^2 festzustellen ist. Dennoch blieben diese Steppengebiete eher Abwanderungsbereich für die Bewohner der Küstenzone. Nur durch Förderung der Viehwirtschaft besteht hier wenig Aussicht, den Bevölkerungszuwachs aufzufangen.

Die nördliche Randzone der Sahara weist eine mittlere Dichte von 5 Einwohnern pro km^2 auf, wobei die Bevölkerung nur in den Oasen konzentriert ist. Dennoch ist durch die hohe Geburtenrate die Tragfähigkeit dieses ariden Raumes bereits überschritten, so daß eine starke Abwanderung gerade der erwerbsuchenden männlichen Bevölkerung vorhanden ist. Dabei werden in manchen Oasen des Maghreb durch Verbesserung der Wasserwirtschaft auch Anstrengungen unternommen, diesen Lebensraum als Vorposten in der Wüste zu erhalten.

Wie es schon bei der Darstellung der Entwicklung der Städte in der Kolonialzeit anklang, liegen deren Probleme ebenfalls in besonderer Weise in der Bevölkerungsdynamik begründet. Da zwischen 43 % (Marokko) und 66 % (Algerien) im Jahre 1984 der Bewohner des Maghreb in Städten leben und die jährliche Zuwachsrate über 5 % liegt, wird deutlich, daß bei dem hohen Anteil an Jugendlichen hier Gefahrenherde von großer Explosionskraft liegen. Arbeitsloses Jugendproletariat hat in den letzten Jahren bereits mehrfach Unruhen ausgelöst. Allerdings ist in den Maghrebländern Marokko und besonders Tunesien, wie erwähnt, durch Rückgang der Geburtenrate der Anteil der Jugendlichen etwas geringer geworden, doch ist mit ansteigender Zahl jugendlicher Schulabsolventen die Nachfrage nach entsprechenden Arbeitsplätzen unvermindert hoch. Deshalb ist die weitere Förderung des beruflichen Bildungswesens unerläßlich. Dabei müßten gerade auf den Sektoren Landwirtschaft und Technik mehr Ausbildungskapazitäten geschaffen und ausgenutzt werden.

Vergleicht man abschließend einmal die bevölkerungsdynamische Entwicklung von der Kolonialzeit bis heute, also in den letzten drei Jahrzehnten, so hat sich das Bild vor allem in den Städten vollständig gewandelt. Waren diese die Hauptkonzentrationspunkte der europäischen Bevölkerung besonders in den ›Villes nouvelles‹, so hat durch die weitgehende, in Algerien vollständige Abwanderung dieser Europäer eine Entwicklung eingesetzt, die zur Nationalisierung dieser Städte führte, sowohl die Funktionen als auch das städtische Bild betreffend. Lediglich die Hauptstädte und Wirtschaftszentren haben ein beschränktes internationales Strukturelement behalten. Dazu hat auch der erheblich angestiegene Auslandstourismus beigetragen, der bevorzugte Standorte und Städte nahezu überschwemmt hat. Doch hierauf wird noch einzugehen sein.

In der Bevölkerungsmobilität des Maghreb spielen die Wanderarbeiter eine bedeutende Rolle. Dies kann eine gewisse Erleichterung für die hohe Arbeitslosigkeit in allen Atlasländern sein. Ebenso wie in der Kolonialzeit arbeiten heute noch zahllose Gastarbeiter aus den Maghrebstaaten in Europa, vor allem in Frankreich, wo manche Städte wie Paris oder Marseille ganze nordafrikanische Stadtteile aufweisen. Dies ist immer noch eine Folge fehlender Arbeitsplätze im Land und einer demzufolge hohen Arbeitslosigkeit. In Marokko wurden für 1982 z. B. 15 % Arbeitslose (= 850 000 Personen) angegeben.

Zwar ist für die Mitte der achtziger Jahre eine Verminderung der Gastarbeiter aus den Maghrebstaaten zu verzeichnen, doch werden sie für marokkanische Arbeiter im Ausland auf rund 600 000 (zehn Jahre vorher über 1 Million) geschätzt, 80 % davon in Frankreich. Bei etwa gleicher Arbeitslosenquote in Algerien dürfte die Zahl der algerischen Gastarbeiter wohl etwas niedriger liegen als in Marokko, weil hier seit 1981 die Zahl der Erwerbspersonen erstmalig im produzierenden Gewerbe höher lag als in der Landwirtschaft. Als im Ausland tätige Personen wurden in Tunesien (1985) 47 000 in Frankreich und 25 000 in Libyen angegeben.

Abschließend sei festgestellt, daß durch die große Zahl der nordafrikanischen Gastarbeiter, die teilweise auch ihre Familien nach Frankreich mitbringen, sowohl wirtschaftliche als auch kulturelle Beziehungen des Maghreb mit der ehemaligen Kolonialmacht Frankreich erhalten geblieben sind.

4.1.6   Nachkoloniale Entwicklungsmerkmale im Maghreb

4.1.6.1 Die Politik der unabhängigen Maghrebstaaten

Die Beendigung der Kolonialherrschaft in Nordafrika schuf für die einzelnen Maghrebländer sehr unterschiedliche Voraussetzungen für die nachkoloniale Entwicklung in den verschiedenen Lebens- und Wirtschaftsbereichen. Schon bald zeigte sich, daß die politisch strukturellen Unterschiede dieser nordafrikanischen Länder sowohl historisch als auch durch die Kolonialzeit selbst trotz ethnisch-religiöser Verwandtschaft so unterschiedlich waren, daß es zu keiner gemeinsamen Entwicklung kommen konnte, obwohl zeitweise zumindest wirtschaftlich von einer Maghreb-Einheit gesprochen wurde. Auch von Libyen ausgehende Gedanken einer panarabischen Gemeinsamkeit fanden im Maghreb keinen fruchtbaren Boden. Kurz umrissen, verlief die Entwicklung zu den heutigen Staaten wie folgt:

Italien als Kolonialmacht in Libyen hatte bereits 1947 die Kolonie ›Libia‹ freigegeben. Aufgrund der Verfassung vom 7. 10. 1951 war Libyen ein Vereinigtes Königreich, bestehend aus den drei Landesteilen Tripolitanien, Cyrenaika und Fessan, geworden, das dem Senussi-Herrscher Idris unterstand. Nach dem Sturz des Königs (1969) durch eine Revolutionsregierung wurde Libyen Republik. Seitdem waren die politischen Beziehungen eher auf das östliche Nachbarland Ägypten als auf den westlichen ›Maghreb‹ ausgerichtet. Die zeitweise angestrebten und formal beschlossenen Bestrebungen des libyschen Staatschefs und arabischen Revolutionärs Oberst Omar Muamar Al Gaddafi, eine politisch-wirtschaftliche Vereinigung (Union) mit Syrien, Ägypten,

Tunesien oder zuletzt mit Marokko blieben Bekundigungen auf dem Papier. Das Erdölland Libyen als ›Sozialistische Libysch-Arabische Volksrepublik‹ (»Dschamahirija«) entwickelte sich zu einem Staat, der sich in vieler Hinsicht von allen anderen Staaten Nordafrikas unterscheidet und ständig eine Sonderrolle spielt. Seine politischen Eskapaden führten zu einem Unruheherd im Mittelmeerraum, trotz seiner geringen Bevölkerungszahl von nur 3,3 Millionen Menschen (1983).

Nach Aufhebung der französischen Protektorate in Tunesien und Marokko im März 1956 konstituierten sich die heutigen Staaten, das Königreich Marokko als konstitutionelle Monarchie sowie die Republik Tunesien. Hier wurde der Bey von Tunis 1957 abgesetzt, und Präsident Bourguiba übernahm die Herrschaft bis zu seiner Entmachtung aus Altersgründen (1987).

Während Tunesien durch etappenweise Enteignung des europäischen Kolonialbesitzes und durch die Auflösung des französischen Militärstützpunktes in Bizerte (1961) einen Weg der formalen Lösung aller kolonialen Bindungen mit Frankreich beschritt, sind in Marokko diese kolonialen Bindungen sehr viel langsamer abgebaut worden, so daß auch heute noch enge Verbindungen privatwirtschaftlicher Art, vor allem mit Frankreich, z. T. über die Europäische Gemeinschaft, vorhanden sind. Bei dieser Entwicklung spielt das Scherifische Königshaus unter Hassan II. eine entscheidende Rolle. Eine Veränderung der feudalistischen Grundstruktur begann durch Agrarreformen wesentlich später und langsamer als in den übrigen Maghrebländern.

Den radikalsten Wandel von der Kolonie zum unabhängigen Staat erlebte 1962 Algerien. Im September des Befreiungsjahres wurde die ›République algérienne démocratique et populaire‹ proklamiert, die sämtlichen europäischen Kolonialbesitz enteignete. Die Zahl der Europäer im Land reduzierte sich von über 1 Million auf weniger als 100 000, die sich bis heute weiterhin stark verringert haben und zahlenmäßig ohne Bedeutung sind. Diese Zäsur, die durch einen mehrjährigen Krieg unausbleiblich wurde, mußte in einem Land, das am stärksten kolonialisiert und französisiert worden war, auch die stärksten negativen Auswirkungen in der anfänglichen Unabhängigkeit zur Folge haben. Doch der proklamierte Weg des ›algerischen Sozialismus‹ führte zu einer Entwicklung, die sich heute in vielem von den Nachbarländern stark unterscheidet. Jüngste Unruhen (1988) zeigen dies.

Erwähnenswert ist die Tatsache, daß sich die drei Maghrebländer Marokko, Algerien und Tunesien in ihren Unabhängigkeitserklärungen zu folgenden gemeinsamen Prinzipien bekannten: zur Maghrebzugehörigkeit und zur afrikanischen Völkergemeinschaft, zum Islam als Staatsreligion und zum Arabischen als offizielle Sprache. Alle Maghrebländer werden durch zentralistisch gelenkte Regierungsformen, sei es durch das Königshaus (Marokko), durch die präsidiale Republik (Tunesien) oder durch den Präsidenten einer Demokratischen Volksrepublik (Algerien) mit einem Einparteisystem, regiert. Zwar bezeichnen sich alle Maghrebstaaten außenpolitisch als unabhängig von den großen Machtblöcken, doch sind die wirtschaftlichen Beziehungen, vor allem Marokkos und Tunesiens, westlich orientiert. Dabei bleibt unverkennbar, daß die Beziehungen zur ehemaligen Kolonialmacht Frankreich einen Sonderstatus behalten haben. Libyen spielt, wie erwähnt, in diesem Rahmen außenpolitisch zwar eine Sonderrolle, doch zeigt der Export von Erdöl und Erdgas sowie die Importwaren aus den EG-Ländern deutlich die enge Verbindung mit Westeuropa. 1982 waren die EG-Länder mit 60 % am libyschen Außenhandel und mit 63 % an den Einfuhren beteiligt.

Unter diesen skizzierten politischen Tendenzen sind auch die übrigen zu behandelnden postkolonialen Entwicklungsvorgänge zu sehen. Sie sollen hier vorwiegend auf dem wirtschaftlichen Sektor umrissen werden.

4.1.6.2 Agrarreform und Genossenschaftswesen im Maghreb

Über die Agrarreformbestrebungen, deren Voraussetzungen und Durchführung sowie über die verschiedenen genossenschaftlichen Organisationsversuche in den drei ehemals französischen Maghrebländern berichtete für die Frühphase der Postkolonialzeit ausführlich W. PLUM (1967). Für die Zeit danach bis heute geben die Arbeiten von H. POPP (1980), von W. TRAUTMANN (1979) für Algerien und von H. ACHENBACH (1983) für Tunesien und Ostalgerien einen guten Überblick.

Tunesien mußte durch die Politik der Enteignung des ehemaligen Kolonialbesitzes der europäischen Farmer (757 000 ha Land) neue Wege der Landnutzung beschreiten, wenn das vorhandene Produktionspotential erhalten bleiben sollte. Daneben war durch die Auflösung des Habous-Landes, das sich in der Hand von religiösen Stiftungen befand und selten intensiv genutzt wurde, ein weiterer Landbereich für die Nutzung neu zu organisieren. Durch Förderung des Kleineigentums in der Landwirtschaft mit entsprechender Aufteilung des zur Verfügung stehenden Landes wurde allerdings ein Weg beschritten, der oftmals keine rentable Bodenbearbeitung ermöglichte. Daneben wurde die

Gründung von landwirtschaftlichen Genossenschaften eingeleitet. Dies brachte jedoch ebenfalls viele Schwierigkeiten mit sich, weil es vor allem am Willen der Landbevölkerung zur Zusammenarbeit fehlte. Die Leitung des Genossenschaftswesens wurde schließlich vom Planungsministerium übernommen. Die genossenschaftlichen Schwerpunkte waren sehr ungleich verteilt, doch lagen alle in den landwirtschaftlichen Gunstgebieten in Nordtunesien, besonders auf der Halbinsel Cap Bon und südlich Tunis, im alten Sahel von Sousse bis zum Becken von Kairouan und nur wenige im tunesischen Süden.

Durch die Enteignung des europäischen Farmbesitzes und der kolonialen Domänenbetriebe wurde dieser Landanteil ab 1962 zu Produktionseinheiten zusammengeschlossen, denen sich die tunesischen Bauern anschließen konnten. Der tunesische Latifundienbesitz wurde dagegen nicht in eine Agrarreform einbezogen. Die Durchführung der Agrarreform in den verschiedenen Gebieten wurde jeweils einem ›Office de mise en valeur‹ übertragen, das für die Bewässerungsanlagen, Neusiedlungen und die Zuweisung des Landes an die Fellachen verantwortlich war. Eines der bekanntesten Reformunternehmen wurde im Medjerdatal durchgeführt, das sich zum größten tunesischen Bewässerungsgebiet entwickelte und mehrere Produktionseinheiten umfaßte (vgl. hierzu H. MENSCHING 1962). Im mittleren Tunesien bewirtschaftete das ›Office de l'Enfida‹ 35 000 ha Land, das ›Office de Sidi bou Sid‹ ca. 200 000 ha und das ›Office des Souassi‹ 150 000 ha Land. Die unterschiedlichen Größen zwischen Nord- und Südtunesien in den Produktionseinheiten (150 bis 4000 ha) ergeben sich aus den klimatisch wesentlich schlechteren Möglichkeiten mit höherem Weideanteil und extensiverer Wirtschaftsweise im Süden des Landes. In Mitteltunesien traten daher auch die Polykulturen des Nordens stark zurück, und riesige Ölbaumpflanzungen breiteten sich bis weit in das Steppentiefland nach Westen aus.

Die vom tunesischen Planungsministerium stark forcierten Bestrebungen, auch die kleinen privaten Handwerksbetriebe und selbst den Kleinhandel in staatlich kontrollierte ›Cooperatives‹ zu überführen, scheiterten 1969 am Widerstand der Bevölkerung. Nach diesem Fehlschlag, die privatwirtschaftlichen Betriebe mit der Eingliederung auch der Kleinbauern in eine sozialistische Agrarwirtschaft einzuführen, ist die gegenwärtige Agrarpolitik eher durch Liberalisierung gekennzeichnet. Die früheren kolonialen Farmen und Domänen haben teilweise heute einen Genossenschaftsstatus, teilweise einen staatlich kontrollierten Domanialstatus erhalten. Daneben wurden sogenannte Agrokombinate eingeführt, die vereinzelt Größen bis zu 25 000 ha erreichen und oft riesige Monokulturflächen bearbeiten (KASSAB 1977).

In *Marokko* nahm die postkoloniale Entwicklung in der Agrarwirtschaft im Vergleich zu der Tunesiens einen anderen Weg. Da beide Länder französische Protektorate waren, läßt diese unterschiedliche Entwicklung erkennen, in welcher Weise sich das traditional-feudal bestimmte Gesellschaftssystem des alten scherifischen Sultanats Marokko auswirkte. Zudem gab es in Marokko keine generelle Enteignung des europäischen Farmbesitzes. Erst seit 1963 wurde gegen entsprechende Entschädigung landwirtschaftlicher Kolonialbesitz in genossenschaftlich konzipierte, staatlich kontrollierte Besitz- und Bewirtschaftungssysteme überführt.

Daher besteht die marokkanische Landwirtschaft heute ebenso wie in der Kolonialzeit aus dem traditionellen Großgrundbesitz der Marokkaner mit den abhängigen Kleinpächtern, dem traditionellen Kleinbesitz mit reiner Subsistenzwirtschaft und dem modernisierten Sektor des marokkanischen und des aus französischem, im Norden des Landes auch aus spanischem Kolonialland hervorgegangenen Großbesitzes. Auch der Kollektivbesitz der Sippen und Stammesverbände ist im ganzen Maghreb weit verbreitet.

Die Agrarreform in Marokko begann nach der ›Libération‹, also erst viele Jahre später und anders als in den Nachbarländern. Dafür zuständig ist das ›Office de Mise en Valeur Agricole‹ (OMVA), das inzwischen in einzelne Regionalämter aufgelöst wurde. Mit der ›Opération Labour‹ versuchte die Regierung zwar, durch maschinellen Einsatz auch den Fellachenbesitz zu modernisieren und die Eigentumsgrenzen zeitweise aufzuheben, doch kam es dabei zu keiner wirklichen Agrarreform. Die Integration der Fellachen in Agrargenossenschaften blieb in den Anfängen stecken, so daß auch diese mit großem Elan begonnene Modernisierung des traditionellen Agrarsektors scheitern mußte. Zudem hatten sowohl die Monarchie als auch der marokkanische Großbesitz Furcht vor der Möglichkeit einer sich daraus entwikkelnden Agrarrevolution, wie sie etwa im Nachbarland Algerien stattfand. Daß dennoch eine umfassende Agrarreform notwendig war, geht aus der Tatsache hervor, daß außer den 40 % des nutzbaren Bodens, die in traditioneller Weise bearbeitet werden, die übrigen 60 % in der Hand von 5–10 % der Bevölkerung waren, die ihr Land häufig in Pacht und Unterpacht, manchmal auch noch im archaischen ›Khammessat-System‹, gegeben haben, wobei die Landbesitzer bis zu vier Fünftel der Ernteerträge für sich selbst beanspruchen.

Zwar ist das ›Khammessat‹, bei einer Fünftelgliederung (arab. Khamsa = fünf) in die Einheiten Landbesitz, Saatgut, Arbeitsgerät, Bewirt-

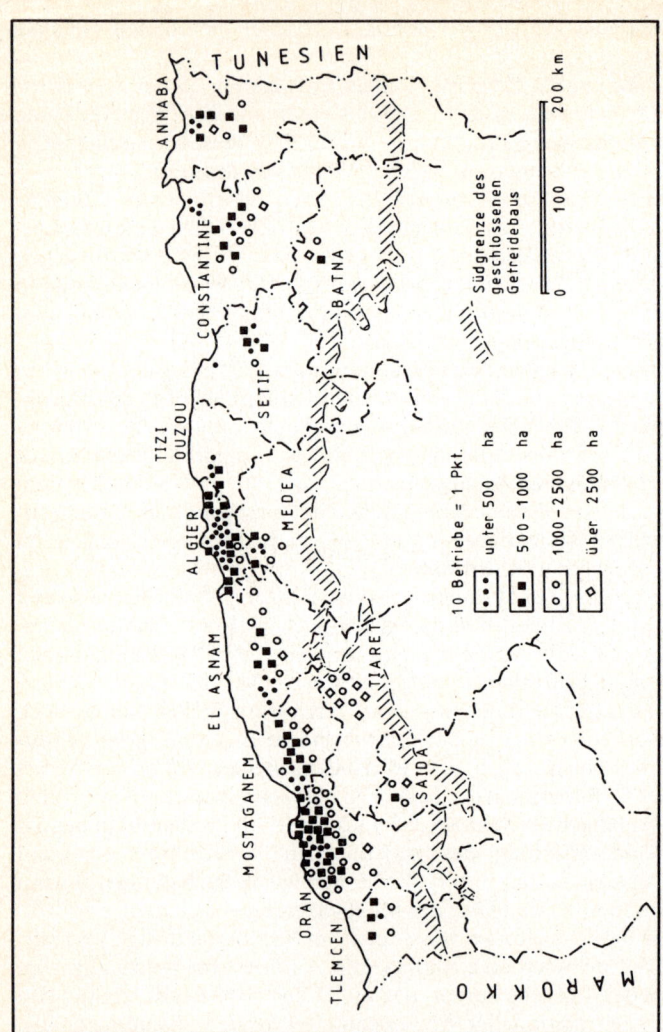

Fig. 18: Größenstruktur des sozialistischen Agrarsektors in Algerien um 1972 (nach H. Achenbach, 1983)

114

schaftung und Ernteertrag, im islamischen Recht verankert und noch im ganzen Maghreb im traditionellen Sektor der Agrarwirtschaft in verschiedenen Varianten anzutreffen, doch war dieses System in Marokko am verbreitetsten.

Nach der Phase der Konzeptlosigkeit und der Experimente (1956–1966) begann ab 1966 eine Phase der ›Réform Agraire‹ mit ihren Dienstleistungsgenossenschaften (POPP 1980). Bei dieser Bodenreform wurden die verteilten Flächen vor allem als Kleinbetriebe (8–12 ha im Regenfeldbau, 5 ha im Bewässerungsland) vergeben. Dabei handelt es sich nicht um Produktionsgenossenschaften, sondern um Dienstleistungsgenossenschaften (›coopératives de service‹), in denen die neuen Landbesitzer allein verantwortlich wirtschaften und von der Genossenschaft Hilfen bekommen, vom Saatgut bis zum Verkauf der Produkte. Insgesamt machen diese neuen Formen in der Agrarwirtschaft Marokkos jedoch nur wenige Prozent der landwirtschaftlich genutzten Fläche aus, so daß auch in dieser Phase die Bodenreform nur langsam vorankommt. Beachtenswerte Erfolge sind jedoch in der Bewässerungslandwirtschaft erzielt worden, über die im Länderkapitel Marokko (4.3.1.1) berichtet werden soll.

Den extremsten Weg zur Beseitigung des kolonialen Agrarsystems ging nach Beendigung des Befreiungskrieges (1962) die Republik Algerien. Fast 2,7 Millionen Hektar kolonialbewirtschaftetes Land wurden enteignet. Es wurde schon mehrfach betont, daß dieses Land ganz überwiegend in den geographischen Gunstgebieten liegt. Die algerische Landreform begann damit, daß dieses ehemalige Farmland einem staatlich kontrollierten ›sozialistischen Sektor‹ mit dem Status von Selbstverwaltung eingegliedert wurde. Der landwirtschaftliche Privatbesitz (›privater Sektor‹) durfte eine bestimmte Größe, die sich nach den Kulturen und Erträgen richtet, nicht überschreiten. Daneben wurden Produktionsgenossenschaften gegründet und der Verkauf oder die Verpachtung von Ländereien untersagt. Außerdem wurde ein großer Teil des kolonialen Weinlandes umgebrochen und mit Getreide bestellt; denn einerseits traten nach klimatischen Ungunstjahren immer wieder große Ernteausfälle in der Getreideversorgung des Landes auf, andererseits bewirkte die Beschränkung der Weinimporte durch Frankreich große Absatzschwierigkeiten.

Wenn auch die algerische Landbevölkerung weitgehend die Agrarreform unterstützte und die Landarbeiterschaft des Kolonialbesitzes in die sozialisierten Farmbetriebe, die zumeist zu Großbetrieben zusammengelegt worden waren, übernommen werden konnte, fehlten die Führungskräfte. Viele Selbstverwaltungsbetriebe arbeiteten daher nicht voll rentabel, so daß zunächst die Produktion auf den ehemaligen Kolonialfarmbetrieben geringer wurde. Auf dem privaten Sektor, zu dem auch die zahllosen Kleinbetriebe mit weniger als 10 ha Land gehören, war ein Fortschritt in der Agrarproduktion indessen kaum zu spüren. So erbrachte das erste Jahrzehnt nach der Befreiung von der Kolonialherrschaft Frankreichs durch die Agrarreform eher ein Absinken in der Produktion, sei es durch den Mangel an Fachkräften und mangelnder Strukturierung oder auch durch große Exportbeschränkungen, weil Frankreich sich zunächst weigerte, algerische Agrarprodukte zu importieren. Man denke nur an die Bedeutung des algerischen Weines!

Nach dieser postkolonialen Anfangsphase wurde 1971 die Agrarreform von einer stark propagierten Agrarrevolution abgelöst, in die auch Veränderungen im algerischen Steppenhochland einbezogen wurden (hierzu w. TRAUTMANN 1982). Man wollte die Lebens- und Arbeitsbedingungen im ländlichen Raum verbessern. Die Ziele des Revolutionsprogramms waren:

Die Neuordnung der Eigentumsverhältnisse auch im Weideland der Steppen, denn hier gehörten 1975 nur 5% der Viehhalter über die Hälfte aller Schafherden (8–10 Mill. Tiere). Vor allem sollten die Großeigentümer enteignet werden, die gar nicht im Gebiet selbst, sondern in den Städten der Küstenzone lebten (sog. ›Absentisten‹). Welcher Erfolg diesen Maßnahmen beschieden war, ist nicht klar erkennbar, doch griffen solche Enteignungen auch in das althergebrachte sozio-ökonomische System der nordafrikanischen Gesellschaft mit ihren Abhängigkeiten der verschiedenen Bevölkerungsgruppen ein. Diese Formen der Agrarrevolution wurden jedenfalls im ganzen Land mit großem Propagandaaufwand gefördert. Die Steppenzone Algeriens wurde dabei in 3 Zonen eingeteilt: Substeppe, Steppe und Präsahara, entsprechend den südwärts abnehmenden Niederschlagsverhältnissen zwischen 400 und weniger als 200 mm im Jahr. (Im einzelnen siehe bei TRAUTMANN, 1982.)

Im ariden Südalgerien hat sich seit der Kolonialzeit in der landwirtschaftlichen Nutzung bis heute wenig geändert. Der Anteil des sozialisierten Agrarsektors war völlig unbedeutend, doch beginnt man in jüngster Zeit in den Saharaoasen Bodenreformen und Verbesserungen der Anbaustruktur durchzuführen. Für den Dattelexport spielen die algerischen Oasen eine beachtliche Rolle, wobei in den achtziger Jahren fast soviel Tonnen Datteln jährlich erzeugt wurden wie Apfelsinen (im Durchschnitt 200 000 t/Jahr).

Bewertet man abschließend die letzten Jahre dieser landwirtschaftlichen Entwicklung (bis 1985), so zeigt der Index dieser Agrarproduktion bis Anfang der achtziger Jahre eine Stagnation, wobei die Wachstumsraten unter denen der Bevölkerung lagen. Erst durch die klimatisch günstigen Jahre ab 1983 und durch strukturelle Verbesserungen war ein Produktionszuwachs zu verzeichnen (1985 gegenüber 1984 um 16%; Länderbericht Algerien 1987, S. 35).

Schließlich seien die Besitzverhältnisse in der landwirtschaftlichen Nutzfläche noch kurz relativiert: 1977/78 umfaßte der Sektor der Agrarrevolution 3,6%, der sozialistische Sektor 6% und der private Sektor 90,4% der Fläche, was die Gesamtsituation sehr verdeutlicht!

Insgesamt kann man also feststellen, daß in der Landwirtschaft der ehemals französischen Maghrebländer seit ihrer Unabhängigkeit sehr verschiedene Wege der Agrarreformen zur Beseitigung der kolonialen Struktur beschritten worden sind, die sich der jeweiligen Politik der Maghrebländer zuordnen läßt. Dabei sind im Überschwang der ersten Phase nach der Befreiung von der Kolonialherrschaft Wege beschritten, die oftmals mehr ›revolutionär‹ erschienen oder auch propagiert wurden, als sie es in ihren Auswirkungen schließlich waren. Hierin äußert sich auch, daß in bezug auf das vorhandene Agrarpotential dieses mediterran-semiariden bis saharisch-vollariden Raumes Nordafrikas die angepaßten Wege einer ›mise en valeur‹ (Inwertsetzung) in allen Ländern des Maghreb zumindest ähnlich sein müssen, um ausreichende Produktionserfolge zu erzielen. Darin äußert sich aber außerdem, daß die Tradition, die Mentalität und der gern zitierte ›Wirtschaftsgeist‹ dieser arabisch-berberischen Maghrebbevölkerung doch recht ähnlich ist. Diese beiden Grundelemente der Bevölkerung konnten auch durch die unterschiedliche politische Ausrichtung nicht beseitigt werden. Anders verhalten sich die Strukturelemente der Landesentwicklung sicher durch verschieden reiche Ausstattung mit mineralischen Rohstoffen und Erdölvorkommen. Hierin liegen unterschiedliche Entwicklungsvoraussetzungen, die noch aufzuzeigen sind.

Zur Ernährungssicherung der ständig wachsenden Bevölkerung bedarf es jedoch einer angepaßten Modernisierung ohne Zerstörung der vorhandenen natürlichen Ressourcen.

Bei der Weiterentwicklung der Agrarwirtschaft des Maghreb wird auch zu beachten sein, wieweit Absatzschwierigkeiten auftreten, zumal die nordafrikanisch-mediterrane Agrarproduktion auf die Konkurrenz der europäischen Mittelmeerländer stößt. Dies gilt z.B. für Orangenexport oder Olivenölverkauf. Während der Kolonialzeit hatte Frankreich 52–55% vom Export Marokkos und Tunesiens abgenommen und 76% vom Export Algeriens (1956). Dies hat sich geändert, wenn auch der Handel der Maghrebländer mit Frankreich bzw.

mit der EG noch immer an erster Stelle steht. Die Fragen der Assoziierung des Maghreb an die EG und die Exportmöglichkeiten in die afrikanischen Länder sind daher für die marktorientierte Agrarproduktion des Maghreb von großer Bedeutung. Marokko stellte 1987 den Antrag an die EG sogar auf Vollmitgliedschaft, was sicher Schwierigkeiten bereiten dürfte.

Die postkoloniale Agrarentwicklung *Libyens* unterscheidet sich schon aufgrund der andersartigen geographischen Voraussetzungen von den Atlasländern. Über die Tendenzen der ersten zehn Jahre der Unabhängigkeit hat W. MECKELEIN (1956/1957) berichtet, während J. OBST (1970) die Agrarentwicklung der Cyrenaika und NAJI ABBAS AHMAD (1969) die von Tripolitanien untersucht haben. Über die jüngere Entwicklung informieren ALLAN (1979) und der Länderbericht Libyen 1984.

Die Landnutzung in Libyen wird von dem Gegensatz zwischen der halbnomadischen Wirtschaftsweise und dem Anbau durch seßhafte Bauern gekennzeichnet. Offensichtlich hatte die Aufgabe der italienischen Farmbetriebe, die sich überwiegend im nördlichen Tripolitanien und in der Cyrenaika befanden, eine erneute Ausbreitung der traditionellen halbnomadischen Weidewirtschaft zur Folge, die gleichzeitig einen starken Verfall des kolonialerschlossenen Kulturlandes (Getreideland und Baumkulturen) mit sich brachte. Die von Italienern kolonisierten Gebiete wurden zunächst nur teilweise von Libyern weiter bearbeitet. Jedoch auch die italienischen Kolonisten hatten zu einem großen Teil nur mit Hilfe von staatlichen Zuschüssen wirkliche Produktionserfolge erzielen können. Darüber haben J. DESPOIS (1935) und O. SCHMIEDER und H. WILHELMY (1939) berichtet. Sicher ist, daß die natürlichen Voraussetzungen für eine intensive Agrarwirtschaft in Libyen denkbar schlecht sind.

Dennoch versuchte Libyen mit dem reichlich vorhandenen Erdölgeld, in den Entwicklungsplänen von 1976–1980 und 1981–1985 eine breitere Produktionsgrundlage mit weniger Abhängigkeit vom Erdöl zu schaffen, um eine Selbstversorgung mit Konsumgütern zu erreichen. Dies bedeutete eine Förderung der landwirtschaftlichen Produktion mit erheblichen Finanzmitteln, die im letzten Plan rund 39 % der geplanten Investitionen vorsahen (Industrie 17 %, Infrastruktur 38 %, Rest Soziales, vor allem Bildungswesen). 1981 betrug nämlich der Anteil der Landwirtschaft am Bruttoinlandsprodukt nur 2 %, so daß etwa die Hälfte der Grundnahrungsmittel importiert werden muß.

Die landwirtschaftliche Entwicklung ist daher in Libyen, einem vollariden Land, vor allem durch Förderung von Bewässerungsflächen gekennzeichnet. Bekannt wurden überall die kreisrunden Bewässerungsflächen bei den Kufra-Oasen, deren enormer Wasserverbrauch den Grundwasserspiegel bereits um viele Meter absinken ließ. Auch die ehemalig italienischen Großfarmen in Tripolitanien, größtenteils ebenfalls bewässert, wurden wieder gefördert. Für 1981 werden 225 000 ha bewässerte Fläche angegeben (zum Vergleich Marokko [1983] 520 000 ha). Die besondere Situation Libyens wird also deutlich.

4.1.6.3 Postkoloniale Entwicklungen in Bergbau und Industrie der Maghrebländer

Der Bergbau wurde in allen Maghrebländern nach der Unabhängigkeit verstaatlicht. Organisatorische Schwierigkeiten traten dabei nicht auf, da dieser Bereich in der Kolonialzeit von großen Gesellschaften zentral verwaltet worden war. Dennoch kam es in mehreren Branchen des Bergbaus zum Rückgang der Produktion, zum Teil erst mehrere Jahre nach der Unabhängigkeit. Besonders betroffen waren die Kohleförderung, der Erzbergbau und in Tunesien auch die Phosphatgewinnung. Dabei muß jedoch berücksichtigt werden, daß der Bergbau exportabhängig ist und die Ausfuhr in das Hauptabnehmerland Frankreich nach Aufhebung des Protektorats eingeschränkt war.

Marokko, das nur eine unbedeutende Menge an Erdöl fördert, ist für seine Energieerzeugung neben der teuren Einfuhr von Energierohstoffen auf die volle Ausbeutung seiner Kohlevorkommen bei Jerada (Nordostmarokko) angewiesen. Von 1980 bis 1984 konnte die Fördermenge von 680 000 auf 838 000 t Anthrazit gesteigert werden; dennoch mußten weitere 400 000 t Kohle und Koks eingeführt werden. Auch an Naturphosphaten konnte in dieser Zeitspanne der Abbau von 18,8 Mill. t auf 21,4 Mill. t gesteigert werden, von denen ein Drittel im Lande selbst verarbeitet wird. Der Exportgewinn sank jedoch durch den Preisverfall auf dem Weltmarkt, an dem Marokko hervorragenden Anteil hat.

Obgleich Marokko noch weitere Bergbauprodukte fördert (Blei, Kobalt, Baryt, Mangan, Zink u. a.), ist der Bergbau nur mit 4 % (1983) am Bruttoinlandsprodukt beteiligt; doch macht dies die Hälfte des Ausfuhrwertes des Landes aus.

Algeriens Bergbau liefert neben den reichen Erdöl- und Erdgasvorkommen (s. 4.2.2) noch 3,4 Mill. t Eisenerz (1985) und baut – wie alle Maghrebländer – Rohphosphate ab, jedoch mit rund 1 Mill. t die geringste Menge dieser Länder. Die große Erdölförderung hat jedoch den höchsten Industrialisierungsgrad des Maghreb nach sich gezogen

(s. 4.3.2), wobei das verarbeitende Gewerbe von 1980 bis 1985 eine jährliche Wachstumsrate von mehr als 17 % aufwies.

In Tunesien war der Bergbausektor 1984 mit nur 1,5 % am BIP beteiligt. Dabei sind auch hier die Phosphate der wichtigste Teil, wenn auch der gesunkene Weltmarktpreis in den achtziger Jahren einen Rückgang der Produktion nach sich zog. Immerhin betrug die Fördermenge 1985 noch 3,8 Mill. t (1983 sogar 5,9 Mill. t). Die übrigen Bergbauerzeugnisse Tunesiens konnten dagegen keine Steigerungsraten vorweisen.

Es sei hier nochmals darauf hingewiesen, daß fast alle Bergbauprodukte schon in der Kolonialzeit erschlossen und abgebaut wurden. Sie stellen bis heute einen wichtigen Faktor für die wirtschaftliche Entwicklung des Maghreb dar. Schließlich führten die prospektierten Eisenvorkommen der einst spanischen Westsahara nach Abzug der Spanier zu den Konflikten zwischen Algerien und Marokko in diesem Raum.

Für die Industrialisierung wenden die einzelnen Maghrebländer im Rahmen ihrer Wirtschaftpläne beachtliche Mittel auf; der Mangel an ausländischem Kapital für Investitionen hemmt besonders in Marokko und Tunesien den Aufbau neuer Industrien. Fortschritte sind vor allem in der Nahrungsmittelindustrie und der chemischen Industrie zu verzeichnen, wobei sich letztere auf die vorhandenen Bodenschätze (Phosphat, Mangan) stützen kann. Ausländische Firmen errichteten meist nur Montagewerke im Maghreb. Für die Industrialisierung Algeriens sind die Erlöse aus der Erdölförderung, die als Kapital zu Verfügung stehen, von besonderer Bedeutung. Eine Darstellung der industriellen Entwicklung für die frühe nachkoloniale Zeit in Algerien und Tunesien hat A. ARNOLD (1971) vorgelegt und in einer zusammenfassenden Darstellung als Beiheft zur Karte ›Wirtschaftsgeographie‹ des Afrika-Kartenwerkes einen Überblick über die wirtschaftliche Entwicklung (ohne Agrarwirtschaft) bis 1977 gegeben (A. ARNOLD 1980).

Die Fischerei der Maghrebländer ist in Marokko infolge der günstigen Voraussetzungen durch den Kanarenstrom mit seinem Fischreichtum am weitesten entwickelt. Die Fangmenge konnte von den sechziger Jahren bis 1984 mehr als verdoppelt werden (439 900 t), so daß das Land zum zweitgrößten Produzenten von Sardinenkonserven aufstieg. Die wichtigsten Fischereihäfen sind Agadir, Essaouira und Safi, das infolge seines Hafenausbaus – auch für Phosphate – vor allem Sardinenverarbeitung (Ölsardinen und Fischmehl) ausbauen konnte.

Betrachtet man von den Maghrebländern das am meisten durch seine eigenen Energierohstoffe Erdöl und Erdgas industriell entwickelte

Land, nämlich Algerien, so hat sich seit dem Beginn der siebziger Jahre eine stete Wachstumsrate ergeben, die in den letzten Jahren (bis 1984) jährlich um 10 % lag. Am höchsten lag diese in der chemischen Industrie (53 %), erreichte aber auch im Ernährungsgewerbe noch 14 %, ebenso in der Eisenindustrie und Elektronik noch 13 %.

In Marokko entwickelte sich das produzierende Gewerbe wesentlich langsamer, teilweise stagnierend, obgleich für die Energiewirtschaft eine stete Aufwärtsentwicklung festzustellen ist (Länderbericht Marokko 1986).

Für Tunesien werden Wachstumsraten um 7 % angegeben, was besonders durch die positive Entwicklung in den Bereichen Bergbau, Energiewirtschaft und verarbeitendes Gewerbe zurückzuführen ist. Immerhin trägt der Energiesektor (1984) 10 % zum Bruttoinlandsprodukt bei (Länderbericht Tunesien 1986).

Insgesamt hat sich das Potential der einheimischen Fachkräfte nach den Schwierigkeiten der ersten nachkolonialen Entwicklungsphase im Maghreb erheblich erweitert und verbessert, wozu sicherlich auch Unterstützungsmaßnahmen der europäischen Entwicklungshilfe beigetragen haben. Heute konzentrieren sich diese wieder mehr auf die notwendige Entwicklung des ländlichen Raumes.

4.2 Die Sahara – wirtschafts- und kulturgeographische Entwicklung in jüngster Zeit

Die nordafrikanischen Länder haben verschieden großen und unterschiedlich bedeutenden Anteil an der Sahara, der größten Wüste der Erde. Geographisch faßt man heute zumeist den gesamten wüstenhaften Raum Nordafrikas unter dem Begriff Sahara zusammen, also auch etwa die Libysche Wüste. Zuweilen wird auch noch die Arabische und Nubische Wüste zwischen dem Nil und dem Roten Meer hinzugerechnet. Die physisch-geographischen Bedingungen der Sahara sind dabei durchaus nicht einheitlich. So sind neben den verschiedenen Relieftypen (Hammada, Serir, Erg, Bergland und Wüstengebirge, Wadi-System) auch regional-klimatische Unterschiede vorhanden; über diese Differenzierung der saharischen Landschaften kann hier nicht ausführlich berichtet werden. Es wird deshalb auf die Darstellungen von R. CAPOT-REY (1953), J. DESPOIS und R. RAYNAL (1967), W. MECKELEIN (1959) und H. SCHIFFERS (1950) sowie von H. MENSCHING in dem Sammelwerk ›Die Sahara‹ (Hrsg. H. SCHIFFERS, 1971) verwiesen. Nach diesem umfassenden und sehr informationsreichen Werk von SCHIF-

FERS (3 Bände, 1971–1973) konzentrierten sich bis heute die Arbeiten stärker auf Fragen der Entwicklung der physischen Grundfaktoren der größten Wüste der Erde, nämlich auf deren klimatische und hydrologische Entwicklung der letzten 40 000 Jahre. Hierüber zu berichten, ist in diesem Taschenbuch nicht der Ort, deshalb sei vor allem auf die zusammenfassenden Arbeiten von P. ROGNON (Ed.) 1976; E. KLITZSCH et al. 1976; M. WILLIAMS & H. FAURE 1980; und K. GIESSNER 1981, hingewiesen.

Auf diesem Gebiet der paläoklimatischen Entwicklung der Sahara sind in den letzten 15 Jahren enorme wissenschaftliche Fortschritte zu verzeichnen. Hingewiesen sei noch auf das Sammelwerk ›Sahara – 10 000 Jahre zwischen Weide und Wüste‹ o. J. (1978), das einen guten Überblick über die Sahara als Lebensraum gibt.

In diesem Band wird der saharische Raum als Teilbereich der Maghrebländer einschließlich Libyens behandelt. Dabei soll die jüngere Entwicklung im Lebens- und Wirtschaftsraum der Sahara im Vordergrund der Betrachtungen stehen. Denn alle Maghrebländer haben einen wenn auch verschieden großen Anteil an der nordafrikanischen Wüste (besonders Algerien und Libyen), der schon in historischer Zeit ein Raum weiter Vorstöße nach Schwarz-Afrika war, wie eingangs schon erwähnt wurde. Den ›orientalischen‹ Maghrebbewohnern war der große Unterschied zwischen den Lebensbedingungen im noch ausreichend beregneten mediterranen Küstenland, das kultivierbar war und ›Tell‹ genannt wurde, und denen in der Wüste ›Es Sāhrā‹, der flächenhaft nicht mehr kultivierbare Raum, seit der Römerzeit gut bekannt. Dennoch wurde die Sahara zu einem Lebensraum ganz spezieller Nutzung: So entwickelte sich der Nomadismus, der weit in die Wüste vorstoßen konnte mit seinen Stützpunkten inmitten dieses lebensfeindlichen Großraumes: den Oasen. Erst mit Hilfe der modernen Technik wurde es möglich, diesen Raum auch bergbaulich zu erschließen, in einer Zeit, in der die Kolonialherrschaft gerade zu Ende ging. So sollen hier vor allem zwei Fragenkreise im Vordergrund stehen: das Erdöl der Sahara und kulturgeographische Entwicklungstendenzen des Nomadismus und der Oasenwirtschaft in neuerer Zeit.

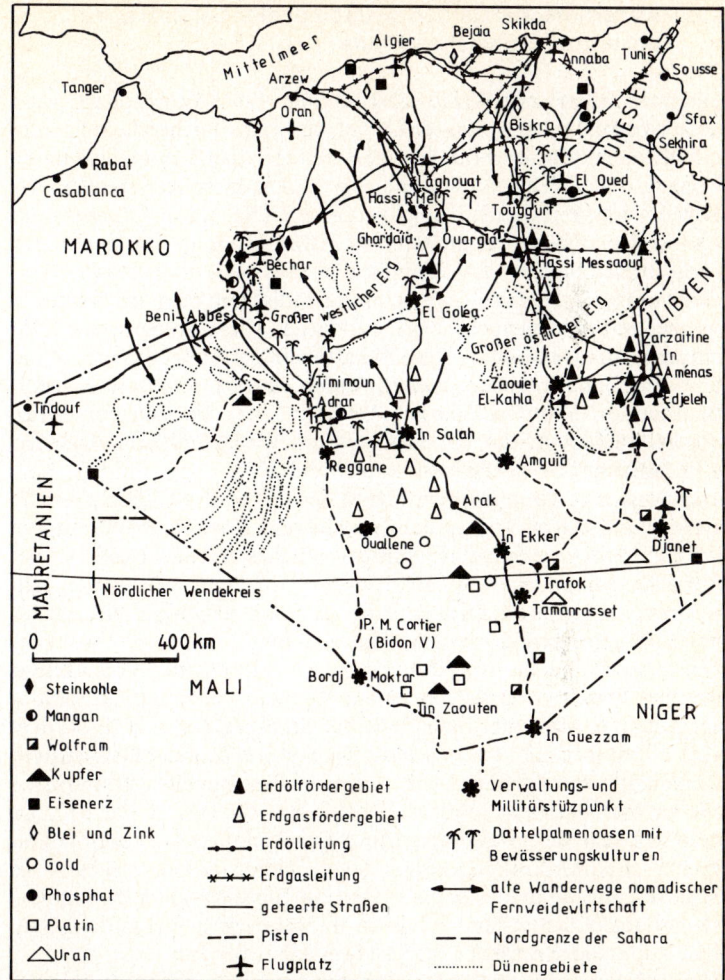

Fig. 19: Wirtschaftsgeographische Karte der algerischen Sahara

123

4.2.1 Wandelerscheinungen im traditionalen Lebensraum der nordafrikanischen Wüste

Die nordafrikanische Wüste schränkt, wie alle Wüsten auf der Erde und insbesondere im gesamten Orient, den menschlichen Lebensraum infolge der extremen Aridität gegenüber der atlantisch-mediterranen Zone des Maghreb ganz erheblich ein. Die äußeren Kennzeichen der Lebens- und Wirtschaftsmöglichkeiten in der Sahara sind die Konzentration der Siedlungen mit sehr intensiver Landnutzung in wenigen hydrologisch begünstigten Gebieten (Oasen) und die extensive Weidenutzung ausgedehnter Areale mit periodischem oder episodischem spärlichen Pflanzenwuchs durch wandernde Viehhirtengruppen (Nomaden). Ihre traditionale Gesellschaftsordnung ist der Stammes- und Sippenverband in vielen, zumeist durch die Art der Viehwirtschaft bestimmten Varianten. Eine gute Übersicht über das Nomadentum im nordwestlichen Afrika vor den jüngsten Wandelerscheinungen hat P.-G. MERNER (1937) gegeben. In diesem Rahmen sollen nur die Veränderungen im Nomadentum und in der Oasenwirtschaft dargestellt werden, die sich im Verlauf der Kolonial- und Nachkolonialzeit durch das Eindringen europäischer Einflüsse mit ihrer Technik und Erschließung der Sahara ergeben haben. Dabei muß auch auf manche, teilweise wenig bekannte Zusammenhänge zwischen beiden Wirtschafts- und Lebensformen kurz eingegangen werden.

Die regionale Verbreitung der Oasenwirtschaft und des Nomadismus beschränkt sich in Nordafrika – ohne Ägypten – nicht auf die Sahara. Im gesamten Maghreb sind gerade die Grenzgebiete zum ›Tell‹, dem Gebiet mit Regenfeldbau, also die Trockensteppen und Halbwüsten, die nomadischen Weidegebiete, in denen allerdings auch die stärksten Wandelerscheinungen in jüngster Zeit festzustellen sind. Auch Oasen befinden sich vereinzelt bereits in dieser Zone nördlich der Saharagrenze, die in Marokko entlang des Südabfalls der Atlasgebirge, in Algerien am Rande des Sahara-Atlas, in Tunesien durch die Depressionszone der Schotts und in Libyen am Nordrand der tripolitanischen Landstufe und südlich des Barka-Hochlandes verläuft.

Nördlich von dieser Saharagrenze, die zugleich ein Konzentrationssaum von Oasen ist, befinden sich Oasensiedlungen im marokkanischen Moulouyatal und im südtunesischen Steppengebiet (Gafsa, Gabès), doch lassen diese schon deutlich den Übergangscharakter erkennen. Diese Zone stellte bis zu den großen Umbrucherscheinungen schon in den letzten Jahrzehnten der Kolonialzeit für die nomadische Weidewirtschaft eine äußerst wichtige sommerliche Weideregion dar. Das Verhältnis von nomadischen und seßhaften Bewohnern war in

Steppe und Wüste unterschiedlich. Beispielsweise waren im algerischen Steppenhochland rund drei Viertel der Bevölkerung Nomaden bzw. Halbnomaden und nur ein Viertel seßhaft, während es in der Sahara fast umgekehrt war. Dort schätzte man in der Kolonialzeit die Bevölkerung auf 45 % Nomaden und Halbnomaden und 55 % Seßhafte in den Oasen. Dabei erfolgte im Verlauf der Geschichte häufig eine Verschiebung des Kontaktsaumes zwischen nomadischer und seßhafter Wirtschaftsweise. In früheren Jahrhunderten politischer Unsicherheit drangen die Nomaden als eine sehr bewegliche Bevölkerungsgruppe der saharischen Randzone oft über die Regenfeldbaugrenze hinaus in das Land seßhafter Bauern ein und engten damit den Lebensraum der Fellachen ein. Heute sind die Steppen Tunesiens z. B. seit der Kolonialzeit kein nomadisches Land mehr, denn die Anbaugrenze von Getreide und Baumkulturen ist weit in die Hochsteppe vorgedrungen, und große Teile sind unter den Pflug genommen mit Desertifikationsfolgen, über die noch berichtet werden soll (4.3.3.3). Auch große Teile der algerischen Hochsteppe sind in Kultur genommen worden und zuletzt in die staatlichen Umstrukturierungsmaßnahmen einbezogen worden (TRAUTMANN 1982). Im traditionalen Lebensraum der Sahara sind Nomaden und Oasenbauern bisweilen als unversöhnliche Kontrahenten angesehen worden, wie sie es im Grenzsaum zum Tell oft gewesen sind. Im nördlichen Wüstenbereich der algerischen Sahara, die besonders große und volkreiche Oasengebiete besitzt (Souf, Rhir, Mzab und Gourara als Berbergebiete, Saoura und Touat), aber auch in einigen weiteren Oasengebieten des Maghreb hat sich dagegen ein soziales Abhängigkeitsverhältnis entwickelt, das in der Oasenwirtschaft mancherlei Verflechtungen aufweist. Allerdings waren die Nomaden dabei zumeist die sozial Stärkeren, und viele Oasenbauern gerieten in ihre wirtschaftliche Abhängigkeit. Besonders betraf dies eine Gruppe von schwarzen Oasenbewohnern, die als Haratin (sing. Hartani) bezeichnet werden, praktisch Sklaven waren und Frondienste zu leisten hatten. Besonders schwere Arbeit mußten sie beim Ausheben von kilometerlangen unterirdischen Kanalsystemen, den ›Foggara‹, vollbringen. Der freie und dank des Kamelbesitzes beweglichere Nomade hatte als Transportunternehmer fast den gesamten Handel mit dem Verkauf der Dattelernte und der Getreideanlieferung in seiner Hand. Immer häufiger waren die Nomaden am Landbesitz der Oasen beteiligt, wodurch der Oasenbauer oft sein Pächter wurde. Das mehrfach genannte Pacht- und Verteilungssystem des ›Khammessat‹ beließ dem Bearbeiter des Bodens oft nur ein Fünftel der Produktion.

Aus den nordsaharischen Oasen sollen einige Beispiele den Anteil und die Art dieses noch in spätkolonialer Zeit bestehenden Nomadenbesitzes veranschaulichen: Besonders hoch ist der Anteil, den Nomaden am Dattelpalmenbestand in den Oasen haben. Oft ist dieser nach Stammes- und Fraktionszugehörigkeit auf bestimmte Oasenviertel konzentriert. In Ouargla betrug dieser Anteil (1945) 26 % und in El Golea (1956) sogar 30 % am produktiven Palmenbestand (CAPOT-REY 1962). Mehr als 100 000 Dattelpalmen hatten damit in Ouargla nomadische Besitzer, wie BRIGOL (1957) feststellte. In einzelnen Oasenvierteln sind aus bestimmten Nomadenstämmen jeweils Teile seßhaft geworden, oder sie erscheinen dort zur Erntezeit und schlagen ihre Zeltlager auf.

Natürlich hat sich dieses Bild mit dem Eindringen moderner technischer Erschließungsmaßnahmen, sei es durch den Straßenbau mit Lastwagenverkehr, sei es durch den bergbaulich-industriellen Ausbau, der vor allem der Erdölprospektion folgte, erheblich geändert. Dabei traten auch im Nomadismus, sicher der angepaßtesten ökologischen Landnutzungsform in der Wüste, entscheidende Veränderungen ein, die vor allem von der jungen Generation übernommen wurden.

Man mag diesen ›Verfall‹ einer jahrtausendalten Kulturform in der Wüste beklagen, wie vor allem von traditional-ethnologischer Seite immer wieder hervorgehoben wird, sicher ist, daß es einer der Entwicklung des gesamten nordafrikanischen Raumes besser integrierten ökonomischen nomadischen Weidewirtschaft bedurfte und in vielen Teilen der Sahara noch heute bedarf. Hier ist leider nicht der Platz, diesen wichtigen Fragen im einzelnen nachzugehen.

Allgemein läßt sich feststellen, daß während der Kolonialzeit zwar die Machtstellung der Nomaden eingeengt worden ist, jedoch durch vielfache Teilung des Oasenbesitzes mit undurchsichtigen Unterpachtverhältnissen eine Zersplitterung des Oasenlandes eingetreten ist, die eine ständig unrentabler werdende Bewirtschaftung zur Folge hatte. Solche Besitzverhältnisse und das Khammessat-System haben eine moderne wirtschaftliche Entwicklung innerhalb der Oasen meist stark behindert. Erst in jüngster Zeit sind Ansätze einer Bodenreform auch in den Oasen Algeriens zu erkennen. Dabei ist der Grad der Veränderungen weitgehend davon abhängig, ob in der Nähe der größeren Oasen Förderung und lokale Aufbereitung bergbaulicher Produkte Anstöße für diesen Wandel brachten, wie etwa die Oasen im algerischen Erdölgebiet (z. B. Ouargla) gegenüber nicht davon betroffenen (z. B. In Salah) zeigen können. Auch die Lage im modernen Verkehrsnetz spielt dabei eine Rolle, so daß in manchen Oasensiedlungen neue Touristenhotels wie Fremdkörper in alten Kulturstätten der Wüste anmuten.

Der kolonialzeitliche Wandel im Lebensraum der Wüste begann mit der Besetzung der Oasen im Rahmen der militärischen Eroberung durch Frankreich, wodurch die Nomaden ihre Basen verloren und schließlich kapitulieren mußten. Der Ausbau des Verkehrsnetzes und das Vordringen des Kraftwagens trugen schnell dazu bei, diesen Wandel zu beschleunigen, ebenso wie die Verbesserung der Wasserversorgung in den Oasen durch Tiefbohrungen. Die Tatsache, daß die Nomaden ihren Haupterwerbszweig als Transportunternehmer verloren, führte zum Teilnomadismus bzw. zum Seßhaftwerden von Teilen der Stammesverbände. Nicht selten ging damit ein Niedergang der gesamten nomadischen Viehhaltung einher. Zunächst wurde jeweils der Aufenthalt der Nomaden in den Oasen verlängert, und neben den schwarzen Zelten (›Khaima‹) entstanden immer mehr Hütten aus Zweigen und Palmwedeln (›Zeriba‹), zumeist am Oasenrand, der in vielen Oasen diesen Übergangsstatus erkennen läßt. So wanderten seinerzeit beispielsweise von den Marazig-Nomaden in der südtunesischen Landschaft Nefzaoua im Süden des Schott Djerid von 600 Familien im Raum Douz nur noch wenige Gruppen mit etwa 50 Zelten in die alten Weidegebiete. Andererseits hatte gerade hier, einem UNESCO-Bericht zufolge (1963), der Niedergang des Nomadentums das Anwachsen des Dattelpalmenbestandes von 160 000 Palmen auf 800 000 mit sich gebracht. Über die jüngste Entwicklung dieses Oasenraumes der Nefzaoua-Oasen siehe die Arbeiten einer Arbeitsgruppe aus Stuttgart (MECKELEIN [Hrsg.] 1977).

Ein weiteres Beispiel für die Verflechtung nomadischer und seßhafter Wirtschaftsweise boten zu dieser Zeit die Rebaia, die mit rund 14 000 Menschen einen der größten halbnomadischen Stämme bildeten. Die Rebaia sind eng mit den Oasen des Soufgebietes im Grenzbereich der algerischen und tunesischen Sahara verbunden. C. BATAILLON (1955, 1963) hat sie zum Gegenstand einer Studie gemacht.

In den Souf-Oasen mit ihren eigenartigen, im Dünensand angelegten zahllosen schüsselartigen Hohlformen, in denen jeweils kleine Palmengruppen unbewässert gezogen werden, gibt es keine großflächigen Bewässerungsanlagen. Seit langer Zeit haben die Rebaia neben der nomadischen Weidewirtschaft diesen Oasenanbau betrieben. Die Verbindung ist recht stabil, was zur Folge hat, daß die Rebaia ihre Lebensweise auch durch stärkere Seßhaftigkeit nicht änderten. Ihr traditioneller Halbnomadismus ist somit reine Anpassungsform und keine neuere Wandelerscheinung. Andere Stämme des Souf sind schon vor vielen Generationen seßhafte Oasenbauern und Händler geworden. Der wirtschaftliche Wandel der letzten Jahrzehnte machte sich im Souf deshalb nur durch eine Arbeiterwanderung bemerkbar, die zunächst zu den benachbarten tunesischen Phosphatgruben führte, dann zu den Militärbasen und schließlich zu den Gebieten der jüngsten Erdölunternehmen in der Sahara. Hierfür scheinen die halbnomadischen Bewohner geeigneter zu sein als die seßhaften Oasenbauern. Bei der Verbindung von Halbnomaden und Oasenbauern hat sich keine Vorherrschaft der einen oder anderen Gruppe entwickelt, und somit besteht auch kein ›Khammessat‹-System. Soweit sich das Land im Besitz von Nomaden befindet, wird es von diesen selbst bearbeitet.

Ein ursprüngliches Nomadentum existiert noch in einigen Gebieten der Westsahara, z. B. bei den Reguibat L'Gouacem im saharischen Grenzgebiet zwischen Marokko, Algerien und Mauretanien. Diese Nomaden führen noch heute große Herdenwanderungen durch. Der Ausbau der Eisenminen des Gara Djebilet, die Beteiligung am Straßenbau nach Tindouf oder der Militärdienst haben keine größeren Transformationserscheinungen bewirkt. Die ferne Lage zu den nördlichen Entwicklungsgebieten des Atlas und Tell hatte somit keine Dekadenz des Vollnomadentums zur Folge. Demgegenüber hat der jüngste Saharakrieg, der im Gefolge des Abzuges der Spanier aus ihrem Kolonialbesitz der ›Spanischen Westsahara‹ diesen Grenzraum zwischen Marokko, Algerien und Mauretanien zu einem militärischen Krisenherd werden ließ, auch das Nomadentum verändert. Die Besetzung dieser Nordzone mit dem Bau des ›Großen Walles‹ durch Marokko und die Unterstützung der ›Sahraoui‹ durch Algerien – nicht ohne Eigeninteresse wegen der Bodenschätze – brachte die maghrebinischen Nachbarn in eine große Konfliktsituation. Daß ein autonomer Westsaharastaat mit vorwiegend nomadischer Bevölkerung lebensfähig wäre, muß jedoch bezweifelt werden.

Die küstenfernste Wüstenregion des Maghreb bewohnen im algerischen Südterritorium die Tuareg-Gruppe der Kel Ahaggar (Hoggar) im gleichnamigen Gebirge. Sie leben unter den wohl extremsten Bedingungen. Innerhalb der Tuareg, zu denen 46000 Menschen im Niger und westafrikanischen Sudanbereich zählen, bilden sie eine Gruppe von nur etwa 5000 Personen.

Die Probleme am Ende der Kolonialzeit der Kel Ahaggar hat P. ROGNON (UNESCO 1963) dargestellt. Wenn auch die militärische Eroberung dieses Wüstengebietes durch Frankreich mit der Gründung der Station Tamanrasset manchen ›Zivilisationswandel‹ bewirkt hat, so besteht doch auch heute noch ein Kastensystem, das die Freien, die Abhängigen und die Sklaven unterscheidet. Die abhängigen Stammesteile lieferten ihren Tribut in Naturalien ab: Getreide, Butter, Felle und Mutterschafe. Wovon aber leben heute die Kel Ahaggar?

Sie besitzen noch immer einige Kamelherden (etwa 10000 bis 12000 Kamele), die allerdings die überwiegende Zeit in der Sahelzone zwischen Air und Iforas weiden müssen, da das Hoggargebirge zu trocken ist. Diese Wanderungen wurden jedoch fast unmöglich, als mit dem Ende der französischen Kolonialherrschaft die bestehenden Verwaltungsgrenzen zu Staatsgrenzen – in diesem Falle zwischen Algerien und Niger – wurden, zumal die sehr dunkelhäutigen Tuareggruppen im Air ihren eigenen Lebensraum in diesem sahelischen Gebirge eingenommen hatten. Über die Sahel-Tuareg hat BERNUS eine umfangreiche, detaillierte Arbeit vorgelegt (1981). In den Bergen werden vorwiegend Ziegen gehalten, die als wichtige Ernährungsbasis für die verbleibenden Zeltbewohner dienen. Aus den Kamelherden werden dagegen immer noch die Karawanen für den Salztransport in die Sahel-Sudanzone zusammengestellt. Im Tausch bringen sie Hirse zurück. Mit Karawanen zum nördlichen Tidikelt wird ein Getreide-Dattel-Tauschverkehr aufrechterhalten. Der heutige motorisierte Pistenverkehr hat diesen Karawanentransport bis auf wenige noch begangene Wege, zu denen die Salztransportwege gehören, verdrängt. Diese liegen überwiegend in der sahelischen Übergangszone der Südsahara.

Schließlich muß noch erwähnt werden, daß diese verbleibenden Nomadengruppen in eigenen kleinen Anbauzentren in jüngerer Zeit versuchen, ihre Ernährungslage durch Hirseanbau zu verbessern. Infolge der hohen Aridität und des geringen Grundwasservorkommens bleibt diese Möglichkeit jedoch begrenzt. Sie beschränken sich vorwiegend auf die randsaharischen Übergangssäume zu den Steppen im Norden mit kleinen Gerstefeldern und den Sahel im Süden der nordafrikanischen Wüste mit sporadischem Hirseanbau. Die großen Dürreperioden seit 1969 haben jedoch überall große Verluste im nomadischen Viehbestand und Änderungen im Wanderverhalten der Nomaden mit sich gebracht.

Insgesamt ist das Ahaggar-Gebiet trotz der Verkehrserschließung und der Errichtung der Siedlung Tamanrasset als Handelszentrum, in dem jedoch vor allem Mozabiten aus Ghardaia leben, sehr isoliert geblieben. Als Folge der beschränkten Möglichkeiten der Anbauerweiterung und des Rückgangs der Bedeutung der Kamelhaltung ist der Lebensraum der Tuareg stark eingeengt. Die Auflösungserscheinungen sind trotz administrativer Protektion unverkennbar.

Die allgemeine Tendenz zur Wandlung des Vollnomadismus zum Halbnomadismus mit stärkerer Integration in die Oasenwirtschaft ist überall vorhanden, regional freilich unterschiedlich weit fortgeschritten. Dies bewirkte einen Ausbau der Oasenwirtschaft, der trotz aller

Hoffnungen auf unbeschränkte Nutzungsmöglichkeit noch nicht ausgebeuteter Grundwasservorkommen begrenzt bleiben muß. Andernfalls ist eher mit Schäden der bestehenden Oasenwirtschaft als mit einem Fortschritt zu rechnen. Daher erscheint es nicht sinnvoll, die nomadische Weidewirtschaft insgesamt als eine archaische Wirtschaftsform zu behandeln und zu beseitigen, sondern sie durch Anpassungsformen zwischen seßhafter und nomadischer Wirtschaftsweise unter heutigen Gegebenheiten zu spezialisieren (vgl. auch E. WIRTH 1969).

Die Frage, welchen Einfluß die wirtschaftliche Erschließung der Sahara durch Minenbetriebe und die Erdölförderung auf die Wüstenbewohner ausübt, soll abschließend gestreift werden. 1954 (UNESCO-Bericht) waren von 270 800 als erwerbstätig registrierten Wüstenbewohnern nur wenig mehr als 10 000 in Bau- und Textilbetrieben und 32 000 in industriellen und bergbaulichen Betrieben (also wenig mehr als 10 %) beschäftigt; der Rest waren Viehzüchter oder Oasenbauern bzw. Tagelöhner. In der saharischen Erdölwirtschaft Algeriens waren 1960 etwa 5000 Arbeiter tätig, darunter auch Nomaden, die aus der Viehwirtschaft nur temporär ausgeschieden waren. In der libyschen Erdölwirtschaft waren 1964 10 000 Personen beschäftigt (1981: 15 600). In Algerien dürften es heute wegen des starken Ausbaus der Erdöl- und Erdgasverarbeitung im Land erheblich mehr sein. Die genaue Zahl ist innerhalb des produzierenden Gewerbes nicht ausgewiesen. Ganz sicher hat sich vom Beginn der Erdölwirtschaft bis heute im Lebensbereich der Saharabevölkerung, auch der einst rein nomadischen Viehhalter, vieles geändert. Entwicklungsimpulse erhalten durch das Erdöl vor allem solche Oasen, die in unmittelbarer Nachbarschaft der Fördergebiete oder größerer Minen liegen. Als Beispiel wurde schon die Oase Ouargla in Algerien genannt. Aber auch die Veränderung der Oasenstruktur durch hydrotechnische Maßnahmen, wie moderne Tiefbrunnen, die mit Erdöleinnahmen installiert werden konnten, muß hier genannt werden, wofür gerade das Beispiel der Kufra-Oasen in Libyen mit den modernen Beregnungskulturen für Getreide- und Futteranbau zu nennen ist.

Generell ist festzustellen, daß viele Arbeitskräfte jüngeren Alters die Oasen, z. T. temporär, verlassen haben, um in den Küstenzonen des Maghreb mit der Städtekonzentration Arbeit zu suchen, so daß in solchen ›Auswanderungsoasen‹ Verfallserscheinungen durch Vernachlässigung des arbeitsaufwendigen Bewässerungssystems zu erkennen sind. Oft ist Versalzung die Folge.

Einen Sonderfall eines saharischen Oasenkomplexes bilden die Mzab-Oasen, deren geschäftstüchtige Bewohner sich schon früh auf die Entwicklung eingestellt und durch Übernahme des Kraftfahrzeugtransportes und Ausbau des Großhandels eine herausragende Stellung im Rahmen der algerischen Sahara-Oasen erlangt haben. Dies zeigt sich in der Verkehrserschließung der sieben Oasenstädte des Mzab und besonders auffallend in der Aktivität des Hauptortes Ghardaia, dessen Warenangebot, Kapitalumsatz, Handwerk sowie Gastronomie und Dienstleistungsbetriebe weit stärker das Stadtbild prägen, als dies in den meisten anderen Oasen Algeriens der Fall ist. Dadurch entwikkelte sich Ghardaia zum wichtigsten zentralen Oasenort dieser Wüstenregion. Der administrative Mittelpunkt dieses Sahara-Départements ist Ouargla, das sich durch das nahe Erdölgebiet neue Funktionen sichern konnte.

4.2.2 Die wirtschaftliche Erschließung durch das Erdöl

Den größten Anteil an der Sahara haben das Maghrebland Algerien und das Syrtenland Libyen. Marokkos saharischer Gebietsanteil im Süden der Gebirgsketten des Anti-Atlas und des östlichen Hohen Atlas sowie südlich der Schottdepression in Tunesiens Südzipfel sind sehr beschränkt. Beide Länder versuchten nach ihrer Unabhängigkeit, diesen Anteil durch Gebietsansprüche gegenüber Mauretanien bzw. Algerien zu vergrößern, was nicht gelang. Marokko konnte jedoch in der ehemals Spanischen Sahara im Kampf gegen die Polisario (Kampforganisation der sog. Sahraoui = Saharier) den Nordteil der Westsahara in seinen Besitz bringen und betrachtet dieses Gebiet als historischen Besitz Marokkos. Algerien kam durch die Einbeziehung der Südterritorien mit den Départements Saoura und Oasis in das koloniale Algerien nach der Unabhängigkeit in deren Besitz. Libyens Saharaanteil beherrscht das Land bis auf die schmale tripolitanische Küstensteppe und das cyrenische Hochland von Barka. Die Provinzeinteilung Tripolitanien–Fessan–Cyrenaika wurde 1964 zugunsten eines einheitlichen Libyen aufgehoben.

Die Verkehrserschließung dieses Saharagebietes beschränkte sich überwiegend auf die in Anlehnung an die alten Karawanenpisten in die zentrale Sahara unterhaltenen Südrouten: in Westalgerien durch das Saoura-Tal über Beni Abbès–Adrar–Reggane–Bidon V zum Niger bei Gao. Diese Piste hatte in der Kolonialzeit größere Bedeutung als heute, zumal sich in ihrem Bereich (Hammaguir und Reggane) französische Raketenversuchsstationen befanden; im zentralsaharischen Algerien führte die ausgebaute Straße bis El Golea als Piste weiter über In-Salah zum Ahaggar nach Tamanrasset und von dort zum alten Karawanenort Agadès am Air-Gebirge im heutigen Staat Niger. Die vor Jahren bis Tamanrasset ganz asphaltierte Straße ist heute bereits wieder fast unbefahrbar geworden. Parallel zur nördlichen Hälfte dieser Piste verlief die Route über Touggourt nach Fort Flatters und In-Amenas mit Verbindung zum Ahaggar-Massiv. Diese Route – heute größtenteils asphaltiert – verbindet das algerische Erdölgebiet mit dem Norden.

In Libyen führten Pisten südwärts von Tripolis zu den Oasen im Fessan und zu den Kufra-Oasen von Bengasi aus. Mit der Prospektion der Erdölfelder in beiden Staaten erlebte die Wüste ein bis dahin unbekanntes Maß an Erschließung und Durchforschung ihrer geologischen Strukturen mit zumeist flächendeckenden Luftaufnahmen. Die wirtschaftliche Erschließung konnte damit beginnen.

In der *algerischen Sahara*, in der man schon früher in den großen nördlichen Randdepressionen der saharischen Tafeln ölführende Schichten vermutet hatte, begann die intensivere Prospektion nach dem Zweiten Weltkrieg. Mehrere französische Gesellschaften arbeiteten mit der in der Kolonialzeit gegründeten S. N. REPAL (›Société Nationale de Recherche et d'Exploitation des Pétroles en Algérie‹) zusammen. Bis 1954 ging die Prospektion sehr zögernd vor sich. Im gleichen Jahr wurde in Hassi R'Mel ein großes Gasfeld entdeckt, das täglich 2 Mio. m³ schwefelfreies Erdgas lieferte. Es hat mit 2000 Mrd. m³ geschätzten Reserven den Grundstein gelegt, um in Arzew an der oranischen Mittelmeerküste ein bedeutendes Werk zur Gasverflüssigung zu errichten, das den Export auf Schiffen ermöglicht. Weitere, allerdings kleinere Felder wurden erschlossen, so daß die Erdgasförderung von 1960 mit 130 Mill. m³ bis 1978 auf 17 831 Mill. m³ und bis 1981 auf 45 700 Mill. m³ anstieg (Länderbericht Algerien 1963 und 1985). 1956 fand man die großen Erdölfelder an der libyschen Grenze Edjelleh–Tiguentourine–Zarzaitine in 400 bis 1500 m Tiefe im Karbon. 1960 waren in diesem Raum um Amenas bereits 118 Tiefbohrungen fündig.

Zur gleichen Zeit fand man im Raum Hassi Messaoud östlich der Oase Ouargla im 3200–3500 m tief liegenden Kambrium schwefelfreies Leichtöl. Dieses Feld erwies sich als eines der ergiebigsten in Nordafrika. 1968 förderte es bereits mit 17 Mill. t ein Drittel der Gesamtförderung Algeriens. Seine Vorräte werden auf 2,5 Mrd. t geschätzt. Damit besitzt Algerien in seiner Sahara zwei überaus bedeutende Erdölfelder. Die Produktionsentwicklung zeigt die nachfolgende Zusammenstellung (in Mill. Tonnen):

1960	1966	1969	1978	1982
8,6	33,8	47,5	57,2	45,9

Nach wie vor sind darin die Felder Hassi Messaoud Nord und Süd mit je 11 bis 14 Mill. t am stärksten beteiligt. Während 1978 noch über 90% der Fördermenge exportiert wurde, waren es 1982 nur noch 56%, was die Situation auf dem Welt-Erdölmarkt widerspiegelt.

Das algerische Erdgas und das Erdöl werden durch mehrere Pipelines zu den Küstenorten Oran (Arzew), Algier, Bejaia und den Verarbeitungs- und Verflüssigungsanlagen in Skikda und zu den Industrieanlagen in Annaba geleitet. Daraus ergeben sich für diese Orte bedeutende Entwicklungsmöglichkeiten für die Industrie. Diese Sahara-Bodenschätze als Energieträger zu verwenden ist deshalb besonders wichtig, weil die im Land vorhandene Kohle keine ausreichende Basis hierfür bildet (s. o.).

Die Erdölpolitik Algeriens führte zur Bildung einer staatlichen Gesellschaft (SONATRACH), an der der algerische Staat zunächst mit 30% beteiligt war. Unter Präsident Boumedienne wurden jedoch schon 51% der Anteile der in der Sahara arbeitenden Gesellschaften nationalisiert. Frankreich ist der Hauptabnehmer des algerischen Rohöls (etwa zwei Drittel), gefolgt von der BRD und der Schweiz. Die relativ geringen Transportkosten wirken sich günstig auf die Importbereitschaft europäischer Staaten aus. In den achtziger Jahren ergaben sich, besonders auch auf dem Gebiet der Erdgasexporte, Absatzschwierigkeiten auf dem europäischen Markt durch die Konkurrenz anderer Lieferländer. Daher strebt Algerien an, die Inlandverarbeitung und den Inlandverbrauch, z. B. für die Steigerung der Energiegewinnung, zu erhöhen. Neben der Förderung der eigenen Petrochemie (Arzew und Skikda) wurden die Wärmekraftwerke auf Erdgasbasis stark ausgebaut, so daß die großen Städte bereits weit über 90% versorgt werden konnten. Bis 1989 soll der Elektrifizierungsgrad schon landesweit 96% erreichen (Länderbericht Algerien, 1987, S. 43). Hierfür ist die staatliche Gesellschaft SONELGAZ (›Société Nationale de l'Electricité et du Gaz‹) zuständig.

In der *Libyschen Wüste* begann die Erdölsuche mit der Konzessionsvergabe Ende 1955. Über die ersten zehn Jahre Erdölexploration hat J. OBST (1968) berichtet: Ein großer Teil der internationalen Erdölfirmen war an der Prospektion beteiligt. Die Ölförderung konnte nach den überraschend guten Bohrergebnissen schon 1959 aufgenommen werden und erreichte in 29 Förderfeldern 1968 bereits eine Förderziffer von 125 Mill. t (1961 hatte sie noch unter 1 Mill. t gelegen). Bis heute erreichte Libyen eine durchschnittliche jährliche Förderung von 90 Mill. t, nachdem der Erdölboom in den sechziger und siebziger Jahren ja noch beträchtlich höhere Ziffern erreicht hatte. Auch Erdgas wurde in großen Mengen gefunden, so daß Libyen ebenso wie Algerien nach dem Bau der großen Erdölverflüssigungsanlage im Ölhafen Marsa el-Brega an der Großen Syrte zu einem bedeutenden Exporteur von Erdgas geworden ist. Erdöl und Erdgas bestreiten etwa 98 % des libyschen Ausfuhrwertes. Die wichtigsten Abnehmerländer des libyschen Erdöls sind die BRD, Italien und Großbritannien.

Die Erdölfelder befinden sich in einer Entfernung von 200 bis 300 km südlich der Küste der Großen Syrte auf dem kontinentalen Rand des Syrtebeckens. Dort liefern die mesozoischen bis alttertiären Sandsteinschichten aus 200–300 m Tiefe das Erdöl, das in mehreren Pipelines an die Küstenstationen Es-Sider, Ras Lanuf, der ersten Hafenanlage in Marsa el-Brega und Zwetina gepumpt wird. Hier mußten neue Hafenanlagen und Tanklager gebaut werden. Die Erdöllagerstätten bilden insgesamt einen breiten Streifen von Mabruk und Dahra-Hofra bis zum nördlichen vulkanischen Deckenplateau Haruj (H. el-Aswad = schwarze Haruj) und zur Fußregion des Djebel Zelten sowie im weiteren Bereich der Oasen Aujila (Audschila). Ein Einzelfeld liegt am Erg Jaghbub (südöstlich der Djalo-Oasen), das durch eine Pipeline mit Tobruk (Marsa el-Hariga) verbunden ist. Die Erdölprospektion ist über diese Fundorte hinaus südwärts bis in die Serir Calanscho ausgedehnt worden, aber auch auf der libyschen Seite der großen algerischen Felder von Edjeleh wurde gebohrt. Diese Ölfunde haben jedoch weitaus geringere Bedeutung.

Libyen steht heute hinter Nigeria an zweiter Stelle der wichtigsten Erdöllager Afrikas. Zu beachten bleibt dabei, daß Libyen nur 3,4 Millionen (1983) Einwohner zählt, was sich natürlich auch auf ein enorm hohes Pro-Kopf-Einkommen auswirkt, jedenfalls statistisch. In der industriellen Entwicklung des Landes hängt alles vom Erdöl ab, zumal 80 % des Gesamthaushaltes von der Erdölindustrie bestritten werden. Man versucht im Land auch die Konsumgüterindustrie weiter zu entwickeln bei gleichzeitigem Verbot der Einfuhr solcher Waren. Auch in der Verkehrserschließung dieses Wüstenlandes sind ebenso große Fortschritte gemacht worden wie im Gesundheitswesen und auf dem Bildungssektor.

Als Planungsschwerpunkte sollen nunmehr 22 % der Investitionen auf die Weiterentwicklung der Landwirtschaft, 17 % auf die industrielle Entwicklung, 38 % auf die wirtschaftliche Infrastruktur (Energieversorgung und Verkehrswesen) entfallen. 10 % sind für den sozialen Bereich, besonders für den Bildungssektor vorgesehen. Angaben für den militärischen Sektor werden nicht gemacht.

Durch die Erdölgewinnung ist die Syrte, wie J. OBST feststellt, aus ihrer wirtschaftlichen Passivität zwischen dem tripolitanischen Kulturraum und der Cyrenaika, die stets vom östlichen Syrtenraum voneinander getrennt wurden, heute eher zu einem Bindeglied geworden, das die früher so sehr auseinanderstrebenden Landesteile stärker verbindet und zu einem Zentrum der Wirtschaftsdynamik Libyens geworden ist.

Das Beispiel Libyens ist somit bei großem Flächenanteil Nordafrikas, einer zahlenmäßig geringen Bevölkerung, jedoch sehr hohem Erdöleinkommen ein Sonderfall in diesem Raum, der sich wesentlich von seinen Nachbarn unterscheidet. Auch seine selbst zugewiesene politische Rolle, die zu ständigen Konflikten Anlaß gegeben hat, basiert letztendlich auf diesem Mißverhältnis zwischen Erdölkapital und Bevölkerungsstruktur.

Tunesien hatte zunächst keinen Anteil an der schon in den fünfziger Jahren im Nachbarland Algerien beginnenden Erdöl- und Erdgasförderung, bis 1966 im südlichen Grenzgebiet zu Algerien Erdöl entdeckt wurde. In der Region El Borma fördern nach der 1966 beginnenden Erschließung beide Länder Erdöl. Hinzu kam 1974 im Golf von Gabès das Ashtart-Feld, was darauf hindeutete, daß auch vor der Küste Erdölreserven liegen, die auf 1,8 Mrd. Barrel geschätzt werden.

Erdgas entstammt vor allem, assoziiert mit den Erdöllagerstätten, dem El-Borma-Feld. Daneben werden Gaslager bei Miskar und Jugurtha ausgebeutet.

Für den Eigenverbrauch spielt diese Gesamtförderung inzwischen eine wichtige Rolle, nachdem noch in den siebziger Jahren (zwischen 4 und 5 Mill. t) fast vollständig exportiert, aber gleichzeitig für eine neu errichtete Raffinerie in Bizerte 1 Mill. t importiert wurden (A. ARNOLD, 1980, S. 21). Im Primärenergieverbrauch des Landes waren 1984 überwiegend Rohöl und Erdgas die Grundlagen. Die Elektrizität wird fast ausschließlich in Wärmekraftwerken erzeugt. Auch die Stadtgasherstellung soll immer mehr auf Erdgasbasis umgestellt werden. 1985 erreichte die Erdölförderung 5,5 Mill. t und die Erdgasmenge lag bei 400 Mill. m^3. Da Tunesien keine nennenswerten Kohlemengen fördert, sind Erdöl und Erdgas besonders wichtige Bergbauerzeugnisse für jede energieverbrauchende Industrialisierung im Land.

4.3 Die Maghrebländer – Beispiele ihrer Individualräume

Haben wir bisher die Grundzüge und Gemeinsamkeiten des gesamten Maghreb sowie seine allgemeinen Entwicklungstendenzen aufzuzeigen versucht, so scheint es nunmehr notwendig, die einzelnen Maghrebländer und ihre räumliche Vielfalt darzustellen. Dies kann zweifellos nicht dadurch geschehen, ihren jeweiligen Gesamtraum geographisch zu behandeln und seine Einzelräume, seien sie naturgeographisch, kultur- oder wirtschaftsgeographisch strukturiert, nacheinander darzustellen; wenn auch die geographisch-landschaftliche Gliederung und Differenziertheit dieser Länder ganz wesentliche Grundlagen für die Verschiedenartigkeit der Lebensräume bilden, so sind diese großen Leitlinien doch auch aus der Gesamtdarstellung des Maghreb weitgehend ablesbar.

Vielmehr sollen aus den Atlasländern bestimmte, für sie jeweils typische Lebens- und Wirtschaftsräume untersucht werden, die besondere Bedeutung haben; sei es, daß sie vorrangige wirtschaftliche oder entwicklungspolitische Zustände oder Entwicklungstendenzen aufzeigen, sei es, daß sie im Gegensatz dazu besonders traditional oder ›unterentwickelt‹ geblieben sind. Man wird sie als aktive und passive Räume gegenüberstellen und vergleichen können. Hierbei müssen auch die wichtigsten Großstädte berücksichtigt werden. Als Gradmesser für die wirtschaftliche, aber auch für die soziale Entwicklung sind sie in vielfacher Hinsicht besonders aussagekräftig.

Es geht in diesem Abschnitt also nicht um eine allgemein-länderkundliche Darstellung der Maghrebländer.

4.3.1 Marokko

Wie schon erwähnt, spielt Marokko im Rahmen der Atlasländer in vieler Hinsicht eine besondere Rolle. Dies gilt sowohl für seinen geographischen Eignungsraum wirtschaftlicher Erschließung als auch für seine bisherige sozio-ökonomische Entwicklung. Seine atlantische Küstenzone und der Innenkranz seiner Gebirgsfußregionen des Atlassystems, zu denen man allenfalls noch die Sousregion zwischen Hohem und Anti-Atlas mit der Stadt Agadir rechnen kann, stellen die ertragreichen Entwicklungsräume dar. Ihnen stehen die noch großen traditional strukturierten, zumeist stark berberisch gebliebenen Gebirgsregionen im Rif (›Rifkabylen‹), im Mittleren und Hohen Atlas sowie im Anti-Atlas gegenüber. Allerdings sind diese gern als ›berbe-

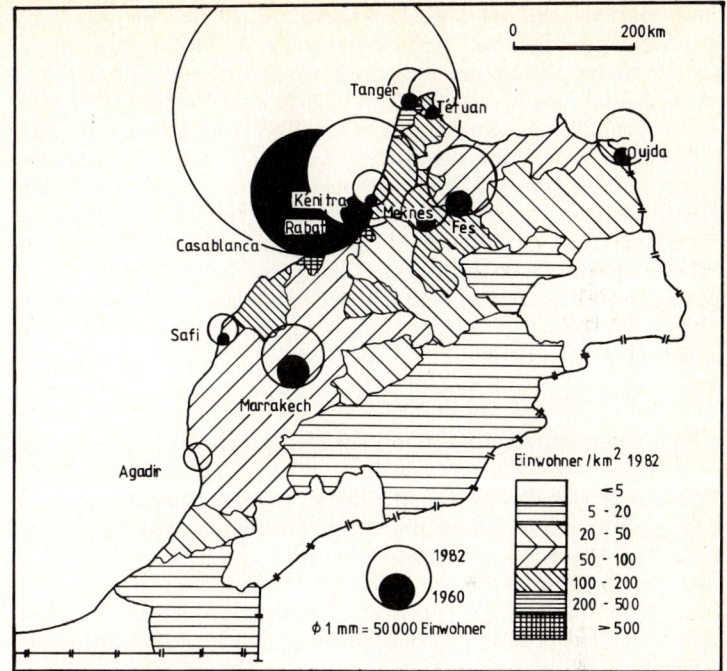

Fig. 20: Bevölkerungsdichte und Städtewachstum in Marokko (1960–1982)

rische Rückzugsräume‹ bezeichneten Gebirgslandschaften heute stärker in die gesamte Landesentwicklung einbezogen, als dies früher der Fall war. Hierfür sind auch die in den letzten Jahrzehnten ausgebauten Verkehrsverbindungen mitverantwortlich. Der aride Außensaum der Gebirge mit dem Moulouyabecken und den Tallandschaften der Ziz-, Dadès- und Draa-Flußsysteme gehört ebenfalls hierzu. Ihre bekannten Kasbah-Siedlungen haben vor allem touristische Bedeutung erlangt.

Aus diesem Gegensatz ergab sich schon mit der kolonialen Agrarentwicklung in den küstennahen Gunsträumen eine saisonale Wanderbewegung von Landarbeitern, die jedes Frühjahr erheblich stieg, wenn aus den armen Regionen der traditionalen Südräume des Atlas und der Oasen die großen Wanderströme zur Erntearbeit in die nördlichen Agrargebiete zogen. Mit der modernen Entwicklung in den letzten

Jahrzehnten haben sich diese saisonalen Migrationen wieder stärker abgebaut, vor allem durch die fortschreitende Mechanisierung der Großbetriebe. Die gleichzeitig erfolgende permanente Zuwanderung zu den Städten aus den ärmeren Landregionen führt jedoch seit langem und weiterhin zu einem beträchtlichen Bevölkerungsdruck von den Ungunst- zu den Gunstgebieten. Außerhalb dieser atlantischen Agrarzone der Nordregion und der Agrargebiete im Inneren des Gebirgskranzes sind nur die gebirgsnahen Bewässerungsgebiete mit ihren Neuanlagen geeignet, Zentren einer umfassenden landwirtschaftlichen Fortentwicklung zu werden, die gerade für einen devisenbringenden Agrarexport vonnöten sind. (Vgl. hierzu die beiden nächsten Kapitel.) Beginnen wir mit den landwirtschaftlichen Gunstgebieten im atlantischen Marokko.

4.3.1.1 Die Agrarzone des atlantischen Nordens

Sie erstreckt sich von der Atlantikküste bis zum Anstieg zu den Hochflächen der inneren Meseta mit den Landschaften der Chaouia, des Rharb im Mündungsgebiet des Sebouflusses, der Region Sais (um Meknès-Fès) und dem Gebiet zwischen dem mittleren Sebou und der Vorrifzone. Im Rharb liegt der Schwerpunkt landwirtschaftlicher Nutzung und Erschließung und damit der agrarwirtschaftlich wichtigste Raum Marokkos. J. LE COZ (1964) hatte dem Rharb (Gharb) eine umfassende geographische Untersuchung gewidmet, die den Entwicklungsstand bis in die ersten Jahre der Nachkolonialzeit darstellt. H. POPP (1983) stellte jüngst die Entwicklung mit Schwerpunkt auf die Bewässerungslandwirtschaft auch dieses Raumes im Rahmen der gesamtmarokkanischen Entwicklung detailliert dar. In einem weiteren Beitrag (1985) werden von ihm auch die mediterranen Küstenbereiche Nordmarokkos behandelt. Die Gründe für die große Bedeutung dieser Agrarregion im Rahmen der Landwirtschaft des Landes sind sowohl natur- als auch kulturgeographischer Art:
Ausreichende Niederschläge (400–600 mm im Jahresmittel, teils darüber), Mündungsbereich mehrerer Flüsse, vom Hügelland umgebene Ebenen und kultivierbare Böden sind wichtige Grundlagen, die nur durch die Hochwassergefährdung weiter Teile des Rharb beeinträchtigt sind. Die flächenhafte Nutzung wurde während der Kolonialzeit begonnen. Schon 1918 begann die Protektoratsmacht Frankreich mit ihrer »colonisation officielle«, die bis 1930 bereits 39 000 ha durch französische Colons, denen das Land zu günstigen Bedingungen zugewiesen war, erschlossen hatte. Daneben war auch marokkanischer Privat-

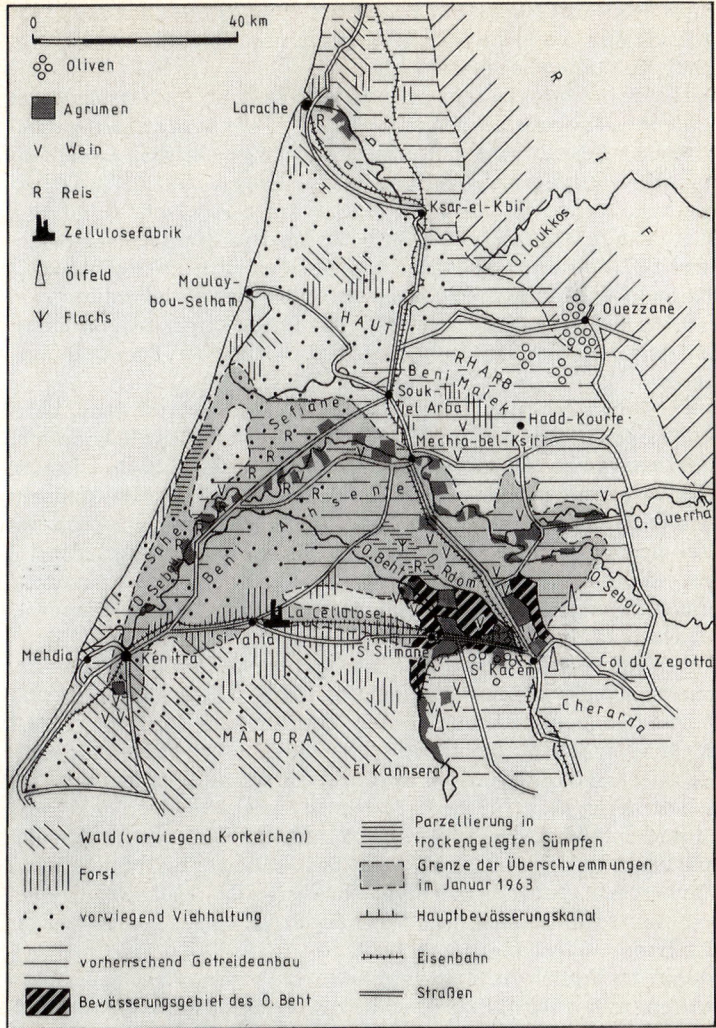

Fig. 21: Wirtschaftsgeographische Karte des Rharb

besitz an ›private Colons‹ übergegangen. Als die Protektoratszeit 1956 zu Ende ging, waren fast 175 000 ha Land, etwa ein Drittel des Rharb, durch Kolonisten bewirtschaftet.

Nach der in Marokko sehr zögernd verlaufenden Anfangsphase der Entkolonialisierung wurden schließlich 1973 alle noch nicht in marokkanischen Besitz übergegangenen Flächen ausländischen Landbesitzes, vorwiegend privates Kolonialland, enteignet. Staatliche Gesellschaften, wie die SODEA (›Société de Développement Agricole‹), übernahmen schließlich etwa 30 % der Rharb-Agrarflächen, vorwiegend die Bewässerungsflächen. Andere Gesellschaften bewirtschafteten mehr die Flächen der ehemaligen ›privaten Kolonisation‹, wie z. B. die SOGETA (›Soc. de Géstion des Terres Agricoles‹). Im einzelnen stellt POPP (1983, S. 56 ff.) diese Entwicklung dar. Darauf sei verwiesen.

Mit Unterstützung durch die FAO und die UNDP will die marokkanische Regierung bis zum Jahr 2000 im Bereich der Flüsse Sebou, Beht und Ouerrha ca. 245 000 ha Bewässerungsland erschließen. Die Verwirklichung aller damit zusammenhängenden technischen Maßnahmen bleibt abzuwarten. Im Sebou-Projekt soll schon jetzt mehr als drei Viertel des bewässerten Zuckerrohranbaus konzentriert sein. Marokko macht damit den Versuch, seinen sehr hohen Zuckerverbrauch selbst zu decken, was früher nur durch Import mit Devisenverbrauch zu erreichen war.

Neben Zuckerrohr, Reis und Zitruskulturen spielt in den jeweils angrenzenden Flächen der Regenfeldbau mit Anbau von Zuckerrüben, Weizen, Sonnenblumen und Bersim eine wichtige Rolle. Hier findet nur gelegentlich in regenarmen Jahren eine Zusatzbewässerung statt. Jedenfalls ist das Zuckerrohr heute mit den staatlich garantierten Abnahmepreisen auch für die Fellachen zu einer attraktiven Feldfrucht geworden. Neben diesen Agrarprodukten, unter denen für den marokkanischen Export besonders die Maroc-Orangen und Mandarinen/Clementinen, Tomaten und Frühgemüse eine überragende Rolle spielen, wird regional auch noch Wein angebaut, dessen Bedeutung für den Export jedoch beschränkt bleibt.

Wegen der Vielfalt der Anbauprodukte, der bewässerten und nichtbewässerten Nutzungsfläche sowie der zahlreich entstandenen Verarbeitungsbetriebe, darunter Zuckerfabriken, ist auch die Urbanisierung in diesem bedeutenden Agrarraum stark fortgeschritten. So wird für die Präfektur Kenitra, zu der die Rharbebene gehört, eine Bevölkerungsdichte von 150/km^2 (1982) angegeben, was für eine Agrarregion recht hoch ist. Durch eine gute Verkehrserschließung mit Verbindungen zu den großen Städten Tanger, Rabat-Casablanca und Meknès-Fès haben sich auch die Klein- und Mittelstädte dieses Raumes stark entwikkelt. Beispiele dafür sind Kenitra mit dem Vorhafen Mehdia, Souk el-Arba und Sidi-Kacem. Dieses positive Wachstum ist z. T. auch in den Nachbargebieten festzustellen: Im Norden hat sich nach der Aufhebung des Protektorates das ehemals spanische Gebiet Habt mit der Stadt Larache (El-Araich) im Bewässerungsland des Oued Loukkos ähnlich entfaltet. Die bewässerten Flächen entlang der Flüsse wurden ausgedehnt und erstrecken sich innerhalb des Getreidelandes (ohne Brache) im gesamten Sebou-Becken bis über Fès hinaus ostwärts. Bis zum Südrand des Rifgebirges schaltet sich dann eine Zone von Getreideland mit Brache ein, das vielfach von Baumkulturen (Oliven) durchsetzt ist, die besonders die Hügel einnehmen. Zu erwähnen bleibt noch die große Ausdehnung der Weinfelder südlich Meknès, in denen bekannte Weine angebaut werden. Nach Süden verlängert sich die nördliche Agrarzone in der Chaouia über Casablanca hinaus. Die schwarzen Tirs- oder roten Hamri-Böden tragen dabei vorwiegend Weizen, aber auch Mais. Beide Getreidearten können noch ohne Brache angebaut werden. Sie sind von der atlantischen Lage begünstigt. In einem schmalen Küstenstreifen werden sodann nach Süden zu die teilweise bewässerten Gemüsekulturen immer seltener, bis sie in der Doukkala ganz aufhören.

Betrachten wir diese gesamte Agrarzone mit ihrer für das Land so wichtigen Produktion, die noch weiter intensiviert werden kann, so muß nochmals betont werden, daß sie infolge des hohen Wachstums der nahen Großstädte in der Küstenzone und im Sebou-Becken einen umfangreichen Binnenmarkt besitzt. Im Randbereich dieser Agrarzone liegen von den zehn größten Städten Marokkos allein sieben mit zusammen fast 5 Mill. Einwohnern (1982), in deren Präfekturen 6,7 Millionen Menschen wohnen. Das bedeutet, daß über 30 % der marokkanischen Bevölkerung sich auf die schmale atlantische Küstenzone mit ihrem hohen agraren Nutzungspotential und ihrer Städteansammlung konzentrieren. Dies ist auch bemerkenswert, weil mit Bevölkerungsagglomerationen im Landesinneren, z. B. im Raum Marrakesch–Beni Mellal–Khenifra–Khouribga, ebenfalls mit 2,7 Millionen Menschen knapp 10 % der Bewohner in einem ländlichen Ballungsraum leben. Auch die südmarokkanisch-atlantischen Präfekturen Essaouira und Agadir umfassen nochmals fast 1 Million Einwohner. Alle diese demographischen Daten unterstreichen die hohe Bedeutung, die dem ›atlantischen Marokko‹ zukommt, wo sich dann auch die größte Industrialisierung konzentriert.

Den zumeist schon kolonialzeitlich angelegten und postkolonial weiterentwickelten Agrargebieten des atlantischen Nordens stehen die jüngeren Bewässerungsgebiete, vor allem in der Fußregion der Gebirge, gegenüber. Wie weit ihre gesamtwirtschaftliche Bedeutung reicht, soll kurz umrissen werden. Hierzu sei für eine Vertiefung dieser Frage nochmals auf H. POPP (1983) verwiesen.

Schon 1969 wurde ein Agrarinvestitionsgesetz erlassen, das sich schwerpunktmäßig auf die Entwicklung alter und neuer Bewässerungsgebiete konzentrierte. Mit der Gründung der ORMVA (›Office Régional de la Mise en Valeur Agricole‹) sollte eine umfassende Förderung folgender Gebiete im ganzen Land erfolgen: Rharb mit Loukkos, Doukkala und Souss-Massa im atlantischen Marokko (N u. S), untere Moulouya im mediterranen Nordosten, Haouz und Tadla im zentralen Vorland des Hohen Atlas und im Raum Ouarzazate und Tafilalet südlich des Atlas im präsaharischen Gebiet. Für die Erschließungsmaßnahmen sollte der Staat eintreten, der zugleich über den Anbau mitzuentscheiden hatte. Zur besseren Inwertsetzung wurde auch eine lokale Bodenbesitzreform einbezogen, die ausländischen Besitzrechte waren bis 1973 vollständig enteignet. Für die eingegliederten Fellachen war die ORMVA mit ihren Regionalbüros zuständig.

Ziel Marokkos war es, bis zum Jahr 2000 eine Bewässerungsfläche von 1 Million ha zu erreichen. Es wurden neben den bestehenden Staudämmen aus der Protektoratszeit (14, von denen der 1953 fertiggestellte bei Bin el-Ouidane mit 1,5 Milliarden m^3 der größte ist) bis 1980 weitere 13 fertiggestellt, womit Marokko die höchsten Staukapazitäten im Maghreb besitzt. (Vgl. hierzu die Fig. 16).

Immerhin weist die Statistik zwischen 1980 und 1983 im Mittel 520 000 ha Bewässerungsfläche aus, d. h. die Hälfte des hochgesteckten Planzieles bis zur Jahrtausendwende. Manche Angaben nennen jedoch erst 250 000 ha wirklich bewässerter Fläche. Da auf dem Bewässerungsland neben Zuckerrohr vor allem Exportprodukte wie Zitrusfrüchte, Frühgemüse, Tomaten u. a. angebaut werden, hat die Entwicklung des Bewässerungslandes hohe Priorität, bei der jedoch zahlreiche Geberländer und Internationale Organisationen (UN, Weltbank), seit langem auch die Bundesrepublik Deutschland, engagiert sind.

4.3.1.2 Die traditionale Kulturlandschaft der Berber im Atlasgebirge

Es gibt wohl kaum einen größeren Gegensatz in Marokko als den zwischen den modern entwickelten Agrargebieten der Küsten- und Talebenen des Nordens mit ihren großen Städten südeuropäischer Prägung (den ehemaligen ›villes nouvelles‹) und der traditional gebliebenen Kulturlandschaft der Atlasberber. Dieser berberische Lebensraum im Mittleren, Hohen und Anti-Atlas bildet bis in seine Gebirgsrandzonen des Tensiftflusses am Nordrand sowie des Sous-, Draa- und Dadès-Tales am Südrand einen wesentlichen Teil Marokkos. Die große Touristenwelle streift ihn an vielen Stellen, denn die berberischen Kasbahsiedlungen in Südmarokko sind Attraktionen für die Fremden. Auch Teile des Rifgebirges mit ihren mehr oder weniger arabisierten ›Rifkabylen‹ gehören noch zu diesem Bereich traditionaler berberischer Kulturlandschaften der marokkanischen Gebirge.

Der Hohe Atlas und der Anti-Atlas sind frühe Lebensräume der Berber, die sowohl in ihren Siedlungsformen als auch in ihren montanen Anbaumethoden das traditionale Element am besten erhalten haben. Als Folge ausreichender Wasserversorgung der Täler sind sie von vielen Siedlungsketten durchzogen, von denen einige erst oberhalb 2000 m Höhe enden. Die immer noch auf Subsistenz und den lokalen Markt ausgerichtete Landwirtschaft gewinnt auf hangterrassierten Bewässerungsfeldern unter hohem Arbeitseinsatz eine beschränkte Produktion von Getreide und Gemüse. Hinzu kommen Fruchtbäume wie Oliven, Aprikosen und Nußbäume. Die Siedlungen in mehrstöckiger Stampflehmbauweise mit Plattdächern liegen oft festungsartig am Hang. Wo sich die Täler weiten, werden auch die Kulturen ausgedehnter. Zumeist verbinden nur Fußpfade die Siedlungen untereinander, doch kamen in der Kolonialzeit auch Fahrzeugpisten hinzu. Der Lokaltransport erfolgt auf Maultieren. Als Ergänzung der Lebens- und Wirtschaftsbasis der sippen- und stammesorientierten Bevölkerungsgruppen dient die Viehhaltung (Schafe, Ziegen) im Gebirge. Sie ist in der Art der Transhumanz organisiert, wobei Hirtenfamilien mit Zelten oder einfachen Sommersiedlungen die Hochweide aufsuchen; dort, wo Weideflächen ständig von den gleichen Sippen genutzt werden, so z. B. im Atlas von Marrakesch, handelt es sich um eine Art von Almwirtschaft. Vorratswirtschaft und die Verteidigung dieser Vorräte führten zum Bau von oft großartigen Gebäuden mit Ecktürmen (Kasbah, Tirhemt). Die Siedlungen wurden häufig zu Festungen (Ksar), die oft gegen die vordringenden Nomaden aus dem saharischen Süden verteidigt werden mußten. Erst das Protektorat unterband gewaltsam diese Konfrontationen.

Zwar wurden mit dem Straßenbau, dem örtlichen Bergbau und der kolonialen Administration auch manche Wandlungsprozesse eingeleitet, und die saisonale oder permanente Auswanderung betraf diesen Raum erheblich, doch erfolgte kein wirklicher Wandel. Keine Fabrikationsbetriebe wanderten in diese Täler, und nirgends änderten sich die uralten Bearbeitungsmethoden des Bestellens der kleinen Terrassen mit Pflug und Hacke. Auch die soziale Struktur blieb weitgehend auf der Sippenbasis erhalten.

Nur an den Rändern der Gebirge wurde durch den Bau von Stauwerken neues Bewässerungsland erschlossen, an dem die Vorlandbauern in neuen Organisationsformen (Genossenschaften) Anteil hatten. Der Lebensraum im Gebirge wurde von dieser Entwicklung kaum berührt. Manche dieser Gebirgsregionen zeigen jedoch im Einzugsgebiet solcher Siedlungen deutliche ökologische Schäden durch zu starke Überweidung und durch den vermehrten Holzeinschlag. Mit dem Bevölkerungswachstum, Ausweitung der Kulturen und Anwachsen des Viehbestandes wird allmählich auch hier die Tragfähigkeit des Gebirgsraumes überschritten. Besonders im östlichen Rif, aber auch im Mittleren Atlas können solche Beispiele extremer Schädigung beobachtet werden.

Durch die gemeinsame Sache, die der Pascha von Marrakesch, der Berberfürst El Glaoui aus dem Stamm der Glaoua, mit der Protektoratsmacht Frankreich machte, geriet seine und die Macht der Atlasberber im befreiten Marokko ins Wanken. Die Kasbahs des Glaoui sind heute Touristenattraktionen. Völlig isoliert blieben von modernen Entwicklungstendenzen nur die Siedlungsräume abseits der beiden Paßstraßen über den Tizi n'Test und Tichka, so etwa der Raum um das M'Goun-Massiv und andere isolierte Gebirgsräume des Mittleren Atlas in seinem Ostteil, des Hohen Atlas und des Anti-Atlas.

So steht der in den Tälern teilweise recht dicht besiedelte Gebirgsraum des Atlas, bis heute in seinen alten Lebensweisen verankert, dem städtereichen atlantischen Marokko kontrastreich gegenüber. Er wird immer mehr zum Auswanderungsgebiet, ohne im Gebirge selbst große Entwicklungsmöglichkeiten zu haben; es sei denn, stammesverbundene Rückkehrer aus dem wirtschaftlich besser entwickelten Vorland, aus dem Phosphatbergbau oder aus den Industriegebieten der größeren Städte und des Auslandes legen ihr verdientes Geld dort an. Hierfür bietet das mit vielen in traditionellem Stil errichteten Neubauten durchsetzte Tafraout im Anti-Atlas ein Beispiel. Es wird schwer sein, diese traditionalen Gebirgsregionen im Atlas voll an dem wirtschaftlichen Entwicklungsprozeß des atlantischen Marokko teilhaben zu lassen, denn die Verkehrserschließung beschränkt sich auf die großen gebirgsquerenden Durchgangsstraßen zum Süden. Auch ist ohne teilweises Ableiten des Bevölkerungsdruckes aus diesen Traditionalräumen eine bessere Entwicklung nicht möglich. Zwar wird der Fremdenverkehr kaum bedeutende Strukturverbesserungen bringen können, denn nur wenige Hochtäler des Atlasgebirges besitzen touristische Anziehungskraft (so im Atlas von Marrakesch oder Tafraout im Anti-Atlas); doch muß die Erschließung vieler isolierter Siedlungsgebiete der Atlasberber mit dem Verkehrsausbau beginnen.

4.3.1.3 Marokko und die ehemals ›Spanische Sahara‹ – ein historisch-politischer Exkurs

Nach dem Rückzug der Spanier aus ihrem westsaharischen Kolonialgebiet ›Rio de Oro‹, Saguet el Hamra und aus der kleinen Enklave Ifni wurde 1975 dieser Wüstenabschnitt am Atlantik zwischen Marokko und Mauretanien aufgeteilt. Daraufhin entstand – unterstützt von Algerien und Libyen – die saharische Befreiungsfront ›Polisario‹. Der westsaharische Guerilla-Krieg der ›Sahraoui‹ konzentrierte sich dann nach dem Sonderfrieden Mauretaniens (1979) mit der Polisario auf den Kampf gegen die Marokkaner.

Marokko betrachtet diesen Saharateil historisch als marokkanisches Gebiet, weil es schon vor Hunderten von Jahren Expansionsgebiet zum Sahel und Sudan gewesen ist. Sowohl militärische Eroberungszüge als auch Handelskarawanen benutzten die westliche Sahara als Zugstraße zum Süden, ein Gebiet, das stets nomadisches Weidegebiet blieb, ohne größere Oasen. Auch die Spanier gründeten vorwiegend nur einige Militärstützpunkte (Villa Cisneros und El Aioun), von denen aus sie diesen Wüstenraum kontrollierten, schließlich lag der Küstenstreifen auf dem Seeweg zu ihren Kanarischen Inseln. Eine ›saharische Nation‹ konnte natürlich nicht entstehen, wenn auch nomadische Stammesverbände dort – wie in der ganzen Sahara – ein Zusammengehörigkeitsgefühl besaßen, wie es zum Überleben in einer solchen Wüstenregion notwendig ist. Eine Kontrolle durch das nordmarokkanische Herrscherhaus (Sultanat, heute Königreich) mit seinem kontrollierten ›Bled (Bilād) el-Makhzen‹ (= beherrschtes Land) war hier im saharischen Raum südlich der Atlasgebirge ohnehin nicht gegeben. Noch im französischen Protektorat bestand diese Grenze zur ›Zone d'insécurité‹.

Die marokkanische Unterwerfung des Nordteiles der ›Spanischen Westsahara‹ wurde schließlich nach hohem Einsatz des Militärs und einer im ganzen Land propagierten und aktivierten Volksbewegung zur Angliederung dieses Gebietes vollzogen, nachdem zur Verteidigung dieser neuen südmarokkanischen Grenze ein gewaltiger Grenzwall in der Wüste errichtet wurde. Eine allgemeine Anerkennung dieser Grenze international und vor allem durch die Nachbarstaaten, besonders Algerien, blieb allerdings bisher aus.

So mußte die 1976 ausgerufene ›Demokratische Arabische Republik Sahara‹ (DARS), die sich zusammensetzt aus den Kolonialgebieten Rio de Oro und Saguet el Hamra mit der Hauptstadt El Aioun (= Quellen), heute Laayoun, mit rund 25 000 Einwohnern die größte Siedlung, und mit Dakhla, das frühere Villa Cisneros (5000 E.), eine proklamierte, aber kaum existente Republik bleiben. Die vorhandenen Phosphatlager in der Westsahara (Fos bou Craa) waren infolge Sabotage von 1976 bis Juli 1982 außer Betrieb. Die Ausfuhr erfolgte von Laayoun aus.

4.3.1.4 Casablanca – größte Hafenstadt Nordafrikas und industrieller Mittelpunkt Marokkos

Unter den Städten im Orient und speziell im Maghreb nimmt Casablanca in vieler Hinsicht eine Sonderstellung ein. Mit über 2 Millionen Einwohnern (1982 wurden 2 263 000 gezählt, 1960 waren es 965 000 E.) ist sie die größte maghrebinische Stadt, zugleich als Millionenstadt die jüngste Nordafrikas. Wie kam es zu dieser Entwicklung, und welche Probleme ergeben sich hieraus?

Anfang des 16. bis Ende des 18. Jahrhunderts errichteten die Portugiesen und später die Spanier eine Küstenbefestigung, die sie ›Casa branca‹ bzw. Casablanca nannten. Wahrscheinlich gab es schon in phönizisch-karthagischer Zeit hier bei Anfa einen Handelsstützpunkt. Schon um 1830 legten ausländische Schiffe dort an, doch blieb die Stadt klein und erreichte um 1900 gerade 20 000 Einwohner. 1907 besetzten die Franzosen Casablanca und bauten den Hafen aus, obgleich er keine günstigen natürlichen Voraussetzungen bot, denn er liegt an keiner Flußmündung. Nach dem Ersten Weltkrieg mußten die Hafenanlagen ständig erweitert und vertieft werden, weil die Phosphate von Khouribga hier umgeschlagen wurden. Die günstige Lage für die Errichtung und den Ausbau einer großen Stadt mit wichtigen Handelsbeziehungen zum Hinterland (Chaouia, Tadla) in zentraler Situation der atlantischen Küste wäre nicht ausschlaggebend gewesen, wenn nicht bereits im 19. Jahrhundert diesem Ort gegenüber Rabat oder Mazagan (El Jadida) der Vorzug gegeben worden wäre. So kam der eigentliche Entwicklungsimpuls für den wirtschaftlichen Aufschwung Casablancas durch die Europäer, die schon vor dem Ersten Weltkrieg neben der alten Medina ein neues Stadtviertel mit 20 000 Bewohnern errichtet hatten. Casa, wie es kurz genannt wird, wurde in kürzester Zeit zum Motor der wirtschaftlichen Entwicklung Marokkos und zog den größten Teil der Kapitalinvestitionen im ganzen Land an sich. Im

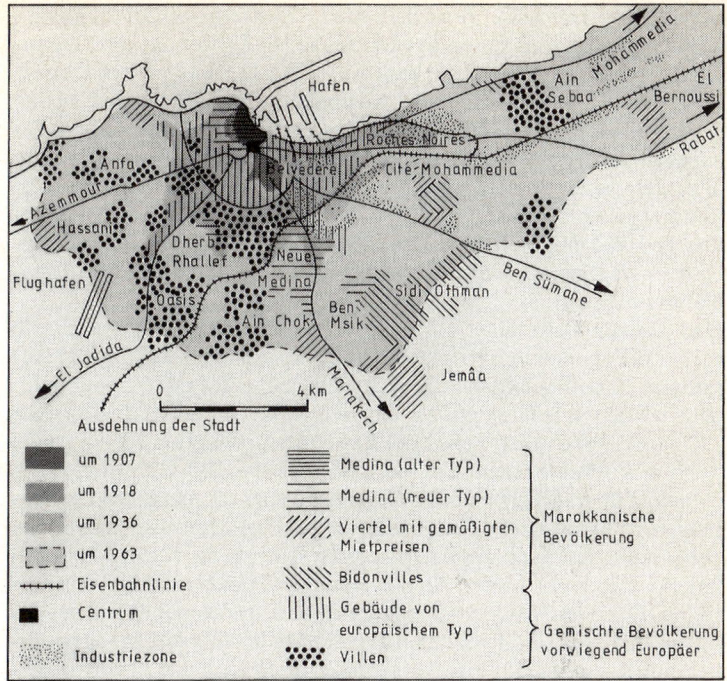

Fig. 22: Casablanca–städtische Struktur um 1980

Zweiten Weltkrieg landeten die alliierten Truppen in Casa. Danach
verstärkte sich der Zustrom zu dieser Stadt erneut, das Stadtbild zeigte
alle Merkmale des Wachstums einer modernen wirtschaftlichen Me-
tropole. Nicht alte Moscheen oder maurische Paläste und Stadtmau-
ern bestimmen das äußere Erscheinungsbild, sondern Hochhäuser,
moderne Straßen und Wirtschaftsgebäude, die sich ringförmig um den
Hafen und den Kern der alten Medina legen. Schon 1946 wurde die
Einwohnerzahl von einer halben Million überschritten, und Casablanca hatte sich zu einer fast europäisch anmutenden Stadt entwikkelt. Allein von 1936 bis 1946 verdoppelte sich die Bewohnerzahl. Bis
zum Ende des Protektorates stieg die Zahl der Europäer in Casa auf
etwa 169 000, rund 40 % aller Europäer in Marokko. Nach der Kolonialzeit sank diese Zahl zwar ab, doch lebten 1960 noch immer 115 000
Ausländer dort, davon 77 000 Franzosen, 16 000 Spanier, 8000 Italiener und 5000 Algerier. Ferner wurden noch 73 000 marokkanische Ju-

den gezählt. Der außerordentlich starke Zustrom von Marokkanern aus dem Süden und Osten des Landes (zwei Drittel aus den atlantischen Ebenen, ein Drittel aus dem Atlas) brachte für die Stadt schwerwiegende Probleme mit sich. Abgesehen von der postkolonialen ›Orientalisierung‹ Casablancas war das demographische Problem, das zugleich ein soziales war, durch eine unglaubliche Bevölkerungsdichte in einzelnen Stadtteilen und durch das Wachstum von ›Bidonvilles‹ (Slums) gekennzeichnet.

Für die Übergangszeit von der Kolonialzeit zur nachkolonialen Stadtentwicklung kennzeichnet D. NOIN (1965) das städtische Bild Casablancas wie folgt:

Den ältesten Kern bildet die alte Medina mit einer Einwohnerdichte von 1250 Personen pro Hektar Fläche. Das ist trotz der geringen Häuserhöhe zweieinhalbmal mehr als in den am dichtesten bewohnten Innenbezirken von Paris mit seinen vierstöckigen Häusern. Zwischen 1910 und 1950 wurden neben der Erweiterung der alten Medina neue Medina-Viertel gebaut, die jedoch mit 800–1000 Einwohnern/ha ebenfalls übervölkert sind. Entsprechend sind die sanitären Einrichtungen völlig unzureichend. Diese Viertel liegen halbkreisförmig um den älteren Teil der Neustadt gruppiert. Darin wohnen ausschließlich marokkanische Arbeiter, kleine Händler, Handwerker und Angestellte. Daneben wurden vorwiegend nach dem Zweiten Weltkrieg die ›Cités‹ errichtet, die zwar einen Typ der Medina darstellen, aber stärker aufgelockert sind. Ihre Versorgung mit Wasser und Strom ist besser und die Dichte der Wohnbevölkerung mit 400–500 Menschen pro Hektar geringer. Trotz der Baumaßnahmen für neue Medinas und Cités haben sich seit 1930 jene aus Blech, Holzabfällen, Pappe und Schilf errichteten Hüttenviertel ohne jede städtische Versorgung gebildet, die man ›Bidonvilles‹ nennt. In solchen im äußeren Stadtring verstreut liegenden Slums wohnten 1940 50000 Marokkaner, 1960 waren es ungefähr 160000. Trotz gelegentlicher Umsiedlung in die städtischen Viertel bildeten sich spontan neue ›Bidonvilles‹ auf Kleinpächterland unter oft unvorstellbaren Verhältnissen. Ihre Bewohnerzahl beträgt zumeist wieder über 1000 Menschen pro Hektar. Sie beherbergen alle die Zuzügler, die in Casablanca versuchen, Fuß zu fassen, jedoch nur zu einem kleinen Teil wirklich Arbeit finden.

In den letzten zwei Jahrzehnten hat sich jedoch dieses Bild merklich gewandelt. Die ausgedehnten Bidonvilles-Randviertel mit ihrem Slumcharakter sind weitgehend verschwunden und wurden durch neue, z. T. recht einheitlich wirkende Wohnviertel mit kleinen Geschäftskonzentrationen und zentralen Moschee-Plätzen ersetzt. In manchen dieser neuen Viertel sind auch industrielle Anlagen entstanden. Diese Entwicklung vollzog sich an den großen Ausfallstraßen nach Mohammedia und vor allem nach Rabat. Das städtische Bild von Casablanca (= Dar el Beida) hat sich somit seit der Kolonialzeit entscheidend gewandelt.

Dennoch bildet bis heute zu diesen Randvierteln die ehemals europäische City mit ihrem weitgehend südeuropäischen Stadtbild und modernen Geschäftsstraßen und Hochhäusern einen erheblichen Kontrast. Hier konzentriert sich vorwiegend der überregional bedeutende Großhandel. Außerdem weist Casa mit Anfa, Oasis und Ain Sebaa sogenannte ›Villa-Viertel‹ auf, deren starke Auflockerung und geringe Bevölkerungsdichte zumeist auf das ehemals kolonialherrschaftliche Casablanca hindeuten. Doch sind solche ›Villas‹ heute zumeist von Marokkanern bewohnt. Daneben haben sich reiche marokkanische Geschäftsleute imposante Häuser gebaut.

Für die wirtschaftliche Bedeutung Casablancas sind seine Industrieviertel entscheidend. Sie liegen vornehmlich im Nordosten der Stadt zwischen den großen Ausfallstraßen nach Mohammedia, Rabat, Ben Slimane und Marrakesch. Man findet hier die Fabriken für Nahrungsmittel, Zuckerraffinerien, Brauereien, Textilfabriken, chemische und metallverarbeitende Industriebetriebe sowie Automontagefabriken französischer Fabrikate. Das zentrale und ältere Industrieviertel entstand in der Nähe des Hafens (›Roches Noires‹) entlang der Küstenstraße und hat ein besonders unschönes Äußeres.

Das heutige Casablanca ist durch seinen modernen Großstadt- und den Industrieverkehr im Hafen (1983: 21 Mill. t Umschlag) sowie als Schnittpunkt zahlreicher Flug-, Eisenbahn- und Straßenverkehrslinien des gesamten Landes zur Wirtschaftsmetropole Marokkos geworden. Allerdings konzentriert sich die industrielle Entwicklung der Kolonialzeit nicht mehr allein auf die nach wie vor bedeutende Hafenstadt Casablanca, sondern verteilt sich auf den Küstenstreifen zwischen Safi und Rabat. So hat Safi mit seiner Phosphatausfuhr und -verarbeitung (seit 1960 entstand dort ein großes Chemiekombinat) einen wesentlichen Teil dieser Bergbauproduktion, ihrer Verschiffung und Verarbeitung übernommen, die in Casablanca schon in geringem Umfang 1922 begonnen hatte. Dennoch entwickelte sich zwischen Casa und dem benachbarten Mohammedia eine küstennahe Industriezone ersten Ranges. Kraftfahrzeugherstellung, Nahrungsmittelverarbeitung, Textilverarbeitung und zahlreiche andere Betriebe sind hier konzentriert, für die Casablanca das wirtschaftliche Zentrum ist.

Der rasante Zuzug nach Casablanca aus dem ganzen Land brachte vor allem in den sechziger Jahren große soziale Probleme mit sich, die sich in städtischen Unruhen, darunter sog. Jugendrevolten, äußerten.

Noch 1982 wurden 10% der Erwerbspersonen als arbeitslos registriert, eine Zahl, die in den großen Städten noch höher liegt (wahrscheinlich mehr als 20%). Da noch viele Wirtschaftszweige von französischen Gesellschaften kontrolliert werden, sind gerade in den technischen Bereichen exportorientierter Industrie zahlreiche europäische Fachkräfte tätig. Die staatlichen Bestrebungen einer ›Marokkanisierung‹ aller Sektoren leiden stark unter dem Mangel an einheimischen Fachkräften.

Casablanca als ältestes Wirtschaftszentrum in Marokko ist damit innerhalb der industrialisierten atlantischen Küstenzone auch weiterhin das wichtigste Schwerpunktgebiet dieses Landes mit allen Vor- und Nachteilen einer solchen Strukturentwicklung.

4.3.2 Algerien – mediterranes Küstenland mit großem Anteil an der Sahara

Im Maghreb nimmt Algerien in vieler Hinsicht eine zentrale Lage ein. Als ›grüne Insel‹ (Al-Djezair = die Insel; davon leitet sich der Name Algier ab) zwischen der Mittelmeerküste und der am Sahara-Atlas beginnenden Wüste nimmt sich das kultivierbare Land des Tell wie eine schmale, inselartige Zone aus, die in weiten Teilen nicht viel mehr als 100 km breit ist, wenn man das Steppenland der Schotts nicht hinzurechnet. Politisch-historisch bedeutete diese zentrale Lage zwischen Marokko und Tunesien seit den arabischen Eroberungszügen in den berberischen Maghreb Durchgang und Einengung zugleich. Eine Verbindung nach außen bot nur das Meer, doch waren die Völker des Maghreb niemals Seefahrer. So blieb für manche Bevölkerungsgruppen, wie z. B. für die Mozabiten, nur der Weg in die Wüste.

Auch in der Kolonialzeit wirkte sich diese zentrale Lage aus: Französische Truppen gingen in Algier schon 1830 an Land und versuchten, von hier aus den Maghreb zu unterwerfen. Algerien wurde bereits im letzten Jahrhundert zum Zentrum französischer Kolonialherrschaft in Nordafrika und blieb es länger als die Nachbarstaaten. Die kolonialagrare Entwicklung, der wirtschafts- und machtpolitische Status und als dessen sichtbarer Ausdruck das Wachstum der großen Städte konzentrierten sich auf den Küstensaum von Oran bis Bône, dem heutigen Annaba. Inmitten dieser Zone liegt Algier.

4.3.2.1 Algier als Zentrum der Landesentwicklung

Wie Tunis für Tunesien, so wurde Algier als Hauptstadt Algeriens namengebend für das ganze Land. Zu Beginn des 19. Jahrhunderts hatte diese Stadt etwa 30 000 Einwohner. Die Türken hatten die kleine Stadt Algier zur Hauptstadt des zentralen Maghreb gemacht, als sie 1614 mit der Grenzfestlegung zwischen den Regentschaften Tunis und Algier die politische Abgrenzung dieses Landes vornahmen. Die französische Eroberung von Algier (1830) wurde der Ausgangspunkt der Kolonisation und ›Französisierung‹ des Landes. Diese koloniale Herrschaft leitete die Entwicklung des heutigen Groß-Algier ein. Der schon in der Türkenzeit wichtige Hafen – man kannte die Stadt auch als Seeräubernest – wurde ständig erweitert und gut ausgebaut. Für Algerien wurde die Stadt zum Tor von und nach Europa. Dies gilt auch für den Flughafen von Algier mit seinem internationalen Luftverkehr und mit sehr vielen täglichen Linienflügen nach mehreren französischen Städten, vor allem nach Paris und Marseille.

In der Mitte des vorigen Jahrhunderts konzentrierten sich in Algier zunächst die Funktionen einer kolonialen Militärverwaltung mit einigen nicht immer erfolgreichen Versuchen landwirtschaftlicher Erschließung der Umgebung. Die 1848 vorgenommene politische Einteilung des Landes in die drei Départements Algier, Oran und Constantine schuf neben Algier zwar weitere Wirtschafts- und Verwaltungszentren, doch büßte die Hauptstadt dadurch ihre überragende Bedeutung kaum ein. Entwicklungsimpulse für Algier brachten einmal die allgemeine Landesentwicklung durch die koloniale Agrarpolitik nach dem Krieg von 1871 und insbesondere die Nutzung der näheren Umgebung von Algier selbst. Dadurch wurde es auch notwendig, das Verkehrsnetz mit seinen vorherrschenden Ost-West-Verbindungen immer mehr auszubauen. In den Jahren 1862 bis 1871 waren bereits die Eisenbahnlinien Westalgeriens fertiggestellt worden, denen bis 1886 auch die Strecke nach Constantine über Sétif folgte.

Eine gewisse Schwierigkeit für die Stadtentwicklung brachte die topographische Lage Algiers mit sich. Von der engeren Bucht aus steigt das Gelände rasch zu den Vorbergen der Tellketten und schließlich zum Blida-Atlas an, so daß sich die Stadt, halbkreisförmig um die Bucht landwärts ansteigend, schließlich unmittelbar an der Küste durch zahlreiche Vororte weit nach Westen und nach Osten ausbreiten muß. Das heutige Stadtbild Algiers wird somit von treppenartig angeordneten Straßenzügen mit oft schmalen Durchbrüchen gekennzeichnet, die den Autoverkehr sehr behindern. Selbst Tunnelbauten wurden notwendig. Durch die forcierte Kolonialentwicklung im letzten Drittel

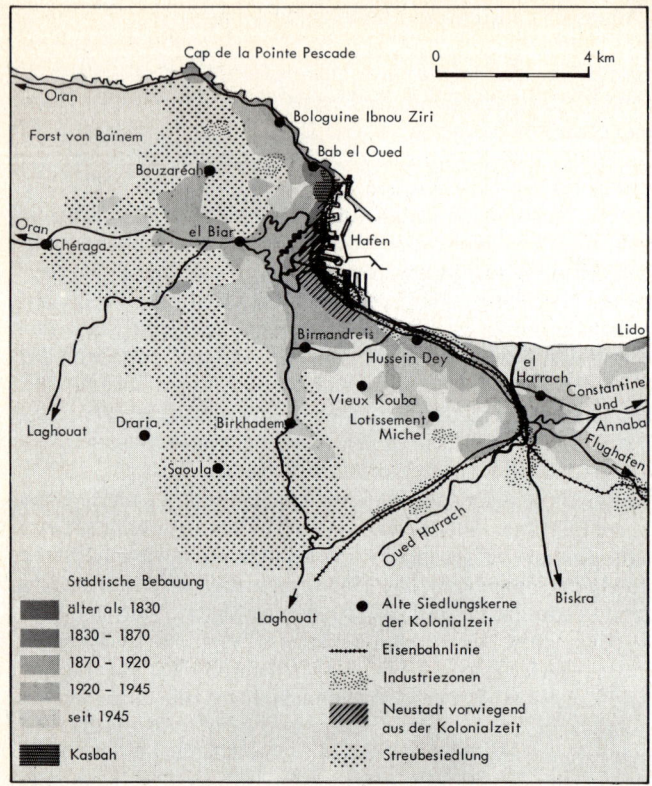

Fig. 23: Algier—städtische Entwicklung und Struktur

des vorigen Jahrhunderts verzeichneten alle größeren Städte des Landes, insbesondere jedoch Algier und Oran, einen starken Zuzug von Europäern, vor allem Franzosen. 1960, also zwei Jahre vor Ende der Kolonialherrschaft, wurde die Bevölkerung des Großraums Algier auf 558 000 Muselmanen und 312 000 Europäer, insgesamt also auf 870 000 Einwohner geschätzt. 1983 zählte Algier 1 722 000 Einwohner, der Verwaltungsbezirk Algier (Wilaya, Wilajet) aber schon 3,1 Millionen. Die gewaltige, meist unkontrollierte Zuwanderung einheimischer Landbevölkerung nach der Flucht der meisten Europäer am Ende des Algerienkrieges brachte für die Stadtentwicklung sehr schwierige Probleme mit sich. Es entstanden zahlreiche übervölkerte Elendsquartiere, und ein Verfall vieler anderer Stadtteile setzte ein, bis die Verwaltung allmählich eingriff. Heute, 25 Jahre nach Ende des Befreiungskrieges, hat sich diese Entwicklung stabilisiert, so daß aus der Kolonialstadt Algier auch im äußeren Bild eine nordafrikanische Hauptstadt geworden ist.

Wird aus der umfangreichen europäischen Bevölkerung während der Kolonialzeit schon die Bedeutung Algiers für das ganze Land deutlich, so ist diese durch die starke Zentralisierung des heutigen Algeriens eher noch verstärkt worden. Die Verwaltung beschäftigt einen hohen Anteil der Erwerbstätigen im Dienstleistungsbereich. Ähnliches gilt für den Bildungssektor, der neben zahlreichen höheren Bildungsstätten auch die Universität umfaßt.

Große Bedeutung hat Algier als Handelsmetropole. Durch die Konzentration der Banken und Kreditanstalten, Handelsorganisationen und Verkehrseinrichtungen für den Binnen- und Exportmarkt hat die Hauptstadt einen großen Vorsprung vor den anderen Großstädten des Landes. Zwar sank die Importtonnage des Hafens von Algier im postkolonialen Zeitraum etwas ab, wobei aber der Export beträchtlich anstieg, doch blieb insgesamt das Umschlagsvolumen innerhalb Algeriens beträchtlich, obgleich neben Algier auch Oran, Annaba sowie Arzew und Bejaia als Erdöl- und Erdgashäfen ausgebaut wurden. 1983 wurde ein Höchststand mit einer Gesamtfracht von 55 Mill. t erreicht.

In einer Studie hat M. TAIEB (1971) die verschiedenen Handelsviertel der Stadt für die Zeit nach dem Befreiungskrieg, also den Zustand im hinterlassenen Kolonialerbe, zu erfassen versucht. Neben dem alten, jeden Bedarf an Verbrauchsgütern deckenden City-Bezirk in der Europäerstadt bestehen weitere Handelsviertel in der Kasbah, in Belcourt-Hamma sowie in den Vororten Bab el-Oued, El-Biar, Hussein Dey und El-Harrach, dem ehemaligen Maison-Carrée. Die zentralen Funktionen der Hauptstadt haben sich schon während der Kolonialzeit vom alten traditionellen Kern des Kasbah-Viertels in die ehemalige Europäerstadt (›Centre Ville‹) verlagert: Hier befinden sich die kulturellen und administrativen Einrichtungen (Theater, Post, Universität, Regierung) sowie die Banken, Büros der großen Gesellschaften und Geschäfte für den höheren Bedarf. Das ›Centre Ville‹ grenzt unmittelbar an das Hafenviertel.

Anders steht es um Algiers Bedeutung in der Wirtschaftsentwicklung des Landes. Zwar erlebte besonders El-Harrach im Ostteil von Groß-Algier zwischen Zentrum und Flughafen eine industrielle Entwicklung mit der Ansiedlung zahlreicher Fabriken der Nahrungsmittelindustrie, Baustoff-, Metall- und Fahrzeugbetrieben sowie der chemischen

153

Industrie mit neuen Raffinerieanlagen, doch stößt die Hauptstadt immer mehr auf die Konkurrenten Oran, Constantine und besonders Annaba. In Annaba werden vorwiegend Phosphate und Eisenerz verladen, denn hier entstand das Eisenhüttenwerk El Hadjar, mit über 10 000 Arbeitern das größte des Landes.

Insgesamt verfolgte Algerien das Konzept einer ausgewogenen Regionalentwicklung mit Hilfe der Industrialisierung (A. ARNOLD 1980), wobei neben den erwähnten Küstenstandorten auch zahlreiche Binnenstandorte Verarbeitungsindustrien erhielten. Dennoch bleibt der Verkehrsvorteil der Hafenstädte sichtbar im Gesamtausbau, wobei Algier als Haupt- und Hafenstadt zweifellos die meisten Entwicklungsimpulse erhielt und weiter erhalten wird.

Die geographische Lage und die soziologische Situation nach der Befreiung hatten eine Ausbreitung der Wohngebiete Algiers auf die landwärts an die schmale Küstenzone anschließenden Plateaus und Hügel zur Folge. Hier entstanden die Wohnviertel Birmandreis, El-Biar und Bouzaréa, doch an den Randgebieten dieser Viertel finden sich bereits ›Bidonville-Quartiere‹ der hereinströmenden Landbevölkerung, die nur langsam in das städtische Wirtschaftsleben eingegliedert werden kann. Auch die Hauptstadt Algier ist also von diesem Entwicklungsmerkmal der Großstädte im Maghreb nicht frei geblieben. Blutige Unruhen im Oktober 1988, ein Ausdruck instabiler Wirtschaftsentwicklung, konzentrierten sich besonders auf Algier.

4.3.2.2 Algeriens Agrarebenen

Über die koloniale und nachkoloniale Landwirtschaft Algeriens wurde schon im Überblick berichtet. Das Land hatte sich zum wichtigsten Exporteur von Wein und Frühgemüse im Maghreb entwickelt und große Anstrengungen zur Nutzbarmachung der natürlichen Grundlagen unternommen. Dabei konzentrierten sich die wichtigsten Agrargebiete im Bereich des Tell auf einige wenige Küsten- und Talebenen sowie Beckenlandschaften innerhalb der Bergketten des Tell. Diese Agrarzonen, die heute noch die Grundlage der algerischen Landwirtschaft bilden, sollen hier als wirtschaftlich bedeutendes Beispiel für die Individualräume umrissen werden.

Die wichtigsten Agrarebenen sind die Ebenen Mleta und Macta im Hintergrund von Oran, die Talebenen des Chélif-Flusses, die Küstenebene um Algier und die Mitidja sowie die Ebenen im Hinterland von Annaba. Dazu kommen einige Binnenbecken im westlichen Tell, so um Tlemcen, Sidi bel-Abbès und Eghris. Ihre gemeinsamen naturgeographischen Merkmale sind klimatische und hydrologische Gunst bei guten Böden und Reliefbedingungen. Allerdings mußten bei ihrer Kultivierung durch die ›Colons‹ teilweise größere Entwässerungsmaßnahmen und auch eine Entsalzung der häufig überschwemmten Niederungen vorgenommen werden. Bevor dieses Land von den ›Colons‹ in Besitz genommen wurde, war es großenteils als Weideland Ergänzungsraum für die Viehwirtschaft treibenden Fellachen des Tell-Berglandes gewesen, die nunmehr vertrieben wurden und zu einem großen Teil in die nahen Gebirgsketten – ihren Sommerweiden – als seßhafte Bergbauern auswichen. Dort entstand durch die weitreichende Rodung auch zu steiler Hänge eine Erosionslandschaft, die ihresgleichen in ganz Algerien sucht. Der Djebel Chougrane im Oranais ist hierfür ein extremes Beispiel.

Die Niederschläge erreichen in diesen Tellgebieten 600 mm im Jahresmittel, überschreiten diese Summe jedoch häufig. Wichtig ist, daß die Flüsse mit ihren Einzugsgebieten in den feuchteren Tellketten ausreichende Bewässerungsmöglichkeiten in den Agrarebenen bieten und daher die Anlage von Intensivkulturen ermöglichen. Um die vorhandenen Niederschläge des Winterregens auch in den trockenen Sommermonaten nutzen zu können, wurden an mehreren Stellen Stauwerke errichtet. Das notwendige Kapital konnte von den einheimischen Fellachen nicht aufgebracht werden, den ›Colons‹ aber stand die staatliche Hilfe zur Verfügung. Nach der Vertreibung der europäischen Farmer sind ihre Besitzungen fast vollständig vom ›sozialistischen Sektor‹ der Landwirtschaft übernommen worden.

Ein besonders typisches Beispiel solcher Agrarebenen ist die Alluvialebene der Mitidja und der Sahel von Algier. Die Region zwischen der Hauptstadt und dem Blida-Atlas gehört zu den am intensivsten bewirtschafteten und produktivsten Anbaugebieten des ganzen Landes. Hier wurden in der Kolonialzeit fast zwei Drittel des Nutzlandes von Farmen und großen Domänen bewirtschaftet, die 20 % des algerischen Weines erzeugten, 75 % des Frühgemüses, 45 % der Orangen und 15 % des Tabaks. Daraus geht die Nutzungsintensität klar hervor, die sich auch nach der Unabhängigkeit nicht änderte, obwohl es nach einer schwierigen Phase der ersten nachkolonialen Jahre große Mühe machte, die kolonialen Produktionsergebnisse zu erreichen, zumal sehr übereilt große Gebiete des Weinanbaus zu Getreidefeldern umgebrochen wurden. Fast das ganze Jahr über gleicht das Gebiet einem blühenden Garten. Neben der Hauptstadt und der Stadt Blida bestanden über 40 Kolonistenorte in dieser Region, in der weite Bewässerungsländereien verbreitet sind, die ihr Wasser aus einem Stauwerk (Hamiz) beziehen oder häufig auch durch Bohrungen versorgt werden.

Ein anderes Beispiel der Möglichkeiten und Grenzen landwirtschaftlicher Nutzung zeigt das Tal des Chélif zwischen den Küstenketten des Tell und dem Djebel Ouarsenis im Westteil Tell-Algeriens. Die Niederschläge sind mit 400–500 mm im Jahresmittel bei einer großen Variabilität von Jahr zu Jahr bereits wesentlich geringer. Entsprechend variiert die Wasserführung des Chélif-Systems bis zu 100 %. Bei hoher Verdunstung ist die Wasserabgabe relativ gering. Der Bau eines Stauwerkes im Oberlauf war daher unumgänglich, ebenso der Stau von Nebenflüssen.

Dennoch wurden die Teilbecken des sich mehrfach weitenden Talverlaufs zu agraren Nutzungsgebieten intensiver Kolonialwirtschaft. Die im letzten Drittel des vorigen Jahrhunderts gegründeten Orte und Städte Affréville (El-Khemis), Orléansville (El-Asnam) oder Relizane sind ein Beispiel hierfür. Allerdings traten hier die Spezialkulturen gegenüber dem Getreideanbau zunächst zurück, bis der durch Bewässerung möglich gewordene Anbau von Orangen und Gemüse stark zum extensiveren Getreideanbau kontrastierte. Während der Kolonialzeit stieg in diesen Chélif-Ebenen die Bevölkerungszahl ungefähr um das Zehnfache an. Um die Kolonistensiedlungen scharten sich vielfach die kleinen Häuser der algerischen Fellachen, die zum großen Teil bei den ›Colons‹ als Tagelöhner arbeiteten. Mittlere und größere Fellachenbetriebe blieben selten. Mit der Unabhängigkeit wurden auch hier alle Farmbetriebe sozialisiert. Die Arbeitskräfte waren zwar weitgehend vorhanden, doch fehlten anfänglich vor allem die Führungskräfte, so daß zunächst ein Rückschlag in der Entwicklung einsetzte.

Über die Entwicklung und Probleme der Agrarreform in Algerien in den 70er Jahren hat W. TRAUTMANN (1979) eingehend berichtet. Aus einer statistischen Übersicht (ebenda, Abb. 1) geht deutlich hervor, daß gerade in den Agrarebenen der Küsten, inneren Tellebenen und Tälern der ›sozialistische Agrarsektor‹ 50–60 % der Agrarflächen solcher Wilayate (etwa = Regierungsbezirke) ausmachte. Die höchsten Anteile wiesen die Wilayate Algier, Blida, Sidi bel-Abbès und Oran aus, wo die Selbstverwaltungsdomänen der ehemaligen ›Colons‹ den überwiegenden Teil der Landnutzungsflächen ausmachte. Allerdings hatten sich Teile der algerischen Großgrundbesitzer einer Sozialisierung ihrer Betriebe widersetzt. 1971 entstanden dann im Rahmen der Agrarrevolution auch Mehrzweckgenossenschaften, um die teilweise chaotischen Zustände in den Domänen besser in den (staatlichen) Griff zu bekommen. Insgesamt war diese sozialistische Neuordnung im Agrarsektor kein guter Erfolg, so daß man in jüngster Zeit (1987) auch wieder an eine Reprivatisierung denkt.

Das Hügelland, die Ebenen und die Plateaus im Hinterland von Oran bis Mostaganem gehören ebenfalls zu jenen Agrargebieten, die während der Kolonialzeit aus vorwiegend Weideland zu einem wichtigen Anbaugebiet Algeriens geworden sind. Hierbei war der Weinanbau vorherrschend, der in manchen typischen agrarkolonialen Zentren, wie in Ain Temouchent, fast die Hälfte der Anbaufläche umfaßte. Hier fanden sich auch die größten Wein-Domänen. Daneben bestanden ausgedehnte Getreideanbaugebiete, besonders in den Ebenen der Mleta. Auffallend waren in dieser Region die mediterranen Doppelkulturen der mit Baumreihen (Oliven, Mandeln) durchsetzten Weinfelder, wie sie besonders aus Italien bekannt sind. Die Kolonisten waren zu einem hohen Anteil Spanier bzw. naturalisierte Franzosen. Durch den Bau von Stauwerken entstanden auch hier weite Bewässerungskulturflächen.

Während der Unabhängigkeit, besonders unter der Staatsführung von Ben Bella, galt der Weinbau als Merkmal kolonialen Anbaus und wurde vielfach durch Getreidefelder ersetzt. Allgemein hat diese Agrarregion nach dem Abzug der Kolonisten eine starke Zuwanderung von algerischen Fellachen aus dem gebirgigen Tell, selbst aus dem benachbarten Marokko, zu verzeichnen gehabt. Auch hier traten große Schwierigkeiten beim Versuch auf, die Kolonistenbetriebe mit Bewässerungskulturen in gleicher Weise durch Algerier bewirtschaften zu lassen. Aufgeteilte Ländereien erlitten einen starken Produktionsschwund.

Mit der Agrarentwicklung der Ebenen im Hinterland von Annaba hat sich H. ACHENBACH (1971) befaßt. Dieses Gebiet gehört im ostalgerischen Bereich zu den ebenfalls während der Kolonialzeit gut erschlossenen Landwirtschaftsräumen bei allgemein guten Standortbedingungen für den Wein- und Zitrusanbau sowie für eine Reihe von Spezialkulturen. Wie alle übrigen Agrarebenen des Landes war es landwirtschaftliches Exportgebiet. Vor allem entlang des Talbereiches des Oued Seybouse verdichteten sich die Anbauflächen zu einem geschlossenen Band von Intensivkulturen. Hydrotechnische Anlagen (Entwässerung, Berieselung) verbesserten den Anbau entscheidend. Wegen des hohen notwendigen Kapitalaufwandes besonders beim Zitrusanbau wird verständlich, daß auf diesem Sektor über die Hälfte des Landes von Gesellschaften bewirtschaftet wurde. Insgesamt nahm das Agrargebiet der ostalgerischen Ebenen gegenüber denen Zentral- und Westalgeriens einen geringeren Rang ein. Am Ende der Kolonialzeit betrug der Anteil an der algerischen Rebfläche z. B. nur noch 5 % (demgegenüber das Département Algier 22 %); der Zitrusanbau war mit ca. 6 % beteiligt (Algier 37 %). Hingegen lieferte die Ebene von

Annaba über 60% der Tabakernte Algeriens und nahm im Gemüseanbau den vierten Rang im Lande ein. Die kolonialen Großbetriebe wurden 1963 restlos enteignet. Eine neue Erscheinung ist die Ausbreitung des Zuckerrüben- und Sonnenblumenanbaus. Der Aufbau einer eigenen Zuckerproduktion ist für Algerien genauso wichtig wie für die anderen Maghrebstaaten, um angesichts des sehr hohen Verbrauchs Devisen einzusparen. Auch die Förderung der Viehwirtschaft ist ein Kennzeichen dieser Region.

Insgesamt gesehen nehmen die Agrarebenen des algerischen Küstentells infolge ihrer hohen Bevölkerungsdichte bei großer Zuwachsrate gegenüber den vergleichsweise bescheidenen agraren Nutzungsmöglichkeiten in den übrigen naturgeographischen Zonen des Landes (Hochsteppen, Gebirge, Wüste) eine Schlüsselstellung in der landwirtschaftlichen Entwicklung Algeriens ein. Die Selbstverwaltungsbetriebe im Rahmen des sozialistischen Sektors der Landwirtschaft haben zwar das Kolonialland übernommen, sie sind aber zu wenig in die Gesamtlandwirtschaft des Landes integriert. Die große Zahl der Fellachen steht in dieser Entwicklung weiterhin abseits und verharrt in ihrer traditionalen Subsistenzwirtschaft. Rückgänge in der Gesamtproduktion und Schwierigkeiten beim Absatz verschiedener Produkte, z. B. beim Wein, haben den Übergang von der kolonialen zur nationalen Agrarwirtschaft nicht leicht gemacht. Der von Algerien eingeschlagene Weg der Agrarreform (vgl. hierzu w. TRAUTMANN 1979) war und ist jedenfalls in vielerlei Hinsicht mit großen Schwierigkeiten sozio-politischer Art verbunden, obgleich diese Agrarebenen zu den fruchtbarsten Gebieten Nordafrikas gehören. Dabei sind auch die temporären Exportschwierigkeiten mit den europäischen Ländern, insbesondere auch mit Frankreich, dem ehemaligen »Mutterland«, zu berücksichtigen.

4.3.2.3 Die Große Kabylei

Die algerischen Kabylen haben in der jüngeren Entwicklung des Landes mehrfach von sich reden gemacht. Es erscheint daher angebracht, ihren Lebensraum als ein Beispiel der Individualräume den Agrarebenen gegenüberzustellen. Die berberischen Bewohner der Großen Kabylei sind östlich Algier vor allem im weiteren Bereich des Djurdjura-Gebirges und dem anschließenden Babor sowie in den Tälern des Soummam und Bou Sellam anzutreffen. Gegenüber den weiter östlich lebenden Kabylen sind sie berberophon geblieben und wenig arabisiert. Ihre ländliche Kulturlandschaft wird bei hoher Bevölkerungsdichte durch zahlreiche eng gebaute Bergdörfer inmitten mediterraner Fruchtbäume und einiger Getreidefelder gekennzeichnet. Der Kleinbesitz dominiert. Infolge der natürlichen Ungunst finden sich nur spärlich kleine Gemüsegärten; so überwiegen der Anbau von Feigen und Oliven; Getreide muß von außerhalb der Kabylei beschafft werden. In den Randgebieten der stark degradierten Wälder ergänzt eine bescheidene Viehhaltung die Landnutzung. Hier und da wird ein wenig Wein angebaut. In diese karge Kulturlandschaft ist die Kolonisation der Franzosen naturgemäß kaum vorgedrungen, andere Entwicklungsimpulse blieben gering.

Bei einer immer noch festgefügten berberischen Sozialordnung der Sippen und Stämme und bei einem hohen Bevölkerungswachstum war die Tragfähigkeit dieses ärmlichen Kulturlandes bald erschöpft. Als Ausweg mit dem Bestreben eines höheren Erwerbs blieb die temporäre Auswanderung von Arbeitsfähigen nach Frankreich. Die Kabylei stellt deshalb einen besonders hohen Anteil der algerischen Arbeitskräftewanderung, weitere wandern zu den großen Städten des eigenen Landes ab.

Der Algerienkrieg hat durch Waldvernichtung, Dorfzerstörung und Zwangsaussiedlungen diese Kulturlandschaft stark geschädigt, denn zahlreiche Kabylen waren mit ihrem angeborenen Freiheitsdrang Mitglieder der Befreiungsorganisationen geworden.

So unterschiedlich der Lebensraum der Kabylei gegenüber den von Arabern oder arabisierten Berbern bewohnten Vorländern und Küstenebenen auch ist, so gibt es innerhalb des Landes und des ganzen Maghreb doch genügend einheitliche Bande, die die Unterschiede des Volkstums und der Sprache verwischen. An erster Stelle ist der Islam, die gemeinsame Religion, zu nennen, sodann das neue Nationalgefühl der unabhängigen Staaten. Schließlich bringt die städtische Lebensform bei ständig wachsender Urbanisierung eine Angleichung der kabylischen und arabischen Bevölkerung mit sich. Dennoch muß sich das nachkoloniale Algerien bemühen, auch das soziale Gefälle zwischen den verschiedenen Landschaften abzubauen, um innere Unruhe nicht aufkommen zu lassen. Die Große Kabylei ist im Verlauf der Arabisierung des Maghreb ein wirtschaftlich schwaches Gebirgsrefugium berberischer Bevölkerung geworden, dessen natürliche Bedingungen nur schwer zu besseren Erwerbsmöglichkeiten führen können, wenn nicht infrastrukturelle Maßnahmen in diesen Gebieten selbst eingeleitet werden. Nur dann kann auch die Abwanderung der gegenwärtig noch größtenteils erwerbslosen Arbeitskräfte reduziert werden. Ein großer Teil der Bewohner der Hauptstadt Algier ist heute von kabylischer Herkunft.

4.3.3 Tunesien

Das kleinste Maghrebland ist Tunesien mit 164000 km^2 Fläche (offizielle Angabe bei umstrittenem Saharaanteil). Die Zählung 1985 ergab eine Einwohnerzahl von 7,209 Millionen Einwohnern, was einem statistischen Mittelwert von 44 Einwohnern pro km^2 entspricht. Allerdings leben etwa 70 % der Bevölkerung im vollmediterranen Norden des Landes, in dem die Bevölkerungsdichte (außer Tunis) zwischen 100 und 300 Einwohnern pro km^2 beträgt und mit 323 E/km^2 im Gouvernorat Ben Arous am höchsten ist. Damit gehört das kleine Land zu den am dichtesten besiedelten Maghrebländern. Dabei ist entscheidend, daß der dicht besiedelte Norden, nördlich der Gebirgsdorsale, nur 20 % der Landesfläche umfaßt, gegenüber den zentralen Steppen aber für die Agrarnutzung deutliche Vorteile in der klimatisch-bodenkundlichen Ausstattung aufweist. Die naturgeographischen Gunsträume liegen um den Golf von Tunis, die Halbinsel Cap Bon und auf dem Sahel, während die zentraltunesische Steppe und der aride Süden wesentlich geringer besiedelt sind und ihre eigenen Entwicklungsprobleme haben. Es erscheint daher zweckmäßig, als Beispiele typischer Individualräume dieses Landes Tunis und sein Hinterland als wirtschaftlichen Aktivraum und den traditional geprägten Sahel mit dem ›Entwicklungsraum‹ des Steppenhochlandes näher zu betrachten. Die Insel Djerba hat durch den großen Touristenstrom eine eigene Bedeutung erlangt und soll daher ebenfalls kurz charakterisiert werden. Vgl. zu dieser Bevölkerungsverteilung des Landes die Karte Fig. 24, die auch die Städtekonzentration an der Küste klar erkennen läßt.

4.3.3.1 Der Großraum Tunis und sein Hinterland

Die große Bedeutung dieser Region geht schon aus der Tatsache hervor, daß sie 30 % der tunesischen Bevölkerung auf nur 5 % der Landesfläche beherbergt und in diesem Gebiet mehr als 50 % des Nationaleinkommens erwirtschaftet werden (H. ATTIA 1969). Wenn auch bereits in vorkolonialer Zeit die Küstenzone um den Golf von Tunis relativ bedeutungsvoll war, so wurde doch in der Protektoratszeit durch den Ausbau der Infrastruktur, die sich hier ausbreitende koloniale Agrarwirtschaft und die industrielle Entwicklung mit dem Aufblühen des Handels in und um Tunis der Anstoß für ein rapides Bevölkerungswachstum gegeben. Dies äußert sich auch im Wachstum der Siedlungen mit verstärkter Urbanisicrung der Umgebung (›Banlieue‹)

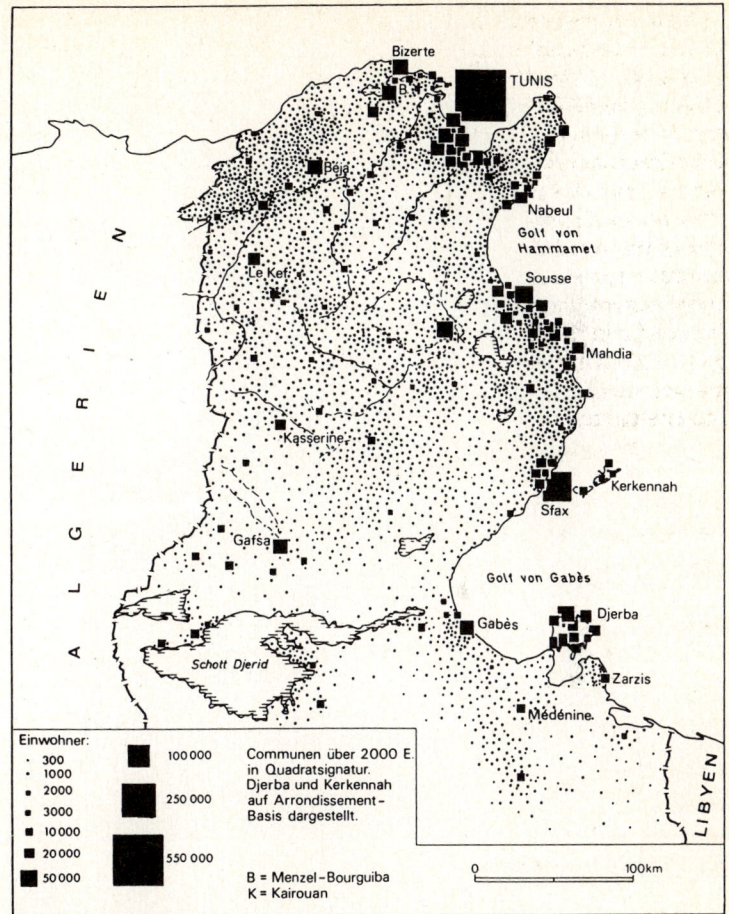

Fig. 24: Bevölkerungsverteilung in Tunesien 1975
(nach H. Achenbach, 1979)

der Hauptstadt Tunis, deren Einwohnerzahl zwischen 1936 und 1966
von 152000 auf 666750 anstieg und bis 1984 auf 774400 weiterwuchs
(der engere Stadtbereich zählte zu dieser Zeit 596700 Bewohner). Die
Stadtgrenzen wurden dabei stark aufgelockert, denn diese Entwicklung ging über den alten Stadtkern von Tunis weit hinaus. Der Großraum Tunis konnte sich zur zentralen, alle anderen städtischen Regio-

161

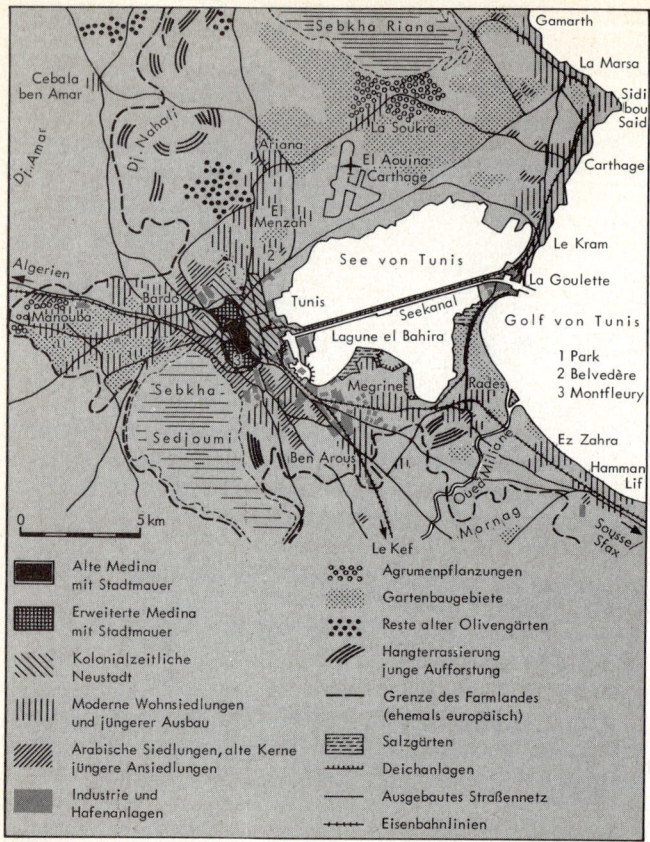

Fig. 25: Großraum Tunis

nen (so Sfax und Sousse im Sahel) weit hinter sich lassenden Stadtregion und Wirtschaftsmetropole entwickeln.

Die moderne Entwicklung von Tunis begann mit der Errichtung der Neustadt als Europäerviertel am Rande der Medina. Dabei entstand im Protektorat neben der Altstadt ein im Schachbrettmuster erbautes Verwaltungs- und Geschäftsviertel, dessen Hauptachse (heute Avenue Bourguiba) zum ausgebauten Hafen gerichtet ist. Der Hafenausbau war nur durch die Ausbaggerung eines Kanals durch den Lac de Tunis möglich, der flach und versumpft war, damit die Stadt mit größeren Schiffen angelaufen werden konnte. Heute legen diese meist im größeren Vorhafen La Goulette an. Um die Neustadt gruppierten sich immer weitere Stadtviertel, die vorwiegend Wohnungen für Europäer beherbergten (Montfleury, Belvedère, El Menzah). Gegenwärtig sind auch diese Viertel zumeist von Tunesiern bewohnt. Auch die ältere Neustadt wurde nach Aufhebung des Protektorats 1956 mehr und mehr ein tunesisches Geschäftsviertel, weil die 115000 Europäer (Franzosen und Italiener) aus dem Großraum weitgehend abwanderten. Dennoch ist ein soziales Gefälle von der Neustadt zur Medina sehr deutlich geblieben. In Tunis sind die meisten Bildungsstätten bis zur Universität gelegen, und der Prozentsatz von Besuchern aller Schulgattungen ist hier höher als in anderen Landesteilen. Die Stadt beherbergt dazu hervorragende Museen (Bardo), Bibliotheken und andere kulturelle Einrichtungen.

Daß Tunis auch zum wirtschaftlichen Zentrum des Landes werden konnte, war vorwiegend an zwei Voraussetzungen geknüpft: an die günstigen Möglichkeiten der agraren Erschließung des Hinterlandes und die verkehrsgeographische Bedeutung der Stadt (vgl. hierzu die Fig. 25).

Der Großraum wurde bereits 1872 durch eine Vorortbahn nach La Goulette und La Marsa erschlossen, und 1884 wurde die Bahnverbindung nach Algerien durch das Medjerdatal fertiggestellt. 1916 wurde die Südbahn nach Sfax und Gabès in Betrieb genommen. Damit waren die wirtschaftlich ertragreiche Nordzone und der Sahel mit Tunis verbunden. Bereits am Ende des vorigen Jahrhunderts wurde der Hafen ausgebaut, der schon bald erweitert werden mußte. Tunis und sein Vorhafen La Goulette wickeln heute über 90% des Schiffsverkehrs des Landes ab. Daneben spielen, z.B. für den Phosphatexport, noch Sfax, Sousse, Bizerte und Gabès eine Rolle. Exportgüter sind vor allem Agrarprodukte und das Erz aus dem Tellgebiet; Manufakturwaren und Konsumgüter werden über Tunis importiert. Die Fischerei spielt dagegen in diesen Häfen nur eine geringe Rolle.

Neben dem Schiffsverkehr ist Tunis auch Zentrum des Luftverkehrs für das gesamte Land. 1984 benutzten 2,1 Millionen Fluggäste diesen Flughafen. Direktverbindungen zwischen Europa und den Touristengebieten des Landes bestehen noch mit Djerba und Monastir (Sahel).

Der Großraum Tunis zeigt eine über die Hauptstadt hinausgehende Urbanisierungszone. In ihr sind ältere Siedlungen, z.T. historische Orte wie Karthago, eingeschlossen. Dieser Raum erstreckt sich von der Küste zwischen den beiden Sebkhas Riana und Sedjoumi bis nach Manouba (vgl. hierzu Fig. 25). Halbkreisförmig wird dabei der See von Tunis umschlossen. Vor seiner Sanierung, die nicht abgeschlossen ist, war er ein Herd von Krankheitsträgern (Malaria). Die gute Verkehrserschließung um den See hat eine Kette von Wohnstädten für die Hauptstadt entstehen lassen, die sich von Gamarth–La Marsa–Sidi bou Said im Norden bis Tunis erstreckt, während südlich von Hammam Lif bis zum Hafen Tunis-Stadt eine Industriezone errichtet wurde, in der zahlreiche Fabriken und ein großes Zementwerk liegen. Allerdings fanden sich im Süden der Stadt auch einige Hüttenviertel, in denen sich der oft unkontrollierte Zuzug manifestierte.

Um diesen äußeren urbanisierten Saum liegen mehrere agrare Versorgungszentren für Tunis mit Gartenkulturen für den täglichen Markt.

So vereinigt der Großraum Tunis heute die wichtigsten Funktionen der Verwaltung, des Handels und der Industrie des Landes. Fast drei Viertel aller Betriebe ganz Tunesiens mit mehr als 50 Arbeitern liegen in diesem Raum, und über die Hälfte aller Industrieunternehmen sind hier stationiert. Auch die Tatsache, daß 60 % aller Transportunternehmen hier zu finden sind, unterstreicht die Bedeutung des Großraumes.

Dabei bleibt zur Erklärung dieser Wirtschaftsaktivität von erheblicher Wichtigkeit, daß sich um den Großraum die kolonialzeitlich geprägte Agrarregion des weiteren Hinterlandes von den Bergen der Dorsale mit dem Djebel Ressas und Zaghouan bis zu den Lagunen um Bizerte befindet, in der Tunesiens wichtigstes mediterranes Landbaugebiet liegt. An der unteren Medjerda erstreckt sich zudem das Entwicklungsgebiet jüngsten Ausbaues mit Neusiedlungen und 70 000 ha im Plan vorgesehenen und teilweise verwirklichten Bewässerungslandes. Insgesamt wird die potentielle Bewässerungsfläche, allerdings meist mit kleinparzelliertem Feldbau im Norden und in den Oasen auf etwa 250 000 ha geschätzt (Länderbericht Tunesien 1986). Südlich von Tunis erstreckt sich auch das Hauptanbaugebiet des Weines, in dem sich früher neben französischen Großfarmen und Domänen auch zahllose italienische Kleinfarmen befanden, die nach der letzten Enteignung (1964) ihre Besitzer wechselten.

Eine geographische Darstellung mit den Detailaufnahmen der Agrarlandschaft von H. ACHENBACH (1967, 1971) und eine Gesamtbetrachtung von H. MENSCHING (1968, Neuauflage 1979) behandeln diese Zusammenhänge ausführlicher.

Es bleibt zu erwähnen, daß auch die agrarisch wichtige Halbinsel Cap Bon im weiteren Einzugsgebiet des Großraumes Tunis liegt und zu seiner wirtschaftlichen Sonderstellung beiträgt. Diese Zusammenhänge haben sich in der Postkolonialzeit relativ wenig verändert, wenn auch die europäischen Farmer hieran nicht mehr beteiligt sind. Die kolonialwirtschaftliche Struktur und ihr Siedlungsbild sind jedoch noch überall erkennbar.

4.3.3.2 Die alte und die neue Kulturlandschaft des Sahel

Die Kulturlandschaft des tunesischen Sahel im Küstenbereich der Kleinen Syrte gehört zu den schon in frühhistorischer Zeit bedeutendsten agraren Wirtschaftsräumen des ganzen Maghreb. Seit karthagischer und römischer Zeit haben viele Sahel-Siedlungen ohne Unterbrechung bis heute bestanden, darunter der Hauptort Sousse, der schon in punischer Zeit eine Stadt war, die dann von den Römern Hadrumetum genannt wurde und heute Hauptstadt des gleichnamigen Gouvernorats ist. Zwar erhielt auch Sousse im Protektorat eine europäisch geprägte Neustadt, doch wird das Gesamtbild der mit 83 500 (1984) Einwohnern heute nur noch fünftgrößten Stadt des Landes weiterhin von der ummauerten Altstadt geprägt. Die Bedeutung des Hafens ist durch die Aufgabe des Phosphatexportes von hier aus jedoch stark herabgesetzt worden.

Sousse und die übrigen Städte des alten Sahel sind eng mit ihrem Umland verbunden. Hier muß man vor allem Monastir, Mahdia, Msaken, Moknine, Kalaa Kibira, Ksar Hellal und Ksour Essaf nennen, die alle zwischen 10 000 und 20 000, teils etwas mehr Einwohner haben. Diese Aufzählung zeigt, daß der Sahel als Agrargebiet dennoch einen hohen Urbanisierungsgrad aufweist, der auf eine sehr alte Tradition zurückgeht. In der postkolonialen Zeit wuchs der Raum Sousse–Monastir zu einem sehr wichtigen und ausgebauten Touristenstandort mit neuen Feriensiedlungen, z. B. El Kantaoui, was auch der Stadt Sousse neue Entwicklungsimpulse gegeben hat.

Der alte Sahel gehört zu den Schwerpunkten der mediterranen Baumkulturen mit ihren ausgedehnten Ölbaumhainen. Mit dem traditionellen Impluvium-Bewässerungssystem aus historischer Zeit werden die nicht besonders günstigen Niederschlagsbedingungen (250–350 mm im Jahresmittel) durch Sammelstreifen unbebauter Flächen, die das Regenwasser zu den Ölbäumen leiten, verbessert. Flache Erdwälle (›Tabia‹) hindern den zu schnellen Abfluß und fördern die Bodendurchfeuchtung. Das Pflügen der Oberfläche fördert in der Art einer ›Dry-Farming‹-Bewirtschaftung das Eindringen des Niederschlages ebenfalls. Schon aus der Zeit Karthagos liegen die ersten Anbauanleitungen für diese Kulturen vor. In der Nähe der Küste wird die landwirtschaftliche Nutzung des Sahel durch eine Gartenzone, die sich um

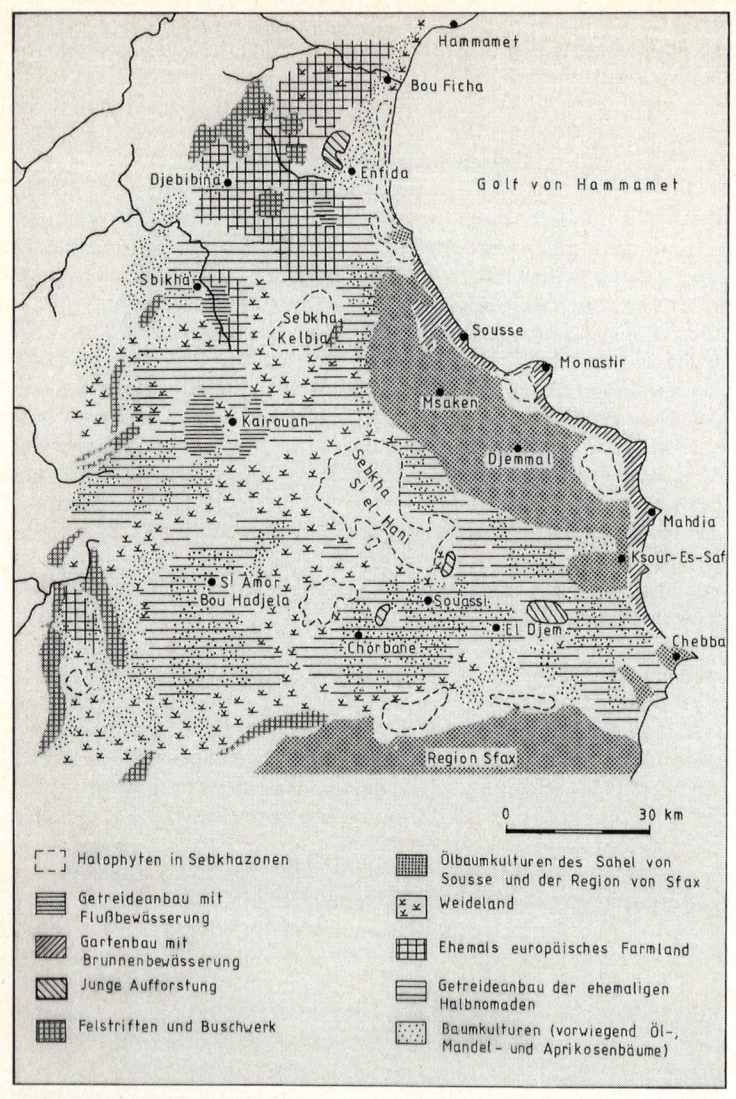

Fig. 26: Die heutige Landnutzung im Sahel von Sousse und in seinen Randlandschaften

die genannten Städte und agraren Großdörfer verdichtet, ergänzt. Diese historisch geprägte Kulturlandschaft, die J. DESPOIS (1955) detailliert untersucht hat, ist immer wieder, vor allem im Mittelalter, eine Kampfzone zwischen den seßhaften Fellachen und den nomadisierenden Viehzüchtern gewesen, so daß die Binnengrenze der Anbauzone des Sahel starken Schwankungen unterlag. Zeiten des Krieges ließen früher den Sahel stark zusammenschrumpfen, der sich in Perioden der Ruhe dann wieder ausdehnen konnte. Die jüngere Entwicklung, auch des benachbarten Souassi-Landes zwischen Sousse und Kairouan, hat K. TAUBERT (1967, 1979) näher beschrieben.

Am Ende der Kolonialzeit befand sich im alten Sahel mit 9 Millionen Ölbäumen etwa ein Drittel des tunesischen Gesamtbestandes, der hier allerdings sehr stark überaltert war und daher keine guten Ernten mehr erbrachte. Erst in jüngerer Zeit wurden die Bestände stärker verjüngt und teilweise bis in die Steppenregion ausgeweitet.

Die koloniale Landwirtschaft konnte in diese dicht besiedelte und seit der Antike flächenhaft genutzte Kulturlandschaft des alten Sahel fast gar nicht eindringen. Deshalb fehlten hier europäische Farmbetriebe. Nur die stärker von Getreideland durchsetzten, aber trockeneren Randlandschaften mit den ausgedehnten Flächen des Habouslandes (s. 4.1.6.2) konnten von großen Domänen, z. B. in Enfida-Ville, in Besitz genommen werden; heute bewirtschaftet eine staatliche Domäne, z. T. als Musterfarmbetrieb, diesen Großbetrieb im nördlichen Sahel. Besonders erfuhr der Sahel in der Region um Sfax einen ganz erheblichen Ausbau. Diese Entwicklung ging vom alten Stadtzentrum Sfax aus.

Nach den antiken Siedlungsvorgängern Taparura und Thyna erlangte Sfax in der früharabischen Zeit unter der Herrschaft der Aghlabiden (9. Jh.) den Ausbau seiner Medina. Der Hafen hatte Bedeutung für die Ausfuhr von Olivenöl aus dem Hinterland. Doch die heutigen ›Olivenwälder‹ um Sfax, die sich halbkreisförmig in das angrenzende Steppentiefland ausdehnen, sind vorwiegend dem agrarkolonialen Ausbau zuzuschreiben. Während zu Beginn der Protektoratszeit nach DESPOIS (1955) neben einem inneren Baumgürtel ohne Oliven ein beschränkter Ölbaumgürtel existierte, der einen Bestand von ungefähr 350 000 Olivenbäumen hatte, wurde dieser später durch ausgedehnte Neupflanzungen auf über 6 Millionen Bäume erweitert. Maßnahmen zum kolonialen Landerwerb brachten verschiedenen französischen Gesellschaften billigen Kolonialbesitz, der gewaltiges Ausmaß annahm. Die jungen Bäume benötigten zwar einige Zeit, bis die Sfaxer Region zum Hauptproduktionsgebiet tunesischen Olivenöls wurde, doch hatte sie den alten Sahel von Sousse dann sehr bald weit übertroffen. J. PONCET (1962) nannte diese koloniale Erschließung eine »association du capital français et du travail tunisien«.

Die Anbaumethoden waren hier von vornherein moderner, der Abstand der Ölbäume – auch infolge höherer Trockenheit – größer als im alten Sahel. Durch Arbeitsverdingung in den jungen Pflanzungen konnten die tunesischen Landarbeiter bis zur ersten Ernte auch Zwischenkulturen anlegen, um danach die Hälfte des mit Ölbäumen bepflanzten Areals zu erhalten (›Mogharsa-System‹). Mit der letzten nachkolonialen Enteignung (1964) übernahmen tunesische ›Cooperatives‹ (Genossenschaften) alle europäischen Besitzungen. Das Bild der Kulturlandschaft hat sich dadurch nicht verändert.

So unterscheidet sich der alte vom neuen Sahel, d. h. der Raum um Sousse von der Region Sfax, doch erheblich. Dabei stellt der engere Sfaxer Gartengürtel mit seinen zahllos darin verstreuten Sommervillen auch vom Urbanisierungsprozeß her eine einmalige Entwicklung dar, die neben der Neustadt mit dem Hafen, der alten ummauerten Medina eine dritte randstädtische Verdichtungszone bildet, die inmitten von Gärten sich ausbreitet und vom Sfaxer Bürgertum getragen wird. Auch die sich daran anschließende äußere Gürtelzone mit den klar abgegrenzten und jeweils mit einem Haus bestückten Gärten sind für Tunesien einmalig. Besonders deutlich läßt sich dies auf einem Luftbild erkennen (vgl. hierzu MENSCHING 1979).

Es bleibt zu erwähnen, daß im städtischen Zentrum Sfax durch die Phosphatzulieferung aus dem südtunesischen Bergbaugebiet um Metlaoui westlich von Gafsa auch eine bemerkenswerte Industrialisierung stattfand, die die Stadt zusammen mit den fast 400 Ölmühlen zum zweitwichtigsten Standort des Landes hat werden lassen. Dies verdeutlicht die Zahl von 231 900 Einwohnern (1984) sowie die gute verkehrstechnische Erschließung durch Straßen, Eisenbahn, Flugplatz und Hafen. Sfax als zweitgrößter Stadt des Landes kommt somit durch den Ausbau seiner agrarwirtschaftlichen und industriellen Struktur zum wichtigsten Wirtschaftszentrum des tunesischen Südens im Küstenbereich des Sahel große Bedeutung in der Landesentwicklung zu. Seine Bewohner gelten im Land als besonders geschäftstüchtig.

4.3.3.3 Die Entwicklung im zentraltunesischen Steppenland

Der äußere Rand des Sahel hat in jüngerer Zeit einen bemerkenswerten Wandel erfahren. Schon in der Kolonialzeit begann ein Prozeß, der heute in entscheidender Weise Bild und Funktionen der tunesischen Steppe verändert. Mit dem Beginn des Seßhaftmachens einiger

Stämme, z. B. der Souassi im vorigen Jahrhundert, wurde eine Entwicklung eingeleitet, die sich in der Nachkolonialzeit zu einem großen Projekt ausweitete: die Durchdringung der Steppe bis in das Hochland durch den Pflugbau und die Ansiedlung der Nomaden in dieser Region. Dabei entstanden überall neue Siedlungszentren, Schulen und Versorgungsstationen. Als zunächst kleine Wachstumskerne reihen sie sich vor allem an den Durchgangsstraßen auf. Dabei spielte zuerst die Gewinnung des Halfagrases eine wichtige Rolle, die aus der früheren nomadischen Sammelwirtschaft zu einer geregelten Schnittfolge wurde und jüngst im Verarbeitungszentrum mit Zellulosefabrik in Kasserine ihren Mittelpunkt erhielt.

Die Ölbaumpflanzungen wuchsen in der niederen Steppe durch Neupflanzungen immer mehr in das Binnenland. Das Ziel war, die schon einmal, nämlich in römischer Kolonialzeit, weit binnenwärts vorgedrungenen Kulturflächen in ihrer ganzen Ausdehnung wieder zu erreichen. Dabei mußten die Herdenwanderungen der Halbnomaden vielfach unterbunden werden, doch in Dürrejahren sind ihre Wanderungen kaum zu verhindern, da die Futterbasis am Ort noch zu gering ist. Auch hierfür können junge Erschließungsmaßnahmen eine Besserung bringen. Dennoch bleibt die Frage offen: Kann Tunesien durch solche landwirtschaftlichen Maßnahmen mit starker, oft einseitiger Förderung des Olivenanbaus in klimatischen Grenzgebieten wesentliche wirtschaftliche Erfolge erzielen? Die ›mediterrane‹ Konkurrenz in gleichen Produkten ist dabei nicht zu übersehen. Was für Marokko die Orangenexporte bedeuten, sind für Tunesien die Olivenölexporte, die jedoch gegen Ausfälle in Dürrejahren keinesfalls gefeit sind. So bleibt diese Entwicklung nicht ohne große Probleme für das Land.

Diese weit in das Binnenland der zentralen Steppe Tunesiens ausgreifende Landnutzung bringt auch durch die starke Ausweitung der Pflugkultur erhebliche Erosionsgefahren mit sich. Die ständige Lockerung des sandreichen Steppenbodens hat bei der vorherrschenden Trockenheit (bei 150 bis 250 mm Jahresniederschlag und in manchen Jahren nur episodisch unterbrochener Aridität) vor allem die Winderosion verstärkt und die oberen Bodenschichten mobil gemacht. Hierdurch werden die ohnehin spärlichen Ernteerträge im Getreideanbau (5–8 dz/ha) weiter verschlechtert. Die extreme Abhängigkeit der Landnutzung dieser Steppenregion von den physisch-geographischen Naturbedingungen erfordert es, in stärkerem Maße als bisher die hier heimische traditionelle Viehwirtschaft zu verbessern, statt die ohnehin nur sehr bedingt rentable Pflug-Landnutzung rücksichtslos auszuweiten. Gerade in der Intensivierung der Viehwirtschaft dieser Region können höhere Erfolgsaussichten liegen, weil die Folgen von immer wieder auftretenden extremen Dürrejahren hierbei leichter aufgefangen werden können. Die Errichtung von fleischverarbeitenden Fabriken in den Zentren dieser Region ist dafür jedoch unerläßlich. Die Zurückdrängung oder Nichtmodernisierung der Viehwirtschaft mit dem Vordringen des Pflugbaus bei gleichzeitiger Zerstörung der Halfagrasbestände im Steppenhochland hat jedenfalls zu schweren Desertifikationsschäden – von Kairouan bis Gafsa und von der algerischen Grenze bis zum Sahel – geführt, die unbedingt eingedämmt werden müssen (vgl. hierzu H. MENSCHING und F. IBRAHIM, 1976).

Mit der Skizzierung der Entwicklung im zentraltunesischen Steppenland werden die großen Unterschiede wirtschaftlicher Inwertsetzung zum mediterranen Norden des Landes deutlich. Sie zeigen nochmals die regionale Problematik der Landesentwicklung Tunesiens auf.

4.3.3.4 Touristeninsel Djerba

Nach Marokko ist im Maghreb Tunesien das zweitwichtigste Touristenland, das 1984 fast 17 % seiner Deviseneinnahmen dem Tourismus verdankte. Die höchsten Wachstumsraten erzielte Tunesien in den siebziger Jahren, verzeichnete dann jedoch Anfang der achtziger Jahre einen Rückgang, wobei sich die Deviseneinnahmen durch den Tourismus 1984 um 8 % verringerten. Immerhin wird die Zahl der Arbeitsplätze im Tourismussektor auf 35000 beziffert, während insgesamt über 100000 Beschäftigte direkt oder indirekt vom Tourismus abhängig sind. Zwar verteilt sich der Tourismus in Tunesien auf mehrere Räume der Mittelmeerküste, vor allem auf die Bucht von Hammamet, den Sahel mit Sousse und Monastir, doch steht die im südlichen Golf von Gabès gelegene Insel Djerba an der Spitze aller tunesischen Fremdenverkehrsgebiete.

Zweifellos verdankt Djerba seine touristische Anziehungskraft nicht seiner landschaftlichen Schönheit, sondern zunächst allein seinen klimatischen Eigenheiten. Bei nur geringem Niederschlagsmittel (208 mm bei 40 Regentagen) schwanken die Monatsmitteltemperaturen zwischen 12 °C im Januar und 27,7 °C im August und zeigen den maritimen Einfluß an, der sich aber von dem atlantischen Küstengebiet in Marokko noch deutlich unterscheidet (Agadir: 14 °C im Jan. und 22 °C im Juli). Die Wasserversorgung auf der Insel ist schlecht und konnte seit früher Zeit nur durch Zisternenwasser ergänzt werden. Djerba besitzt auch keine geschlossene Oase; seine Kulturlandschaft ist vielmehr von weitständigen Palmen geprägt, die im Inneren von Trockenfeldern des Olivenbaus und einer Weinanbauregion durch-

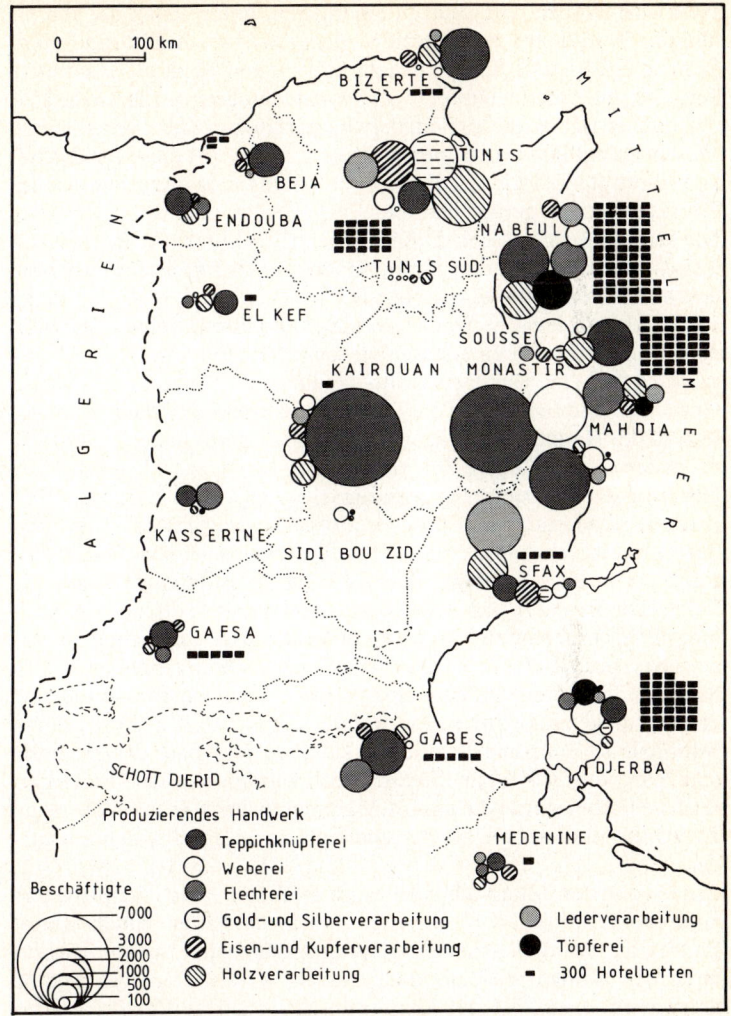

Fig. 27: Das Handwerk und der Tourismus in Tunesien
(nach F. Ibrahim, 1974)

171

setzt wird. Neben den wenigen Siedlungen, unter denen die von jüdischen Bewohnern errichteten Siedlungen Hara Kebira und Hara Srira, die Töpfersiedlung Guellala und Houmt Souk als Hauptorte herausragen, fällt der ausgeprägte Streusiedlungstyp inmitten der Felder auf, zwischen die sich zahlreiche architektonisch eigenständige Moscheen mit ihren Zisternen einbetten. Sicher hat diese Landschaft auch ihren Reiz, doch war dieser nicht Anlaß für das Anschwellen des Touristenstromes gerade hierher.

Die Bewohner der Insel, Djerbi genannt, gehören wenigstens teilweise ethnisch der Berbergruppe an: In mancher Hinsicht stehen sie den Mozabiten in der algerischen Sahara nahe. W. FREUND hat ihnen 1970 eine soziologische Studie gewidmet und ihre Probleme als ›Minderheit‹ in Tunesien zu erfassen versucht. Auch in ihrem Geschäftsgeist haben beide Gruppen große Ähnlichkeit. Als besonders aktive Geschäftsleute findet man die Djerbi im ganzen Land tätig, nicht zuletzt in der Hauptstadt Tunis. Fast 15 % der Djerbi sind von der Insel für dauernd oder längere Zeit abwesend.

Die Aktivität der Djerbi war dem zunächst zaghaften Ausbau des Touristenbetriebes nach dem Bau der Hotels am nördlichen Sandstrand durchaus förderlich, wie etwa die Entwicklung von Houmt Souk selbst zeigt. Auch eine Belebung des örtlichen Kunsthandwerks war die Folge. Die Erschließung der Insel durch den mit deutscher Entwicklungshilfe ausgebauten Flugplatz förderte durch eine bequeme Anreise das sprunghafte Ansteigen der Besucherzahlen erheblich, so daß die Zahl der Hotels erhöht werden mußte. Viele weitere Hotels sind inzwischen gebaut worden. Zwar plante die O.N.T.T. (›Organisation Nationale de Tourisme Tunisienne‹) 1972 in der Phase der Euphorie eine Zahl von 27 000 Hotelbetten, doch wurden nur 7200 Betten erreicht. Hierbei wurde die unmittelbar angrenzende Festlandküste um Zarzis mit einbezogen, an der ebenfalls neue Hotelbauten entstanden.

Die Ölkrise der frühen achtziger Jahre und andere wirtschaftliche und politische Gründe dämpften zudem diese Entwicklung, und die Touristenregion an der Sahelküste (Sousse–Monastir) wurde zur erheblichen Konkurrenz, so daß etwa 12 % der Touristen Djerba aufsuchten, aber 37 % der Übernachtungen auf die Region Sousse–Sfax–Kairouan entfielen (FRANKENBERG u. MERGARD, 1985).

Die Auswirkungen dieses Touristenstromes auf die Insel sind sowohl verkehrsgeographisch als auch wirtschaftlich und sozialgeographisch beträchtlich, da etwa 3000 Menschen (einschließlich Zusatzkräfte in der sommerlichen Hochsaison) als Bedienstete dieses Wirtschaftszweiges beschäftigt sind und der Handel und das Handwerk eine Belebung erfuhren. Dennoch ist nicht zu verkennen, daß ein wesentlicher Teil des einheimischen Personals aus dem Norden des Landes kommt, so daß die Insel Djerba von einem Emigrationsraum zu einem Einwanderungsgebiet geworden ist. Doch wäre es von Vorteil, wenn die Gewinne aus dem noch anhaltenden Touristenstrom aus Deutschland, Frankreich, Skandinavien und England auch der Weiterentwicklung der Insel selbst und dem Lebensstandard seiner Bewohner zufließen würden. Denn das Naturpotential bietet seinen Bewohnern nicht wesentlich mehr, als sie schon durch Jahrhunderte erarbeitet haben. Diese Tatsache und die hohe Bewohnerdichte hatten daher schon lange die Auswirkung, daß zahlreiche Djerbi außerhalb der Insel ihr Geld verdienen mußten.

Abschließend bleibt die Feststellung, daß mit der Entwicklung von Djerba zu einer Touristeninsel in dieser tunesischen Syrtenbucht – fast losgelöst vom südtunesischen Festland – ein Wirtschaftszentrum entstanden ist, das vorwiegend externen Impulsen unterliegt, die das ursprüngliche Gesicht und die Struktur der Insel völlig verändert haben. Allerdings ist dabei nicht zu verkennen, daß diese Impulse auch davon abhängen, inwieweit sowohl die innertunesischen Verhältnisse als auch die externen Wirtschaftsbeziehungen des Landes zu Europa als stabil zu betrachten sind. Dieser Ferntourismus ist oft ein Barometer hierfür, das auch für die Entwicklung dieses südtunesischen Gebietes seine Bedeutung hat.

4.4 Ägypten

4.4.1 Die Natur des Landes

Die Lage an der Nordostecke des afrikanischen Kontinentes zeigt Ägypten inmitten des subtropischen Trockengürtels der Alten Welt. An der Mittelmeerküste noch von den mediterranen Winterregen spärlich gestreift und von schütterer Steppenvegetation bedeckt, ist das Land südlich von Kairo nahezu regenlos und daher sterile Wüste. Im Westen wird diese Wüste von einem flachen, von weitständigen Schichtstufen durchzogenen Tafelland aus sanft nach Norden einfallenden Schichten gebildet. In die vorwiegend von Geröll, zur libyschen Grenze hin auch von Dünenzügen bedeckten flachwelligen Plateaus dieser Libyschen oder Westlichen Wüste sind in etwa S-förmigem Bogen Senkenzonen eingebettet, die nordwärts bis unter den Meeresspiegel hinabreichen und in der Depression der Kattara-Senke mit 135 m unter NN ihren tiefsten Punkt erreichen.

Im Osten des Landes sind diese Schichten von der Randaufwölbung des Kontinents, in die der Graben des Roten Meeres meist staffelförmig eingebrochen ist, emporgeschleppt und besonders im höheren südlichen Teil, wo das Granit-Grundgebirge Höhen bis 2000 m erreicht, teilweise abgetragen. Von Trockentälern (Wadis) tief zertalt, bildet dieses Gebirgsland die Arabische oder Östliche Wüste.

Die Lebensader Ägyptens ist der Nil. Am Ostrand der Libyschen Wüstentafel durchströmt er das Land auf über 1200 km Länge und führt als Fremdlingsfluß Wasser aus dem regenreichen Inneren Zentral- und Ostafrikas durch die Wüste zum Mittelmeer. Im Verlauf seines meist kastenförmig in die Wüstentafel eingesenkten, streckenweise tektonischen Leitlinien (Lineamenten) folgenden Tals, das sich nördlich von Kairo zu einem breiten Delta weitet, wird der Strom von einer der üppigsten und größten Flußoasen der Erde begleitet. Während fast 97 % des rund 1 Mill. km^2 großen Landes Wüste sind, bieten Niltal und Nildelta die rund 35000 km^2 große, allein kultivierbare Fläche, auf der sich alles Leben in Ägypten zusammendrängt. Neben der westlich des mittleren Niltals gelegenen, 1800 km^2 großen, vom Nil bewässerten Fayumoase spielen nur noch die großen Senken der Westlichen Wüste mit Oasen wie Kharga, Dachla, Farafra, Baharija und Siwa eine Rolle, die jedoch die vor allem in der Zeit Präsident Nassers als »Neues-Tal-Projekt« in sie gesetzten weit übertriebenen Hoffnungen bisher nicht erfüllen konnten. Vgl. hierzu auch 4.4.2.4 »Neulandgewinnung außerhalb des Niltales«.

Fast alles Kulturland Ägyptens ist also ein Geschenk des Nils, wie es schon Herodot beschrieben hatte. In Abhängigkeit von der Niederschlagsverteilung in seinen Quellgebieten mit den Zenitalregen Tropisch-Zentralafrikas für den Weißen Nil und mit den monsunartigen Sommerregen Tropisch-Ostafrikas im Hochland von Äthiopien für den Blauen Nil, zeigte der Strom in Ägypten bis zum Bau des neuen Assuan-Hochdammes (1970) eine ganz charakteristische *Wasserführung* mit einer Hochflut im Spätsommer und Herbst und mit Niedrigwasser im Frühjahr und Sommer. An diese jährliche Schwankung hat sich der Lebensrhythmus der Nilbewohner seit Jahrtausenden angepaßt. Rund 84 Mrd. m^3 Wasser im Jahr bringt der Nil im langjährigen Durchschnitt nach Ägypten, von denen allein etwa zwei Drittel in den Hochflutmonaten August, September und Oktober (55 Mrd. m^3) zuflossen. Als Geschenk Abessiniens brachten die Fluten den kostbaren Nilschlamm mit, der den fruchtbaren Boden des Niltals alljährlich erneuerte, was durch den Assuan-Hochdamm jedoch unterbrochen wurde, so daß sich diese Schlammassen heute im Wüstensee hinter dem Hochdamm ablagern. Durch Kanäle und von Lehmwällen eingefaßte Bassins suchte man die Überflutung und Schlammablagerung zu unterstützen. In drei gleich lange Jahreszeiten teilte die Wasserführung des Flusses das landwirtschaftliche Jahr: Die *Flutzeit*, in der das ganze Land, mit Ausnahme der Dörfer und der hochgelegenen Gemüsegärten auf den Flußdämmen, unter Wasser stand, die *Zeit des Anbaus und der Ernte*, wenn der Fellache seine Saat in die vom Nilschlamm gedüngten Felder nach Ablaufen des Wassers einbrachte und nach drei oder vier Monaten die Ernte einholen konnte, und die *Brachzeit*, in der das Land nach dem Abernten unbestellt in der Sonnenglut liegenblieb und auf die nächste Überflutung warten mußte. Heute hat sich dieses hydrologisch gesteuerte Anbausystem vollständig geändert, wie im nachfolgenden Kapitel noch beschrieben werden soll. Die Bewässerungslandwirtschaft des Niltales ist durch den Hochdamm in eine völlig neue Phase getreten. Vgl. hierzu 4.4.2.4.

4.4.2 Die agrarwirtschaftliche Entwicklung

4.4.2.1 Das Anbau- und Bewässerungssystem der letzten 100 Jahre

Der von den Nilfluten vorgezeichnete Rhythmus blieb seit Moses Zeiten bis ins vorige Jahrhundert erhalten. Dann brachte die grundlegende Umgestaltung des Bewässerungssystems eine neue Entwicklung. Anlaß war die Einführung des Baumwollanbaus durch Mohammed Ali, den aus Mazedonien stammenden türkischen Vizekönig. Für die Zeit der Aussaat und des ersten Wachstums im Frühjahr und Frühsommer bedarf der Baumwollanbau ausreichender Bodenfeuchtigkeit, die im natürlichen Jahresrhythmus zu dieser Zeit des niedrigsten Wasserstandes in Ägypten fehlt. Jedoch lag die Chance darin, ohne Inanspruchnahme der für die Ernährung notwendigen Winteranbaufläche eine zweite Ernte, und zwar geldbringender Industriefrüchte, während der seither kaum genutzten trockenen Sommerperiode zu erzielen. Um die Bewässerung der Felder auch in dieser Zeit zu ermöglichen, wurde die Zahl der Schöpfwerke, die bislang nur die Gärten in Dorfnähe das ganze Jahr über mit Wasser versorgt hatten, erheblich vergrößert und ihre Schöpfkraft durch Stauwehre erhöht, die den Wasserstand in den Flüssen und Kanälen anhoben.
Als erstes derartiges Stauwehr errichtete Mohammed Ali schon 1835 am Deltabeginn nördlich Kairos den ›Barrage du Nil‹, der zwar infolge

eines Konstruktionsfehlers zunächst nicht voll belastbar war, aber ausreichte, die jährliche Baumwollernte nahezu zu verdoppeln. Dies wiederum erlaubte es Ägypten, in die während der amerikanischen Sezessionskriege 1861/65 auftretende Versorgungslücke der englischen Baumwollindustrie mit Erfolg einzuspringen. Später errichtete Wehre mit ähnlichen Verteileraufgaben ermöglichten eine weitere Ausdehnung des Baumwollanbaus. Eine echte Speicherung des Flutwassers, um dieses zu einem späteren Zeitpunkt wieder abgeben zu können, wurde durch diese Stauwehre allerdings nicht erreicht. Diese Aufgabe erfüllte erst der von den Engländern 1902 erbaute Assuandamm. Er vollendete die grundsätzliche Umstellung von der einmaligen Überflutungsbewässerung auf eine ganzjährige Dauerbewässerung. 1912 und 1933 wurde dieser Damm nochmals erhöht, so daß seine Speicherkapazität von zunächst 1 Mrd. m^3 auf 5,3 Mrd. m^3 anstieg. Die damit erreichte Ausdehnung des Baumwollanbaus brachte die Wirtschaft Ägyptens jedoch in zunehmende Abhängigkeit von der sommerlichen Monokultur und von ihren Preis- und Bedarfsschwankungen auf dem Weltmarkt.

Infolge dieser Wasserbauten sah das Anbau- und Bewässerungssystem Ägyptens um die Mitte unseres Jahrhunderts völlig anders aus als 100 Jahre zuvor. An die Stelle des uralten Anbaurhythmus war jetzt die Einteilung des Jahres in drei vollständige *Kulturperioden* getreten. Neben einer kurzen Herbstperiode (›en-Nili‹) stehen die beiden Hauptkulturzeiten, die Winterkultur (›esch-Schitwi‹) von Oktober bis Mitte April, die von den traditionellen Nährfrüchten in Anspruch genommen wird, und die Sommerkultur (›es-Sefi‹) von April bis Ende Juli, während der der Baumwollanbau vor allem in Unterägypten zunächst noch bis zu zwei Dritteln der Anbaufläche einnahm. Dadurch begab sich der ägyptische Baumwollexport natürlich auch in die Abhängigkeit der internationalen Preispolitik des Baumwollmarktes, wodurch in Perioden des Preisverfalls erhebliche Verluste in der so notwendigen Deviseneinnahme eintraten. Schließlich wurde auch der Reisanbau mit seinem hohen Wasserbedarf ausgedehnt, doch blieb die hydrologische Leistungskraft des nunmehr ausgebauten Bewässerungssystems trotz des Assuandammes in Grenzen, weil keine Überjahresspeicherung des in Jahren großer Nilfluten aus den Ursprungsländern entstehenden Überschußwassers für den hohen Bedarf in Trockenjahren möglich war.

Immerhin mußten auch die Hochfluten mit ihrer starken Schlammführung durch die Tore des alten Assuandammes hindurchgelassen werden, um den Stausee nicht in kurzer Zeit verschlammen zu lassen. Viel Flutwasser floß dann durch den Fluß und die Hauptkanäle in das Mittelmeer ab, ohne wie früher den Schlamm als natürliche Düngung auf die Felder leiten zu können. Auf diese Weise blieben in Ägypten und teils auch im Sudan alljährlich rund 30 Mrd. m^3 schlammhaltigen Wassers landwirtschaftlich ungenutzt. So entstand allmählich der Plan, einen neuen höheren Damm oberhalb des alten zu errichten, um die drängenden Probleme der Bewässerungslandwirtschaft der Niloasen in den Griff zu kriegen.

4.4.2.2 Der neue Assuan-Hochdamm und seine Folgen

Um die landwirtschaftliche Nutzfläche, die zur Ernährung der rasch wachsenden Bevölkerungszahl Ägyptens (heute über 50 Mill.) erweitert werden muß, auch bewässern zu können, benötigt man mehr Wasser über das ganze Jahr verteilt. Deshalb wurde eine Staumauer von 111 m Höhe und 3840 m Breite 6,5 km oberhalb des alten Assuandammes 1960–1970 errichtet, der ›Sadd el-Ali High Dam‹, der einen über 500 km langen See (›Nasser-See‹) mit etwa 5500 km^2 Wasserfläche und einem maximalen Stauinhalt von 164 Mrd. m^3 Wasser aufstaut. Jährlich können darin ca. 32 Mrd. m^3 gespeichert werden. Man wollte damit die damalige Kulturfläche des Landes um 25 % erweitern und die Dauerbewässerung einführen. Gleichzeitig sollte das Land vor den Schäden der Nilfluten geschützt und vor allem in Trockenjahren ausreichend Bewässerungswasser zur Verfügung gestellt werden. Das neue Wasserkraftwerk sollte 10 Mrd. kWh Elektrizität jährlich liefern. Soweit die hochgesteckten Ziele.

Inzwischen sind mehr als 15 Jahre nach der Fertigstellung des Hochdammes vergangen, so daß die Frage nach dem Erfolg dieses gigantischen technischen Bauwerkes für die Nilwirtschaft gestellt werden kann.

Zwar ist die Bewässerung durch die frühere saisonale Überflutung der Anbaubecken heute durch die ganzjährige Bewässerung in Anpassung an die stabilisierten Abflußverhältnisse des Nil vollzogen, doch ist eine entscheidende Ausweitung der Bewässerungsflächen bisher nicht gelungen, zumal auch die Voraussetzungen hierfür schon durch das Talrelief sehr ungünstig sind. Überflutungsschäden gibt es keine mehr. Auch die Reisanbaufläche konnte um etwa 70 % für den Export vergrößert werden, doch dafür muß Ägypten heute große Mengen von Brotgetreide einführen. In Oberägypten wurde der Zuckerrohranbau stark erweitert.

Diesen mehr positiven Folgen des Dammbaus stehen dagegen bedeutende ökologische Schäden gegenüber. Der größte Nachteil der neuen hydrologischen Situation im Niltal ist das Ausbleiben der Nilschlamm-sedimentation, die zugleich eine natürliche Düngung war. So bleiben heute jährlich im Nasser-See etwa 130 Mill. t fruchtbaren Schlammes zurück und werden dort sedimentiert. Statt dessen ist der Einsatz von Kunstdünger notwendig geworden, der z. T. eingeführt werden muß und mit dessen agrartechnischem Umgang viele Fellachen nicht ver-traut sind. Durch die fehlende Schlammführung des Nil ist die Ero-sion, vor allem im Deltaküstenbereich, erheblich angewachsen. Die fehlende Schlammablagerung auf der Nilaue hat auch dazu geführt, daß die Bewohner zur Ziegelherstellung nunmehr in der Flußoase die älteren Alluvialböden abbauen, wie in vielen Palmenhainen beobach-tet werden kann.

Die ausbleibenden jährlichen Nilfluten, die etwa 8 m Höhendifferenz des Wasserspiegels betrugen, haben auch zur Folge, daß es nicht mehr zum »Durchspülen« des verzweigten Kanalsystems kommt und da-durch bei stehendem Wasser eine verstärkte Verseuchung durch die Bilharziose eintritt. Der nunmehr fast gleichbleibende oberflächen-nahe Grundwasserstand, der zudem durch die ständige Bewässerung stark angestiegen ist, führt infolge der hohen Verdunstungsraten in diesem Wüstenklima zu einer vermehrten Bodenversalzung und damit zu einer beträchtlichen Schädigung der Agrarproduktion.

Auch die hydrologisch-sedimentologische Situation des gewaltigen Stausees in der extremen Wüste Ägyptens bis nach Wadi Halfa, wo bekanntlich die dort ansässigen Nubier ausgesiedelt werden mußten, ist folgenschwer. Der See wurde zu einer gewaltigen Verdunstungs-pfanne und entzieht damit dem Nilabfluß viel Wasser. Dennoch mußte für außergewöhnliche Flutjahre des sudanischen Nil etwa 250 km süd-lich von Assuan ein Kanal in der Toschka-Depression gebaut werden als möglicher Überlauf für den inzwischen fast gefüllten Stausee (164 Mrd. m^3), der dem Anbau in der Niloase keinen Nutzen bringt. Auch die zunächst angenommene Zufuhr aus der Toschka-Ebene zum »Neuen Tal«, dem vielgepriesenen Entwicklungsgebiet in der West-lichen Wüste, ist fraglich geworden.

Schließlich sei noch auf die ständig zunehmenden Schäden durch stär-ker versalztes Grundwasser an den altägyptischen Kulturdenkmälern des Niltales aufmerksam gemacht, denen man mit aufwendigen tech-nischen Maßnahmen begegnen muß.

Wägt man abschließend die positiven und negativen Folgen gegen-einander ab, so bleibt dieser Rieseneingriff in den hydrologischen Haushalt des größten afrikanischen Stromes und der Lebensader für 50 Millionen Ägypter ein großes ökologisches Wagnis, dessen endgül-tige negative Folgen noch gar nicht abzusehen sind. Die zweifellos für

178

die agrare Nutzung vorhandenen Vorteile konnten bisher nur sehr bedingt zum Tragen kommen, da auch sie erhebliche Folgekosten – etwa bei der Neulanderschließung – erfordern, die Ägypten kaum allein aufbringen kann. Schließlich hinken alle diese Maßnahmen einer Bevölkerungsvermehrung hinterher, die die Kapazitätsgrenzen des Ressourcenpotentials Wasser und Boden im Niltal rasch zu überschreiten droht. Ob jedoch der Bau des Hochdammes rein wirtschaftlich als einer »der großen Irrtümer unserer Zeit« (IBRAHIM, 1984) zu bezeichnen ist, wird wohl erst die zukünftige Entwicklung dieses alten Kulturraumes Nordafrikas erweisen können, eine Entwicklung, die wie nirgends sonst in Nordafrika unter dem wachsenden Druck des Bevölkerungswachstums steht. (Vgl. hierzu den Beitrag von E. EHLERS in der Geogr. Rundschau, 1984. Siehe den nachfolgenden Abschnitt 4.4.2.3.)

4.4.2.3 Bevölkerungsentwicklung, Agrarwirtschaft und Sozialstruktur

Die Problematik des Landes ist dadurch gekennzeichnet, daß trotz aller Entwicklungsmaßnahmen im Agrarsektor die Erntefläche (durch die Mehrfachernten im Jahr erheblich größer als die Anbaufläche) weit hinter dem Bevölkerungswachstum zurückgeblieben ist. Diese betrug 1983 bei 46,2 Mill. Einwohnern nur noch 0,1 ha Erntefläche bzw. 0,06 ha Nutzungsfläche pro Kopf der Bevölkerung. Die ägyptische Bevölkerung wächst seit 1800 im Verhältnis zur Erweiterung der Landnutzungsfläche im Verhältnis von 10:1! Diese Tatsache ist deshalb von besonderer Bedeutung, weil noch immer fast 50 % aller Erwerbspersonen in der Landwirtschaft arbeiten und diese Landwirtschaft schließlich auch die große Bevölkerung der Städte, insbesondere der städtischen Agglomeration Kairo mit 1983 13,2 Mill. Bewohnern, ernähren muß. Trotz dieser Diskrepanz wächst die ägyptische Bevölkerung nach wie vor mit fast 2,6 % jährlich (Zeitraum 1973 bis 1984), d. h., die Einwohnerzahl Ägyptens steigt alle 10 Monate durchschnittlich um 1 Mill. Menschen.

Da das Kulturland auf das Niloasenband, das Delta und einige Wüstenoasen beschränkt ist, beträgt dort die Bevölkerungsdichte weit über 1000 Einw. je km^2 (1985: 1386 E/km^2). 1980 wohnten rund 20 Mill. Menschen (= 45 %) in den Städten des Landes, davon allein 8,5 Mill. innerhalb der engeren Stadtgrenzen von Kairo und Alexandria.

Zu dem Problem der relativ geringer werdenden Erntefläche pro Kopf der Bewohner treten die sozialen und sozioökonomischen Verhältnisse, die durch die Aufteilung der Betriebsgrößen in kleine und kleinste Betriebseinheiten gekennzeichnet ist. 1981 hatten mehr als 95% der Betriebe weniger als 5 Feddan (= 2,1 ha Land), doch betrug die durchschnittliche Betriebsgröße nur 0,4 ha, auf der eine vielköpfige Familie wirtschaftete.

Etwa die Hälfte der landwirtschaftlichen Fläche wurde von Betrieben mit durchschnittlichen Größen von 16 Feddan (= 6,72 ha) bewirtschaftet (1981: Länderbericht des Stat. BA Wiesbaden 1986).

Die heutige Landverteilung ist jedoch eine Folge der historischen Entwicklung, die mit der Revolution 1952 entscheidende Veränderungen erfuhr. Diese historischen Veränderungen seien kurz umrissen. Bei einer ersten Katasteraufnahme des Kulturlandes im Jahre 1813 waren jedem Bauern etwa 2 ha zur Bearbeitung und Nutznießung, nicht jedoch als Eigentum zugewiesen. Eine solche Eigentumszuteilung war auch gar nicht möglich, denn durch die alljährliche Überschwemmung des gesamten Kulturlandes wurden die Parzellengrenzen immer wieder so verändert und zerstört, daß – wie wohl schon zur Pharaonenzeit – eine alljährliche Neuverteilung des Landes notwendig war. Mit dem Fortschreiten der Umstellung auf Dauerbewässerung blieben jedoch immer weitere Teile des Kulturlandes von der alljährlichen Überschwemmung verschont, so daß sich eine Neuverteilung erübrigte. Aus den Nutzungsrechten wurden so allmählich Eigentumsrechte, die ein Gesetz von 1880 sanktionierte.

Nun hatten aber im Laufe des 19. Jahrhunderts bevorzugte Personen zur Belohnung für irgendwelche Dienste brach oder öde liegendes Land erhalten mit der Auflage, dieses Land zu kultivieren, was die Besitzer meistens durch Pächter und Landarbeiter ausführen ließen. Während die Bauern einerseits von dem Recht der Erbteilung Gebrauch machten und damit ihren Besitz immer weiter zersplitterten, verzichteten andere Gruppen auf dieses Recht; sie nahmen dagegen vielfach noch das Vorkaufsrecht in Anspruch, das das islamische Recht dem Grundstücksnachbarn einräumt, und vergrößerten damit ihren Grundbesitz. Diese Art des ›Rentenkapitalismus‹ hat schließlich zu der völlig ungleichen Besitz- und Sozialstruktur geführt, die um die Mitte unseres Jahrhunderts eine kleine Gruppe von 6% der Landeigentümer im Besitz von mehr als zwei Dritteln des Bodens sah, während über 90% der Landeigentümer sich das restliche Drittel teilen mußten. Daneben existierte noch in drückender Abhängigkeit von den Großgrundbesitzern eine große Gruppe von Pächtern und Landarbeitern ohne eigenen Bodenbesitz.

Ein Mittelstand war mit Ausnahme von ländlichem und städtischem

Kleingewerbe und Kleinhandel nicht vorhanden. Die besonders seit Beginn dieses Jahrhunderts einsetzende Abwanderung der immer größer werdenden ländlichen Überschußbevölkerung in die wachsenden Städte, vor allem nach Kairo und Alexandria, brachte diesen Menschen auch nicht die erhoffte Verbesserung ihrer Lebensumstände. Die Städte konnten nicht genügend Arbeitsplätze anbieten.

Als 1952 eine Gruppe junger Offiziere die Monarchie stürzte, stand sie einer Fülle von Problemen gegenüber: Eine explosionsartig wachsende, vorwiegend noch agrarische Bevölkerung auf begrenztem Kulturland sah bei schrumpfendem Pro-Kopf-Anteil an der Erntefläche ihre Ernährungsbasis bedroht; eine Ausweitung des Kulturlandes war kaum möglich, da das Bewässerungssystem an der Grenze seiner Leistungsfähigkeit angelangt war; der landwirtschaftliche Grundbesitz war äußerst ungleichmäßig verteilt; eine nennenswerte Industrie, die die überschüssige Agrarbevölkerung hätte aufnehmen können, fehlte; die wenigen industriellen Großbetriebe standen zum großen Teil unter ausländischem Kapitaleinfluß; der Kapitalmarkt selbst entzog sich dem Einfluß der nationalen Wirtschaftsbelange; schließlich mangelte es zwar keineswegs an Menschen, wohl aber infolge lange vernachlässigter Schulbildung (1950 waren noch über 70 % der Bevölkerung Analphabeten, für 1976 werden noch 56 % [42 % der Männer und 71 % der Frauen] angegeben) an einer technisch ausreichend geschulten Arbeiterschaft, um rasch eine moderne Wirtschaftsgesellschaft aufbauen zu können.

Die Lösung dieser Aufgaben erforderte einen grundlegenden Wandel in der Wirtschafts- und Sozialstruktur des Landes, der eine allgemeine Hebung des Lebensstandards, von dem man erfahrungsgemäß auch eine Eindämmung des ungehemmten Bevölkerungszuwachses erwarten konnte, zum Ziele haben mußte.

Mit der Hoffnung auf einen unmittelbaren Erfolg konnten diese Aufgaben im Bereich der Landwirtschaft in Angriff genommen werden. Sie mußten sich auf eine Intensivierung des Anbaus, auf eine Umverteilung des Grundbesitzes, ohne dabei die Produktion zu gefährden, auf die Gewinnung von neuem Kulturland und – als Voraussetzung dazu – auf eine Verbesserung der Bewässerungswirtschaft, d. h. bessere Ausnutzung des von der Natur her beschränkten Wasserdargebotes erstrecken.

Zwar war die Flächenproduktivität der ägyptischen Landwirtschaft seither schon erstaunlich hoch, und die Hektarerträge liegen bei fast allen Bodenfrüchten über dem Weltdurchschnitt. Die Technik der Bodenbearbeitung und Bodenbestellung hat sich jedoch seit Jahrtausenden kaum geändert, und die Betriebsweise ist äußerst arbeitsaufwendig. Noch immer werden für die Wasserförderung auf die Felder die alten von Mensch und Tier angetriebenen Schöpfwerke der Sakije (Göpelwerk), des Schaduf (Ziehbrunnen) und des Tambur (Archimedische Schraube) benutzt. Motor- und elektrische Pumpen spielten eine untergeordnete Rolle, wenn sie auch auf Großbetrieben schon im Einsatz waren.

Die Feldbestellung erfolgt noch vorwiegend mit dem einfachen Hakenpflug. Im Rahmen der Anbaurotation werden die Felder zur Sommerperiode mit Baumwolle, in zunehmendem Maße auch mit Reis und Mais, bisher eine Frucht der Herbstperiode, bestellt. In Oberägypten tritt das Zuckerrohr an die Stelle der Baumwolle. In der Herbstperiode stehen Mais und Hirse an erster Stelle. Die traditionellen Nährfrüchte Weizen, Gerste, dicke Bohnen, Tomaten, Zwiebeln und sonstiges Gemüse, das auch in den anderen Perioden beachtliche Feldanteile beansprucht, beherrschen die Wintermonate. Daneben wird Bersim (Klee) angebaut, der außer als Viehfutter auch als stickstoffsammelnde Vorfrucht vor dem Sommeranbau Bedeutung hat. Denn seit dem Ausbleiben der alljährlichen Schlammüberdeckung bedarf es jetzt einer die Bodenfruchtbarkeit erhaltenden ausgewogenen Fruchtfolge und zusätzlicher Düngung. Der Anfall an natürlichem Dung ist aber gering, da das Vieh meist keiner geregelten Stallhaltung unterliegt. Zudem wurde der Dung bei dem Mangel an Brennholz gesammelt, getrocknet und als Feuermaterial benutzt. Der Bedarf vor allem an Stickstoffdünger ist daher heute sehr groß.

Besonders in den Provinzen rund um Kairo und im Fayum verleiht ein großer Obstbaumbestand der Landschaft oft ein parkartiges Aussehen. Neben den bei allen Dörfern zu findenden Dattelpalmenhainen und Obstgärten mit den mediterranen Obstsorten wie Feigen, Granatäpfel, Johannisbrot, Wein, Aprikosen und im Fayum auch Oliven werden diese Früchte hier auch auf der Feldflur angepflanzt. An erster Stelle der Obstproduktion stehen heute aber Agrumen, Mango und Bananen.

Die Anstöße zur Verbesserung der betriebswirtschaftlichen Verhältnisse gingen von der Bodenreform aus. Sie war eine der ersten Maßnahmen, die die neue Regierung 1952 durchführte und 1961 nochmals wiederholte. Sie beschränkte den Bodenbesitz auf zunächst 200, später auf 100 Feddan (= 42 ha). Wer mehr Land besaß, mußte dieses an Kleinbauern, frühere Pächter und Landarbeiter oder an den Staat verkaufen. Die Bodenreform hatte das Ziel, den Großgrundbesitz zu zerschlagen, mit dem frei werdenden Land Kleinbetriebe aufzustocken und neue Siedlerstellen zu schaffen sowie Kapital für die Investition in der aufzubauenden Industrie freizumachen.

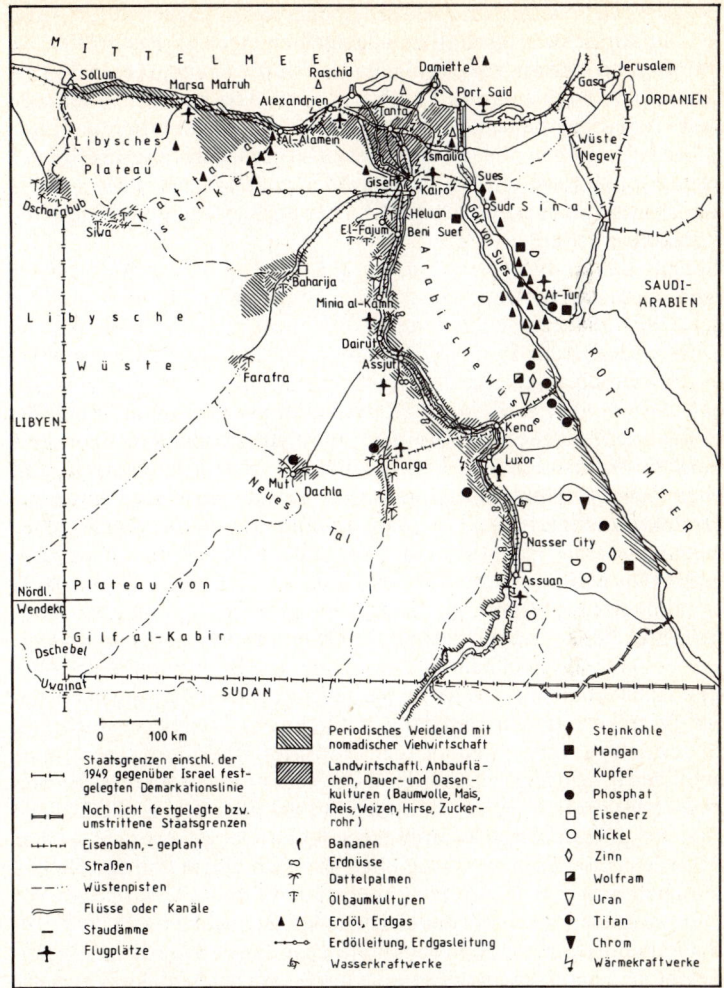

Fig. 28: Wirtschaftsgeographische Karte von Ägypten

Die agrarwirtschaftlichen Ziele der Bodenreform wurden unter gewissen Anfangsschwierigkeiten im allgemeinen erreicht. Fast 400 000 ha Reformland standen zur Verfügung und wurden zum größten Teil an fast 300 000 Neubauern in Landlosen zu 1–2 ha verteilt. In eigener Bewirtschaftung behielt die Agrarreformbehörde des erhöhten Kapitalbedarfes wegen die Obstplantagen (vorwiegend Agrumen und Mango), und neue Obstkulturen wurden angelegt. Neue Siedlerstellen konnten landlose Landarbeiter, aber auch zweite und dritte Bauernsöhne erhalten.

Gemäß Landreformgesetz müssen alle Neubauern auf Reformland (und auch auf Neuland) sich zu Genossenschaften zusammenschließen. Teilverkäufe von Land oder Erbteilung sind dem Neusiedler zur Vermeidung neuer Parzellierung untersagt. Die Dorfgenossenschaften beschaffen das Saatgut und die Düngemittel und legen gemeinsam den Anbau- und Bewässerungsplan fest; soweit nötig und möglich, stellen sie Maschinen und Gerät zur Verfügung und übernehmen den Verkauf der Ernte und der Viehprodukte. Auch zweckgebundene und überwachte Produktionskredite waren ein entscheidendes Mittel zur Produktionssteigerung. Eine zweite, ebenso entscheidende Maßnahme, war die Einführung der vereinheitlichten Fruchtfolge. Ein großer Nachteil der starken Parzellierung ist die große Zahl und Ausdehnung der Feldergrenzen, die eine einheitliche Schädlingsbekämpfung z. B. bei der Baumwolle erschwert und den Einsatz von Maschinen behindert. Auch bei der Aufteilung des Großgrundbesitzes bestand die Gefahr einer weiteren Steigerung dieser nachteiligen Folgen der Parzellierung. Um den dabei befürchteten Produktionsrückgang zu vermeiden, führte man in allen Bodenreformdörfern eine vereinheitlichte Fruchtfolge ein, bei der die Dorfflur je nach der ortsüblichen zwei- oder dreijährigen Fruchtfolge in zwei oder drei große Schläge (Blöcke) aufgeteilt wurde, an denen jeder Landempfänger mit je einer Parzelle seines Betriebes Anteil hat, die nach einem von der Genossenschaft ausgearbeiteten Plan in einer Art Dreifelderwirtschaft mit Flurzwang einheitlich mit der gleichen Anbaufrucht bestellt wird.

Nach dem Erfolg der genossenschaftlichen Betriebsweise in den Bodenreform- und Neulandgebieten betrieb man auch im Altkulturland den genossenschaftlichen Zusammenschluß, zunächst auf freiwilliger Basis. Während durch Gewährung des überwachten Produktionskredits die Bauern aus der früheren Abhängigkeit von Händlern und privaten Kreditgebern erlöst wurden, stieß die Einführung einer vereinheitlichten Fruchtfolge hier auf größere Schwierigkeiten. Da viele der Kleinsteigentümer oft nur weniger als drei Parzellen besaßen, konnten sie bei Einführung der gemeinsamen Fruchtfolge nicht mehr alle notwendigen Hauptfrüchte, nämlich Baumwolle als Bargeldbringer, Weizen und Mais für die Ernährung und Klee als Viehfutter anbauen. Man beschränkte sich im Altkulturland dieser Schwierigkeiten wegen zunächst auf den Versuch, wenigstens die Baumwollanbauflächen der besseren Bestellung und Schädlingsbekämpfung wegen zusammenzulegen. Heute wird daher die Baumwolle in den Dörfern Ägyptens nur noch in Flächeneinheiten von mindesens 8 ha angebaut. Durch die dabei erzielte Ertragssteigerung konnte die Baumwollanbaufläche in den letzten Jahren reduziert werden, was insbesondere dem sommerlichen Maisanbau, der dadurch von einer Herbstfrucht zu einer vorwiegenden Sommerfrucht wurde, zugute kam.

Mit Ausnahme der Schädlingsbekämpfung und teilweise auch des Maschineneinsatzes – insbesondere in den Neusiedlungs- und Bodenreformgebieten – werden alle Arbeiten zur Bewirtschaftung der einzelnen Parzelle individuell von dem Bauern selbst in eigener Verantwortung und auf eigene Rechnung ausgeführt. Durch das Eigentum des Bauern an seiner Parzelle und durch die individuelle Art der Bestellung unterscheiden sich die ägyptischen ›Produktionsförderungs‹-Genossenschaften von den LPGs und Kolchosen östlicher Prägung. Eine Sozialisierung des Bodens und eine Kollektivierung der Betriebe hat in Ägypten nie stattgefunden. Bei fast 5000 landwirtschaftlichen Genossenschaften in den rund 4000 Dorfgemeinden des Landes kann man annehmen, daß die ägyptische Landwirtschaft heute nahezu vollständig genossenschaftlich organisiert ist.

4.4.2.4 Neulandgewinnung außerhalb des Niltales

Um weitere Siedlerstellen für bisher landlose Landarbeiter oder frühere Kleinpächter zu gewinnen und zugleich dem weiteren relativen Schrumpfen der Ernährungsbasis Einhalt zu gebieten, hat man nach 1952 sehr bald auch der Neulandgewinnung besondere Aufmerksamkeit geschenkt. Nun sind in einem zu 97 % aus Wüste bestehenden Land die Möglichkeiten, neues Land zu kultivieren, sehr beschränkt. Voraussetzung ist die Erschließung neuer sowie die bessere Ausnutzung der vorhandenen Bewässerungsmöglichkeiten.

Schon vor der Errichtung des Assuan-Hochdammes Sadd el-Ali wurde versucht, in den Randbereichen des Deltas, also im Wüstengebiet, Neuland zu gewinnen. Eines der interessantesten Projekte war die Trockenlegung und Kultivierung eines Teils des Mariut-Sees bei Abis südlich von Alexandria, das in manchen Eigenheiten an niederländische Trockenlegungsprojekte erinnert. Eindeichung und Auspumpen des Salzwassers, Zufuhr von Nilwaser zum Ausspülen des versalzten Bodens und zur Bewässerung der Äcker, Anlage der Feldflur und der Bau von Dörfern mit allen zugehörigen Einrichtungen wie Schule, Hospital, Clubhaus, Moschee, Verwaltungsgebäude für die Genossenschaft folgten aufeinander und ließen schließlich hier rund 15 000 ha Kulturland entstehen, das im Einzugsgebiet der Großstadt Alexandria günstige Absatzmöglichkeiten seiner Produkte besitzt.

Von größerem Ausmaß war die 1953 mit großem Propagandaaufwand begonnene Kultivierung der sog. *Befreiungsprovinz* (Mudiryat at-Tahrir) auf Wüstenland westlich des Nildeltas. Das Projekt, das einen hohen Kapitalaufwand erforderte, war als Initialzündung für künftige ähnliche Vorhaben sowie als agrartechnisches und agrarsoziales Experimentierfeld gedacht. Ziel ist hier die Schaffung einer neuen Provinz von etwa 500 000 ha Kulturland für rund 1 Mill. Menschen. Bis jetzt sind allerdings diese hochgesteckten Ziele längst nicht erreicht worden, zumal eine intensive Nutzungsmöglichkeit der schlechteren Wüstenböden weit hinter den Möglichkeiten der Überschwemmungsoase und des engeren Deltas zurückbleibt, trotz der künstlichen Wasserzufuhr. Ein Kanal führt Wasser aus dem Niltal heran. Bohrungen nach Grundwasser sollen weitere Bewässerungsmöglichkeiten erschließen. 30 % des neu kultivierten Landes sind Obstplantagen, meist Zitrusfrüchten, vorbehalten. Die zum Schutz gegen Sandverwehung und Austrocknung angepflanzten Kasuarinen- und Eukalyptus-Baumstreifen geben dem Neuland in der Wüste ein charakteristisches Aussehen.

Neben der Neulandgewinnung in dieser Tahrir-Provinz sind noch die Kulturlandgewinnung und weitere landwirtschaftliche Entwicklungsmaßnahmen in der Depression von Fayum sowie im Wadi Natrun (= Natrontal) zu erwähnen. Die Ausdehnung des Kulturlandes am Westrand des Deltas und westlich des unteren Niltales (Fayum) unterliegt großen Schwierigkeiten, die zu beseitigen zudem große Finanzsummen erfordert, die nicht zur Verfügung stehen.

Einen Weg, unabhängig von dem so strapazierten Nilwasserhaushalt Neuland zu gewinnen, boten die in der Westlichen Wüste in großer Tiefe gefundenen Grundwasservorräte, die man in ähnlicher Form auch in anderen geologischen Becken der Sahara entdeckt hatte. Vorratsberechnungen haben ergeben, daß auch im Falle einer nicht mehr durch neuen Zufluß ersetzten Wasserförderung die in der Tiefe des Libyschen Beckens vorhandenen Wassermengen ausreichen werden, allein in den Oasen von Kharga rund 200 000 ha neukultivierten Landes auf 200–300 Jahre zu bewässern. So hat man hier 1958 ein Neulandgewinnungsprojekt unter dem geschickt gewählten Namen

›Neues Tal‹ (New Valley) – als Gegensatz zum ›alten‹ Niltal – begonnen, das, wie noch zu zeigen sein wird, ebenfalls große Erschließungsschwierigkeiten hat und bisher als wenig erfolgreich bezeichnet werden muß. Die Bevölkerung der Oasen in der Depression des ›Neuen Tales‹ zählte mit dem Hauptort Kharga 1983: 106 000 Menschen von ethnisch sehr heterogener Zusammensetzung.

In den letzten zwei Jahrzehnten wurden zwar über 150 Tiefbrunnen gebohrt, so daß die Förderung der Grundwassermengen aus 250 bis 600 m Tiefe gegenüber früher zweieinhalbfach vergrößert werden konnte, doch wurde eine Kulturlanderschließung von 200 000 ha Neuland als Planziel (1980) nicht erreicht. Vielmehr wurde in manchen Oasenteilen zuviel Wasser gepumpt, das nicht ausreichend inwertgesetzt werden konnte. Manche Neulandflächen weisen heute bereits starke Versalzungen auf, andere wurden schon wieder aufgegeben. Die geringsten Erfolge zeigten die nördlichen Oasen Farafra, Baharija und Siwa, so daß diese bereits aus dem Projekt ›Neues Tal‹ herausgenommen wurden.

Wenn auch in den großen Oasen Kharga und Dachla in der Neulanderschließung 2500 ha bzw. 5250 ha tatsächlich zusätzlich in Nutzung genommen wurden, so liegen diese Zahlen jedoch weit von den phantastischen Planvorstellungen entfernt. 1978 wurden Zahlen von 1,25 Mill. ha Neuland in der Wüste genannt, die durch eine ›Grüne Revolution‹ erschlossen werden sollten. F. BLISS hat 1984 über Stand und Aussichten des ›New valley project‹ berichtet. Er kommt zu dem Schluß, daß mit dem artesischen Brunnenwasser wesentlich besser hausgehalten werden müßte und die älteren Anbauflächen verbessert werden müßten, statt ständig neue Tiefbrunnen zu bohren und die eigentlichen Erschließungsmaßnahmen zu vernachlässigen. Auch die sich aus der Umsiedlung von Familien aus dem alten in das neue Tal ergebenden Probleme sind nicht gelöst, denn viele Familien wollen zurück in die alte Kulturoase des Nil. Das ›New Valley Project‹ aber nur als ein Pilotprojekt für neue Bewässerungsverfahren in Wüstengebieten anzusehen, dürfte nicht ausreichen, Neulanderschließung in einem übervölkerten Wüstenland bedeutet eben mehr als gesteigerte Wasserförderung, zumal wenn auch diese bereits Grenzen erkennen läßt!

4.4.3 Industrialisierung als Ausweg?

Alle diese Maßnahmen auf dem agrarischen Sektor reichen aber nicht aus, die Lebensbedingungen in dem übervölkerten Land grundsätzlich zu ändern. Ein Weg zum Abbau der agrarischen Übervölkerung liegt in der Industrialisierung des Landes. Dieser standen bislang das rentenkapitalistische Feudalsystem wie auch die bis in die Mitte unseres Jahrhunderts reichende koloniale Bevormundung und ausländisches Wirtschaftsinteresse entgegen. Zwar hatten die beiden Weltkriege, in denen Ägypten vom Weltmarkt abgeschnitten war, aber durch die im Lande stationierten fremden Truppen eine erhebliche Bedarfs- und Kaufkraftsteigerung erlebte, erste Industrialisierungswellen gebracht, die vor allem einheimische landwirtschaftliche Rohstoffe verarbeitende Industriezweige bevorzugten und zum großen Teil von ausländischem Kapital finanziert wurden. 1914 war 90 % des insgesamt in der Industrie investierten Kapitals in Händen ausländischer Kapitalgeber. Bis zum Zweiten Weltkrieg war dieser Anteil auf 40 % gesunken und hatte nach dem Krieg bis fast auf 20 % abgenommen. An dieser Entwicklung hatte der von Talaat Harb in den 20er Jahren mit ägyptischem Kapital gegründete Misr-Konzern wesentlichen Anteil. Doch war es auch ihm nicht gelungen, die grundsätzliche Abneigung des einheimischen Kapitalbesitzes zu überwinden, Geld in der Industrie zu investieren, anstatt in weiterem Bodenbesitz anzulegen; vor allem waren Banken und Versicherungen, also die Kapitalgeber, fast ausschließlich in englischen oder französischen Händen. Auch der Versuch, durch die Bodenreform einheimisches Großkapital freizumachen und zur Investition in der Industrie zu veranlassen, war praktisch gescheitert, da es die Großgrundbesitzer vielfach verstanden hatten, die Ziele der Reformgesetzgebung zu umgehen; statt in der Industrie zu investieren, wurde das Geld entweder gehortet oder nunmehr in städtischem Grundbesitz, der bei dem wachsenden Bauboom in den ägyptischen Großstädten eine gute Kapitalrente versprach, angelegt, oder es fand gar den Weg als Fluchtkapital ins Ausland.

Um trotz dieses Mißerfolges das als richtig erkannte Ziel der Industrialisierung mit seinen wirtschafts- und sozialpolitischen Aspekten nicht zu gefährden, sah sich die ägyptische Regierung auf den Weg der Sozialisierung gedrängt. Die Sozialisierungsgesetze der frühen 60er Jahre, durch die auch der Misr-Konzern verstaatlicht wurde, brachten alle Großbetriebe der Industrie, des Bank- und Versicherungswesens sowie des Außen- und Binnenhandels unter die Kontrolle der Regierung. Heute sind in der gewerblichen Wirtschaft des Landes alle Betriebe mit mehr als 50 Arbeitern verstaatlicht. Der industrielle Kleinbesitz verblieb dagegen in privater Hand.

Die seit 1954 aufgestellten Zehn- und Fünfjahrespläne umfaßten neben der Förderung des Verkehrs- und Fernmeldewesens, der Bauwirtschaft und des Agrarsektors auch die Industrialisierung des Landes. Allerdings behinderte der Krieg mit Israel die Durchführung dieser Entwicklungspläne entscheidend. Im Fünfjahresplan nach dem Friedensvertrag mit Israel (1980) entfielen 12,5 % der Gesamtinvestitionen auf die Industrie. Unter der Regierung von Staatspräsident Mubarak ist es das Ziel, den Anteil der Industrieproduktion am Bruttoinlandsprodukt auf 15 % zu erhöhen (Anteil der Agrarproduktion derzeit noch über 20 %).

Welche Voraussetzungen hat Ägypten für eine solche industrielle Entwicklung? Von größter Bedeutung ist der Bereich ›Bergbau und Gewinnung von Steinen und Erden‹. In erster Linie werden Erdöl, Rohphosphat, Eisenerz, Manganerz und Salz gefördert. Die Erdölfelder am Suez-Golf liefern über 70 % der Gesamtförderung Ägyptens, die 1985/86 46 Mill. t betrug, die zu 75 % zum Eigenverbrauch dienten. Die Erdöl- und Erdgasprospektion wird verstärkt in der Westlichen Wüste und im Norden von Sinai durchgeführt. Der Abbau der wichtigsten Kohlevorkommen auf der Sinaihalbinsel wurde nach Rückgabe an Ägypten wieder aufgenommen, soll aber zunächst nur 350000 t jährlich betragen und vorwiegend in Wärmekraftwerken verbraucht werden.

Die Energieversorgung, ein Hauptproblem der wirtschaftlichen Entwicklung, basiert in Unterägypten vorwiegend auf Lieferung aus Wärmekraftwerken, die weiter ausgebaut werden sollen. Die Energie aus Wasserkraftwerken am Nil, darunter am Hochdamm von Assuan, beträgt insgesamt etwa die Hälfte der Leistung aus Wärmekraftwerken und konzentriert sich vor allem auf Oberägypten (z. B. Aluminiumherstellung bei Assuan).

Zwar unterstehen die meisten größeren Industriebetriebe, die oft unrentabel arbeiten, dem Staat, doch erhöht sich der Anteil von Privatbetrieben mit ausländischer Kapitalbeteiligung ständig. Die durchschnittliche jährliche Zuwachsrate der Industrieproduktion betrug zwischen 1980 und 1984 etwa 10 %, woran Nahrungsmittelindustrie, Haushaltswarenherstellung und Zementproduktion großen Anteil hatten. Auch Fabriken zur Herstellung von Lkws und anderen Nutzfahrzeugen wurden errichtet. Das rasche Wachstum der Bevölkerung und der hohe Grad der Urbanisierung, besonders im Nildelta, und die damit verbundene Errichtung von neuen Siedlungen (Stadtteile und Städte) erforderte ein schnelles Anwachsen der Baustoffindustrie.

Nachdem noch zu Beginn des Jahrhunderts etwa 70 % der Erwerbstätigen in der Landwirtschaft beschäftigt waren, verteilten sich diese 1982 zu 39 % auf die Landwirtschaft und Fischerei, zu 22 % auf das Produktionsgewerbe und zu 21 % auf den tertiären Sektor sowie zu 18 % auf Wirtschaftszweige wie Verkehr und Nachrichten, Handel und Gastgewerbe (nach Länderbericht 1986).

Typisch für Ägypten ist der sehr hohe Anteil von ›Gastarbeitern‹ im Ausland. Bis zu 3,5 Mill. Ägypter arbeiten in den Nachbarstaaten, vor allem am Golf, insbesondere auch Lehrer und Facharbeiter, die teilweise im Lande selbst dann fehlen. Wenn in den kommenden Jahren die Nachfrage nach solchen Gastarbeitern im Ausland aus wirtschaftlichen Gründen immer geringer wird und diese in Ägypten selbst wieder Beschäftigung suchen, wird die Arbeitslosenzahl im Land rasch ansteigen, vor allem bei gleichbleibendem Bevölkerungswachstum.

4.4.4 Kairo, Alexandria und die Urbanisierung

Die verstärkte Industrialisierung der letzten Jahrzehnte hat den Urbanisierungsprozeß in Ägypten erheblich beschleunigt. 1937 lebten noch 75 % der Bevölkerung auf dem Land, 1980 waren es noch 55 % mit abnehmender Tendenz. Über 30 % der Ägypter leben allein in den Agglomerationen von Kairo und Alexandria mit ihren Randstädten, das sind etwa 16 Mill. Menschen. Die Volkszählung von 1976 gibt für Groß-Kairo 8 Mill. Menschen an, die Schätzung (Länderbericht 1986) rechnete 1983 bereits mit über 13 Mill.

Die Standorte der Industrie konzentrieren sich sehr einseitig auf den Großraum Kairo mit Randgebieten, auf Alexandria als dem größten Hafen des Landes und einige Deltastädte wie Mahallat al-Kuba (350 000 E.) und Tanta (340 000 E.). Großstädte im Delta wie Mansura (250 000 E.), Sagasig (244 000 E.) und Damanhur (205 000 E.) haben teilweise noch ihren orientalischen Charakter bewahren können. Neben den Städten am Golf wie Port Said (316 000 E.), Suez (232 000 E.), das im Krieg mit Israel weitgehend zerstört worden war und erst in jüngerer Zeit wieder aufgebaut wurde, und Ismailia (175 000 E.) sind noch die Niltalstädte Assiut (257 000 E.), Minia (175 000 E.) und Assuan (174 000) E. zu erwähnen.

Da die Städte Mittel- und Oberägyptens außer Nahrungsmittel- und Baustoffindustrien kaum über nennenswerte Industrie verfügen, ist die Zuwanderung zu den metropolitanen Millionenstädten und ihren Industriegebieten besonders hoch. Hinzu kommt die Anziehungskraft des aufgeblähten Dienstleistungssektors in diesen Städten.

Lebten 1983 in Unterägypten, einschließlich der Städte Kairo und Alexandria, schon 65 % der ägyptischen Bevölkerung, so wurde in der Hauptstadt Kairo eine Dichte von 27 500 Einwohner/km^2 errechnet. Die mit einer kaum noch zu beschreibenden Verkehrsdichte belastete Stadt ist zu einem fast chaotischen Siedlungsmagneten geworden. Aus diesen Gründen entschloß sich die Regierung, neue Randstädte zu bauen, um die ständig wachsende Bevölkerungszahl wenigstens teilweise aufzunehmen. Zum Teil im Bau, teilweise im Plan vorgesehen sind neue Städte wie ›Stadt des 6. Oktober‹ hinter den Pyramiden von Gizeh und die ›Sadat City‹, beide für bis zu 1 Mill. Einwohner gedacht. In der Nähe des Flugplatzes (Heliopolis) soll die Stadt El-Obour 350 000 Einwohner aufnehmen. Geplant sind ferner die Stadt Badr City für 250 000, Amal ebenfalls für 250 000 Bewohner sowie die ›Stadt des 15. Mai‹ südlich von Heluan; an der Straße nach Ismailia wurden in der ›Stadt des 10. Ramadan‹ bereits erste Industrieunternehmen angesiedelt.

Die Hauptstadt Kairo (arab. Masr el-Qáhira), die engere Stadt zählte 1983 5,9 Mill. Einwohner, ist als größte Stadt des Orients und ganz Afrikas zu einer Weltstadt geworden, in der sich Bauten der ägyptischen Geschichte, der Bildung und der Wissenschaft sowie der Kultur mit den Bauten der Verwaltung, der Finanzen und der Wirtschaft, der Handelsgesellschaften und schließlich auch des modernen Tourismus mischen. Mit ihrer Lage am Nil und dem reizvollen Kontrast historischer und hochmoderner Architektur ist die Stadt zum Anziehungspunkt des ganzen Orients geworden. Sie hatte Mitte des vorigen Jahrhunderts bereits über 250 000 Einwohner. Die Erweiterung der Altstadt unter Ismail Pascha (1863–1878) folgte vorwiegend europäischen Plänen, so daß sie heute ein orientalisches und ein europäisches Gesicht hat, wie auch viele andere alte Kolonialstädte Nordafrikas.

Die Stadterweiterungen verbrauchten immer mehr fruchtbares Nil-Ackerland, wie überhaupt die Urbanisierung dieser Region zu Lasten des so notwendigen Anbaulandes ging. Die Entwicklung der Stadt Kairo seit 1800 zeigt die Fig. 29 aus E. EHLERS, Geogr. Rdsch., 1984, ein kurzer Abriß, der wichtige Entwicklungsmerkmale beschreibt, die hier nicht dargestellt werden können. Rechnet man das Wachstum von Kairo auf das Jahr 2000 hoch, so dürfte die Stadtregion dann fast 17 Mill. Einwohner haben, wodurch eine zusätzlich durch Wohnungsbau, besonders in den neuen Städten, benötigte Fläche von mehr als 10 000–15 000 ha Ackerland verlorengeht. Deshalb sollten die Neusiedlungen vorrangig außerhalb der Nilaue bzw. des Deltas errichtet werden.

Auch durch den Ausbau der Infrastruktur geht viel Anbaufläche ver-

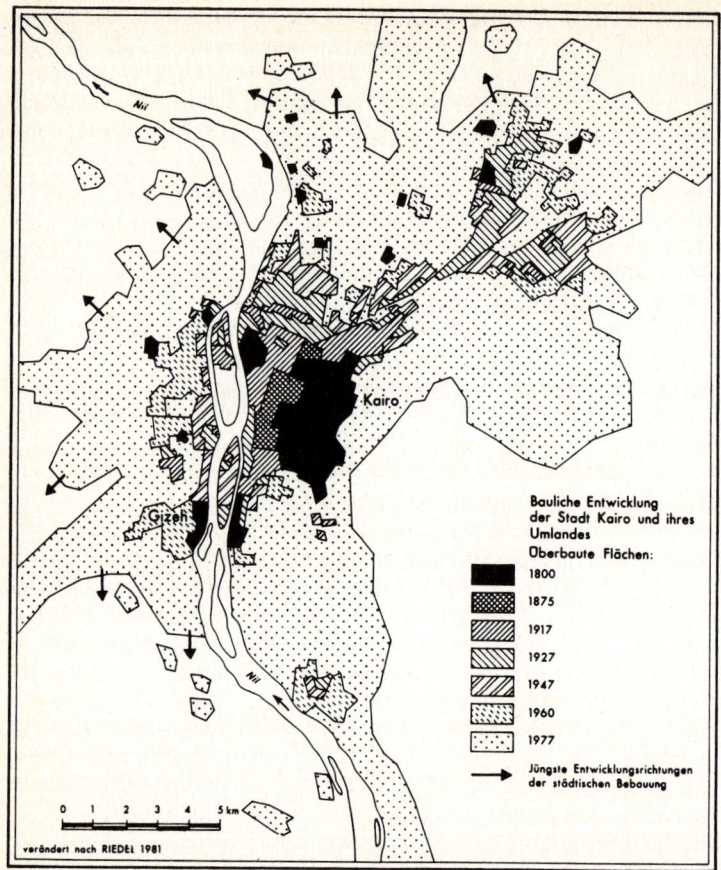

Fig. 29: Bauliche Entwicklung der Stadt Kairo und ihres Umlandes seit 1800 (nach E. Ehlers, Geogr. Rdsch. 36, 1984)

loren, so daß dem Transport der Güter auf den Wasserstraßen, besonders im Massengüterverkehr, Vorrang gegeben werden muß. Der Anteil wird heute auf 50 % geschätzt, der sich überwiegend auf den Wasserstraßen zwischen Alexandria und Kairo abspielt. Zwischen diesen beiden Städten wurde schon 1856 die älteste Eisenbahnlinie Afrikas eröffnet, die 1898 bis Luxor verlängert wurde. Immerhin umfaßte das ägyptische Eisenbahnnetz 1983 bereits über 4300 km Streckenlänge, dazu kommen etwa 12 000 km befestigte Straßen. Da sich jedoch zwischen 1979 und 1983 die Zahl der PKWs um die Hälfte erhöht hat, sind die Verkehrswege überlastet, was sich u. a. in hohen Unfallziffern dokumentiert.

Eine große Rolle spielt für Ägypten der Seeverkehr, der über den Mittelmeerhafen Alexandria und am Suezkanal in den Häfen Port Said und Suez abgewickelt wird. Neue Hafenanlagen sind im Bau.

Die große Bedeutung Alexandrias als Hafenstadt läßt sich an seiner Beteiligung mit 75 % am Seeverkehr ablesen. Welche Rolle der 193 km lange Suezkanal für Ägypten sowohl finanz- als auch verkehrspolitisch spielt, zeigen die Folgen seiner Schließung im Israel-Krieg 1967. Er wurde 1975 wieder eröffnet, und heute können ihn Schiffe von 150 000 t (beladen) befahren. 1984 benutzten 21 361 Schiffe diesen Weg, wodurch Ägypten 648 Mill. ägyptische Pfund an Kanalgebühren einnahm (Länderbericht 1986).

5 Vorderasien
(E. Wirth)

5.1 Der Naturraum und sein Nutzungspotential

Unter dem Begriff ›Vorderasien‹ scheinen zwei sehr unterschiedliche Großlandschaften zusammengefaßt zu sein. Die gebirgigen *Hochländer der Türkei und Irans* heben sich schon bei flüchtiger Betrachtung einer physikalischen Karte in ihren Konturen und Oberflächenformen klar von der *Halbinsel Arabien* ab; die dazwischen liegende Senkungszone des Persischen Golfs und des Euphrat-Tigris-Tieflands unterstreicht diese Trennung noch. Mit Recht wird man deshalb zögern, Vorderasien als einen einheitlichen Subkontinent anzusehen. Seine grundlegende Gliederung in die Hochländer im Norden und die Halbinsel Arabien im Süden ist geologisch-tektonisch bedingt; deshalb darf hier nochmals kurz aufgegriffen werden, was in übergreifender Sicht bereits in Abschnitt 2.2 gesagt wurde.

Quer durch Vorderasien, vom Golf von Iskenderun als dem östlichsten Teil des Mittelmeers im Westen bis zum Indischen Ozean südlich des Golfes von Oman im Osten, verläuft eine der grundlegenden geologisch-tektonischen Grenzen unseres Erdballs. Südlich von ihr werden die Oberflächenformen im wesentlichen durch den alten *Festlandsblock des Arabischen Schildes* bestimmt. Die kristallinen Gesteine dieser uralten Kontinentalmasse sind seit Beginn des Erdaltertums so starr und verfestigt, daß sie auf seitlichen Druck nicht mehr durch Faltung reagieren können. Nur weitgespannte Hebungen und Senkungen waren noch möglich. Im Zusammenhang damit wurden die Flächen des Arabischen Schildes vor allem im Erdmittelalter und der Erdneuzeit zeitweise wieder von flachen Meeren überflutet. Oberhalb des Meeresspiegels waren sie der Verwitterung und Abtragung eines auch früher oft schon wüstenhaften Klimas ausgesetzt. In beiden Fällen haben sich jüngere Gesteinsserien über dem kristallinen Sockel gebildet. Die Starre des darunter liegenden Kontinentalblockes bewahrte aber auch die Deckschichten meist vor weitergehenden Verformungen; sie liegen waagrecht übereinander. Damit ist Vorderasien südlich der genannten Linie überwiegend Tafelland.

Völlig anders ist der geologische Aufbau Vorderasiens nördlich davon, d. h. in den *Gebirgssystemen der Türkei, Irans und Afghanistans*. Im Erdmittelalter und teilweise noch in der Erdneuzeit lassen sich hier

Zonen kräftiger Absenkung und tiefe Meeresbecken (Geosynklinalen) nachweisen. Die Schichtpakete, die sich in diesen Meeren absetzten, sind viele Kilometer mächtig. Sie waren während der jungen (alpidischen) Gebirgsbildung, die im späten Erdmittelalter und in der Erdneuzeit diesen ganzen nördlichen Raum Vorderasiens erfaßte, weitgehend verformbar und reagierten auf seitlichen Druck durch Faltung oder Überschiebung. Schroffe Bergketten mit steil gestellten Schichten, wie wir sie von unseren europäischen Hochgebirgen her kennen, findet man deshalb nur im nördlichen Teil Vorderasiens. In die jungen Faltenbereiche wurden vereinzelt auch Blöcke früherer Gebirgsbildungen mit einbezogen, die etwa unseren deutschen Mittelgebirgen vergleichbar sind.

Der *Gegensatz dieser beiden Großräume* verstärkte sich in den jüngst vergangenen geologischen Perioden nun noch durch ein unterschiedliches Ausmaß vertikaler Bewegungen der Erdkruste: Der Norden wurde meist stark gehoben. Die alten Massen im Süden dagegen wurden allenfalls stellenweise mit weitgespannten Bewegungen aufgewölbt, z. B. zu beiden Seiten des Roten Meeres. In den jeweils größten wie in den durchschnittlichen Höhen über dem Meeresspiegel prägt sich die unterschiedliche Hebung noch heute aus.

Der *Grenzsaum* zwischen nördlichen Hochländern und Arabischem Schild ist nicht einheitlich: Im Osten überwiegen Senkungstendenzen (Persischer Golf und seine Verlängerung im Euphrat-Tigris-Tiefland). Im Westen hingegen zeigen das Libanon-Gebirge und die anderen Bergländer der Levante in Aufbau und Entstehung bereits Übergänge zu den benachbarten alpidischen Gebirgen. Gewiß, auch in der Levante ist der Einfluß des im Untergrund verborgenen starren Arabischen Schildes noch unverkennbar. Aber die darüber lagernden jüngeren Deckschichten sind doch schon so mächtig, daß die Ausstrahlungen der nördlichen jungen Gebirgsbildung, nur teilweise zu einem Zerbrechen der Schichten, teilweise jedoch schon zu einer Faltung führten. So sind die Gebirge des Libanon, des Antilibanon und des Hermon eine Zwischenform zwischen Bruchschollengebirge und Faltengebirge. Auch viele Bergzüge im Nordirak und in Nordsyrien zeigen schon eine klare Faltenstruktur (Antiklinalen). Sie erheben sich aber weit voneinander entfernt als langgestreckte isolierte Rücken über die Steppentafel, so daß man auch hier den Einfluß des unterlagernden Arabischen Schildes noch klar erkennen kann.

Aufgrund der geschilderten unterschiedlichen geologisch-tektonischen Entwicklung ist das *nördliche Vorderasien* ein Teil der jungen europäisch-asiatischen Faltungszone und damit Bergland, Gebirge oder Hochfläche. Die Meereshöhen der höchsten Gipfel stehen denen unserer europäischen Gebirge nicht nach (Cilo Dagh in der südöstlichen Türkei 4168 m, Sardeh Kuh in Südpersien 4548 m). Trotz der geologischen Verwandtschaft mit unseren Alpen lassen sich jedoch einige auffällige Unterschiede erkennen. Den jungen Gebirgen Vorderasiens eigentümlich sind z. B. die zahlreichen *Schichtvulkane*, die die Gebirge und Hochländer der Türkei und Irans als mächtige majestätische Kegel überrragen und deren Spitzen bis weit in den Sommer hinein (einige von ihnen sogar das ganze Jahr hindurch) von einer Schneehaube gekrönt werden. Einige dieser Vulkane übertreffen sogar den Montblanc an Höhe (Ararat in der Türkei 5156 m; Demawend in Nordiran 5601 m).

Sehr charakteristisch für Vorderasien sind auch die weitgespannten *zentralen Hochflächen und Becken*, die in den Gebirgen zwischen die Bergketten eingeschaltet liegen. In den besser beregneten Gebieten der Türkei und des westlichen Persien werden diese Ebenheiten oft von fruchtbaren Anschwemmungsböden erfüllt; sie geben damit eine gute Grundlage für die Landwirtschaft. In Ostpersien und in Afghanistan dagegen überwiegen Schuttauffüllungen oder große Salztonsümpfe; von begrünten Bergketten umgeben, sind die dortigen Beckenlandschaften meist trostlose Wüsten.

Auch im *südlichen Vorderasien*, im Bereich des Arabischen Schilds, gibt es noch Gebirge. Meist sind es hier jedoch keine großen zusammenhängenden Gebirgskomplexe wie im Norden, sondern mehr isolierte Gebirgsinseln, die sich als schroffe Schichtstufen, als langgestreckte breite Rücken oder als Aufwölbungen mit tektonisch bedingtem Steilabfall aus den umgebenden Ebenen erheben. Auch sind die Meereshöhen im allgemeinen geringer: Nur im Jemen werden von einer auf das Hochland aufgesetzten Vulkanruine noch 3760 m erreicht; der höchste Gipfel des Libanon ist nur noch 3089 m, der des Sinai-Gebirges noch 2637 m hoch.

Im Gebiet der Hebungszone des südlichen Arabien wurden die Deckschichten des Tafellandes vielfach abgetragen, so daß die darunter liegenden kristallinen Gesteine zutage treten. Östlich des heutigen Nil waren die Zerrungen und Spannungen bei der Aufwölbung des Arabischen Schildes so stark, daß etwa in der Scheitellinie des Gewölbes ein *geologischer Graben* einbrach: das Rote Meer. Ausläufer dieses Grabenbruches setzen sich nach Norden im Golf von Suez, Golf von Akaba und dem Graben des Toten Meeres fort, nach Süden im Golf von Aden und der großen ostafrikanischen Bruchregion. Auf den geologisch ganz jungen Einbruch ist es auch zurückzuführen, daß die Ufer des Roten Meeres und des Golfs von Aden und damit die West- und

Südküste Arabiens von fast geraden Linien begrenzt werden. Hier sind die Reliefunterschiede auch am größten: Mit einer imposanten, vielfach zerlappten Steilstufe steigt das Hochland nach Südarabien stellenweise mehr als 2000 m über die Küstenebene längs des Roten Meeres an.

An vielen Stellen der Halbinsel Arabien ist entlang von Spalten und Schwächezonen der Erdkruste *vulkanisches Material* an die Oberfläche gedrungen. Es baute hier im Süden aber nicht wie im Norden Vulkankegel auf, sondern breitete sich überwiegend als flache Decke über die Schichtgesteine des Tafellandes oder die Flächen des zutage liegenden kristallinen Untergrundes aus. So wird der Vulkanismus Arabiens weniger im Formenschatz der Oberfläche als durch seine Gesteine von Bedeutung: Stellenweise ist das vulkanische Material so weit verwittert, daß es besonders fruchtbaren Ackerboden ergibt; häufiger jedoch sind fast sterile Basaltblock-Trümmerfelder, die sogenannten ›Harras‹, die für Landnutzung und Verkehr ein kaum zu überwindendes Hindernis darstellen.

Ungeachtet aller Unterschiede des geologisch-tektonischen Baus und der Oberflächenformen erscheinen die Hochländer des Nordens durch viele Gemeinsamkeiten des *Klimas* recht eng mit der Arabischen Halbinsel – und darüber hinaus mit ganz Nordafrika – verbunden. Da vom Klima, aber auch der Wasserhaushalt, die Pflanzenwelt, die Landnutzung und die Besiedlungsdichte abhängen, wird unter diesem Gesichtspunkt Vorderasien doch zu einem weitgehend einheitlichen Großraum.

Wie in Nordafrika finden wir auch in Vorderasien in einem kontinuierlichen Formenwandel alle Abstufungen zwischen *vollmediterranen Klimaten* und *Wüstenklimaten*: Im Bereich der Mittelmeerküste und in den dem Meere näheren Gebirgen fallen noch so viele Niederschläge, daß ohne zusätzliche Bewässerung eine recht intensive Landnutzung möglich wird. Im Bereich der zentralen Wüsten Arabiens und Irans hingegen ist es schon so trocken, daß nicht einmal Kamele mehr ihre spärliche Nahrung finden. Diese beiden Klimate (mediterran-feucht und wüstenhaft-trocken) und die dazwischen liegenden halbtrockenen (semiariden) Varianten sind sowohl für die Hochländer im Norden als auch für die Halbinsel Arabien im Süden charakteristisch (Fig. 30).

In allen Übergangsformen, die das Klima Vorderasiens zwischen ›recht feucht‹ und ›sehr trocken‹ aufweist, bleibt nun aber als charakteristisches Element die Zusammenballung der Niederschläge auf das *Winterhalbjahr* erhalten: Nicht nur im Randbereich des Mittelmeers, sondern auch in den meisten Gebirgen und den meisten Wüsten Vor-

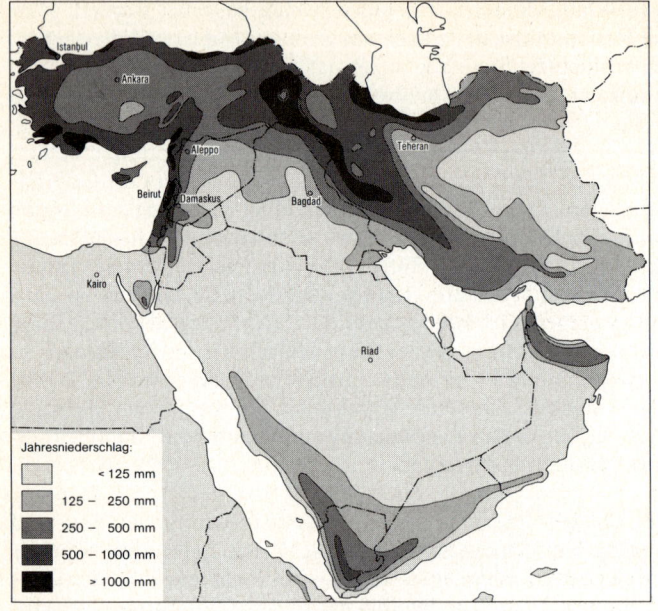

Fig. 30: Vorderasien–Jahresniederschlag

derasiens fallen die Niederschläge zwischen September und April, mit einem Maximum im Dezember oder Januar oder mit zwei Maxima im Herbst und Frühjahr. Die Sommer hingegen sind durchweg heiß und regenarm bis regenlos. Der Himmel ist dann meist wolkenlos, die Sonneneinstrahlung entsprechend stark und die Luftfeuchtigkeit gering. Nur ganz im Norden und ganz im Süden Vorderasiens finden wir kleine Randgebiete mit Sommerniederschlägen: Der Küstensaum des Schwarzen Meeres (Türkei) und des Kaspischen Meeres (Iran) liegt im Sommer bereits im Einflußbereich feuchterer nördlicher Luftmassen; das Hochland von Jemen (Südarabien) hingegen erhält bereits randtropische Sommerregen.

Über weitere Einzelheiten des Klimas wurde im größeren Zusammenhang bereits in Abschnitt 2.3 gesprochen. Speziell für Vorderasien sei nur nochmals darauf hingewiesen, daß die *reichlicher beregneten Räume*, in denen auch ohne Bewässerung ein Anbau vieler verschiedener Nutzpflanzen möglich ist, auf verhältnismäßig *kleine Inseln oder recht schmale Streifen* beschränkt bleiben (Fig. 30). Im mediterran beeinflußten Westen der Arabischen Halbinsel, also in Syrien–Libanon−Palästina−Jordanien, nehmen schon 100 bis 200 km östlich der Mittelmeerküste die winterlichen Niederschläge so stark ab, daß ohne Bewässerung keine Baumhaine und keine Sommerkulturen mehr gedeihen. In den Hochländern des Nordens hingegen, die zumindest im Westen über größere Bereiche hin reichlichere Niederschläge empfangen, setzt das Gebirgsrelief eine Grenze und verweist die Landnutzung auf die ebenen oder wenig geneigten Becken- und Tallandschaften. Demzufolge würde eine ganz grobe Überschlagsrechnung ergeben, daß höchstens ein Zehntel der Fläche Vorderasiens im Regenfeldbau genutzt werden kann. Wüsten, Wüstensteppen und winterkalte, unwirtliche Gebirge überwiegen bei weitem.

In der Auseinandersetzung mit dem Trockenklima und dem daraus resultierenden sehr beschränkten Wasserangebot haben die Hochkulturen Vorderasiens bereits in der Antike ausgeklügelte *Methoden zur optimalen Nutzung der Wasservorräte* bzw. der Niederschläge entwickelt. Viele dieser Techniken und Geräte können noch heute Bewunderung erregen. Agrartechnisch bedeutet es eine große Leistung, wenn im Randbereich zur Wüstensteppe Gerste noch bei einem langjährigen Jahresmittel von 150 bis 200 mm Niederschlag sowie Ölbäume bei einem solchen von 250−300 mm Niederschlag angebaut werden. Auch die ebenso sinnreichen wie aufwendigen Vorrichtungen zur Erschließung und Nutzung des Grundwassers (z. B. Khanate als unterirdische Grundwasserstollen) oder zur Hebung des Wassers in Flüssen und Kanälen zeigen auf ihrem traditionellen handwerklichen Niveau einen hohen Stand technischer Reife. Wie steht es aber in der zweiten Hälfte unseres 20. Jahrhunderts, im Rahmen der modernen Weltwirtschaft, um deren *Wirtschaftlichkeit?*

Bis in die Jahrzehnte vor dem Ersten Weltkrieg waren die einzelnen Wirtschaftsräume Vorderasiens infolge der fast prohibitiv hohen Transportkosten für Getreide und alle anderen Nahrungsmittel zur Selbstversorgung gezwungen. Dadurch erschien der hohe Aufwand an Arbeitskraft oder Kapital, der zu einer hinreichenden Wasserversorgung der Feldflur erforderlich war, auch wirtschaftlich gerechtfertigt. Heute hingegen sind fast alle Regionen Vorderasiens für moderne Massenverkehrsmittel erschlossen; im Rahmen der verflochtenen Weltwirtschaft beginnt die dortige Landwirtschaft nunmehr in Konkurrenz zu anderen Anbaugebieten zu geraten. Diese Konkurrenz ist hart; denn im Vergleich mit Klimazonen, die hinsichtlich ihrer Wasserversorgung stärker begünstigt sind, erfordert die agrarische Produktion in Vorderasien entweder einen wesentlich höheren Aufwand, um dieselben Erträge zu erzielen, oder aber bei etwa gleichem Aufwand sinken die Erträge vergleichsweise stark ab. In den Regenfeldbaugebieten wird die Bilanz für die Landwirtschaft dann noch besonders ungünstig durch empfindliche Ernteminderungen in Trockenjahren und durch das Dürrerisiko, welches bei abnehmendem durchschnittlichem Jahresniederschlag fatalerweise sogar überproportional stark ansteigt (vgl. Abschn. 2.3).

Als *Trockengrenze des Regenfeldbaus* in Vorderasien wird heute gemeinhin noch der Bereich zwischen 200 und 250 mm durchschnittlichen Jahresniederschlags angesehen (Fig. 30). Auf längere Sicht und bei steigendem Lebensstandard dürfte aber wohl erst bei etwa 400 mm durchschnittlichen Jahresniederschlags ein vertretbares Verhältnis zwischen Aufwand und Ertrag erreicht werden. Vermutlich wird deshalb in den kommenden Jahrzehnten die Grenze des Regenfeldbaus ein beträchtliches Stück zurückgenommen werden müssen. Mit merklich weniger als 400 mm langjährigen Niederschlags könnten auf die Dauer wohl nur kapitalstarke Groß- und Riesenbetriebe auskommen, wenn sie vollmechanisiert extensiven Anbau betreiben. Gerade solche Betriebe werden jedoch heute vielerorts durch Agrarreformen und Landaufteilungen zerschlagen.

Angesichts dieser Schwierigkeiten des Regenfeldbaus verweist man häufig auf die noch nicht voll ausgeschöpften Möglichkeiten der *Bewässerungswirtschaft*. Auch Feldbewässerung wird jedoch in absehbarer Zeit an kaum überschreitbare Grenzen stoßen. Neben der *Kostenfrage* muß dabei insbesondere die zur Verfügung stehende *Wassermenge* berücksichtigt werden.

Schon heute ist vielerorts in Vorderasien der Aufwand für das Heben des Wassers zu Bewässerungszwecken unrentabel hoch; dies gilt gleichermaßen für die traditionelle Feldbewässerung (z. B. mit Hilfe von Khanaten in Iran oder großen Wasserschöpfrädern im Irak) wie für moderne Bewässerungstechniken (z. B. das Hochpumpen von Bewässerungswasser in Israel). Da sie viel weniger Aufwand an Kapital, Organisation, Arbeit und Unterhalt erfordert als große Staudämme, hat sich die *Bewässerung mit Hilfe von Dieselpumpen* in den vergangenen Jahrzehnten als dynamische Innovation über den ganzen Orient ausgebreitet; die Pumpen werden auf Grundwasserbrunnen oder am Ufer von Flüssen installiert. Die Anhebung der Kosten für Dieselöl auf fast das Zehnfache seit 1973 läßt Pumpbewässerung jedoch vielerorts schon unrentabel werden.

Oft hat selbst ein ungewöhnlich hoher Aufwand nur einen recht begrenzten Nutzeffekt. Ein vielzitiertes, fast schon klassisches Beispiel hierfür ist der 1970 fertiggestellte Sadd el-Ali, der große Assuan-Hochdamm in Ägypten: Dieses gigantische Riesenprojekt wird es ermöglichen, gerade diejenigen 7 Millionen Ägypter zusätzlich zu er-

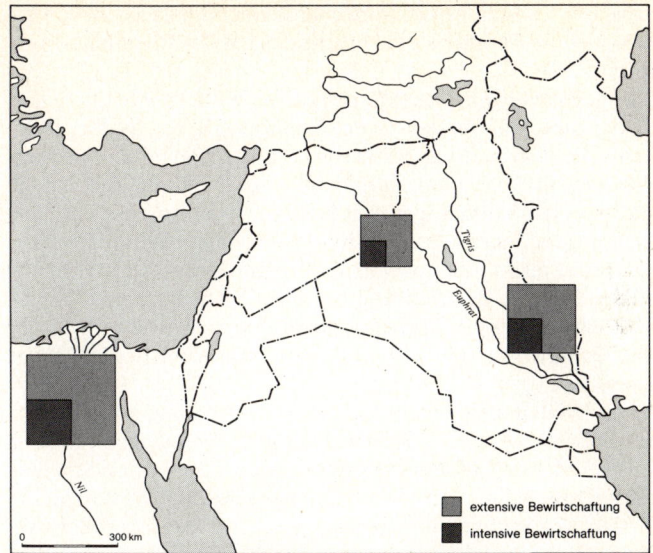

extensive Bewirtschaftung
intensive Bewirtschaftung

0 300 km

Fig. 31: Bewässerungspotential von Nil, Tigris und Euphrat

nähren, um die die Bevölkerung des Landes in den zehn Jahren Bauzeit des Hochdammes angewachsen ist. Trotz größter Anstrengungen ist damit Ägypten im Bemühen um die Sicherung der Ernährung seiner Bevölkerung heute keinen Schritt weiter als vor 10 Jahren (vgl. Abschn. 4.4).

Auf längere Sicht steht gerade in Vorderasien viel zuwenig Wasser für Bewässerungszwecke zur Verfügung. Wie wenig selbst die Wassermassen der großen Ströme hier helfen können, sei kurz am Beispiel des *Euphrat* gezeigt (H. press et al. 1962). Im langjährigen Durchschnitt beträgt der Jahresabfluß des Euphrat 26 Mrd. m^3. In Trockenjahren (1930) werden nur 10 Mrd. m^3, in Feuchtjahren (1954) 42 Mrd. m^3 erreicht. Was kann man theoretisch mit diesen Wassermengen anfangen? Bei einer relativ extensiven Dreijahresrotation Baumwolle–Brache–Weizen mit anschließender Gründüngung rechnet man in Syrien für 100 000 ha landwirtschaftlicher Nutzfläche mit einem Jahresbedarf von 0,8 bis 1,2 Mrd. m^3 Wasser. Schließt man die Wasserverluste durch Verdunstung usw. mit ein, dann erhöht sich dieser Betrag auf 1,5 Mrd. m^3 Wasser. Die 26 Mrd. m^3 Wasser, die im langjährigen Jahresdurchschnitt den Euphrat herunterfließen, reichen also gerade aus, um 1,8 Mill. ha landwirtschaftlicher Nutzfläche zu bewässern – das ist etwas weniger als die Fläche des Landes Rheinland-Pfalz oder Hessen!

Bereits die gegenwärtig in Durchführung oder in Planung befindlichen Projekte der drei Anliegerstaaten des Euphrat (Türkei, Syrien, Irak) benötigen erheblich mehr Bewässerungswasser, als im langjährigen Jahresdurchschnitt dem Fluß entnommen werden kann. Tab. 7 geht dabei noch von sehr vorsichtigen Ansätzen aus. Realistischer sind jüngere Schätzungen, denen zufolge Syrien in absehbarer Zeit zur Bewässerung von etwa 600 000 ha pro Jahr 10 Mrd. m^3 Euphratwasser benötigt, und der Irak zur Bewässerung von etwa 1,6 Mill. ha pro Jahr 24 Mrd. m^3. Selbst wenn die Türkei überhaupt kein Wasser entnähme, würde der Euphrat schon für diesen Bedarf Syriens und des Irak nicht mehr ausreichen.

Die obigen Schätzungen gehen von der Voraussetzung aus, daß zur Bewässerung von 100 000 ha landwirtschaftlicher Nutzfläche pro Jahr höchstens 1,5 Mrd. m^3 Wasser benötigt würden. Dies entspricht einer für extensiveren Anbau gerade noch ausreichenden Wasserspende von 0,3–0,4 l pro Sekunde und Hektar. Intensive Bewässerungswirtschaft ohne Brache, vielleicht sogar mit mehreren Ernten pro Jahr, erfordert jedoch wesentlich höhere Wasserspenden. Entsprechend müßten dann bei gleichem Wasserangebot die zu bewässernden Flächen noch weiter reduziert werden.

Um einen ganz groben Überblick über die *theoretisch überhaupt bewässerbaren Areale* zu gewinnen, sind auf Fig. 31 maßstabgerecht für Euphrat und Tigris, die beiden großen Ströme Vorderasiens, und im Vergleich dazu für den Nil als mögliche Bewässerungsfläche je ein größeres Quadrat (extensivere Bewirtschaftung) und ein kleineres Quadrat (intensivere Bewirtschaftung) eingetragen. Die Darstellung geht davon aus, daß im langjährigen Durchschnitt der Jahresabfluß des Nils 84 Mrd. m^3 beträgt, der des Tigris 45 Mrd. m^3 und der des Euphrat 26 Mrd. m^3. Darüber hinaus wurde angenommen, daß alles Wasser der Flüsse verbraucht wird, theoretisch also kein Tropfen unverwendeten Wassers mehr das Meer erreicht. Die Darstellung der Quadrate in Fig. 31 zeigt sehr eindrucksvoll, wie beschränkt selbst bei den drei mit Abstand wasserreichsten Flüssen des Orients die Bewässerungsmöglichkeiten sind.

Die Nutzung der Trockenräume Vorderasiens im Rahmen der modernen Weltwirtschaft ist nun aber noch in einer weiteren Hinsicht mit besonderen Problemen belastet: Unter den dortigen extremeren Bedingungen kann das *Gleichgewicht des Naturhaushalts* durch unsachgemäße Eingriffe des Menschen viel leichter gestört oder verschoben werden als bei uns. Im Vergleich mit Vorderasien erscheint die Natur in Mittel- und Westeuropa sehr ›gutmütig‹; man muß bei uns schon recht massiv eingreifen, um eine Störung des Naturhaushaltes zu bewirken. In Vorderasien hingegen setzt jede Landnutzung Fingerspitzengefühl, Sachkenntnis und eine behutsame Ausbalancierung aller Maßnahmen voraus, wenn man schwere Schäden vermeiden will.

Es wurde bereits erwähnt, daß in vielen Teilen Vorderasiens, z. B. in Syrien und Saudi-Arabien, der *Grundwasserspiegel* durch eine zu starke Ausdehnung der Pumpbewässerung bedrohlich abgesunken ist. Im Unterirak, im syrischen Euphrattal und in vielen Oasen fallen große Teile der landwirtschaftlichen Nutzfläche durch *Versalzung der Böden* infolge unsachgemäßer Bewässerung wüst. Fast überall hat die *Vegetationszerstörung* infolge unkontrollierter Eingriffe des Menschen zu schweren Schäden des Naturhaushalts geführt; dies gilt nicht nur für die Wälder und Gehölzfluren, sondern auch für die Weidetriften der Steppen und Wüstensteppen. Das Umbrechen stark gipshaltiger Böden in Nordostsyrien und im Nordirak durch moderne mechanisierte Landwirtschaft hat – wie z. B. auch in Zentraltunesien – die Häufigkeit und Stärke von *Staubstürmen* sehr gefördert. Schließlich sind mit dem Ausbau des Bewässerungssystems im Irak (und in Ägypten) *gefährliche menschliche Parasiten*, z. B. die Bilharzia, als endemische Krankheiten bis in die Kernregionen selbst der Großstädte vorgedrungen. Prozesse dieser Art zeigen, wie vorsichtig in Vorderasien alle Maßnahmen wirtschaftlicher Erschließung vorgenommen werden müssen, wenn sie mit Eingriffen in den Naturhaushalt verbunden sind.

5.2 Der Bauplan der Kulturlandschaft

Der Gebirgsbau und die Oberflächenformen Vorderasiens legen, wie wir sahen, eine erste grundlegende Gliederung in nördliche Hochländer einerseits und Halbinsel Arabien andererseits nahe. Erstaunlicherweise hat diese Zweiteilung in der vieltausendjährigen Geschichte der Staaten und Hochkulturen Vorderasiens kaum je eine Rolle gespielt. Zwar haben sowohl die Nomaden Arabiens (Beduinen) als auch die Bewässerungskulturen des Unterirak mit ihrer Expansion am Gebirgsrand im Norden eine nur schwer zu überschreitende Grenze gefunden; aber aus den nördlichen Hochländern sind zu fast allen Zeiten der Geschichte Vorderasiens Eroberer in den Süden vorgedrungen und haben weite Teile auch Arabiens ihren Reichen eingegliedert.

Im Gegensatz dazu setzte sich seit der frühen Antike immer wieder eine durch die Landesnatur nicht vorgezeichnete *Gliederung in westliches und östliches Vorderasien* durch: Sowohl die westlichen Hochländer (Anatolien) als auch die Levanteländer im Westen der Halbinsel Arabien erscheinen seit Beginn höherer Zivilisation im Orient dem Mittelmeer und den dortigen Kulturen zugewandt. Die östlichen Hochländer (Iran, Afghanistan), das Euphrat-Tigris-Tiefland und Ostarabien hingegen sind kulturell viel weniger vom Mittelmeer her beeinflußt; neben gewichtigen Momenten eigenständiger Kultur lassen sich dort viele Beziehungen nach Innerasien (Mongolen) und Indien feststellen. Großräumige Lagebeziehungen und die Nachbarschaft zu anderen Kulturen haben zu dieser unterschiedlichen Orientierung des Westens und des Ostens erheblich beigetragen.

Die ›Euphrat-Linie‹ bzw. der Bereich um den 40. Längengrad wird im Laufe der Geschichte Vorderasiens immer wieder zu einem wichtigen Grenzsaum. Er trennte in der Antike das Imperium Romanum und später das Byzantinische Reich im Westen von den Reichen der Parther und Sassaniden im Osten. In frühislamischer Zeit lagen im Westen die Kernräume des omaijadischen, im Osten die des nachfolgenden abbasidischen Reiches; der Westen bekennt sich seit dem späten Mittelalter ganz überwiegend zur sunnitischen, der Osten hingegen vielfach zur schiitischen Richtung des Islam. Im 15./16. Jahrhundert schließlich bildete sich in Vorderasien der bis zum Ersten Weltkrieg dauernde Gegensatz zwischen dem nach Europa orientierten Osmanischen Reich (im Westen) und den nach Indien orientierten Staaten des Hochlandes von Iran–Afghanistan (im Osten) heraus.

So wichtig diese alte historische Grenzlinie zwischen westlichem und östlichem Vorderasien in der Vergangenheit auch gewesen sein mag, so hat die Zugehörigkeit zu je verschiedenen Staatswesen doch nur in eng begrenzten Teilbereichen, z. B. dem der Architektur, Auswirkungen auf die Kulturlandschaft Vorderasiens gehabt. Viel entscheidender für den Bauplan der Kulturlandschaft war schon immer die von der Landesnatur vorgegebene *räumliche Verteilung der Gunstgebiete* mit guten Möglichkeiten für Anbau und seßhafte Siedlung gewesen. Wir sahen, daß diese auf verhältnismäßig kleine Inseln oder recht schmale Streifen beschränkt bleiben. Infolgedessen zeigt sich ein ganz wesentlicher Unterschied zu unserer westlichen Welt und zu Süd- und Ostasien: Für Europa und für große Gebiete Nordamerikas, Indiens oder Chinas ist eine lückenlose, flächenhafte Nutzung und Besiedlung weiter zusammenhängender Räume charakteristisch. In Vorderasien hin-

gegen werden je isolierte Gebiete mit dichterer Besiedlung und seßhafter Landnutzung durch weite, nicht nutzbare Landstriche voneinander getrennt (G. SCHWEIZER 1978).

Inselhaftigkeit und *Lückenhaftigkeit* sind damit die beiden Grund-
charakteristika der Kulturlandschaft Vorderasiens. Der intensiver
genutzte Lebens- und Wirtschaftsraum des Menschen erscheint in einzelne Inseln und Streifen aufgelöst, die durch das Meer, durch
Wüsten, durch extensive Weidetriften oder durch Hochgebirge voneinander getrennt sind. Lebensraum für eine seßhafte Bevölkerung ist
nur dort zu finden, wo infolge ausreichender Niederschläge oder
durch künstliche Bewässerung genügend Feuchtigkeit für die Wasserversorgung von Siedlungen und den Anbau von Nutzpflanzen zur Verfügung steht (Fig. 33, 46). Fast alle derart von der Natur begünstigten
Gebiete Vorderasiens liegen nun aber peripher, d. h. in Randsäumen;
nur in ganz kleinen isolierten Inseln (meist Oasen) sind sie auch mitten
in die großen Wüsten- und Wüstensteppengebiete Arabiens und Irans
eingestreut. Diese von der Natur vorgezeichnete Diskontinuität,
Randständigkeit und Zersplitterung ist mit den daraus folgenden Er-
schwernissen von Nachbarschaft und direktem gegenseitigem Kontakt
für die Kulturlandschaft Vorderasiens eine schwere Hypothek.

Grenzen und Ausdehnung der Siedlungsinseln und -säume Vorderasiens liegen nun allerdings keineswegs unabänderlich fest. In Zeiten
allgemeinen Niedergangs und schwacher Zentralregierungen dehnen
die Nomaden ihren Machtbereich und damit ihre Weideareale aus den
Wüstensteppen und Gebirgsweiden heraus weit gegen das an sich ak-
kerfähige Land hin aus. Der Seßhafte zieht sich zurück, Dörfer und
Städte werden aufgegeben, Acker- und Gartenland fällt wüst. In Zeiten wirtschaftlicher Prosperität und einer starken Zentralregierung
hingegen weitet sich das Siedelland wieder in Richtung auf die Wüstensteppe zu aus. Dieses pulsierende *Vor- und Zurückweichen der
Siedlungsgrenze* ist ganz offensichtlich ein Prozeß, der sich im Laufe
der Geschichte Vorderasiens mehrfach wiederholt hat (W.-D. HÜTTE-
ROTH 1969). Ganz Analoges gilt z. B. auch für den Sahel Tunesiens.
In der klassischen Antike, vor allem zur Zeit des Imperium Romanum, war z. B. die Grenze des Feldbaus schon einmal für Jahrhunderte etwa ebenso weit gegen die Wüstensteppe vorgetragen gewesen
wie heute. Erst im Mittelalter verfielen die Bewässerungseinrichtun-
gen, und ein breiter Saum ackerfähiger Steppe kam unter die Botmä-
ßigkeit nomadischer Stämme; die seßhaften Siedler wurden vertrieben, das Land nur noch als Weide genutzt. In der zweiten Hälfte des
16. Jahrhunderts brachte dann die Blüte des Osmanischen Reiches im

Alt- und Jungsiedlung a

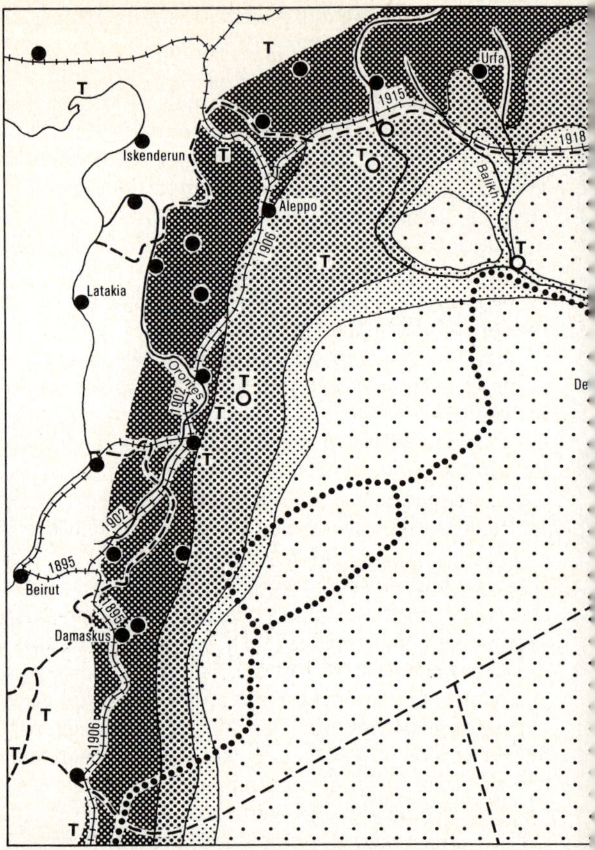

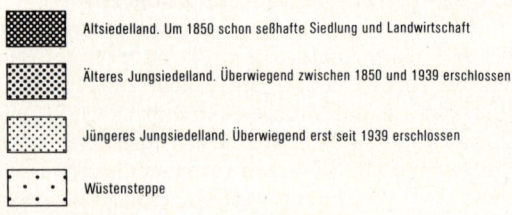

Altsiedelland. Um 1850 schon seßhafte Siedlung und Landwirtschaft

Älteres Jungsiedelland. Überwiegend zwischen 1850 und 1939 erschlossen

Jüngeres Jungsiedelland. Überwiegend erst seit 1939 erschlossen

Wüstensteppe

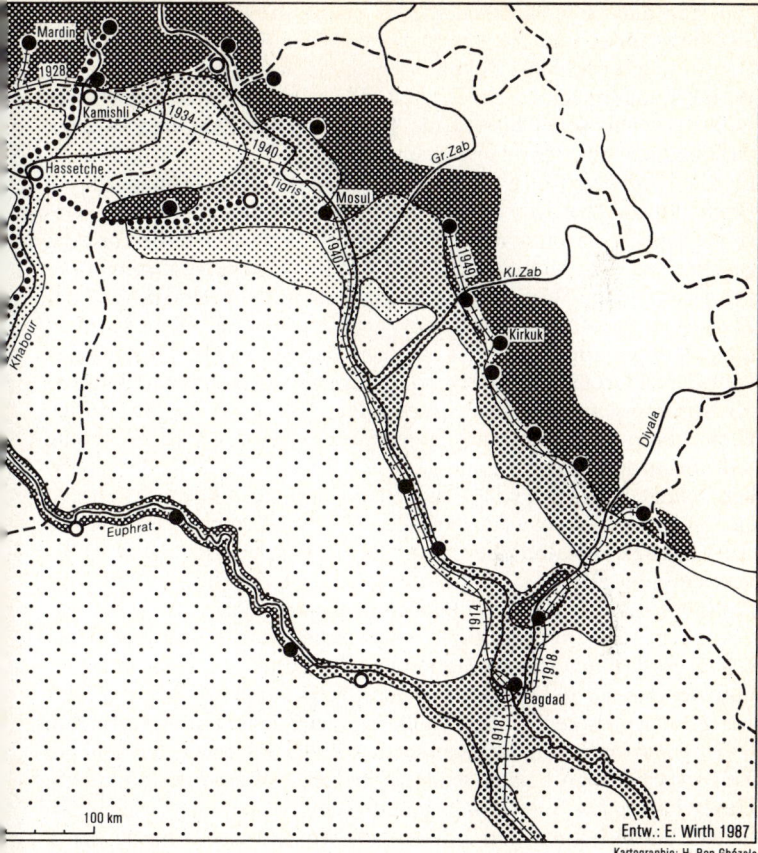

Vor 1850 nachweisbare Städte

Nach 1850 entstandene zentrale Orte

Ansiedlungen tscherkessischer Wehrbauern

‑ ‑ ‑ ‑   heutige Staatsgrenze

●●●●●●   Limes der späteren römischen Kaiserzeit

++++++   Eisenbahnlinien mit Jahr der Fertigstellung

Fig. 32: Alt- und Jungsiedelland am Nordsaum der arabischen Halbinsel

westlichen Vorderasien und die des Safawidenreiches im Hochland von Iran ganz offensichtlich wieder eine kräftige Ausdehnung des Siedlungslandes und die Erschließung neuer Bewässerungsgebiete. Dann folgten nochmals Zeiten des Verfalls; in der ersten Hälfte des 19. Jahrhunderts reichte der Einfluß beduinischer Nomaden am Nordsaum Arabiens sogar bis vor die Tore von Damaskus und Aleppo, Urfa und Mardin, Mosul und Kirkuk (Fig. 32).

Im Osmanischen Reich setzt gegen Mitte des 19. Jahrhunderts, im Hochland von Iran etwa fünfzig Jahre später, wieder eine kräftige Gegenbewegung ein: In den darauf folgenden Jahrzehnten wird fast das gesamte seit der späteren römischen Antike von den Nomaden in Besitz genommene Ackerland zurückgewonnen; dem *Altsiedelland* der Zeit bis etwa 1850 gesellt sich ein *Jungsiedelland* zu. Diese Ausdehnung des Siedlungsraumes bis an die nur schwer zu überschreitenden natürlichen Grenzen im Verlauf der vergangenen einhundert Jahre ist für Vorderasien von größter Bedeutung; ergeben doch ganz grobe, überschlägige Schätzungen z. B. für Syrien oder den Irak, daß heute fünf- bis zehnmal soviel Land genutzt wird wie um 1850. Zu äußerst bescheidenen Arealen von Altsiedelland in wenigen Kernräumen sind also weite Gebiete von Jungsiedelland hinzugekommen. Eine solche Ausweitung des Kulturlandes war allerdings auch unbedingt erforderlich; denn im gleichen Zeitraum hat sich auch die Bevölkerung Vorderasiens auf etwa das Fünf- bis Zehnfache vermehrt.

Grundlegende Voraussetzung für die Erschließung des Jungsiedellandes in Vorderasien war die Befriedung des Landes und die *Unterwerfung der Nomaden*. Das Osmanische Reich konnte hier bereits in den Jahrzehnten vor dem Ersten Weltkrieg beachtliche Erfolge erringen; im Hochland von Iran hingegen setzte sich die Staatsgewalt erst in der Zeit zwischen den beiden Weltkriegen mit größerem Erfolg durch. Heute haben die Nomaden gegenüber den modernen Waffen staatlicher Polizeitruppen und Militäreinheiten keinerlei Chance mehr. Ihre Macht ist gebrochen, und die Grenze des Pfluglandes gegen die Wüstensteppe wird nicht mehr durch nomadische Herrschaftsansprüche, sondern nur noch durch das technisch Mögliche und das wirtschaftlich Sinnvolle bestimmt (vgl. Abschn. 1).

Wenn wir von dem Sonderfall Israel einmal absehen, dann ist das Jungsiedelland Vorderasiens fast ausschließlich von *einheimischen Kolonisten*, nicht von Angehörigen anderer Kulturkreise, erschlossen und besiedelt worden. Die für den Maghreb so fatalen Probleme europäischer Siedlungskolonien (vgl. Abschn. 4.1.4.1) gibt es deshalb (mit Ausnahme Israels) in Vorderasien nicht. Die Kolonisten des Jungsiedellandes rekrutierten sich teilweise aus den Bevölkerungsüberschüssen des Altsiedellandes; zum anderen Teil waren es ehemalige Nomaden, die sich im Jungsiedelland seßhaft niederließen. In den Regenfeldbaugebieten überwog dabei die Landnahme einzelner Familien oder kleinerer Gruppen aufgrund privater Initiative. Oft oblag allerdings die finanzielle Unterstützung und der militärische Schutz der Neusiedler in den ersten schweren Jahren einem einflußreichen städtischen Notabeln oder Geldgeber, der ähnlich wie bei unserer deutschen Ostkolonisation als locator tätig wurde. Wie bereits erwähnt (Abschn. 3.2), liegt hier eine der Wurzeln rentenkapitalistischer Abhängigkeitsverhältnisse der Landbevölkerung.

Bis zum Zweiten Weltkrieg ging die bäuerliche Kolonisation auf Regenfeldland noch weitgehend in den althergebrachten Geleisen orientalischer Landwirtschaft vor sich, d. h. also mit der traditionellen Anbautechnik, der altüberlieferten Fruchtfolge Wintergetreide – Brache und dem jahrtausendealten Inventar von Ritzpflug, Dreschschlitten, gezähnter Sichel und Lehmhüttensiedlung. Dieses ›ältere Jungsiedelland‹ gleicht in seiner Physiognomie in mancher Hinsicht noch dem Altsiedelland. Seit dem Zweiten Weltkrieg wird hingegen die Steppe in Inneranatolien, in Teilen Irans, in Nordsyrien und dem nördlichen Irak mit Hilfe moderner Maschinen und Geräte umgebrochen. Traktoren, Drillmaschinen und Mähdrescher sowie große Getreidesilos in den zentralen Orten sind für die Wirtschaftsweise in diesem ›jüngeren Jungsiedelland‹ charakteristisch. Die Stufe der traditionellen Landwirtschaft wurde hier gleichsam übersprungen; Kulturlandschaft und Wirtschaftsformen erinnern mehr an den amerikanischen Mittelwesten des 19. Jahrhunderts als an den Orient.

Auch die Erschließung vorher nicht oder nur extensiv genutzter Gebiete für die Bewässerung wurde zunächst einmal überwiegend durch jeweils individuelle Initiative vorangetrieben: Seitdem die Fellachen durch die erstarkende Staatsgewalt einen gewissen Schutz vor der Willkür plündernder Nomaden und erpresserischer Steuereintreiber erhielten, begann es sich für sie zu lohnen, den Anbau zu intensivieren; denn nun konnten sie damit rechnen, daß zusätzlicher Aufwand nicht anderen, sondern ihnen selbst zugute kommen würde. An Flüssen oder Bächen wurden einfache Schöpfwerke errichtet, um die angrenzenden Auen und niedrigeren Terrassenflächen zu bewässern. Überall dort, wo das Grundwasser nahe der Oberfläche zu erschließen war, wurden Brunnen niedergelassen; früher dienten Göpelschöpfwerke und Eimerketten, heute Motorpumpen zur Förderung des Wassers. Vor allem die starke Ausweitung des Baumwoll-Anbaus in vielen Teilen Vorderasiens (Südtürkei, Syrien) ist erst aufgrund dieser kräftigen Ausdehnung des Bewässerungslandes möglich geworden.

Heute allerdings erscheint der Spielraum individueller Erschließung von Bewässerungsland weitgehend ausgeschöpft. Nur noch aufwendige staatliche Maßnahmen, insbesondere der Bau großer Staudämme in der Türkei, in Iran, in Syrien, im Irak und in Südarabien, können weitere Gebiete für den Bewässerungsfeldbau erschließen. Am Beispiel des Irak (Fig. 41, Abschnitt 5.4.3) wird noch gezeigt werden, welche verschiedenen Aufgaben solche Staudämme übernehmen. Vor einem zu großen Optimismus hinsichtlich künftiger Entwicklungsmöglichkeiten sollte man sich aber auf jeden Fall hüten. Bereits in Abschnitt 5.1 wurde ja dargelegt, daß auch bei den größeren Strömen Vorderasiens die insgesamt zur Verfügung stehenden Wassermengen gebieterische Grenzen setzen.

Zusammenfassend läßt sich mit einem Blick auf die künftige Entwicklung der Landwirtschaft in Vorderasien sagen, daß die Erschließung neuen Jungsiedellandes inzwischen wohl zu einem Ende gelangt ist. Nicht in einer weiteren Ausdehnung der landwirtschaftlichen Nutzfläche, sondern nur in einer *Intensivierung des Anbaus* auf bereits genutztem Lande und in einer Erhöhung der Produktivität liegen noch etliche Zukunftsreserven. Daß in weiten Teilen Vorderasiens pro Hektar nur 5–8 dz Getreide geerntet werden (das ist etwa ein Fünftel der Erträge in Deutschland), und auch das in der Regel wegen der Brache nur jedes zweite Jahr, hängt sicher zu einem Teil mit der Ungunst des Trockenklimas zusammen. Viele Versuche haben aber gezeigt, daß eine Erhöhung dieser Erträge auf das Doppelte, ja auf das Dreifache mit Hilfe moderner Betriebsformen und Produktionsmethoden durchaus zu erreichen wäre. Eine Steigerung der landwirtschaftlichen Erzeugung durch Verbesserung der Produktivität ist nun allerdings schwieriger zu bewerkstelligen als eine Steigerung durch Ausdehnung der Nutzflächen. Auch muß man berücksichtigen, daß Landreformen und Enteignung des Großgrundbesitzes in vielen Ländern des Orients zunächst einmal zu einem Rückgang der agrarischen Erzeugung geführt haben. Nach Jahrzehnten rascher Erfolge wird deshalb die Landwirtschaft Vorderasiens künftig in eine Periode intensiver Bemühungen und Strukturwandlungen eintreten müssen, wenn man die rasch anwachsenden Bevölkerungszahlen aus eigener Scholle ernähren will.

Die Diskontinuität und der inselhafte Charakter der naturbegünstigten Gebiete Vorderasiens prägen sich nun aber nicht nur in Landnutzung und Siedlungsdichte aus; auch die Städte und der Überlandverkehr erhalten durch diesen eigengearteten Bauplan der Kulturlandschaft eine besondere, von unseren Verhältnissen in Europa abweichende Note. Jede Insel hoher Siedlungsdichte hat in der Regel eine größere

Stadt als ihren Mittelpunkt. Eindeutiger und klarer umgrenzt als bei uns ist damit den Städten Vorderasiens je ein agrarisches Umland zugeordnet; denn hier ist die Stadt ganz selbstverständlich der beherrschende zentrale Ort einer Oase oder einer intensiv bewirtschafteten Bewässerungsflur oder eines fruchtbaren Gebirgsbeckens hoher Bevölkerungsdichte. Die jeweiligen städtischen Umlandbereiche werden dann vielfach durch Ödland oder magere Regenfeldbaugebiete voneinander getrennt.

Eine überregionale, über weitere Räume ausstrahlende Bedeutung erlangten aber auch die Städte in Vorderasien nur, wenn zu der Rolle als zentraler Ort eines agrarischen Umlandes und zu dem heimischen Handwerk und Einzelhandel noch eine oder mehrere andere Funktionen hinzutraten: Die alten städtischen Mittelpunkte sind vor allem wichtige Etappenorte und Stützpunkte des die Gebirge oder die Wüsten querenden Überlandverkehrs und Fernhandels gewesen. Diese *Fernverkehrs- und Handelsfunktion* der größeren Städte Vorderasiens war vielfach sogar noch stärker ausgeprägt als in den Städten unseres mittel- und westeuropäischen Binnenlandes: Fast alle bedeutenden städtischen Zentren sind Umschlagsplatz oder Rastort an wichtigen Karawanenrouten; sie sind Mittelmeerhafen oder Flußhafen oder ›Wüstenhafen‹. Schließlich sei nicht vergessen, daß auch in Vorderasien einige Städte als Wallfahrtsorte oder durch eine blühende Exportindustrie überregionale Bedeutung erlangt haben. Die Gewerbestädte des Orients, z. B. Fès, Tunis, Aleppo, Bursa oder Isfahan, waren wie die Städte unseres Mittelalters oft auf nur wenige Erzeugnisse spezialisiert, die dann über weite Strecken hin exportiert wurden (vgl. E. WIRTH 1975, GAUBE-WIRTH 1978, 1984).

Analog zu ländlicher Siedlung und Ackerbau war auch die *Blüte von Städtewesen und Fernverkehr* von der wirtschaftlichen und militärischen Stärke bzw. Schwäche der jeweiligen Staaten Vorderasiens abhängig. Zur Zeit der Pax Romana in der späteren Antike konnten sich Städte und Fernhandel ungestört entfalten; in Zeiten des Verfalls hingegen lagen beide danieder. Die zunehmende Befriedung Vorderasiens und die Brechung nomadischer Willkür seit der Mitte des vergangenen Jahrhunderts hat demzufolge auch für die Städte und für Handel und Verkehr einen großen Aufschwung gebracht: Die Einwohnerzahlen der Städte stiegen auf ein Vielfaches an; durch den Bau von Eisenbahnen wurden die Transportkosten auf einen Bruchteil der früheren Werte abgesenkt; heute kann man auf modernen Asphaltstraßen nicht nur zu fast allen dichter besiedelten Gebieten Vorderasiens gelangen, sondern auch die dazwischen liegenden Wüsten, Wüstensteppen und Gebirge mühelos queren.

Trotzdem darf die Entwicklung von Städtewesen, heimischem Gewerbe und Fernhandel während der jüngst vergangenen einhundert Jahre nicht so uneingeschränkt positiv betrachtet werden wie die gleichzeitige Erschließung des Jungsiedellandes. Denn vor einhundertzwanzig Jahren, 1869, hat Vorderasien durch die *Eröffnung des Suezkanals* endgültig seine Vermittlerfunktion im interkontinentalen Handel und Verkehr verloren. Noch während des späten Mittelalters konnte Vorderasien im Transit- und Fernhandel alle Trümpfe ausspielen, die es dank seiner unvergleichlichen Lage zwischen mehreren Kontinenten und Meeren in der Hand hatte. Die meisten der mittelalterlichen Handelsstraßen zwischen Europa einerseits und Indien und China andererseits gingen über Vorderasien. Die ›Weihrauchstraße‹ und die ›Seidenstraße‹ waren nur zwei von vielen Verkehrswegen durch die Wüsten und Steppen Vorderasiens, die den Seehandel der oberitalienischen Städte auf dem Mittelmeer mit den Handelszentren Süd-, Zentral- und Ostasiens verbanden.

Die Verlagerung der Welthandelsströme im Gefolge der Entdeckung des Seeweges nach Indien hatte dann zu einer ersten empfindlichen Einbuße der Fernverkehrsbedeutung Vorderasiens geführt. Sie hielt sich aber in erträglichen Grenzen; denn etwa gleichzeitig damit entstanden im Osmanischen Reich und im Safawidenreich zwei Wirtschaftsgroßräume, die in ihrer Blütezeit hinreichend eigenen Güterbedarf und Warenumschlag induzierten. Außerdem lohnte es sich bei wertvollen Gütern nach wie vor, anstelle des zeitraubenden und umständlichen Seewegs um Afrika herum die Karawanenrouten quer durch Vorderasien zu benutzen. Erst die Eröffnung des Suezkanals 1869 hat in Verbindung mit der Innovation der Dampfschiffahrt den Transithandel und -verkehr Vorderasiens in wirklich entscheidender Weise getroffen. Die Zerschlagung des Osmanischen Reiches und seines einheitlichen Zollgebiets nach dem Ersten Weltkrieg führte schließlich zu einer nochmaligen Beeinträchtigung von Handel und Transitverkehr.

Seit der Mitte des vergangenen Jahrhunderts etwa dringen dann auch billige *europäische Industrieprodukte* immer stärker in die Märkte Vorderasiens ein. Die Eröffnung regelmäßiger Dampfschiffahrtslinien im Mittelmeer, im Schwarzen Meer, im Persischen Golf und im Roten Meer hat daran wesentlichen Anteil. Seit jener Zeit werden westliche Industriegüter zu einer von Jahrzehnt zu Jahrzehnt stärkeren Konkurrenz für das alte einheimische Handwerk und Gewerbe. Die damit zusammenhängenden Probleme der Verwestlichung wurden bereits in Abschnitt 3.3 dargelegt. Vorderasien unterscheidet sich in dieser Hinsicht interessanterweise kaum von Nordafrika, obwohl hier europäische Staaten erst nach dem Ersten Weltkrieg als Mandatsmächte politisch Fuß faßten, während der Maghreb bereits seit 1830 in die Kolonialpolitik europäischer Staaten einbezogen worden war.

Dieser übermächtigen europäischen Konkurrenz konnte man sinnvollerweise nur durch den Aufbau eigener *moderner Industrien* begegnen; sie treten heute auch in Vorderasien mehr und mehr an die Stelle des traditionellen Handwerks und Gewerbes. Als *Standorte* hierfür werden nun aber wieder die bereits vorhandenen großen Städte und Bevölkerungsballungen bevorzugt; in Iran sind dies z. B. der Umkreis von Teheran und von Isfahan, im Irak der Bereich von Bagdad und von Basra/Schatt el-Arab, in Syrien Damaskus und Aleppo, im Libanon Beirut, in Jordanien der Großraum Amman.

Damit wird der Insel- und Saumcharakter der Kulturlandschaft Vorderasiens durch die moderne Industrieentwicklung – wenn wir von den Erdölstandorten einmal absehen – nicht gemildert, sondern eher noch akzentuiert. Die alte kulturgeographische Regel, daß räumliche Ballungen eine Selbstverstärkungstendenz besitzen und daß strukturschwache, menschenarme Räume dadurch noch mehr benachteiligt werden, trifft heute auch auf Vorderasien uneingeschränkt zu. Immerhin sorgen gut ausgebaute Verkehrswege und moderne Verkehrsmittel dafür, daß aus den insel- und bandartigen Bereichen hoher Bevölkerungsdichte und Wirtschaftskraft keine Isolate werden; durch ein sich ständig verdichtendes Geflecht von Menschen-, Waren-, Geld- und Nachrichtenströmen und durch mannigfaltige funktionale Verknüpfungen bleiben sie miteinander in Verbindung.

5.3 Die Arabische Halbinsel

5.3.1 Allgemeiner Überblick

Arabien ist die westlichste der drei großen südasiatischen Halbinseln. Mit ca. 3,5 Millionen km^2 Fläche hat es bereits die Dimension eines Subkontinents. Wie bei der Mehrzahl aller Kontinente und Subkontinente liegt auch bei Arabien der *Schwerpunkt von Bevölkerung und Wirtschaft* in einem wechselnd breiten *Randsaum*. Das Innere der Halbinsel wird von wirtschaftlich kaum nutzbaren Wüsten oder bestenfalls Wüstensteppen eingenommen; Niederschläge und Grundwasservorräte sind hier derart begrenzt, daß nur an wenigen, weit verstreuten Stellen kleinere seßhafte Siedlungen und Oasenkulturen ein kümmerliches Auskommen finden (Fig. 33).

Die Vorzugsstellung des Randsaums der Arabischen Halbinsel wird durch eine ganze Reihe von Faktoren bedingt. An erster Stelle muß das *Klima* genannt werden: Nur ein relativ meeresnaher Randstreifen Arabiens erhält insbesondere ganz im Süden (Jemen) und ganz im Norden (Levantestaaten und Nordirak), aber auch noch im Westen und im Nordosten (Oman) so reichliche Niederschläge, daß Regenfeldbau betrieben werden kann und nutzbare Grundwasservorräte in größerem Umfang zur Verfügung stehen (Fig. 30). Vor allem die Gebirge und höheren Bergländer, von denen Arabien gesäumt wird, zeigen dabei eine sehr vorteilhafte niederschlagsverstärkende Wirkung (vgl. Abschn. 2.3). In engem Zusammenhang mit dem Klima stehen die *Gewässer:* Nur am Nordrand Arabiens gibt es größere ganzjährige Flüsse, z. B. Euphrat und Tigris, Orontes und Jordan, die zur Grundlage für eine ausgedehntere Bewässerungswirtschaft und für eine dichtere Besiedlung werden konnten.

Aus geologischen Gesetzmäßigkeiten heraus finden sich die großen Erdöllagerstätten des Arabisch-Persischen Golfs, die mit Abstand bedeutendsten *Bodenschätze* des Orients, ebenfalls am Rande der Halbinsel (vgl. Abschn. 5.7). Schließlich haben auch *historische Ereignisse* dem küstennahen Saum Arabiens ein besonderes Gewicht verliehen. Es sei nur daran erinnert, daß hier die drei Weltreligionen Judentum, Christentum und Islam entstanden sind und daß von Mekka und Medina am Westrand Arabiens aus der Islam seinen Siegeszug nach Afrika und Asien angetreten hat. Gerade in früheren Jahrhunderten zeichneten sich die Araber darüber hinaus als kühne und unternehmende *Seefahrer* aus. Dadurch empfingen wieder insbesondere die Küstenregionen Arabiens vielfältige wirtschaftliche und kulturelle Impulse von den Gegengestaden in Afrika und Indien.

Bei einer vergleichenden Betrachtung der naturbegünstigten Randgebiete Arabiens erscheint der *Norden der Halbinsel* in einem relativ breiten, bogenförmigen Streifen zwischen der Halbinsel Sinai im Westen und der Mündung des Schatt el-Arab (unterste Laufstrecke von Euphrat und Tigris) in den Persischen Golf im Osten mit Abstand am meisten bevorzugt: Nur hier weitet sich der randliche Streifen höherer Niederschläge zu einem breiteren Band, nur hier gibt es wasserreichere, ganzjährige Flüsse, nur hier grenzt Arabien nicht längs schwer zugänglicher Küsten an Meere mit einem fast unerträglich schwülen, feuchtheißen Klima, sondern an das Mittelmeer und die nördlichen Hochländer Vorderasiens. Es verwundert deshalb nicht, daß in diesem Nordsaum insgesamt etwa 40 Mill. Menschen (1987) wohnen, während die Bevölkerung des gesamten übrigen Arabiens auf nur etwa 26 Mill. Menschen geschätzt wird.

Aufgrund seiner nach Norden hin ausgebogenen Form wird der relativ dicht bevölkerte nördliche Randstreifen der Halbinsel Arabien auch ›Fruchtbarer Halbmond‹ genannt (Fig. 35). Nur er war bis zum Vorabend des Zweiten Weltkrieges mit Europa in engeren Kontakt getreten, nur er war damit mannigfaltigen politischen, wirtschaftlichen, sozialen und kulturellen Einflüssen aus dem Westen ausgesetzt gewesen. Das ganze übrige Arabien hingegen verharrte vor einem Menschenalter noch in fast mittelalterlichen Zuständen; erst seit dem Zweiten Weltkrieg beginnt es sich gegenüber westlichen Einflüssen zu öffnen.

Das Gebiet des Fruchtbaren Halbmondes tritt auch um Jahrtausende früher als die übrige Halbinsel in das Licht der Geschichte. Seßhafter Ackerbau mit Großviehhaltung und Hochkulturen mit Tempelstädten lassen sich hier bereits zu besonders frühen Zeitpunkten nachweisen. Diese historische Bedeutung, die Bevölkerungszahl, die frühe Verwestlichung sowie insbesondere das wirtschaftliche und politische Gewicht der dortigen Staaten sind wesentliche Argumente dafür, den Nordsaum Arabiens in einem eigenen Abschnitt (5.4) abzuhandeln. Im folgenden wird damit zunächst nur von der Arabischen Halbinsel südlich der Staaten des Fruchtbaren Halbmondes die Rede sein.

Bis vor wenigen Jahrzehnten befanden sich die Kernräume Arabiens südlich des Fruchtbaren Halbmondes am Südwestsaum der Halbinsel. Hier liegt das Hochland von Jemen mit seiner altehrwürdigen frühurbabischen Kulturtradition und mit noch relativ günstigen Möglichkeiten für seßhaften Feldbau, und hier liegt die Landschaft Hedschas mit den berühmten islamischen Wallfahrtsstätten von Mekka und Medina. Erst die junge Dynamik der Erdölerschließung am Arabisch-Persischen Golf hat seit etwa zwei Jahrzehnten dazu geführt, daß sich das bevölkerungsmäßige und wirtschaftliche Schwergewicht Arabiens immer stärker auf den den Golf säumenden Nordostrand der Halbinsel verlagert. Für Saudi-Arabien, das an beiden Regionen Anteil hat, bedeutet diese junge Schwerpunktverlagerung nur eine räumliche Umstrukturierung innerhalb des eigenen Territoriums. Die Staaten ganz im Süden Arabiens (Jemen, Volksrepublik Jemen) hingegen geraten in eine gewisse Abseitslage, während am Arabisch-Persischen Golf kleine, bisher fast unbekannte Scheichtümer (z. B. Dubai, Abu Dhabi) besonderes Gewicht erlangen und an einer raschen, dynamischen wirtschaftlichen Entwicklung teilhaben.

5.3.2 Südarabien und Jemen

Als ein Gebiet seßhafter Landwirtschaft und bis in die Antike zurückreichender Hochkultur heben sich im äußersten Süden Arabiens das Hochland von Jemen und einige oasenreiche Talzüge der Volksrepublik Südjemen (Wadi Hadramaut) eindrucksvoll von den angrenzenden Wüsten und Wüstensteppen der Halbinsel ab. Aufgrund seines natürlichen Reichtums wurde dieser Süden in der Antike ›Arabia Felix‹, d. h. glückliches Arabien, genannt und dem verlassenen, wüstenhaften Arabien (›Arabia Deserta‹) gegenübergestellt. Hier lag das Reich der Königin von Saba, wo die im Altertum so geschätzten Duftstoffe des Weihrauchs und der Myrrhe gewonnen bzw. gehandelt wurden. Als wichtigem Vermittler des Handels zwischen dem Mittelmeergebiet einerseits und Ostafrika, Indien und Südostasien andererseits kam Südarabien in der Antike große Bedeutung zu. Nach dem heutigen Stand unseres Wissens sind im Hochland von Jemen auch der Ursprung und die erste Blüte einer relativ eigenständigen arabischen Hochkultur zu suchen (vgl. H. V. WISSMANN 1953).

Bis vor wenigen Jahren war von dieser glücklichen Vergangenheit nicht mehr viel zu verspüren. Seit dem Verfall der dortigen Reiche in der ausgehenden Antike geriet Südarabien immer mehr in eine Abseitsstellung. Der wirtschaftliche und politische Schwerpunkt Arabiens wanderte mit dem Siegeszug des Islam nach Norden (Mekka und Medina); nach der Zerstörung des berühmten Staudamms von Marib um 560 n. Chr. verfielen auch die Bewässerungsanlagen, und der Anbau ging zurück. Die Hochländer Südarabiens wurden zu einem abgeschlossenen, nach außen abgeschirmten Rückzugsgebiet, in welches bis zum Zweiten Weltkrieg nur wenige Europäer eindringen konnten. Eine in vieler Hinsicht mittelalterlich anmutende islamische Kultur mit einer feudal-patriarchalischen Ordnung, mit weitgehender Selbstversorgung und mit einfachen handwerklichen Techniken lebte hier noch im 20. Jahrhundert fast ungebrochen fort (vgl. RATHJENS-WISSMANN 1934). Erst die moderne Erdölexploration und die jüngsten Kriege und Auseinandersetzungen im Zusammenhang mit der arabischen sozialrevolutionären Bewegung führten dazu, daß sich nun auch Südarabien für westliche Einflüsse und für modernere wirtschaftliche und technische Entwicklungen zu öffnen beginnt (H. KOPP 1978, 1981).

Unter Berücksichtigung von Oberflächenformen, Klima und Möglichkeiten der Landnutzung lassen sich in der *Arabischen Republik Jemen* (Nordjemen) – wie im nördlich anschließenden, schon zu Saudi-Arabien gehörigen Hochland von Asir – von Westen nach

Osten drei Landschaften unterscheiden: Längs der Küste des Roten Meeres zieht sich die Tihama mit ihren niederschlagsarmen Flugsandebenen hin. In diesem 30 bis 60 km breiten, schwülheißen und nur dünn besiedelten Tieflandstreifen finden sich einige wenige Fischerdörfer und Hafenplätze; nur am besser beregneten Gebirgsrand und in einigen jungen Bewässerungsarealen wird die Wüstensteppe von Anbauflächen unterbrochen. Mit einem überaus eindrucksvollen, kräftig zertalten und zerlappten Steilanstieg folgt dann östlich der Küstenebene das aus altvulkanischen Decken aufgebaute Hochland. Seine Durchschnittshöhe beträgt 2000 bis 3000 m, und die Lufttemperaturen sind entsprechend niedrig. Infolge reichlicher Sommerregen ist dieses Hochland der Kernraum Südarabiens, mit verhältnismäßig dichter Besiedlung und recht intensiver Landnutzung. Nach Osten zu senkt sich das Hochland dann allmählich zu den Wüsten Innerarabiens hin ab; mit in gleicher Richtung abnehmenden Niederschlägen findet man nur noch in den Tälern landwirtschaftliche Nutzung. Die Vegetation wird immer spärlicher, bis sich auch Tamarisken und Dornsträucher im Wüstensand verlieren (H. KOPP 1981).

Östlich und südlich des Staatsgebiets von Nordjemen, in der heutigen *Volksrepublik Südjemen*, sind Landnutzung und Siedlung auf wenige kleine Areale beschränkt. Hinter der 30 bis 60 km breiten Küstenregion des Golfs von Aden mit einigen kleineren Palmoasen erhebt sich hier mit markanter Bruchstufe das menschenleere, wüstenhafte Kalkplateau des Djol. In diese Kalktafel ist der 2–4 km breite Talzug des *Wadi Hadramaut* und einiger Seitentäler mit intensiven Bewässerungskulturen und recht wohlhabenden Oasensiedlungen eingetieft (A. LEIDLMAIR 1961).

Bevor der große Gastarbeiterstrom aus dem Jemen in die Erdölstaaten am Arabisch-Persischen Golf einsetzte, lebten etwa 80 % der Bevölkerung Südarabiens von der *Landwirtschaft*. Bis zu den sozialen Reformbewegungen 1962 überwogen kleine, von Feudalherren abhängige Teilpachtbetriebe. In den eng gedrängten Dörfern des Hochlandes findet man noch viele malerische, wehrhafte Turmhäuser. Neben der traditionellen Hauptanbaufrucht Hirse werden Mais, Weizen, Gerste und Baumwolle angebaut. Auf Bewässerungsland gedeihen Reis, Zitrusfrüchte, Bananen und Gemüse. Auch Obst und Trauben tragen zur Bereicherung des Speisezettels bei. In den östlicheren, schon recht trockenen Teilen des Hochlandes herrscht von Nomaden oder Halbnomaden betriebene Weidewirtschaft (Schafe, Ziegen, Kamele) vor (H. KOPP 1981).

Südarabien erscheint mit dem angrenzenden randtropischen Afrika

(Hochland von Äthiopien) nicht nur durch seine Sommerregen und die doch schon recht dunkle Pigmentierung seiner Bewohner, sondern auch durch einige bereits tropische Nutzpflanzen verbunden. Seit vielen Jahrhunderten wird im Jemen an den sorgfältig terrassierten Berghängen in 1000 bis 2000 m Meereshöhe *Kaffee* angebaut. Von hier aus begann um 1500 n. Chr. Kaffee als Getränk seinen Siegeszug um die Welt. Die kleine Hafenstadt Mokka am Roten Meer war früher, wie schon der Name vermuten läßt, ein wichtiger Ausfuhrhafen für jemenitischen Kaffee. Heute weichen die Kaffeekulturen allerdings zunehmend dem Anbau des Narkotikums *Kat* (Catha edulis). Dessen Blätter werden in den Städten von fast jedem, der über 10 Jahre alt ist, tagtäglich ab mittags gekaut; dadurch verebbt dann am Nachmittag jede Aktivität.

Das früher blühende traditionelle Handwerk erfuhr vor allem durch die Übersiedlung der etwa 50 000 jemenitischen Juden (Metallhandwerker, Silberschmiede) nach Israel im Jahre 1949 einen starken Rückgang. Südarabien hat keine Eisenbahn; erst seit 1956 werden die größeren Städte des Jemen (Hauptstadt *Sana*, Regierungssitz *Taiz*, Hafen *Hodeida*) durch moderne Asphaltstraßen miteinander verbunden. Der ausgezeichnete Naturhafen von *Aden*, ein teilweise vom Meer überfluteter Vulkankrater, wurde ab 1839 von den Briten zu einem starken Flottenstützpunkt am Seeweg nach Indien und zu einer Bunkerstation für Kohle und Öl ausgebaut. Von größter Bedeutung für die Wirtschaft sind die etwa 800 000 Jemeniten, die als Gastarbeiter vor allem in Saudi-Arabien leben; ihre Geldüberweisungen in die Heimat tragen entscheidend zum Ausgleich der Zahlungsbilanz bei (H. KOPP 1978, 1981).

5.3.3 Saudi-Arabien

Ein großes zentrales Wüstengebiet politisch und militärisch zu organisieren und fest in den Griff zu bekommen, war bis vor wenigen Jahrzehnten fast unmöglich gewesen. So stand das Innere der Arabischen Halbinsel im Laufe der Geschichte zwar gelegentlich in einer lockeren Abhängigkeit von Staaten, die den Randsaum beherrschten; im Grunde genommen waren die dortigen Nomadenstämme aber doch weitgehend unabhängig. Selbst das Imperium Romanum in der späteren Antike oder das Osmanische Reich im 16. bis 19. Jahrhundert, zwei der großen Ordnungsmächte Vorderasiens, hatten nur den dichter besiedelten West- und Nordsaum Arabiens unter Kontrolle.

Im vergangenen Jahrhundert war das Innere der Arabischen Halbinsel Schauplatz eines erbitterten Machtkampfes zweier mächtiger Beduinenstämme, der Schammar und der Wahhabiten. Erstere wurden von den in Hail residierenden Raschids angeführt, letztere von den in Riad residierenden Sauds. 1902 gelang es dem jungen *Abdul Asis ibn Saud* (1880 bis 1953), das 1890 an die Schammar verlorene Riad wieder zurückzuerobern. In den folgenden Jahren konnte er mit Hilfe einer gut organisierten, ihm absolut ergebenen Beduinentruppe die Raschids immer weiter zurückdrängen und seinen Machtbereich erheblich ausdehnen.

Am Ende des Ersten Weltkrieges hatte Ibn Saud fast die ganze Landschaft *Nedschd* im Inneren Arabiens sowie die *Ostprovinz* (el-Hasa) am Arabisch-Persischen Golf erobert. 1924–1926 kamen dann auch die Landschaften *Hedschas* mit den heiligen Stätten Mekka und Medina und *Asir* an der Grenze zu Südarabien unter seine Kontrolle. 1926 ließ er sich zum König ausrufen. Wenn heute auch der geistig-religiöse Schwerpunkt Saudi-Arabiens am Westrand der Halbinsel (Mekka, Medina) und der wirtschaftliche Schwerpunkt am Ostrand (Ölfelder am Arabisch-Persischen Golf) liegt, so befindet sich doch das politische Zentrum des jungen Staates mit der Hauptstadt Riad immer noch in Innerarabien, der Heimat der Sauds und der Wahhabiten.

Die Eroberung und die anschließende Befriedung eines großen Reiches aus dem Herzen Arabiens heraus konnte nur dadurch gelingen, daß Ibn Saud schon sehr früh zu modernen Methoden wirtschaftlicher und militärischer Organisation griff. Widerspenstige Nomadengruppen wurden mit eiserner Hand zur Ordnung gerufen und viele Beduinen in einem großangelegten Kolonisationsprogramm zur Seßhaftigkeit veranlaßt. Die etwas dichter besiedelten Regionen des Landes wurden durch Pisten und Straßen miteinander verbunden, und seit 1951 verkehrt sogar eine Eisenbahn zwischen der Hauptstadt Riad und dem Arabisch-Persischen Golf (Fig. 42).

Die hafenarme Küste Saudi-Arabiens am Roten Meer wird – ganz analog zur Küste Südarabiens – von einer 20–40 km breiten, feuchtheißen Ebene gesäumt, die auch hier Tihama heißt. Sie ist Wüstensteppe mit einigen kleinen Oasen. Mit steiler Bruchstufe erhebt sich über ihr das bis 3000 m ansteigende *Hochland von Hedschas und Asir*. Es wird aus kristallinem Gestein und jungen Lavadecken aufgebaut; Anbau und Siedlungen sind auf weit verstreute Quell- und einige kleine Fluß-Oasen beschränkt. Nach Osten zu fallen die Randgebirge dann langsam zum innerarabischen Hochland ab. Dessen zentrale Region zwischen den alten Oasenstädten *Riad* und *Hail* ist überwiegend Schichtstufenland mit verkarsteten Kalkplateaus und dazwischengeschalteten Streifen von Sandwüste. In den schluchtartigen Trockentälern dieses etwa 1000 m hohen Hochlandes liegt eine Anzahl von Palmoasen mit teilweise recht volkreichen Siedlungen. Der Bewässerungsfeldbau erstreckt sich auf Südfrüchte, Datteln, Getreide und Gemüse.

Nördlich und südöstlich des zentralen arabischen Binnenhochlandes erstrecken sich ausgedehnte, schwer zugängliche *Sandwüsten* mit Flugsanddecken und Dünenfeldern. Die Wüste Nefud im Norden der zentralen Landschaften erhält immerhin noch gelegentliche Winterregen und wird damit als beduinisches Weidegebiet genutzt. Die Wüste Rub al-Chali (Rub al Khali) hingegen, die Große Arabische Sandwüste, die fast den ganzen Südosten der Halbinsel Arabien einnimmt, ist menschenleer (›The empty quarter‹). Sie wird von mächtigen Dünenzügen mit bis zu 300 m relativer Höhe durchzogen und stellt die größte zusammenhängende Sandfläche der Erde dar. Dies, sowie ihr extrem arides Klima und das Fehlen fast aller Oasen macht sie zu einem besonders schwer zugänglichen Gebiet Arabiens. 1931 wurde sie erstmals von B. THOMAS, 1932 von H. PHILBY durchquert. Genauere Kenntnisse von der Wüste Rub al-Chali haben wir aber erst seit ihrer systematischen Erforschung mit modernsten, aufwendigen technischen Hilfsmitteln anläßlich der gegenwärtigen Erdölexploration.

Der nördliche Wendekreis verläuft ziemlich genau durch die Mitte des Staatsgebiets von Saudi-Arabien hindurch. Dieserart im *Zentrum des altweltlichen Trockengürtels* gelegen, bleiben weite Teile des sommerheißen Inneren oft jahrelang niederschlagsfrei. Wüsten und Wüstensteppen nehmen mehr als 99 % der Staatsfläche ein. Nur im Bereich von Trockentälern (Wadis) oder am Fuß von Bergstufen können Grundwasser und Quellen für Oasen erschlossen werden. 1963 wurde das gesamte beackerte Land auf 4000 km^2 (das sind nur 0,2 % der Staatsfläche oder soviel wie der Regierungsbezirk Köln) geschätzt. Die Wüstensteppen bieten aber auch den Beduinen, welche in oft ausgedehnten Weidewanderungen auf der Suche nach Futterplätzen sind, eine nur kärgliche Lebensgrundlage. So konnten Viehzucht und Oasenwirtschaft die – heute ca. 12 Millionen zählenden – Bewohner Saudi-Arabiens nur sehr unzureichend ernähren.

Wichtigste Einnahmequelle des Landes vor dem Zweiten Weltkrieg war die alljährliche *Pilgerfahrt nach Mekka*. Es ist Ibn Saud gelungen, die Reise selbst sowie den Aufenthalt an den Heiligen Stätten so gut zu organisieren, daß die früheren Risiken und Fährnisse weitgehend

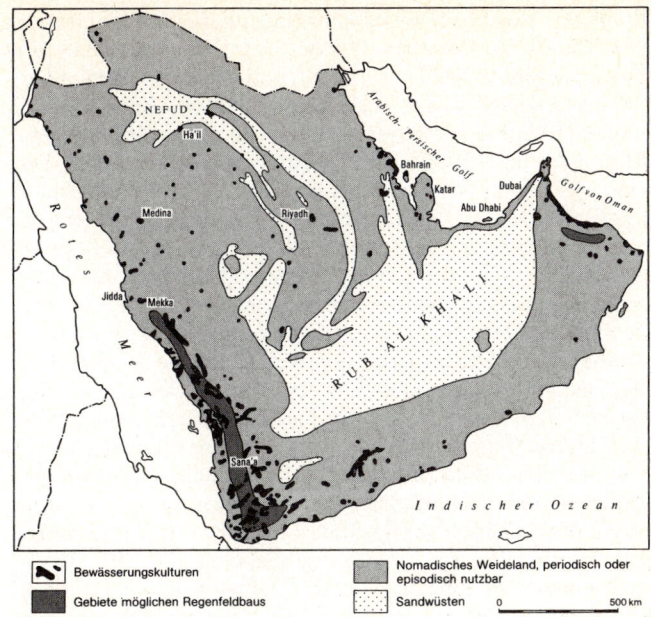

Fig. 33: Arabien – Landnutzung

Bewässerungskulturen

Gebiete möglichen Regenfeldbaus

Nomadisches Weideland, periodisch oder episodisch nutzbar

Sandwüsten   0   500 km

wegfielen und daß auch Pilger mit geringer Kaufkraft nicht von der Teilnahme ausgeschlossen blieben (C. RATHJENS SEN. 1948). Der Hafen und Flugplatz Dschidda (Jidda) am Roten Meer wurde zum wichtigsten Umschlagsplatz im Pilgerverkehr. Ein Drittel aller Pilger reist heute bereits mit dem Flugzeug an. Selbstverständlich blieben aber auch die Einnahmen aus dem Pilgerverkehr in einem relativ bescheidenen Rahmen. Erst die Entdeckung äußerst reicher *Erdölvorkommen* im Bereich des Arabisch-Persischen Golfs seit 1938 hat deshalb Saudi-Arabien zu einem raschen wirtschaftlichen Aufschwung verholfen (vgl. Abschn. 3.4 und 5.7). Diese Dynamik der jungen Erdölwirtschaft hat das Land in den letzten Jahren weitgehend umgestaltet. Saudi-Arabien ist heute in vieler Beziehung ein moderner, westlich geprägter Staat – zumindest im Hinblick auf materielle Kultur und technische Zivilisation.

Fast die gesamte *Bevölkerung* Saudi-Arabiens gehört der strenggläubigen islamischen Sekte der Wahhabiten an. Die 1910 gegründeten Bruderschaften dieser Sekte, welche eine asketische Lebensführung

221

mit praktischen Tätigkeiten zur Erschließung des Landes verbanden, waren von Anfang an eine wesentliche Stütze der Herrschaft Ibn Sauds. Etwa die Hälfte der Einwohner Saudi-Arabiens ist heute als Bauern in den Oasendörfern oder als Kaufleute, Handwerker, Arbeiter und Angestellte in den Städten seßhaft. Die andere Hälfte dürfte noch als Nomaden und Halbnomaden Weidewirtschaft betreiben. Der Prozeß der Ansiedlung von Nomaden schreitet jedoch auch in Saudi-Arabien unaufhaltsam voran. In einigen Teilen des Landes lebt die Bevölkerung noch weitgehend gemäß den altüberlieferten Traditionen. In der Hauptstadt Riad, in den größeren Küstenstädten und in den Erdölgebieten am Arabisch-Persischen Golf werden die Lebensformen jedoch bereits stark durch westliche Einflüsse geprägt.

Politisch-militärische Organisation und wirtschaftliche Erschließung setzen ein leistungsfähiges *Verkehrsnetz* voraus. Die alten Karawanenwege mit dem Kamel als Transportmittel sind heute weitgehend verödet. Teilweise bereits durch mehrspurige Autobahnen, sonst durch gute Asphaltstraßen sind fast alle Landesteile mit Ausnahme der Sandwüsten für den Kraftfahrzeugverkehr erschlossen. Die Eisenbahnlinie vom Arabisch-Persischen Golf nach Riad soll bis zum Roten Meer verlängert werden. Auch die Hedschasbahn von Syrien–Jordanien nach Medina, die im Ersten Weltkrieg zerstört worden war, soll wiederhergestellt werden. Wichtigster Überseehafen am Roten Meer ist *Dschidda*, der modern ausgebaute Hafen von Mekka; am Arabisch-Persischen Golf hat neben dem Erdölhafen Ras Tanura *Dammam* als Hafen Bedeutung. Ein reger innerstaatlicher Flugverkehr verbindet Riad mit den wichtigsten Städten des Landes. Symbol des wirtschaftlichen Aufschwungs sind zwei Neugründungen: die beiden *Industriestädte Jubail und Yanbo*, die in staatlich-zentraler Planung auf wüstenhaftem Gelände mit modernsten Verfahren hochgezogen werden. Die dortigen großen Werke der Grundstoffindustrie verwenden Erdöl und Erdgas als preisgünstige Rohstoff- und Energiebasis.

5.3.4 Die Scheichtümer am Arabisch-Persischen Golf

Noch am Vorabend des Zweiten Weltkrieges waren die arabischen Scheichtümer, Emirate und Sultanate am Golf – d. h. Kuwait, Bahrain, Katar, die Vereinigten Arabischen Emirate und Oman – wirtschaftlich und politisch ohne jede Bedeutung. Seit der Eröffnung des Suezkanals lagen sie in einem toten Winkel abseits der großen Linien des Weltverkehrs, und nur das eine oder andere verfallende Befestigungswerk an der Küste zeugte davon, daß sich hier in der Frühzeit des Seeverkehrs nach Indien einige wichtige europäische Flottenstützpunkte befunden hatten. Wenn in älteren Handbüchern als wirtschaftliche Grundlage der Scheichtümer am Arabisch-Persischen Golf Perlentauchen, Waffenschmuggel, Seeräuberei und illegaler Sklavenhandel genannt werden, dann erscheinen solche Betätigungen schon als ein bezeichnendes Indiz für die Bedeutungslosigkeit der Region.

Immerhin, Sklavenhandel und Seeräuberei an der Flanke des leicht verwundbaren Seewegs nach Indien konnten für das Britische Weltreich recht unangenehm werden. Deshalb verdrängte England allmählich die rivalisierenden Seemächte Portugal, Holland und Frankreich aus dem Umkreis des Arabisch-Persischen Golfs und bekämpfte die dortigen Piraten und Waffenschmuggler. Zu Beginn des 19. Jahrhunderts war der Golf zu einer rein britischen Interessensphäre geworden. In den folgenden Jahrzehnten schloß England mit den Herrschern der arabischen Scheichtümer am Golf Schutzverträge ab, welche ihm das Recht militärischer Präsenz und außenpolitischer Vertretung einräumten. Diese Verträge bezweckten allerdings nur Befriedung und Kontrolle, d. h. die Bewahrung des Status quo. An eine wirtschaftliche Inwertsetzung dachte damals noch niemand. Welchen wirtschaftlichen Wert sollten auch einige schlechte Hafenplätze in feuchtheißem Klima mit kaum nutzbaren Wüsten und Wüstensteppen als Hinterland haben?

Erst die Erschließung der Erdölfelder am und im Arabisch-Persischen Golf weckte die dortigen Scheichtümer aus ihrem Dornröschenschlaf. Bereits 1934 begann die Erdölförderung auf der Insel Bahrain; die Lagerstätten erwiesen sich aber als nicht sehr ergiebig. Im Jahre 1938 leitete dann die Entdeckung des Feldes Burgan in Kuwait, eines der größten Erdölfelder der Erde (Tab. 3), einen gewaltigen wirtschaftlichen Aufschwung ein. Schon 1949 gehörten auch Katar und seit 1962 Abu Dhabi zu den erdölfördernden Ländern am Arabisch-Persischen Golf (vgl. Abschn. 3.4 und 5.7).

Dieser ganz junge Erdölboom hat in einigen der Scheichtümer eine nachgerade stürmische wirtschaftliche und technische Entwicklung ausgelöst. Wenn irgendwo im Orient der Ausspruch Gültigkeit hat, daß Staaten durch das Erdöl von mittelalterlicher Traditionsverhaftetheit und bitterer Armut ohne längeren Übergang zu ungeahntem Reichtum und modernsten technischen Einrichtungen kommen, dann gilt er für die arabischen Scheichtümer am Golf. Wohin diese Entwicklung z. B. in Dubai oder Abu Dhabi führen wird, ist noch gar nicht abzusehen. Nur Kuwait kann heute bereits auf eine etwa vierzigjährige, kontinuierlich und nicht allzu stürmisch verlaufene Aufbauphase zurückblicken. Die kluge, vorausschauende Politik seiner Herrscher hat dieses kleine Land zu einem der modernsten und wohlhabendsten Staaten der Welt werden lassen.

Das knapp 25000 km² umfassende Territorium des *Scheichtums Kuwait* ist eintönige Kies- und Flugsandwüste und bietet keine Möglichkeiten für landwirtschaftliche Nutzung. Selbst das Trinkwasser aus den Brunnen war brackig; so mußte für die moderne Stadt Trink- und Brauchwasser vom Schatt el-Arab mit einer Rohrleitung herangeschafft oder durch Entsalzungsanlagen aus Meerwasser aufbereitet werden. Den einzigen Ansatzpunkt menschlicher Ansiedlung bildete bis 1934 der am Nordwestende des Arabisch-Persischen Golfs recht günstig an einer geschützten Bucht gelegene Hafen. Diese kleine Hafenstadt Kuwait, die 1914 ca. 25000 Einwohner zählte, war ein bescheidener Handelsplatz für Innerarabien und ein lokales Zentrum von Perlfischerei und Bootsbau.

Heute sind die unscheinbaren Lehmhäuser der alten Siedlung völlig verschwunden und durch hochmoderne Betonkonstruktionen westlichen Stils ersetzt worden. Villenviertel für eine Bevölkerung mit hoher Kaufkraft wachsen von der Küste aus immer weiter in die Wüstensteppe hinein. Eine ganze Reihe neuer Siedlungen sind hinzugekommen: Industrievororte, Hafenplätze für Handelsschiffe und Supertanker, Raffinerien, Verwaltungszentren. Das Bruttosozialprodukt pro Einwohner (1984: 14000 US-Dollar) ist seit 1974 höher als dasjenige der Bundesrepublik Deutschland (1984: 11000 US-Dollar). In Kuwait stehen die derzeit leistungsfähigsten Meerwasser-Entsalzungsanlagen der Erde sowie eine große Universität und moderne Krankenhäuser mit kostenloser Heilbehandlung. Klimaanlagen sind nicht nur für Villen und Büros, sondern auch für einfachere Sozialwohnungen und für Autos selbstverständlich. Die Einnahmen aus dem Erdölgeschäft, die mehr als 90% der Staatseinnahmen ausmachen, werden für moderne, langfristige Entwicklungsprojekte (vgl. Abschn. 3.4), für Auslandsinvestitionen und für großzügige Sozialleistungen zur Hebung des allgemeinen Lebensstandards verwandt.

Ähnlich wie Kuwait umfassen auch fast alle anderen Scheichtümer am Arabisch-Persischen Golf nur ein relativ bescheidenes Areal in Küstennähe (Fig. 34). Eine Ausnahme bildet das *Sultanat Oman*, welches mit über 200000 km² (bei gegen Saudi-Arabien nicht genau festgelegten Grenzen) den östlichsten Teil der Halbinsel Arabien einnimmt. Hinter einer bis zu 20 km breiten Küstenebene am Golf von Oman erhebt sich hier ein Bergland, das im Dschebel Achdar 3108 m ü. M. erreicht. Südlich davon hat Oman dann noch erheblichen Anteil

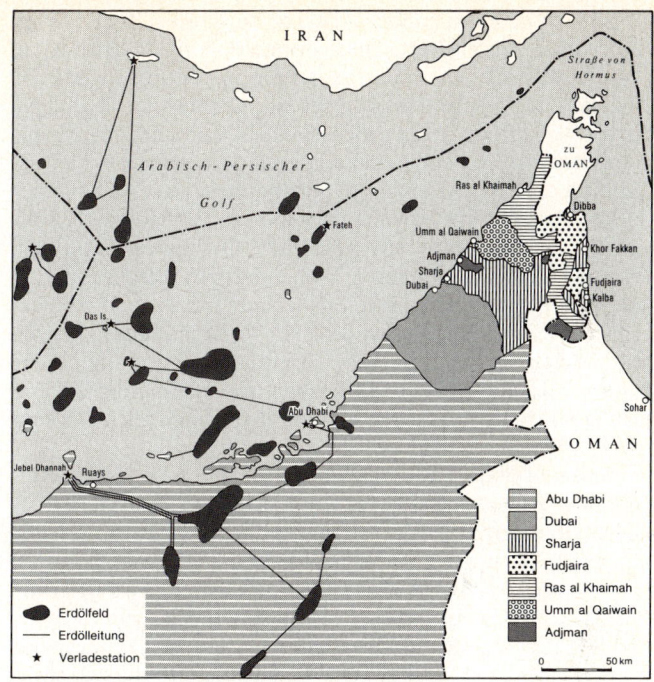

Fig. 34: Die Vereinigten Arabischen Emirate

an den menschenleeren Landschaften Innerarabiens (F. SCHOLZ 1978).

Die Winterniederschläge sind nur im Bereich des küstennahen Berglandes so hoch, daß etwas Regenfeldbau möglich wird. In der Küstenebene westlich von Maskat zieht sich ein bis zu 10 km breiter, durch Grundwasserbrunnen bewässerter Streifen Feldlandes mit Dattelpalmen, Bananen und Feigen hin. Im übrigen ist das Land bis auf wenige Oasen im Inneren wüstenhaft und allenfalls als Weide für Nomaden zu nutzen. Einige malerisch zwischen steilen Felsen am Golf von Oman gelegene Hafenplätze, z. B. Maskat selbst, haben eine recht wechselvolle Geschichte als Flottenstützpunkt der Portugiesen, als Schlupfwinkel für Seeräuber und als Umschlagplatz im arabisch-afrikanischen Handel (Sklaven) hinter sich. Heute sind sie, mit Ausnahme des modernen Hafens Mina Qabūs bei Matrah, ohne Bedeutung.

In den *Vereinigten Arabischen Emiraten* sind städtisches Leben und wirtschaftliche Dynamik vor allem auf die beiden großen Zentren *Abu Dhabi* und *Dubai* konzentriert. Diese erinnern in vieler Hinsicht an Kuwait, sind aber noch jünger und moderner. In den vergangenen 30 Jahren sind hier aus bescheidenen Lehm- und Schilfhüttensiedlungen mit je etwa 10 000 Einwohnern große Handels- und Dienstleistungszentren entstanden. Die Hafenanlagen umfassen moderne Tiefseehäfen, Werften und Trockendocks, Containerumschlag, Kühlhäuser. Der Stadtkern besteht aus Hochhauskomplexen mit Hotels, Kreditinstituten und Büros sowie aus modernen Geschäftsstraßen und Ladenpassagen. Die ausgedehnten Wohnquartiere gliedern sich in vornehme Villenviertel, Komplexe einfacherer Einzel- und Reihenhäuser sowie große Anlagen des sozialen Wohnungsbaus. Dazwischen liegen Schulen, Krankenhäuser, Sportanlagen und öffentliche Grünflächen. Vielspurige Stadtautobahnen und umfangreiche Parkplätze ermöglichen einen zügigen und meist störungsfreien Verkehr (vgl. E. WIRTH 1988).

Die Regierungspolitik in den Vereinigten Arabischen Emiraten ist erheblich liberaler als im benachbarten Saudi-Arabien. Man ist auf Ordnung bedacht, aber letztlich doch tolerant und weltoffen. Alle sozialen Schichten haben Anspruch auf Daseinsvorsorge und Lebensqualität, Ausländer werden nicht durch kleinliche Vorschriften gegängelt, und man hat gegenüber Europa und den USA keine Minderwertigkeitskomplexe. Seit Jahrzehnten liegt die Stadtentwicklungsplanung in den Händen eines britischen Architekten- und Planungsbüros; dadurch haben sich viele Fehlentwicklungen vermeiden lassen.

5.4 Die Staaten des ›Fruchtbaren Halbmondes‹

5.4.1 Allgemeiner Überblick

Bereits in der ersten Übersicht über die Arabische Halbinsel (Abschn. 5.3.1) wurde darauf hingewiesen, daß der relativ breite, bogenförmige nördliche Randstreifen Arabiens zwischen der Halbinsel Sinai im Westen und der Mündung des Schatt el-Arab in den Arabisch-Persischen Golf im Osten hinsichtlich seiner Landesnatur sehr begünstigt ist. Auch hinsichtlich seiner Bevölkerungszahl und seines politischen und wirtschaftlichen Gewichts kommt diesem Gebiet eine Sonderstellung zu. Somit erscheint es gerechtfertigt, die Staaten des ›Fruchtbaren Halbmondes‹ getrennt vom übrigen Arabien in einem eigenen Abschnitt zu behandeln.

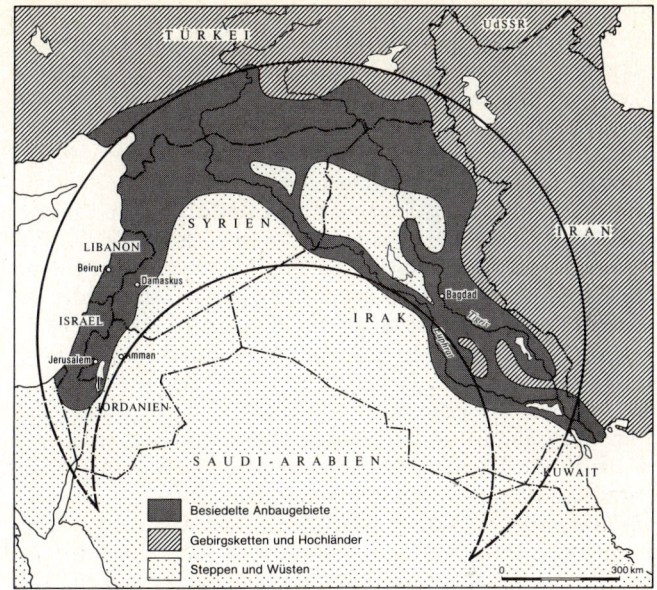

Fig. 35: Der ›Fruchtbare Halbmond‹

In der Kontaktzone zu den Hochländern des nördlichen Vorderasien sowie zu den Kulturen und Wirtschaftsräumen des östlichen Mittelmeerbereichs gelegen, mit großen, blühenden Städten und einer verhältnismäßig ertragreichen Landwirtschaft, stand das Gebiet des Fruchtbaren Halbmondes schon immer in einem gewissen Gegensatz zu dem südlich angrenzenden Arabien. Von dort, aus dem Herzen der Halbinsel, kamen in den vergangenen drei- bis viertausend Jahren eigentlich immer nur erobernde und beutelüsterne Nomadenscharen, welche Frieden und Wohlstand bedrohten. Die Beziehungen und Bindungen zu den Staaten und Kulturen im Norden (Anatolien, Iran) wie über das Mittelmeer hinweg zu denen im Westen (Südeuropa) waren demzufolge meist stärker als die zu den arabischen Kernlanden im Süden. Nur die Religion des Islam und die Pilgerfahrt nach Mekka verbinden nach wie vor mit Arabien.

In den vergangenen vier Jahrhunderten, von 1534 bis 1918, gehörte das Gebiet des Fruchtbaren Halbmondes zum *Osmanischen Reich*. Obwohl die Regierung in Istanbul diese ihre arabischen Provinzen gegenüber den Stammlanden in Anatolien und gegenüber den Besitzungen auf europäischem Boden meist ziemlich vernachlässigte, prägte die territoriale Zugehörigkeit zum Großraum des Osmanischen Reiches die Staaten des Fruchtbaren Halbmondes doch unverwechselbar bis zum heutigen Tag. Ihr ist es insbesondere auch zu verdanken, daß schon etwa seit der Mitte des vergangenen Jahrhunderts westliche Einflüsse einzudringen beginnen: Am Vorabend des Ersten Weltkrieges war im Bereich des Fruchtbaren Halbmondes durch den Bau von Eisenbahnlinien und Chausseen sowie von Häfen für den Dampfschiffsverkehr, durch die Förderung der Landwirtschaft, die Zurückdrängung der Nomaden und durch die Errichtung von Schulen und Krankenhäusern in den größeren Städten bereits ein erster Schritt für eine modernere wirtschaftliche und technische Erschließung getan.

Dieses relativ einheitliche, von der Türkei aus beherrschte und verwaltete Gebiet des Fruchtbaren Halbmondes wurde nach der Zerschlagung des Osmanischen Reiches im Jahre 1918 weitgehend willkürlich in Teilstaaten aufgesplittert, über welche anschließend Großbritannien und Frankreich die Mandatsverwaltung übertragen bekamen. Alle heutigen Staaten des Fruchtbaren Halbmondes sind damit *künstliche Neuschöpfungen* des 20. Jahrhunderts. Ihre Grenzen wurden, wie bereits ein flüchtiger Blick auf die Karte lehrt, oft über Hunderte von Kilometern hinweg mit dem Lineal auf dem Reißbrett entworfen. Von wenigen Ausnahmen abgesehen, lehnen sich die neuen Grenzlinien weder an historisch gewachsene Provinzgrenzen noch an Naturraumgrenzen an; fast alle größeren Landschaftseinheiten des Fruchtbaren Halbmondes greifen über die jeweiligen Staaten hinaus auch auf das Gebiet benachbarter Territorien über.

In groben Umrissen erscheinen die Grenzen der heutigen Staaten zum ersten Male in dem berühmten *Sykes-Picot-Abkommen* zwischen Frankreich und Großbritannien vom Mai 1916 (Fig. 36). In diesem Vertrag erhielt Frankreich den Nordwesten, Großbritannien den Süden und Osten des Fruchtbaren Halbmondes als Interessengebiet zugesprochen. Das Gebiet von Palästina sollte unter internationale Verwaltung gestellt werden. Die endgültige Grenzregelung 1920/21 stellte dann die Teilstaaten Libanon und Syrien unter französisches, Palästina, Transjordanien und Irak unter britisches Mandat.

In dem Sykes-Picot-Abkommen von 1916 war den Arabern östlich einer Linie Aleppo–Homs–Damaskus–Totes Meer und westlich der Bewässerungsgebiete des Unterirak die Errichtung »eines unabhängigen arabischen Staates oder Staatenbundes unter der Souveränität eines arabischen Führers« (E. TOPF 1929, S. 21) zugestanden worden (Fig. 36). Dieses Versprechen wurde dann nach Kriegsende nicht eingelöst. Es begann jenes unselige Tauziehen der europäischen Mächte

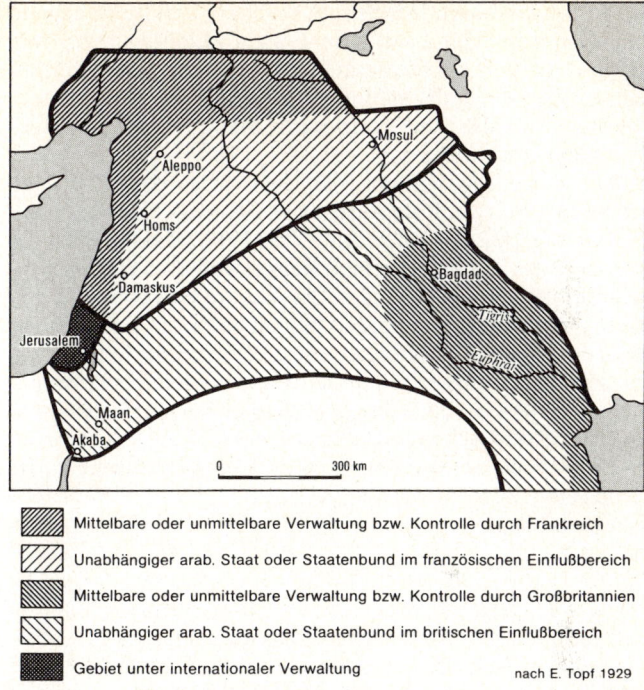

Mittelbare oder unmittelbare Verwaltung bzw. Kontrolle durch Frankreich

Unabhängiger arab. Staat oder Staatenbund im französischen Einflußbereich

Mittelbare oder unmittelbare Verwaltung bzw. Kontrolle durch Großbritannien

Unabhängiger arab. Staat oder Staatenbund im britischen Einflußbereich

Gebiet unter internationaler Verwaltung

nach E. Topf 1929

Fig. 36: Das Sykes-Picot-Abkommen

um die Nachfolge der türkischen Herrschaft in Vorderasien, welches den Fruchtbaren Halbmond bis zum heutigen Tag zu einem der gefährlichsten Unruheherde der Weltpolitik hat werden lassen. Die Araber, die auf Freiheit und Unabhängigkeit gehofft hatten, fühlten sich wohl zu Recht getäuscht, ja betrogen. Die stark antiwestlichen Affekte, welche gerade innerhalb der Bildungs- und Führungsschicht z. B. Syriens und des Irak weit verbreitet waren, finden in der Politik der europäischen Mächte seit dem Ersten Weltkrieg eine überzeugende Erklärung.

Die Ereignisse des Zweiten Weltkrieges haben schließlich zum Zusammenbruch der europäischen Mandatsherrschaft über die Länder des Fruchtbaren Halbmondes geführt. Weite Teile der Intelligenz in den nunmehr souveränen Staaten Transjordanien, Libanon, Syrien und Irak drängten jetzt zur *Vereinigung* in einem größeren arabischen Reich oder zumindest in einem festen Staatenbund. Alle diesbezüglichen Bestrebungen waren jedoch zum Scheitern verurteilt; denn in den fünfundzwanzig Jahren seit dem Ersten Weltkrieg hatten die künstlich geschaffenen Nachfolgestaaten des Osmanischen Reiches bereits ein kräftiges Eigenleben und starke Eigeninteressen entwikkelt. Provisorien wurden zur Dauerlösung, die normative Kraft des Faktischen setzte sich durch.

Der Libanon, der mit Syrien immerhin noch durch Währungs- und Zollunion verbunden war, löste sogar diese Gemeinschaft wegen unüberbrückbarer Gegensätze in der Zollpolitik 1948/50 auf. Jeder Staat fürchtete, bei einem Zusammenschluß mehr zu verlieren als zu gewinnen: Die im Libanon tonangebenden Christen wären vermutlich von Mohammedanern majorisiert worden, Syrien hätte sich vielleicht mit einer Hegemonie des Irak abfinden müssen, der Irak hätte wahrscheinlich seine Erdöleinkünfte mit den Habenichtsen der Levantestaaten teilen müssen. So blieb bis zum heutigen Tag alles beim alten; die einzigen zu Buche schlagenden Grenzveränderungen seit Erringung der Unabhängigkeit wurden durch die expansive Dynamik des Staates Israel ausgelöst (Fig. 48). Seit Ausbruch des Bürgerkriegs 1975 ist aber auch Libanon zu einem bedrohlichen Unruheherd geworden.

Sehen wir von den gegenwärtigen, eben doch weitgehend zufälligen Staatsgrenzen einmal ab, dann gliedert sich das Gebiet des Fruchtbaren Halbmondes im wesentlichen in drei natürliche *Großlandschaften:* Ganz im Westen liegen, klimatisch und kulturell noch sehr stark vom Mittelmeer her beeinflußt, die Gebirge und Bruchschollenländer der Levante (Palästina, Libanon, Westsyrien). Nach Osten zu folgen als zentrale Landschaft des Fruchtbaren Halbmondes die Ackerebenen und Regenfeldfluren der Trockensteppe am Nordrand Arabiens (Ostjordanland, weite Gebiete Syriens und des nördlichen Irak). Ganz im Osten schließen sich daran dann im Bereich eines bereits halbwüstenhaften Klimas die Bewässerungsfluren des unteren Euphrat und Tigris an (Unterirak). Einige gemeinsame Charakteristika dieser drei Großlandschaften seien der Einzelbetrachtung der Staaten des Fruchtbaren Halbmondes vorangestellt.

a) In einem wechselnd breiten Streifen wird das östliche Mittelmeer von den *Gebirgen und Bruchschollenländern der Levante* gesäumt. Die Niederschläge sind hier in der Regel noch so hoch und winterliche Frostwetterlagen so selten, daß neben Getreide und anderen Winterfrüchten auch Sommerfrüchte und vielfältige mediterrane Baumkulturen ohne zusätzliche Bewässerung gedeihen. Die Bergländer waren früher dicht bewaldet; ein nun schon Jahrtausende währender Raubbau hat diese alten Waldbestände aber weitgehend vernichtet und eine vielfach katastrophale Bodenabschwemmung ausgelöst. Neben sehr gepflegten, intensiven Kulturen in der Küstenebene und in den breiteren Becken und Tälern des Gebirges finden wir deshalb im Bergland weithin auch kahle, verkarstete Kalktriften mit lockerem Gehölz oder Gestrüpp, die höchstens noch eine kümmerliche Ziegenweide abgeben.

Die Gebirge und Bergländer der Levante erscheinen in vieler Hinsicht noch dem Mittelmeer und über das Mittelmeer hinweg Europa zugewandt. Insbesondere die Staaten Libanon und Israel lassen eine betonte Orientierung zum Westen erkennen. Aber auch das mittelmeernahe Westsyrien mit seinen beiden modern ausgebauten Häfen Latakia und Tartous, mit Kiefern- und Eichenwäldern, Zitruskulturen und gepflegten Ölbaumhainen ist noch stark mediterran geprägt.

Dem gebirgigen Charakter dieses küstennahen Teiles der Levante und der schwer zugänglichen Schutzlage vieler Siedlungen ist es zuzuschreiben, daß die Bergländer Palästinas, Libanons und Westsyriens überwiegend dem Altsiedelland zugehören und eine stellenweise ungebrochene Tradition von Anbau und seßhafter Siedlung seit der klassischen Antike aufweisen. Hierhin haben sich auch manche völkischen und religiösen Splittergruppen zurückziehen können und ihre Identität bis heute bewahrt.

b) Östlich von diesem mittelmeernahen Randsaum des Fruchtbaren Halbmondes erstrecken sich die *Ackerebenen und Regenfeldfluren der nordarabischen Trockensteppe*. Die besiedelten Gebiete Ost-Jordaniens, weite Teile Syriens und der ganze nördliche Irak können hierzu gerechnet werden. Der größere Teil der genannten Trockensteppen war noch um 1850 siedlungsleere nomadische Weideflur. Damit überwiegt Jungsiedelland, welches erst in den vergangenen einhundert Jahren wieder für Anbau und seßhafte Siedlung erschlossen wurde.

Die Winterniederschläge im Bereich der Regenfeldfluren und Ackerebenen sind bereits so niedrig, daß ohne zusätzliche Bewässerung nur noch der Anbau von Wintergetreide wirtschaftlich sinnvoll ist – meist sogar nur im Zweijahresturnus Wintergetreide–Brache. Häufig können hier jedoch nahe der Oberfläche Grundwasservorräte erbohrt werden; auch kleinere Flüsse und Quellen ermöglichen eine ergänzende Bewässerung. Vielerorts findet man demzufolge zwischen den recht extensiv bewirtschafteten Regenfeldfluren kleine Inseln oder Bänder von Bewässerungsland eingestreut, in denen dann Baumkulturen, Gemüse und vielfältige Sommerfrüchte gedeihen. Auch große, bedeutende Städte, meist alte Handelsplätze und Karawanenstützpunkte, liegen innerhalb oder am Rande dieser Ackerebenen: Amman und Damaskus, Homs, Hama und Aleppo, Urfa, Mosul, Erbil und Kirkuk.

c) Der östliche Teil des Fruchtbaren Halbmondes wird schließlich von den *Bewässerungsfluren des unteren Euphrat und Tigris* (Unterirak) eingenommen. Die Niederschläge in den dortigen Wüstensteppengebieten sind gemäß dem West-Ost-Formenwandel nochmals eine Größenordnung niedriger; so ist ohne Bewässerung kein Anbau mehr möglich. Die beiden Ströme Euphrat und Tigris sowie einige der linken Nebenflüsse des Tigris (z. B. Diyala) führen aber so viel Wasser heran, daß an sich weite Areale bewässert werden könnten. Jedoch erfordern die oft katastrophalen Frühjahrshochwässer und eine rasch fortschreitende Bodenversalzung für einen intensiveren Bewässerungsfeldbau einen erheblichen technischen Aufwand und viel Fingerspitzengefühl. Auch ist gerade der Unterirak bis vor wenigen Jahrzehnten ein bevorzugtes Sommerweidegebiet mächtiger Nomadenstämme gewesen.

Daraus mag es zu erklären sein, daß auch im Unterirak um 1850 nur verhältnismäßig kleine, meist stadtnahe Gebiete landwirtschaftlich genutzt wurden (vgl. E. WIRTH 1962); im Gegensatz zum ägyptischen Niltal sind also die Bewässerungsfluren des unteren Euphrat und Tigris überwiegend Jungsiedelland. Erst in der Zeit des britischen Mandats nach dem Ersten Weltkrieg baute man hier große Bewässerungsstaudämme und im Zusammenhang damit leistungsfähigere Bewässerungskanäle, und erst seit dem Zweiten Weltkrieg wurden dann an den größeren Flußarmen und Kanälen Motorpumpen installiert.

Es würde naheliegen, sich bei der nachfolgenden Einzelbetrachtung an die vorstehend kurz umrissenen drei großen Teillandschaften anzulehnen. Die heutigen Staaten des Fruchtbaren Halbmondes zeigen hinsichtlich ihrer Wirtschaftspolitik und Sozialstruktur aber doch bereits sehr spezifische Eigenheiten; auch nehmen europäisch-westliche Einflüsse in einem klaren Gefälle nach Osten zu ab. Deshalb erscheint eine Zweiteilung unter Berücksichtigung der gegenwärtigen staatlichen Gliederung sinnvoller: Der Westen des Fruchtbaren Halbmondes wird von den *Levantestaaten* Libanon, Syrien und Jordanien eingenommen, der Osten vom Staat *Irak*. Israel schließlich soll wegen seiner besonderen Problematik in einem späteren Abschnitt (5.6) besprochen werden.

5.4.2 Die Levantestaaten

»Der Name *Levante* ist zur Zeit der Vorherrschft der italienischen Stadtrepubliken im europäisch-orientalischen Handelsverkehr des Mittelalters aufgekommen und bedeutet das gleiche wie Orient und Anatolien, nämlich Sonnenaufgang und Osten. Die italienischen Seefahrer verstanden darunter die meernahen Teile der östlichen Küstenländer des Mittelmeers, und zwar insbesondere die Hafen- und die wenigen Binnenstädte, auf die sich ihr unmittelbarer kaufmännischer Einfluß erstreckte« (E. BANSE 1919, S. 16). Diese noch heute gültige Definition beinhaltet bereits, daß die Levantestaaten seit alters in stärkerem Umfang als fast alle anderen Regionen des Orients dem Westen zugewandt waren. Wenn in Abschnitt 3.3 im Zusammenhang mit dem Prozeß der Verwestlichung auf die Kreuzzüge, auf die Faktoreien (Handelsniederlassungen) europäischer Mächte und auf die frühen Bemühungen christlicher Mission im ›Heiligen Land‹ verwiesen wurde, dann sind dies nicht zufällig drei Beispiele von Kontakten zwischen Europa und der Levante.

Nicht zufällig ist es auch, daß seit der Herrschaft des Byzantinischen Reiches gerade in den Staaten der Levante das *Christentum* eine relativ starke Position einnimmt. Denn einerseits hat der Einfluß Europas den im Bereich der Levante seit alters ansässigen christlichen Bevölkerungsgruppen den Rücken gestärkt; zum anderen aber tendierten die Christen der Levante verständlicherweise stärker als die Muslim dazu, westliche Einflüsse zu übernehmen. Der Libanon, ein in vieler Hinsicht besonders typischer Levantestaat, bekennt sich noch heute mit knapp der Hälfte seiner Bevölkerung zu einer der dortigen Spielarten des Christentums. Auch Syrien weist z. B. mit mehr als 10% seiner Bevölkerung und Jordanien mit etwa 7% seiner Bevölkerung stärkere christliche Minderheiten auf. Deren Gewicht innerhalb der jeweiligen Staaten ist übrigens stärker, als es diese Zahlen vermuten lassen; denn gerade christliche Minoritätengruppen sind in den Staaten der Levante wirtschaftlich besonders aktiv, und sie haben sich Neuerungen gegenüber überdurchschnittlich aufgeschlossen gezeigt (vgl. E. WIRTH 1965).

Im Gegensatz zu den Staaten Libanon und Israel greifen die Territorien Jordaniens und Syriens zwar weit über das Gebiet der eigentlichen Levante hinaus nach Osten aus. Die Schwerpunkte von Wirtschaft und Bevölkerung auch dieser Staaten liegen aber in dem jeweils klimabegünstigten Westen; so kann man cum grano salis durchaus nicht nur Libanon und Palästina, sondern auch Syrien und Jordanien zu den Levantestaaten zählen. In einem solchen etwas weiteren Sinne umfassen die heutigen Levantestaaten ungefähr denjenigen Bereich Vorderasiens, den man vor dem Ersten Weltkrieg mit dem Begriff ›Syrien und das Heilige Land‹ zu umschreiben pflegte; man meinte damit die Gesamtheit der besiedelten Ländereien zwischen dem östlichen Mittelmeer und der syrisch-arabischen Wüste, von den Ketten des Amanus und Taurus im Norden bis zur Halbinsel Sinai und zum Golf von Akaba im Süden.

Libanon: Von allen arabischen Staaten Vorderasiens kam bis zum Ausbruch des Bürgerkriegs 1975 der Libanon im Landschaftsbild wie in seiner Wirtschaftsstruktur und in den Lebensformen seiner Bewohner europäischen Verhältnissen am nächsten. Die Küste von Tyrus bis Tripolis erinnert durchaus an italienische oder südfranzösische Mittelmeerlandschaften, die Hauptstadt Beirut war eine Weltstadt stark westlichen Gepräges, das Straßennetz des Landes wurde ausgezeichnet ausgebaut, Handel und Finanzwesen blühten, und im Winter waren die verschneiten Gipfelhänge des Libanon beliebtes Skigebiet für eine Bevölkerung mit weitgehend westlichen Konsumgewohnheiten. Gelegentlich auch ›Schweiz des Orients‹ genannt, war der Libanon bis 1975 einer der dynamischsten und wirtschaftlich am höchsten entwickelten Staaten Vorderasiens.

In einer klaren west-östlichen Abfolge gliedert sich das Land in vier der Mittelmeerküste parallele Landschaftsstreifen. Der *Küstensaum* ist zwar nur wenige Kilometer breit. Durch seine dichte Besiedlung, seine Verkehrsbedeutung und seine bewässerten Intensivkulturen (Zitrusfrüchte, Bananen) kam diesem Kernraum des antiken Phönizien aber bis 1975 besonderes Gewicht zu. Hier liegt auch *Beirut*, die Hauptstadt und das mit großem Abstand bedeutendste Zentrum des Landes. Als Mittelmeerhafen und wichtige Etappenstation des internationalen Luftverkehrs, als Handelsplatz und Finanzzentrum war diese betont fortschrittliche Stadt eine der wirtschaftlich aktivsten Städte Vorderasiens (vgl. H. RUPPERT 1968/1969, E. WIRTH 1966). Der Bürgerkrieg hat seit 1975 allerdings einen schweren Rückschlag gebracht; heute kann Beirut keine überregionale Bedeutung mehr zugesprochen werden.

Infolge der drückenden Sommerschwüle im Küstenbereich ziehen sich die Vororte der wohlhabenden Oberschicht oft weit an den Hängen des *Libanongebirges* hoch. Dieses ist an seiner durch Winterregen reichlich benetzten Westabdachung ebenfalls dicht besiedelt und in intensivem Anbau genutzt. Die höheren, verkarsteten Bergrücken und Plateaus sind dagegen meist nur noch kümmerliche Weidetrift. Durch Rodung und rücksichtslosen Raubbau wurde das ursprünglich dichte Waldkleid bis auf wenige Reste (z. B. geschützte Zedernhaine) beseitigt.

Nach Osten senkt sich das Libanon-Gebirge dann mit steilem Abfall zum tektonischen Graben der *Bekaa*, die als ein weites Hochtal parallel zu Küste und Gebirge das ganze Land durchzieht. Hier reichen die Niederschläge im Südteil noch für Regenfeldbau mit jährlicher Ernte aus. Im Norden hingegen bringen die fruchtbaren Anschwemmungsböden nur im Bereich der Bewässerungsoasen, die sich beidseits am Gebirgsfuß entlangziehen, reichen Ertrag. Im Gegensatz zum Altsiedelland des Küstensaumes und des Libanon-Gebirges war die Bekaa noch gegen Ende des 19. Jahrhunderts überwiegend Weideland für Nomaden; die moderne Erschließung mit intensiven Bewässerungskulturen begann erst vor ca. 40 Jahren. Östlich der Bekaa folgen schließlich die schon sehr trockenen, weitgehend kahlen Bergmassive des *Antilibanon* und des *Hermon*, auf deren Hauptkamm die Grenze nach Syrien verläuft. Siedlung und landwirtschaftliche Nutzung beschränken sich hier auf Bergfußoasen und die im weiteren Umkreis davon liegenden Regenfelder.

Libanon ist der einzige arabische Staat, in welchem bis 1975 die *Christen* sozial, wirtschaftlich und politisch tonangebend waren. Die verschiedenen christlichen Religionsgruppen untereinander und mit den nichtchristlichen Religionsgemeinschaften im Gleichgewicht zu halten, gehörte zu den Grundvoraussetzungen für die Stabilität des gesamten Staatswesens. Die *Auswanderung* spielt seit etwa 100 Jahren für den Libanon eine besonders große Rolle. Auch hier sind die Christen das mit Abstand mobilere Element: Bei einer Erfassung 1932 erreichte die Zahl der christlichen Auswanderer 54 % der noch im Mutterland lebenden Christen, die der muslimischen Auswanderer hingegen nur 9 % der Mohammedaner im Mutterland. Die Geldüberweisungen der Auslandslibanesen in ihre Heimat, insbesondere aber auch der Unternehmungsgeist, die Aufgeschlossenheit und der Erfahrungsschatz heimkehrender Emigranten haben wesentlich zum Wirtschaftsaufschwung des Libanon in den vergangenen Jahrzehnten beigetragen.

Zwei Drittel des libanesischen Territoriums sind landwirtschaftlich unproduktives Berg- und Gebirgsland, und nur 7 % werden im Bewässerungsfeldbau genutzt. Trotz einer verhältnismäßig modernen, hochentwickelten Anbautechnik – der Schwerpunkt der agrarischen Erzeugung liegt auf dem Anbau von Sonderkulturen und auf tierischer Veredelungsproduktion – spielt deshalb die Landwirtschaft im Rahmen der *Wirtschaftsstruktur* des Libanon eine ähnlich bescheidene Rolle wie die Industrie. Nicht weniger als zwei Drittel des libanesi-

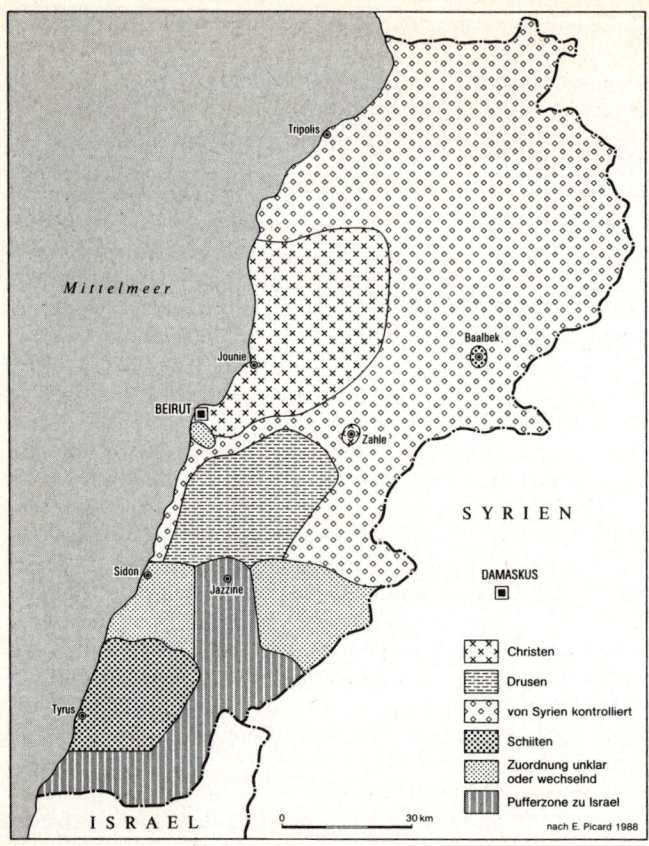

Fig. 37: Einflußgebiete im Libanon 1988

schen Volkseinkommens entstammen demgegenüber dem Dienstleistungssektor, insbesondere dem Handel und Finanzwesen.
Diese einzigartige Stellung des Libanon innerhalb der arabischen Welt
läßt sich nur durch den Unternehmungsgeist und das Handelsgeschick
seiner Bewohner erklären; der Libanese gilt als einer der wendigsten
und gewiegtesten Kaufleute der Welt. Eine auf den freien Austausch
von Waren und Kapitalien ausgerichtete Wirtschaft ist allerdings in
besonderem Maße auf politische Stabilität und friedliche Koexistenz
angewiesen. Der schwelende Konflikt mit Israel, die Unruhe der palä-

236

stinensischen Freischärler-Organisationen, sozialrevolutionäre Strömungen unter der heranwachsenden Jugend und die immer wieder aufflackernden bewaffneten Auseinandersetzungen zwischen radikalen religiösen Gruppierungen haben damit seit dem Ausbruch des Bürgerkriegs 1975 zu einer existenzbedrohenden Krise geführt (vgl. K. S. SALIBI 1976, H. GAUBE 1977).

Syrien: Syrien gehört mit allen seinen Landesteilen noch zum Gebiet mediterraner Winterregen; die Niederschlagsmenge nimmt aber von den Küstengebirgen im Westen (über 1000 mm) nach den Wüsten im Südosten hin (unter 100 mm) ab. In diesem west-östlichen Formenwandel bestimmt die Niederschlagshöhe auch die Möglichkeiten landwirtschaftlicher Nutzung und die Siedlungsdichte (Fig. 38).

Am meisten Niederschlag erhalten die *mediterranen Bergländer* Syriens, meist altbesiedelte Gebirge längs der Mittelmeerküste. Mit ihren hellen, nackten Kalkfelsen und den zu Gestrüpp degradierten Wäldern, mit terrassierten Ölbaumhainen an den Hängen und bewässerten Intensivkulturen im Tal und in der Küstenebene zeigt dieser Teil Syriens durchaus mittelmeerisch-westliche Züge. Bis heute haben sich in den Rückzugsgebieten des Berglandes völkische und religiöse Splittergruppen halten können, die noch stark in alten Traditionen verhaftet erscheinen.

Landeinwärts folgen die *altbesiedelten Ackerebenen* Syriens, ein im Relief schon viel ruhigeres Tafelland mit eingeschalteten Flußtälern und fruchtbaren Becken. Hier liegt heute der wirtschaftliche Schwerpunkt des Landes, und hier finden wir in der Städtereihe Aleppo–Hama–Homs–Damaskus nicht nur die größten Siedlungen Syriens, sondern auch fast alle Standorte moderner Industrien. Ein durchschnittlicher Jahresniederschlag von meist über 350 mm erlaubt noch Regenfeldbau sowohl auf Wintergetreide als auch auf anspruchslosere Sommerfrüchte (Baumwolle, Melonen). In dem steil eingeschnittenen Tal des Orontes dienen altertümliche Wasserschöpfräder der Bewässerung von Gemüseparzellen und Baumhainen; heute werden die traditionellen Schöpfwerke zunehmend durch Motorpumpen und moderne Staudämme ersetzt.

Außerhalb dieser altbesiedelten, recht niederschlagsreichen Bergländer und Ackerebenen im Westen und Norden Syriens sind in Mittelsyrien, d. h. im weiteren Umkreis von Damaskus, die *Bewässerungsoasen der Ghoutas* seit alter Zeit Inseln dichter Bevölkerung, intensiver Landnutzung und alter Gewerbetradition. Die schattigen Ölbaumhaine der Ghouta von Damaskus mit ihren intensiven mehrstöckigen Gartenkulturen und kühlen Bächen galten für die Wüstenbewohner

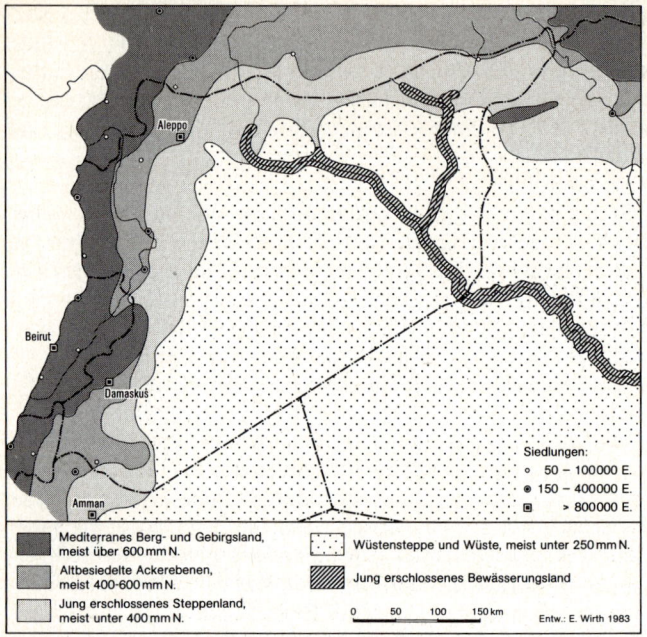

Fig. 38: Syrien–Landschaften des Formenwandels

als das Paradies auf Erden. Noch weiter im Süden, gegen die Grenze nach Jordanien zu, folgen die Ackerebenen der südsyrischen *Vulkanlandschaften*. Stellenweise recht fruchtbare basaltische Verwitterungsböden und reichliche Niederschläge haben Südsyrien bereits im vergangenen Jahrhundert zu einem bevorzugten Anbaugebiet von Weizen werden lassen, welches wesentlich zur Getreideversorgung sowohl der Stadt Damaskus als auch der alljährlich durchziehenden Pilgerkarawane nach Mekka beitrug.

Östlich an die Landschaften des vorstehend kurz skizzierten Altsiedellandes schließt sich in Syrien ein breiter Streifen *Jungsiedelland* an (Fig. 38); für ihn trifft all das zu, was in Abschn. 5.2 über die Rückeroberung früheren Nomadenlandes durch Dorf und Pflug im Laufe der vergangenen einhundert Jahre gesagt wurde. Die Niederschläge sind hier im Rahmen des west-östlichen Formenwandels nochmals geringer. Mit einem Jahresdurchschnitt von etwa 200 bis 350 mm reichen sie nur noch für den Anbau von Wintergetreide aus, und zwischen die Anbaujahre muß je ein Brachjahr eingeschaltet werden.

238

Dem älteren Jungsiedelland Syriens westlich des Euphrat steht in den fruchtbaren, gut beregneten Ackerebenen Nordostsyriens ein jüngeres Jungsiedelland gegenüber, welches erst seit dem Zweiten Weltkrieg für die Landwirtschaft erschlossen wurde (Fig. 32). Auch das in die Wüstensteppentafel eingetiefte syrische Euphrattal ist erst seit ca. 1950 zu einem Zentrum moderner Bewässerungswirtschaft mit überwiegendem Baumwollanbau geworden. Der 1978 fertiggestellte große *Euphratstaudamm* westlich von Raqqa sollte eine erhebliche Ausdehnung des bewässerten Areals beidseits des Flusses ermöglichen; die damit verbundenen technischen, ökologischen und sozialen Probleme sind aber noch nicht gelöst (G. MEYER 1984). Östlich und südlich des Jungsiedellandes erstrecken sich dann weite, ackerbaulich nicht nutzbare Wüstensteppen. Sie nehmen fast zwei Drittel des syrischen Staatsgebiets ein (vgl. E. WIRTH 1971).

Im Gegensatz etwa zu Saudi-Arabien, wo Oasen und bewässertes Kulturland nur als kleine Inseln inmitten schier endloser Wüsten und Wüstensteppen liegen, aber auch im Gegensatz zu Libanon, wo der Anbau auf schmale Bänder und Streifen an boden- und reliefbegünstigten Stellen des Gebirgslandes beschränkt ist, finden wir zumindest im Westteil Syriens und in Nordostsyrien weite zusammenhängende *Ackerfluren*, die recht intensiv genutzt werden. Fast die Hälfte der syrischen Bevölkerung ist in der Landwirtschaft tätig, und es würde keine Schwierigkeiten bereiten, auch eine wesentlich höhere Menschenzahl noch aus eigener Scholle zu ernähren. Wenig flexible Anbau- und Marktregelungen des sozialistischen Regimes führen aber immer wieder zu Rückschlägen. Im Verhältnis zu den vorhandenen Ressourcen und zum Potential der Landwirtschaft ist die Produktion recht niedrig.

Bereits in der Antike hatte Syrien ein blühendes Gewerbe und viele wohlhabende und große *Städte*. Seit ältester Zeit wird es auch als Durchgangsland bevorzugt; die dortigen Städte waren wichtige Handelsplätze und Ausgangspunkte des Karawanenverkehrs quer durch die Wüsten Vorderasiens. Damit sind in Syrien Städtewesen, Handwerk, Gewerbe und Industrie, Binnenhandel und Fernhandel fast unlösbar miteinander verknüpft.

Die beiden größten Siedlungen des Landes, die Hauptstadt Damaskus und die Handelsstadt Aleppo, werden bereits im zweiten vorchristlichen Jahrtausend als wichtige Städte urkundlich genannt. Nach wie vor ist *Damaskus* eines der bedeutendsten nationalen und religiösen Zentren des Orients. Viele historische Bauten und das noch heute blühende Kunsthandwerk zeugen von der Traditionsverbundenheit dieser – nach Mekka und Jerusalem – dritten heiligen Stadt des Islam (vgl. K. DETTMANN 1968/69). *Aleppo* erscheint demgegenüber als eine nüchterne, fortschrittliche und sehr dynamische Handels- und Industriestadt. Seine Zitadelle und sein Bazar gehören desungeachtet zu den schönsten Denkmälern islamischer Baukunst (vgl. GAUBE-WIRTH 1984). Einige Teile der Altstadt von Damaskus und Aleppo atmen noch heute den orientalischen Zauber von Tausendundeiner Nacht.

Auch außerhalb der großen Städte stößt man in Syrien noch überall auf Reste einer bewegten vieltausendjährigen Vergangenheit: Römische Straßen, Tempel und Grenzbefestigungen, frühchristliche Kirchen und Klöster, Kreuzritterburgen, arabische Schlösser, Zitadellen, Bazare, Karawansereien und Moscheen vermitteln einen großartigen Querschnitt durch die Kunstgeschichte vergangener Epochen. Angesichts dieser berühmten antiken, frühchristlichen und islamischen Ruinenstätten und Kunstdenkmäler und angesichts der vielen Naturschönheiten Syriens erscheint der Fremdenverkehr noch relativ wenig entwickelt. Für alle, die bereit sind, auch ein wenig abseits der großen Trampelpfade des Massentourismus zu wandeln, dürfte Syrien nicht nur eine, sondern sogar viele Reisen wert sein (vgl. E. WIRTH 1971).

Jordanien: Jordanien ist zweifellos das ärmste, von der Natur am kärglichsten bedachte Land innerhalb der Region des Fruchtbaren Halbmondes. Neun Zehntel seines Territoriums bestehen aus wirtschaftlich kaum nutzbarer Wüste oder Wüstensteppe. Möglichkeiten für künstliche Bewässerung sind nur an wenigen Stellen gegeben. Alle bisherigen Erdölbohrungen blieben erfolglos. Jordanien hat keinen direkten Zugang zum Mittelmeer, und seine Phosphatlagerstätten sind weniger ergiebig als diejenigen Marokkos.

Zu dieser besonderen *Naturungunst* tritt noch die schwierige *politische Situation.* Jordanien ist bisher der Hauptleidtragende in der Auseinandersetzung der arabischen Staaten mit Israel gewesen. Seit Juni 1967 halten israelische Truppen die wirtschaftlich besonders wertvollen Provinzen westlich des Jordans (einschließlich der jordanischen Altstadt von Jerusalem) besetzt. Im Gefolge der Feldzüge von 1949 und 1967 wurde Jordanien das mit Abstand wichtigste Zufluchtsland für die arabischen Flüchtlinge aus Palästina; deren Unterbringung, Versorgung und Eingliederung in die heimische Wirtschaft stellt ein fast unlösbares Problem dar (vgl. Abschn. 5.6). Über die Hälfte der Bevölkerung Jordaniens besteht heute aus Heimatvertriebenen! Die Unruhe dieser Palästina-Flüchtlinge würde für das Land selbst dann eine

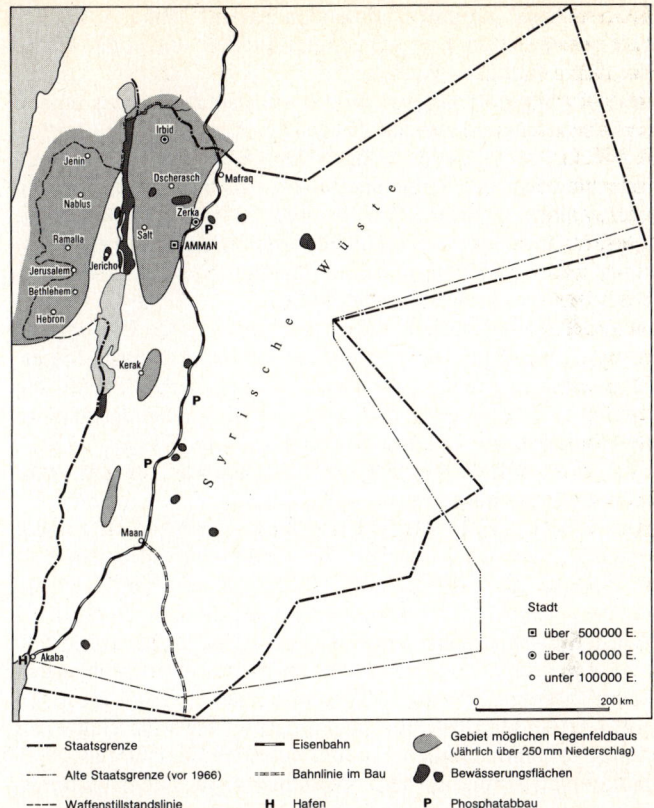

Stadt

⊡ über 500000 E.

⊚ über 100000 E.

○ unter 100000 E.

0 ——————————— 200 km

—··— Staatsgrenze	—— Eisenbahn	Gebiet möglichen Regenfeldbaus (Jährlich über 250 mm Niederschlag)
···· Alte Staatsgrenze (vor 1966)	═══ Bahnlinie im Bau	Bewässerungsflächen
---- Waffenstillstandslinie	H Hafen	P Phosphatabbau

Fig. 39: Jordanien–Wirtschaft

stete Gefahr bedeuten, wenn nicht militante Freischärler-Organisationen gerade in Jordanien bestrebt wären, eine Art von Staat im Staate zu errichten.

Wie in Syrien, so werden auch in Jordanien Besiedlung und landwirtschaftliche Nutzung überwiegend von der *Niederschlagshöhe* bestimmt. Demzufolge bildet ein relativ kleines Gebiet im Nordwesten des Landes (nach Südosten etwa begrenzt durch die Linie Mafraq–Amman–Totes Meer) den Lebensraum für den weitaus größten Teil der Bevölkerung (Fig. 39). Nur hier fallen in den milden Wintern genügend Niederschläge, um einen lohnenden Regenfeldbau zu ermöglichen; hier finden sich auch ergiebige Karstquellen, und einige Flüsse führen das ganze Jahr über Wasser.

Auch diese *Vorzugslandschaften im Nordwesten Jordaniens* eignen sich aber nur streifen- und inselhaft für den Feldbau. Die verkarsteten, wasserarmen Kalkplateaus der dortigen Bergländer sind kahle Weidetriften, oder sie tragen als Reste eines ursprünglich dichteren Eichen- und Kiefernwaldes schüttere Gehölz- und Gestrüpp-Formationen. Nur die Beckenlandschaften und die Täler werden nachhaltig genutzt. Inmitten von Getreidefeldern und Gartenparzellen, Rebkulturen und Ölbaumhainen liegen hier zahlreiche Dörfer.

Die markante, in nord-südlicher Richtung verlaufende Einsenkung des Jordangrabens, der im Toten Meer mit 395 m unter dem Meeresspiegel die tiefste Depression der Erdoberfläche darstellt, teilt den bevorzugten Nordwesten des Landes nochmals in die Bergländer Westjordaniens und die des Ostjordanlandes. Das *Westjordanland*, noch im direkten Einflußbereich des Mittelmeeres gelegen, wird durch entsprechend höhere Niederschläge besonders begünstigt. Da es ehemals dem britischen Mandat Palästina zugehörte, ist es aber auch wirtschaftlich höher entwickelt. Als eine Folge vielfältiger Einflüsse aus Europa, die seit Beginn des 19. Jahrhunderts dem ›Heiligen Land‹ zugute kamen, findet man dort stattliche Siedlungen und eine recht intensive Landnutzung. Obwohl westlich des Jordans nur 5% der Staatsfläche und 30% der landwirtschaftlichen Nutzfläche Jordaniens liegen, entfielen 1966/67 auf Westjordanien 80% der gesamten Olivenernte, 65% der Obst- und Gemüseernte, etwa die Hälfte der gewerblichen und industriellen Produktion, 80% aller Hotels, 60% aller Krankenhausbetten und 55% der Umsätze im Dienstleistungssektor (Fremden- und Pilgerverkehr!).

Aufgrund dieser Situation wird es verständlich, daß die Besetzung des gesamten Westjordanlandes durch israelische Truppen im Juni 1967 für Jordanien einen besonders schweren Schlag bedeutete. Unter jordanischer Kontrolle befindet sich seitdem nur noch das *Ostjordanland*, also die wenig entwickelten, traditionsverhafteten Landesteile des früheren britischen Mandatsgebiets ›Transjordanien‹. Die Ackerfluren des ostjordanischen Berglandes zwischen der Hauptstadt Amman und der jungen Universitätsstadt Irbid reichen zur Ernährung selbst der alteinheimischen Bevölkerung (ohne Flüchtlinge) bei weitem nicht aus. Auch die Ansätze zum Aufbau moderner Industrien in den Städten Amman und Zerka können keinen nachhaltigen wirtschaftlichen Ausgleich geben; denn die Enge des Binnenmarktes, die geringe Kaufkraft der Bevölkerung sowie Mangel an Kapital, Fachkräften und billiger Energie stehen einer raschen Industrialisierung im Wege. Seit 1975 profitiert die Hauptstadt *Amman* allerdings vom Bürgerkrieg im Libanon: Viele Firmenvertretungen, internationale Büros und Finanzorganisationen haben ihren Sitz seitdem von Beirut nach Amman verlegt.

In dem noch unter jordanischer Kontrolle stehenden Teil des *Jordangrabens* östlich des Flusses wurden im Laufe der vergangenen Jahrzehnte moderne Bewässerungsvorrichtungen geschaffen; mit Hilfe des vom wasserreichen Jarmuk abgeleiteten Ost-Ghor-Kanals wird das bereits tropisch-heiße Jordantiefland für den Anbau von Intensivkulturen erschlossen. Der Absatz ist durch die hohe Nachfrage der Erdölstaaten am Golf nach Obst und Gemüse sichergestellt. Der *Hafen von Akaba* ganz im Süden hat seit Ausbruch des irakisch-iranischen Krieges 1980 seinen Umschlag wesentlich erhöhen können: Ein erheblicher Anteil der irakischen Importe wird hier gelöscht und mit schweren Lastkraftwagen durch die Wüste in den Irak gebracht.

Bis zum Junifeldzug 1967 war der *Fremdenverkehr* für die Wirtschaft Jordaniens von großer Bedeutung. Westjordanien umfaßt ja den Kernraum des biblischen Palästina, Bethlehem, Hebron, die Altstadt von Jerusalem, die Fundstätten der Schriftrollen am Toten Meer und damit fast alle heiligen Stätten der Christenheit. Auch finden sich in Jordanien, ähnlich wie im benachbarten Syrien, großartige, wohlerhaltene Ruinenstätten aus den vorchristlichen Perioden der Antike, aus frühislamischer Zeit und aus der Zeit der Kreuzzüge. Infolge der Besetzung des jordanischen Teils von Palästina durch israelische Truppen im Jahre 1967 ist der frühere Fremdenstrom aber stark zurückgegangen. Erst eine Vereinbarung mit Israel über den Grenzübertritt von Touristen hat hier einige Erleichterungen gebracht.

5.4.3 Irak

Der heutige Staat Irak umfaßt im wesentlichen das Land beidseits von mittlerem und unterem Euphrat und Tigris, welches in der älteren Literatur ›*Mesopotamien*‹ genannt wurde. Besiedlung und wirtschaftliche Nutzung konzentrieren sich hier seit alters vorwiegend auf zwei *Kernräume*, die durch nur dünn bevölkerte Gebiete voneinander getrennt werden. Es sind das einmal die Bewässerungsfluren des unteren Euphrat und Tigris, nachfolgend kurz ›Unterirak‹ genannt, und zum anderen die Ackerebenen und Regenfeldfluren des kurdischen Gebirgsvorlandes, nachfolgend kurz ›Nordirak‹ genannt (Fig. 40). Diese

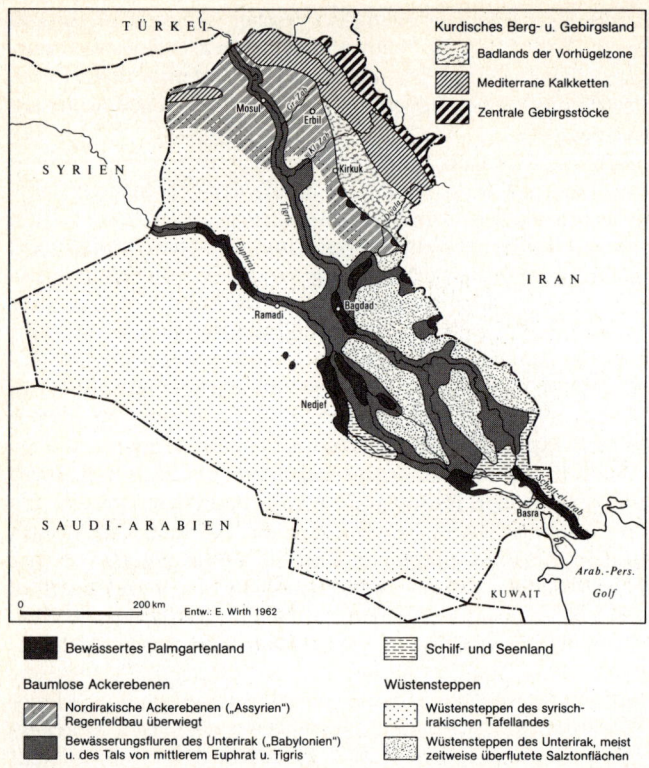

Legend (top right):

Kurdisches Berg- u. Gebirgsland

Badlands der Vorhügelzone

Mediterrane Kalkketten

Zentrale Gebirgsstöcke

Legend (bottom):

Bewässertes Palmgartenland

Schilf- und Seenland

Baumlose Ackerebenen

Nordirakische Ackerebenen („Assyrien")
Regenfeldbau überwiegt

Bewässerungsfluren des Unterirak („Babylonien")
u. des Tals von mittlerem Euphrat u. Tigris

Wüstensteppen

Wüstensteppen des syrisch-
irakischen Tafellandes

Wüstensteppen des Unterirak, meist
zeitweise überflutete Salztonflächen

0   200 km   Entw.: E. Wirth 1962

Fig. 40: Irak–Landschaftsgliederung

beiden Kernräume des Landes, Unterirak und Nordirak, nehmen
etwa 25 % des Staatsgebiets ein. Die restlichen 75 %, vor allem der
gesamte Westteil des Irak (Shamiya) und weite Areale zwischen mittlerem Euphrat und Tigris (Djezire), sind eintönige, oft tischebene
Kieswüste oder Wüstensteppe. Sie gehen, genau wie die Wüstensteppen und Wüsten des benachbarten Syrien und Jordanien, nach Süden
ohne erkennbare Grenze in die Wüsten Innerarabiens über.

Das Gebiet des *Unterirak* fällt mit der großen Senkungszone des mesopotamischen Trogs (vgl. Abschn. 5.7) zusammen, der sich in Verlängerung des Persischen Golfes von Südost nach Nordwest erstreckt.
Euphrat und Tigris haben hier in ihrem Unterlauf weite Anschwem-
mungsebenen geschaffen, welche seit Jahrtausenden im Bewässe-

rungsfeldbau genutzt werden. Daneben gibt es im Unterirak aber auch ausgedehnte Schilf- und Seenflächen sowie weitgespannte, vegetationslose Salztonebenen (Fig. 40). Dieses Tiefland, das antike *Babylonien*, hat gegen Ende des 4. Jahrtausends v. Chr. in den Stadtstaaten der Sumerer die höchstwahrscheinlich erste Hochkultur der Erde hervorgebracht (vgl. Abschn. 1 c).

Schon das altbabylonische Sintflut-Motiv und durch archäologische Ausgrabungen nachgewiesene katastrophale *Überschwemmungen* aber deuten darauf hin, daß die Bewässerungskulturen des Unterirak von Anfang an stärker gefährdet waren als die z. B. Ägyptens. Die beiden großen Flüsse des Irak, Euphrat und Tigris, haben – im Gegensatz zum Herbsthochwasser des Nils – als Folge von Winterregen und Schneeschmelze in Anatolien ihr Hochwasser im Frühjahr. Vor 1956 durchbrachen die Fluten dabei oft die Dämme und verwüsteten die heranreifenden Bewässerungskulturen. Der niedrigste Wasserstand von Euphrat und Tigris fällt hingegen gerade auf den Herbst, also auf die Zeit des größten Wasserbedarfs.

Ein weiteres Problem tritt hinzu: Der Grundwasserspiegel steht in weiten Teilen des Tieflandes so nahe der Oberfläche, daß die an sich fruchtbaren Anschwemmungsböden stark zur *Versalzung* neigen. Die Bodenversalzung stieg vor allem dann immer stärker an, wenn sich längere Zeit keine größeren Überschwemmungen ereigneten; denn diese brachten wenigstens eine überdeckende Schicht jungen, unversalzenen Schlicks auf die Fluren (vgl. E. WIRTH 1962).

Bewässerungswirtschaft im Unterirak bedeutet demnach seit Jahrtausenden ein stetes Lavieren zwischen der Skylla katastrophaler Überschwemmungen und der Charybdis zunehmender Bodenversalzung. Auch Kriege und politische Unsicherheit ließen die Bewässerungsanlagen immer rasch verfallen. So verwundert es nicht, daß noch vor hundert Jahren – am Ende einer Phase allgemeinen Niedergangs – weite Teile des Unterirak nur als extensive Nomadenweide genutzt wurden, und daß damals das Wasser von Euphrat und Tigris meist nur zum Tränken von Herdentieren, kaum jedoch zur Feldbewässerung diente.

Im Nordosten hat der Irak noch an den jungen Kettengebirgen Taurus und Zagros Anteil. In dem nach Südwesten geneigten Vorland zwischen diesem Gebirge und dem Tigris wurden weite, oft von fruchtbaren Lehmen überdeckte Schotterflächen aufgeschüttet. Hier, im *Nordirak* oder assyrischen Piedmont, liegt der zweite Kernraum des Landes. Er ist, wie das angrenzende Nordostsyrien, ein Teil der Ackerebenen des Fruchtbaren Halbmondes. Die winterlichen Niederschläge sind so hoch, daß der Feldbau auch ohne zusätzliche Bewässerung gute Erträge abwirft. Diese Regenfeldfluren des Nordirak, das antike *Assyrien*, werden seit mindestens 9000 Jahren von einer seßhaften Bevölkerung mit Getreidebau, Großviehhaltung und Lehmhüttendörfern bewohnt. Sie gehören damit zu denjenigen Regionen Vorderasiens, in denen nach heutigem Wissen zum ersten Male in der Menschheitsgeschichte eine Pflanzer-, Sammler- und Jägerbevölkerung zum Ackerbau übergegangen ist (vgl. Abschn. 1c).

Da Feldbau und Siedlung im Nordirak nicht von kunstvollen Bewässerungstechniken und übergreifender staatlicher Organisation, nicht von Staudämmen und sorgfältig instand gehaltenen Kanälen abhängig sind, erwiesen sie sich in Zeiten militärischer und politischer Unsicherheit meist als stabiler und widerstandsfähiger: Um ein Regenfeld zu bebauen, ist man nicht auf andere angewiesen; eigene Initiative und die von selbst fallenden Niederschläge reichen in der Regel aus. In Zeiten wirtschaftlichen und staatlichen Niedergangs erscheint der Nordirak demzufolge als Anbaugebiet bevorzugt. Den ständigen Übergriffen beutelüsterner Nomadenstämme aus dem Inneren Arabiens in vergangenen Jahrhunderten war allerdings auch der Siedler des Nordirak nicht gewachsen. Ganz analog zum benachbarten Syrien sind somit diese Ackerebenen überwiegend Jungsiedelland, welches erst in den letzten einhundert Jahren wieder für die seßhafte Landwirtschaft zurückgewonnen wurde.

Jene nur wenige Jahrzehnte zurückliegende Zeit allgemeinen Verfalls ist im *heutigen Bild der Kulturlandschaft* des Irak noch allenthalben zu bemerken: Sowohl im Norden als auch im Süden herrschen eintönige, baumlose Ebenen mit extensiv bebauten Getreideparzellen und ärmlichen Lehmhüttendörfern bei weitem vor. Die Modernisierung der Landwirtschaft durch die irakische Landreform hat allerdings im Norden schon große Fortschritte gebracht: Die großparzellige Ackerflur wird mit modernen Landmaschinen bewirtschaftet, und die größeren ländlichen Siedlungen werden zu Dienstleistungszentren für die Umlandbevölkerung ausgebaut (vgl. E. WIRTH 1982). Im Südirak hat sich dagegen noch wenig geändert: Oasenähnliche Bewässerungskulturen mit Dattelpalmen, Fruchthainen und Gemüsebeeten oder mit mehreren Ernten pro Jahr, wie sie für weite Teile des ägyptischen Niltals charakteristisch sind, finden sich nur in einem schmalen, häufig unterbrochenen Saum entlang den Flüssen und Kanälen (Fig. 40). Der größte Teil des unterirakischen Bewässerungstieflandes wird im Wechsel Winterfrucht/Brache nur jedes zweite Jahr eingesät, und die erzielten Hektarerträge liegen noch sehr niedrig. Inzwischen hat auch die *Bodenversalzung* ein katastrophales Ausmaß erreicht. Mehr als

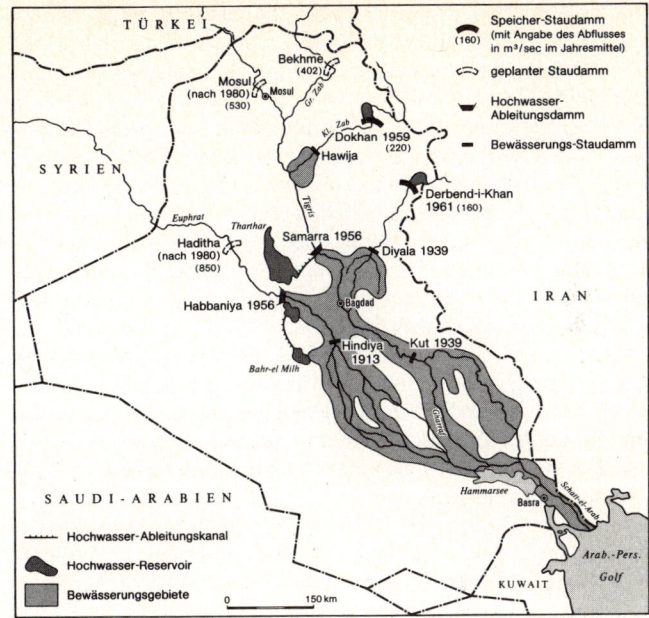

Fig. 41: Irak–Staudämme

die Hälfte aller Bewässerungsflächen des Unterirak sind bereits von ihr betroffen; denn nach der Landreform wurden zwar durch moderne Pumpen die Wassergaben für die Felder kräftig erhöht, man hat aber noch wenig zur Entwässerung und damit zur Entsalzung getan. Nur mit größten Einschränkungen kann man deshalb beim Bewässerungsgebiet von Euphrat und Tigris von einer ›Stromoase‹ sprechen.

Erst zu Beginn dieses Jahrhunderts ging man im Irak daran, durch den Bau von großen *Staudämmen* die Voraussetzungen für eine moderne, geregelte Bewässerungswirtschaft zu schaffen (Fig. 41). Noch in osmanischer Zeit erstellte der anglo-indische Bewässerungsingenieur Sir William Willcocks 1903/1911 sein berühmtes Gutachten über die Bewässerung des Unterirak. In den Jahren zwischen den beiden Weltkriegen wurde dann am Euphrat, am Tigris und am Diyala je ein großer *Bewässerungsstaudamm* gebaut. Durch diese Dämme kann die Wasserführung in den nahebei abzweigenden Stromarmen und Bewässerungskanälen geregelt und recht genau verteilt werden. Gleichzeitig wird der Wasserspiegel oberhalb des Damms um mehrere Meter angehoben, so daß auch in den Monaten herbstlichen Niedrigwassers noch eine ausreichende Versorgung der angeschlossenen Kanäle gewährleistet bleibt.

Als nächster Schritt wurde 1956 am Tigris und am Euphrat je ein großer *Hochwasser-Ableitungsdamm* eingeweiht. Beide Dämme haben die Aufgabe, die im Frühjahr oft bedrohlichen Hochwasserwellen von einem bestimmten Pegelstand an mit Hilfe von großen Kanälen in Depressionen inmitten der Wüstensteppe abzuleiten, wo sie keinen Schaden mehr anrichten können (Fig. 41). Seit 1956 sind dann auch im Unterirak nie mehr Deiche gebrochen, und es wurden keine Kulturen mehr durch Überflutungen vernichtet.

In den tief eingeschnittenen Tälern des kurdischen Berglandes schließlich wurden als bisher letzter Schritt zwei *Speicher-Staudämme* in Betrieb genommen. Im Gegensatz zu den beiden vorher genannten Staudamm-Typen des Tieflandes ist deren Stauvolumen so groß, daß die Hochwasserwellen der wasserreichen linken Nebenflüsse des Tigris während der Frühjahrsmonate ganz abgefangen und gespeichert werden können. Im Laufe des Sommers und Herbstes wird das gestaute Wasser dann langsam wieder in die Flüsse eingespeist, um deren herbstlichen Niedrigwasserstand anzuheben. Ein dritter solcher Speicher-Staudamm am Tigris oberhalb von Mosul ist im Bau.

Bis zu der die Monarchie stürzenden Revolution des Jahres 1958 war für die Landwirtschaft des Irak fast überall Großgrundbesitz mit teilweise unerträglich drückenden sozialen Verhältnissen charakteristisch. Im Zusammenhang mit *Bodenreform* und Sozialisierung sind diese großen Feudalbesitztümer inzwischen aufgeteilt worden. Noch immer nicht endgültig beigelegt ist aber der Konflikt zwischen den staatstragenden Arabern, die das Bewässerungstiefland und die Steppen bewohnen, und den im Gebirgsland des Nordostirak siedelnden, freiheitsliebenden *Kurden*. Im Herbst 1980 marschierten irakische Truppen in die iranische Erdölprovinz Chusistan ein. Seitdem belastet der *irakisch-iranische Krieg* die Bevölkerung und die Wirtschaft des Landes in einem kaum mehr tragbaren Umfang. Die in den siebziger Jahren erfreulich positive gesellschaftliche und wirtschaftliche Entwicklung des Irak wurde jäh gestoppt. Ungeachtet der Waffenruhe vom Herbst 1988 wird die Hypothek des Krieges noch viele Jahre spürbar bleiben.

Hauptstadt und mit Abstand wichtigste Siedlung des Irak ist *Bagdad*, die größte Stadt des arabischen Vorderasien. Aus der Zeit glanzvoller Herrschaft der abbasidischen Kalifen in Bagdad sind heute allerdings nur noch ganz wenige Bauwerke erhalten; im wesentlichen besteht die Altstadt aus unscheinbaren, schmucklosen Lehmziegelhäusern des 19. Jahrhunderts. Auch die Dynamik der modernen wirtschaftlichen und technischen Entwicklung des Orients hat in Bagdad bis heute einen vergleichsweise nur geringen Niederschlag gefunden. *Basra* ist die wichtigste Stadt im Süden des Landes und der bedeutendste Seehafen des Irak; 1980 bis 1988 wurde der Hafen durch iranische Streitkräfte blockiert. Der Schatt el-Arab, zu welchem sich Euphrat und Tigris oberhalb von Basra vereinigen, wird beidseits von einem ununterbrochenen Streifen mit Palmenhainen gesäumt. Sie bilden das größte zusammenhängende Dattelanbaugebiet der Welt.

5.5 Die Hochländer des nördlichen Vorderasien

5.5.1 Allgemeiner Überblick

Bereits in Abschnitt 5.1 wurde dargelegt, daß sich die Hochländer des nördlichen Vorderasien hinsichtlich ihres Baus und ihrer Oberflächenformen klar von der Halbinsel Arabien abheben; als ein Teil der jungen europäisch-asiatischen Faltungszone sind sie überwiegend Bergland, Gebirge oder Hochfläche. Die Betrachtung des *Klimas* in Abschnitt 5.1 zeigte hingegen, daß auf den ersten Blick das nördliche Vorderasien mit der Arabischen Halbinsel durch ein sehr ausgeprägtes sommerheißes Trockenklima mit Niederschlägen nur im Winterhalbjahr verbunden erscheint. Eine etwas differenziertere Betrachtung wird nun allerdings ergeben, daß den Hochländern im Norden doch auch klimatisch eine gewisse Sonderstellung zukommt.
Im Sommer liegen die Temperaturen in vielen Teilen der Türkei, Irans und Afghanistans zwar durchaus in der Größenordnung der Temperaturen Arabiens; die Winter hingegen sind im Hochland doch wesentlich kälter. Weite Teile der östlichen Türkei und des westlichen und nördlichen Persien haben *harte und lange Winter* mit Frösten von bis zu $-20\,°C$, ja bis zu $-30\,°C$. Da gerade in diesen Gebieten im Winterhalbjahr recht hohe Niederschläge fallen (Fig. 30), liegen Ostanatolien, Armenien und Aserbeidschan oft für Monate unter einer Schneedecke begraben. Große Stapel von Reisig und Holz für den Hausbrand sowie reichliche Vorräte von Nahrung und Futter, die oft in eigenen Nebengebäuden untergebracht werden, sind äußerer Ausdruck dieser doch sehr charakteristischen Klimaungunst. Nicht mehr

die Hitze und Dürre des Sommers, sondern Schnee und strenger Frost sind in weiten Teilen des nördlichen Vorderasien des Menschen ärgster Feind.

Neben den strengeren Wintern hat dann vor allem auch die kleinere *Kammerung des Reliefs* auf Lebensformen und Wirtschaftsweise der Menschen in den nördlichen Hochländern Einfluß. So unterscheidet sich z. B. der *Bergnomadismus* in Anatolien, in Iran und in Afghanistan in einigen wesentlichen Punkten von dem ›Flächennomadismus‹ der Sahara und Arabiens: Die Bergländer bieten mit ihren verschiedenen Höhenstufen relativ nahe beieinander liegende Nutzungsstockwerke, die im Jahreslauf ohne weite Wanderungen zu erreichen sind. Die Beduinen Arabiens hingegen müssen auf ihrem alljährlichen Weg zwischen Sommer- und Winterweide oft Entfernungen von über 500 km, ja bis zu 1000 km zurücklegen.

Im Winter geben die meisten recht gut beregneten Gebirgsvorländer, aber auch viele niedriger gelegene und damit schneearme intramontane Ebenen, Längstäler und Beckenlandschaften eine gute Futtergrundlage ab. Durch die junge Ausdehnung des Kulturlandes in den Bereich der früher nur von Nomaden genutzten Trockensteppen hinein steht die winterliche Tal- und Gebirgsvorlandweide der Nomaden heute allerdings oft in direkter Konkurrenz mit dem Regenfeldbau seßhafter Landwirtschaft auf Jungsiedelland. Hieraus ergeben sich manche Konflikte, wenn es nicht – was häufig der Fall ist – die Nomaden selbst sind, die im Bereich ihrer ehemaligen Winterweide Dörfer errichten und zum Anbau übergehen.

Eine solche Konkurrenz der Flächennutzung besteht im Bereich der sommerlichen Hochweide nicht; denn Regionen mit einer jährlichen Schneedecke von mehr als sechs Monaten bleiben dem Ackerbau wohl für immer verschlossen. Mancherorts werden diese ergiebigen Weidegründe zwar auch von der seßhaften Bevölkerung genutzt; sie zieht in einer unserer Almwirtschaft ähnlichen Weise mit einem Teil ihres Viehs die Sommermonate über ins Gebirge und lebt dort in sog. Yaylas, Laubhütten- oder Zeltsiedlungen. Dabei bleibt aber für alle genügend Lebensraum, so daß Konflikte nur selten auftreten. Insbesondere bereitet im Gebirge auch die Trinkwasser-Versorgung für Mensch und Vieh im allgemeinen keine Schwierigkeiten; der Beduine Arabiens und Nordafrikas hingegen ist oft froh, wenn er im Sommer aus dem einen oder anderen Wasserloch mit einer abgestandenen, brackigen Brühe gerade noch genügend Flüssigkeit bekommen kann, um nicht verdursten zu müssen (vgl. G. SCHWEIZER 1970, W. HÜTTEROTH 1973).

Abgesehen von den zentralen Steppen- bzw. Wüstenbecken Anatoliens und Irans waren die Hochländer des nördlichen Vorderasien vor etwa 3000 Jahren mit einem je nach Niederschlagshöhe dichten oder schütteren *Wald* überzogen. Dieser Wald wird seit der frühen Antike von der seßhaften und halbseßhaften Bevölkerung genutzt: Er liefert das Brenn- und Bauholz für die Dörfer und dient den Schaf- und Ziegenherden, in Dürrezeiten aber auch den Rindern als Weide. Auch zur Gewinnung von Holzkohle und zur Deckung des Bedarfs der größeren Städte wurde zu allen Zeiten viel Holz geschlagen. Nun findet der Wald im nördlichen Vorderasien infolge der sommerlichen Dürre ohnehin ungünstigere Lebensbedingungen als bei uns in Mitteleuropa. So konnte der natürliche Jungwuchs die Schäden, die der Mensch dem Walde zufügte, nicht mehr ausgleichen. Die Bestände verarmten immer mehr. Die heftigen Regengüsse schwemmten den Lockerboden ab, der einst durch die Wurzeln der Bäume festgehalten wurde. Nackte, kahle Felshänge und kümmerliche Gehölze, deren junge Triebe sofort wieder von den Ziegenherden verbissen werden, sind das Endstadium dieser bis in die Gegenwart andauernden Waldverwüstung (vgl. H. BOBEK 1951, X. DE PLANHOL 1968).

Besonders in der Türkei, aber auch in Iran und in Afghanistan bemüht man sich neuerdings sehr darum, die noch vorhandenen Bestände an Hochwald zu schützen, und da und dort sogar mit Hilfe von Aufforstungen wieder jungen Hochwald hochzuziehen. Solche protektiven Maßnahmen entziehen aber die noch vorhandenen Waldbestände zunächst einmal der Nutzung. Die nicht mehr schützenswerten, bereits weitgehend degradierten Gehölz- und Gestrüppformationen können den Bedarf an Bauholz und an guten, gerade gewachsenen Stämmen ohnehin nicht decken. Deshalb behilft man sich seit langer Zeit mit Anpflanzungen von *Pappeln* im Bereich der bewässerten Talsohlen oder entlang der kleineren Bäche. Oft hat man im Bergland schon den Eindruck, als sei der Wald gleichsam vom Berg ins Tal gewandert. Ähnlich wie die Dattelpalme weiter im Süden oder der Ölbaum im mediterranen Bereich ist die Pappel heute fast schon zum Charakterbaum der Hochländer des nördlichen Vorderasien geworden. Man kann sich kaum mehr ein Bergdorf mit Bewässerungsflur vorstellen, das nicht von einem Pappelhain umgeben wäre.

Klarer und eindeutiger noch als durch Relief, Klima und Vegetation heben sich die Hochländer der Türkei, Persiens und Afghanistans aber durch ihre eigenständige *Kultur* von den südlich angrenzenden Regionen des Fruchtbaren Halbmondes und Arabiens ab. In erster Annäherung läßt sich für den Orient die Regel aufstellen, daß die *Islamisierung* im frühen Mittelalter auch *Arabisierung* bedeutete; selbst die Berber des Maghreb sind im Laufe der Jahrhunderte größerenteils arabisch überprägt worden (vgl. Abschn. 4.1.2, 4.3.1.3). Die Hochländer des nördlichen Vorderasien bilden jedoch eine markante Ausnahme von dieser Regel: Zwar wurden auch sie fast vollständig islamisiert; sowohl die seldschukisch-türkisch-osmanische als auch die westmongolisch-iranische Kultur hatten aber eine so starke Kraft und Eigenständigkeit, daß sie der Arabisierung erfolgreich Widerstand leisten konnten.

Die Völker des nördlichen Vorderasien sprechen demzufolge nicht-semitische Sprachen, und auch in ihrem *künstlerischen Ausdruck* sind sie eigene Wege gegangen. Besonders klar wird dies z. B. an der Architektur: Der zentrale Kuppelbau für Moscheen oder Innenhöfe mit je einer großen, offenen Halle (Liwan) in der Mitte jeder Seite oder die Verkleidung der Wände mit bunten Fayencen und glasierten Ziegeln sind eigenständige Schöpfungen der nördlichen Hochländer. Wo wir solche Formen heute auch im Bereich des Fruchtbaren Halbmondes antreffen, sind sie durch kulturelle Ausstrahlung aus dem Norden zu erklären; so wurden z. B. Kunst und Kultur des Irak stark von Persien her beeinflußt.

Dieser *nicht-arabische Norden* hat in der politischen Geschichte des Orients seit etwa 750 n. Chr. eine entscheidende Rolle gespielt. Immer wieder gelang es Eroberern aus dem Norden, ihren Herrschaftsbereich weit nach Süden hin auszudehnen: Vom iranisch-afghanischen Hochland aus wurden große Teile Indiens erobert und islamisiert. Aus Anatolien hingegen kamen die Völker und Dynastien, die in den vergangenen Jahrhunderten nicht nur den Fruchtbaren Halbmond und Arabien, sondern auch Teile Nordafrikas politisch und militärisch beherrschten (Seldschuken, Mamelucken, Osmanen). Sehen wir vom Erdöl einmal ab, dann ist auch heute noch das Bevölkerungs- und Wirtschaftspotential der Hochländer wesentlich höher als das der Arabischen Halbinsel einschließlich des Fruchtbaren Halbmondes: den etwa 70 Millionen Einwohnern dort stehen hier etwa 120 Millionen Menschen gegenüber.

Eine erste Großgliederung des nördlichen Vorderasien nach Natur-, Siedlungs- und Wirtschaftsräumen könnte in einer sowohl klimatisch als auch kulturell bedingten West-Ost-Abfolge vielleicht drei *Teillandschaften* unterscheiden: Das *westliche und mittlere Anatolien* erscheint in seinem Relief stark zum Mittelmeer hin geöffnet. Klima, Vegetation und Landnutzung sind noch weitgehend mediterran, oder sie sind zumindest stark mediterran beeinflußt. Auch in seiner übrigen Wirtschaft und in den Lebensformen seiner Bewohner gleicht dieser Teil der Türkei in vieler Hinsicht den anderen Mittelmeerhalbinseln und damit Europa.

Östlich hiervon folgen die dicht gescharten, hohen *Gebirge und Bergländer des östlichen Anatolien, Armeniens und Aserbeidschans.* Sie erhalten zwar verhältnismäßig viel Niederschlag; strenge Winter, große Meereshöhen und ein vielfach recht steiles Relief bereiten für Siedlung und Landnutzung aber doch erhebliche Schwierigkeiten. Innerhalb des Staatsgebiets der Türkei ist dieser Osten ein ausgesprochen peripheres, schwer erreichbares und wirtschaftlich ziemlich zurückgebliebenes Entwicklungsgebiet. In den *Hochländern von Iran und Afghanistan* als der 3. Großlandschaft schließlich werden ausgedehnte, kaum nutzbare zentrale Wüstenbecken von Randgebirgen und Bergländern umrahmt, welche etwas mehr Niederschlag empfangen und damit die Kernräume für Siedlung und Landnutzung darstellen.

Die *Staatsgrenzen* zwischen der Türkei, Iran und Afghanistan gehen jeweils mitten durch die genannten Großlandschaften hindurch. Nicht die Linienführung im einzelnen, wohl aber der ungefähre Verlauf der Grenze zwischen der Türkei und Iran geht jedoch bereits auf eine jahrhundertealte Tradition zurück, durch welche beide Staaten sehr unterschiedlich geprägt wurden: Es ist der Grenzsaum zwischen dem Osmanischen und dem Safawiden-Reich. Deshalb seien nachstehend die Türkei einerseits und Iran mit Afghanistan andererseits in je einem gesonderten Abschnitt besprochen.

5.5.2 Türkei

Wenn wir von Israel einmal absehen, dann gibt es nur einen Staat im Orient, bei welchem man mit Recht fragen kann, ob er nicht eigentlich schon zu Europa gehöre: die *Türkei.* Das Kernland der Türken, die Halbinsel Anatolien, wird zwar nach der klassischen Einteilung der Erde in Kontinente zu Asien gerechnet. Ein Blick auf eine Karte der Mittelmeerländer zeigt jedoch, daß man Anatolien mit guten Argumenten auch noch als eine *Halbinsel Südeuropas* ansehen kann. Es würden dann im Bereich des Mittelmeers zwei schmalere, von zentralen Gebirgszügen gleichsam als Rückgrat durchzogene innere Halbinseln (Apenninen-Halbinsel, Balkan-Halbinsel) symmetrisch flankiert werden von zwei gedrungenen, blockförmigen äußeren Halbinseln (Pyrenäen-Halbinsel, Halbinsel Anatolien), deren Inneres aus bereits schon recht trockenen Hochländern besteht, und deren Nordsaum auch im Sommer reichlichere Niederschläge empfängt.

Schwerer noch wiegen die Argumente aus dem Bereich von Kultur und Wirtschaft. *Als Stammland des Osmanischen Reiches* gehörte die Türkei zwar bis zum Ersten Weltkrieg aus der Sicht des christlichen Abendlandes zum Orient. Das Osmanische Reich verstand sich selbst aber, wie das Zarenreich, als eine europäische Großmacht. Seitdem haben die geistige Strömung der Jungtürken sowie der eiserne, unbeugsame Wille *Kemal Atatürks* und seiner Nachfolger die Türkei mehr und mehr europäisiert. Verwaltung, Armee, Rechtswesen und Wirtschaftsorganisation wurden von Grund auf erneuert und europäischen Verhältnissen angeglichen.

Vieles bleibt zwar noch zu tun, und hie und da kommt auch in der Türkei wieder der alte Schlendrian des Orients oder starrer islamischer Konservativismus zum Durchbruch. In ihrer wirtschaftlichen Entwicklung hat die Türkei heute aber doch schon das Niveau z. B. Spaniens, Portugals oder Griechenlands erreicht. Mehrere Millionen türkischer Gastarbeiter in Europa und Scharen europäischer Touristen in der Türkei tragen zum Abbau von Unterschieden bei. Da sich auch die Türken selbst als Europäer fühlen und sehr bewußt zu Europa bekennen, sollten wir dieser Einstellung Achtung entgegenbringen.

Der Geograph kann nun ebenfalls einige gewichtige Argumente dafür anführen, daß die Türkei in vieler Hinsicht bereits Europa zuzurechnen sei (H. LOUIS 1954). In Abschnitt 5.2 wurde es als ein ganz wesentliches Merkmal des Orients herausgestellt, daß hier die *Kulturlandschaft* in ihrem Bauplan kein flächendeckendes, sondern nur ein insel- oder streifenhaftes Muster zeigt; dieses Kriterium trifft gerade für die Türkei und nur für die Türkei nicht zu. Gewiß, auch in Anatolien gibt es fast siedlungsleere Gebirge; diese finden aber in manchen Gebirgen Europas durchaus vergleichbare Gegenstücke. Von solchen Ausnahmen abgesehen ist die Türkei genau wie Europa fast lückenlos besiedelt und flächenhaft landwirtschaftlich genutzt (Fig. 43). Wüsten und Wüstensteppen fehlen. Wenn auf den Karten einiger Atlanten in Anatolien noch Wüsten oder Salzsteppen eingetragen sind, dann stimmt das nicht; auch die Steppen um den zentralen Salzsee Tuz Gölü herum werden heute beackert.

Grad und Muster der Verkehrserschließung gelten als ein weiteres charakteristisches Kennzeichen Europas: Die *Eisenbahnen* bestehen hier nicht nur aus vereinzelten, kaum zusammenhängenden Linien, sondern sie sind miteinander zu einem Maschennetz verbunden. Zwar ist das Eisenbahnnetz Anatoliens noch relativ weitmaschig. Die Bahnen bilden aber bereits ein echtes Netz und sind an alle Nachbarstaaten angeschlossen (Fig. 42). Auch in diesem Punkt unterscheidet sich

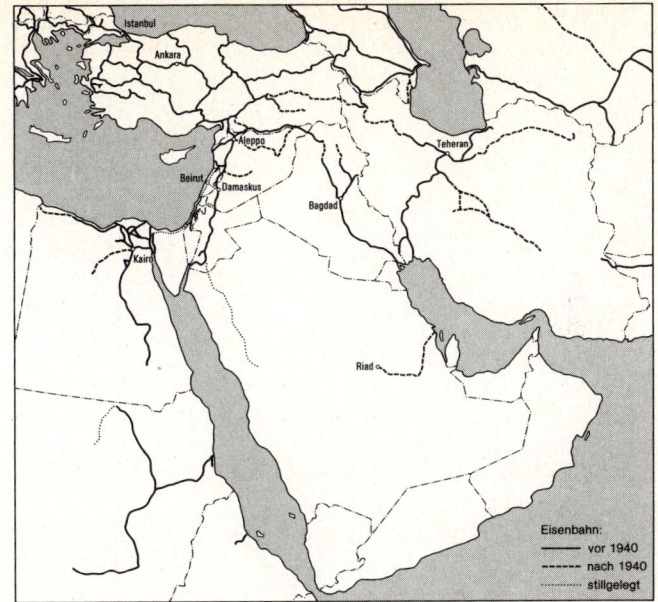

Fig. 42: Eisenbahnen Vorderasiens

die Türkei – wenn wir von dem Sonderfall des ägyptischen Nildeltas einmal absehen – von allen anderen Ländern des Orients. Selbst Iran und Irak sind demgegenüber nur durch wenige sternförmig von der Hauptstadt ausstrahlende Eisenbahnlinien erschlossen.

Schließlich kann noch ein drittes Kriterium genannt werden. Ungeachtet vieler Ausnahmen läßt sich in erster grober Annäherung wohl sagen, daß in Europa westlich des Eisernen Vorhangs *freie Bauern* auf eigener Scholle die Regel darstellen; der Orient hingegen war bis zum Zweiten Weltkrieg durch vom Grundherrn abhängige tributpflichtige Fellachen charakterisiert. Auch in der Türkei gibt es zwar da und dort Grundherren und Pächter. Im großen und ganzen ist Anatolien aber doch schon immer ein Land freier Bauern gewesen, die eigenen Grund und Boden bewirtschaften. Damit sind der Türkei manche der ganz aktuellen Sozialprobleme anderer Staaten des Orients erspart geblieben.

In einem nachgerade klassisch ausgebildeten zentral-peripheren und hypsometrischen *Formenwandel* (H. LAUTENSACH 1952) gliedert sich

255

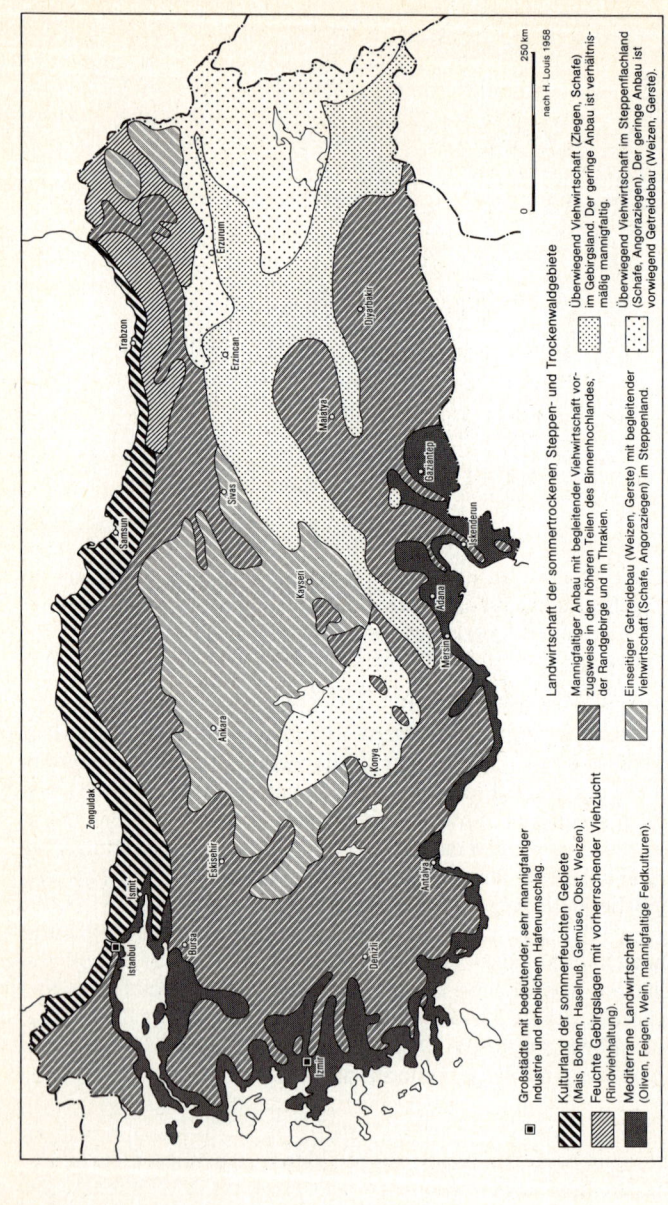

Fig. 43: Türkei – Landnutzung (nach H. Louis, 1958)

■ Großstädte mit bedeutender, sehr mannigfaltiger Industrie und erheblichem Hafenumschlag.

Kulturland der sommerfeuchten Gebiete (Mais, Bohnen, Haselnuß, Gemüse, Obst, Weizen).

Feuchte Gebirgslagen mit vorherrschender Viehzucht (Rindviehhaltung).

Mediterrane Landwirtschaft (Oliven, Feigen, Wein, mannigfaltige Feldkulturen).

Landwirtschaft der sommertrockenen Steppen- und Trockenwaldgebiete

Mannigfaltiger Anbau mit begleitender Viehwirtschaft vorzugsweise in den höheren Teilen des Binnenhochlandes, der Randgebirge und in Thrakien.

Einseitiger Getreidebau (Weizen, Gerste) mit begleitender Viehwirtschaft (Schafe, Angoraziegen) im Steppenland.

Überwiegend Viehwirtschaft (Ziegen, Schafe) im Gebirgsland. Der geringe Anbau ist verhältnismäßig mannigfaltig.

Überwiegend Viehwirtschaft im Steppenflachland (Schafe, Angoraziegen). Der geringe Anbau ist vorwiegend Getreidebau (Weizen, Gerste).

nach H. Louis 1958

0   250 km

Anatolien hinsichtlich seiner Oberflächenformen, seines Klimas, hinsichtlich Bevölkerungsdichte und landwirtschaftlicher Nutzung in die küstennahen Räume des Randsaums einerseits und das zentrale Binnenhochland andererseits: Auf eine unterschiedlich breite Küstenebene entlang dem Schwarzen Meer und dem Mittelmeer folgen sowohl im Norden als auch im Süden recht hohe Randgebirge. Diese rahmen die Hochebenen des zentralen Anatolien ein, welche ihrerseits nochmals in Gebirgszüge und größere Beckenlandschaften (die sog. ›Ovas‹) gegliedert sind. Im Westen Anatoliens sind die Randgebirge durchgängiger und niedriger; stellenweise fehlen sie ganz. Damit können mediterrane Einflüsse von der Ägäis her verhältnismäßig weit ins Innere vordringen.

Klimatisch erscheinen sowohl die *westliche Türkei* als auch die nördlichen und südlichen *Randlandschaften* bevorzugt: Relativ milde Winter und reichliche Niederschläge bilden hier die Grundlagen für eine dichte Besiedlung und recht intensive Landnutzung (Fig. 43). Im Hinterland der Ägäis werden vielerlei mediterrane Nutzpflanzen angebaut: Oliven- und Feigenbäume, Weintrauben und Tabak, Gemüse, Weizen und Mais. Für die Schwarzmeerküste und die angrenzenden nördlichen Randgebirge sind neben dem Anbau von Mais und Tabak vor allem Teepflanzungen und Haselnußkulturen charakteristisch. Die klimabegünstigten Küstenebenen im Süden hingegen werden im großflächigen Anbau von bewässerter Baumwolle eingenommen. Auch die Kulturen von Zitrusfrüchten breiten sich hier rasch aus, stellenweise sogar die von Bananen.

Im *Inneren Anatoliens* können die fruchtbaren Böden der Ovas überall dort sehr intensiv genutzt werden, wo am Rande von Gebirgen genügend Wasser für Feldbewässerung zur Verfügung steht. Die Gärten und Felder im Umkreis der dortigen alten Handels- und Gewerbestädte (Konya, Kayseri, Sivas, Malatya) sind überwiegend Altsiedelland (W. HÜTTEROTH 1968). Weite Areale der übrigen Hochfläche Anatoliens waren jedoch noch vor wenigen Jahrzehnten nomadisches Weideland. Erst im Zusammenhang mit der Getreidekonjunktur seit dem Zweiten Weltkrieg sind diese Steppengebiete für einen modernen mechanisierten Weizenanbau erschlossen worden (H. LOUIS 1957, X. DE PLANHOL 1960). Der für den Orient nachgerade schon klassische Gegensatz zwischen Altsiedelland und Jungsiedelland prägt damit auch die Kulturlandschaft Anatoliens in vieler Hinsicht (vgl. W. HÜTTEROTH 1969). Die Nomaden wurden durch das rasche Vordringen des Ackerbaus aus ihren früheren Weidegründen in die Regionen des Hochlandes mit ungünstigeren Böden oder stärkerem Relief zurückgedrängt. Dies führte dort zu einer starken Überweidung mit entsprechender Vegetationszerstörung und Bodenabspülung.

Die naturbegünstigten randlichen Provinzen Anatoliens hatten schon immer etwa die doppelte *Bevölkerungsdichte* des Binnenlandes gehabt. Dieses zentral-periphere Ungleichgewicht wird durch die Binnenwanderung seit einigen Jahrzehnten noch verstärkt: Im Inneren Anatoliens überwiegt die Abwanderung, im Küstenbereich und im Westen die Zuwanderung. Hierbei wirken nicht nur das angenehmere Klima und die günstigeren Möglichkeiten der Landnutzung anziehend; auch fast alle modernen Industrien der Türkei werden in den Randprovinzen, insbesondere im Bereich der Westküste (Raum Istanbul und Marmara-Meer, Izmir) errichtet.

In gewisser Hinsicht zeichnet sich damit im Prozeß der Binnenwanderung eine Reaktion ab auf die Absicht Kemal Atatürks, den Schwerpunkt der modernen Türkei in das Zentrum Anatoliens zu verlagern. Ganz bewußt hatte er 1923 die Hauptstadt der jungen Republik von Istanbul nach *Ankara* verlegt. Dieses war damals ein Landstädtchen mit etwa 30 000 Einwohnern; inzwischen ist es zu einer modernen Stadt mit knapp 2 Millionen Einwohnern herangewachsen. Noch heute hat Ankara aber nur wenig Industrie, und es liegt relativ isoliert inmitten eines recht dünn bevölkerten Umlandes. *Istanbul* hingegen, die berühmte, altehrwürdige Hauptstadt des Byzantinischen und des Osmanischen Reiches und eine der schönsten, faszinierendsten Städte der Erde, hat sich nach anfänglicher Stagnation seit dem Zweiten Weltkrieg wieder stürmisch entwickelt. Es ist heute mit 3 Millionen Einwohnern die größte Stadt und der wichtigste Industrieplatz der Türkei sowie nach wie vor das wirtschaftlich, sozial und kulturell tonangebende Zentrum des Landes. Große Bedeutung als Industrie-, Hafen- und Handelsstadt hat daneben *Izmir*, welches etwa in der Mitte der Westküste Anatoliens liegt. Aufgrund seiner natürlichen Lagegunst ist Izmir heute der wichtigste Exporthafen der Türkei.

5.5.3 Iran (Persien) und Afghanistan

Die Staaten Iran und Afghanistan umfassen das *Hochland von Iran* einschließlich seiner nördlichen und südlichen Randgebirge. Dazu kommen die im Westen und Osten anschließenden Gebirgsknoten, in welchen diese umrahmenden Bergketten zusammengebündelt erscheinen, sowie als Randsaum die jeweils im Norden und Süden vorgelagerten Tiefländer und Senkungszonen (vgl. Fig. 44). Die zentralen

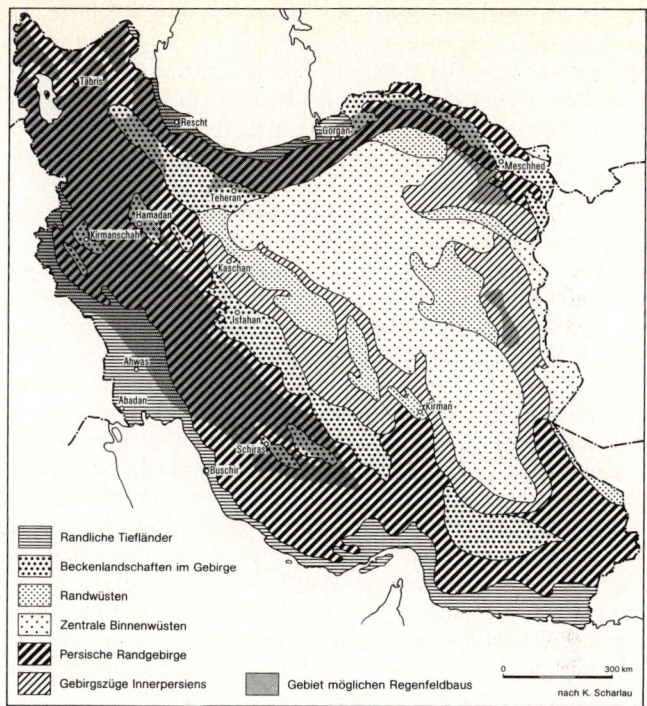

Fig. 44: Iran–Landschaftsgliederung
(nach K. Scharlau, 1963)

Teile des Hochlandes sind fast menschenleere, verkehrsfeindliche Wüste; die Schwerpunkte von Siedlung und Wirtschaft finden sich in den Becken und Tälern der Gebirgsumrahmung, im Gebirgsknoten des Nordwestens und im Kaspi-Tiefland. Diese niederschlagsreicheren Randgebiete machen das Hochland von Iran zu einer verkehrsbegünstigten Brücke, welche den Mittelmeerraum auf dem Landweg quer durch den großen altweltlichen Trockengürtel hindurch mit Zentral-, Süd- und Ostasien verbindet (vgl. H. BOBEK 1954/55).

Der große *alpidische Hochgebirgsgürtel*, der in überwiegend west-östlicher Richtung ganz Europa und Asien durchzieht, ist im nordwestlichen Iran (Hochland von Armenien und Aserbeidschan) zu einem verhältnismäßig schmalen Gebirgskomplex zusammengerafft. Nach Osten zu gabelt er sich dann in ein schmaleres nördliches und ein rela-

259

tiv breites, viel verzweigtes südliches Randgebirge (Fig. 44). Im Norden setzen sich die Gebirgsketten des Elburs und des nordostpersischen Berglandes über die Gebirge Nordafghanistans bis zum Hindukusch fort. Im Süden knicken die Bergketten des Zagros und des südostpersischen Gebirgslandes in Belutschistan nach Norden um und grenzen damit das Hochland mit einem Gebirgswall gegen das östlich anschließende Industiefland ab.

Das *persische Binnenhochland* selbst hat eine Meereshöhe von ca. 1000 m; es wird durch einige Gebirgszüge, insbesondere durch das nord-südlich verlaufende ostpersische Meridionalgebirge, nochmals in eine Abfolge mehrerer Binnenbecken gegliedert. Diese weiten, abflußlosen Becken sind das einzige größere zusammenhängende Wüstengebiet des nördlichen Vorderasiens (Fig. 45). Ihre zentralen Binnenwüsten, ein etwa 1000 km langer und 200–500 km breiter Gürtel, setzen sich aus ganz flachen, mit Schutt, Flugsand oder Salzton überdeckten Wannen zusammen (Große Kawir, Wüste Lut, Becken von Seistan). Die Wüste Lut (Becken von Schadad) ist mit nur 250 m ü. M. die tiefste Depression des Hochlandes und eine der extremsten, heißesten Wüsten der Erde. Trotzdem dürfte ihre sperrende, verkehrsfeindliche Wirkung wesentlich geringer sein als die der zentralen Sahara oder der Wüsten Innerarabiens. Sowohl die insgesamt doch erheblich kleinere Flächenausdehnung als auch die Gliederung der innerpersischen Wüsten durch niederschlagsbegünstigte, oasenreiche zentrale Bergzüge (Fig. 44) tragen mit dazu bei, daß diese dem Menschen weniger Hindernisse entgegenstellen.

Auch in Iran und in Afghanistan ist das *Wasser* der entscheidende Faktor für die Nutzung des Landes durch den Menschen. Nur dort, wo reichlicherer *Niederschlag* fällt, findet man größere geschlossene Anbaugebiete mit relativ dichter Besiedlung (vergl. Fig. 45 und Fig. 46). Besonders begünstigt erscheint in dieser Beziehung das iranische Kaspitiefland. Die dortigen Landschaften Gilan, Mazenderan und Gorgan zählen zu den wohlhabendsten und wirtschaftlich dynamischsten Gebieten Persiens. Auch die Beckenlandschaften Aserbeidschans und die zentralen Gebirge Afghanistans sowie die feuchteren Teile der nördlichen und südlichen Randgebirge empfangen immerhin noch so viel Niederschlag, daß Anbau ohne Bewässerung möglich ist. Die intramontanen, im Regenfeldbau genutzten Becken bei den alten persischen Hauptstädten Ekbatana (Hamadan) und Persepolis (nördlich Schiraz) haben als die alten Stammlande der Meder und der Perser historisch ein besonderes Gewicht.

Fast alle großen Wüstenbecken des zentralen iranisch-afghanischen

Hochlandes sind abflußlos. Nur die Flußsysteme des Sefid-Rud im Norden, des Karun im Süden und des Kabul im Osten entwässern randnahe Beckenlandschaften zum Meer. Im übrigen versiegen die von den Gebirgen kommenden *Flüsse* im Schutt der Beckenfüllungen, oder sie breiten sich zur Zeit der Schneeschmelze in einer seichten Wasserschicht über die sterilen Salztonebenen der Kawire aus.

Dort, wo die Wasserläufe vom Gebirge in die Ebene austreten, finden sich im Bereich flacher Schuttkegel oder Schwemmfächer ausgedehnte, intensiv bewirtschaftete *Gebirgsrand-Oasen*. Fast alle großen oder ehemals bedeutsamen Städte Irans sind das Zentrum solcher Bewässerungsinseln am Rand von Gebirgsketten oder -massiven: Teheran, Qaswin und Täbriz im Bereich der nördlichen Randgebirge, Kum, Keschan, Jazd und Kerman am Rand zentraler Ketten sowie Hamadan, Erek, Isfahan und Schiraz im Bereich der südlichen Gebirge.

Auch dort jedoch, wo das Wasser der Niederschläge, Quellen, Bäche und Flüsse bereits in dem Schutt versickert ist, der die Gebirge des iranischen Hochlandes allseits einhüllt, wird es vom Menschen noch genutzt. In kunstvollen, wohl schon zur Zeit der persischen Großreiche vor 2500 Jahren bekannten unterirdischen Wasserstollen, den sogenannten Qanaten oder Karezen, leitet man das Grundwasser der weiten Talmulden oder der randlichen Becken an die Oberfläche und verwendet es zur Wasserversorgung von Mensch, Tier und Flur.

Diese *Qanat-Oasen* sind fast überall in Iran und Afghanistan zu finden. Nur mit ihrer Hilfe wurde es überhaupt möglich, Fernhandel und Überlandverkehr auf vielen Straßen quer durch das trockene Hochland zu leiten; denn dank der Qanate reihen sich an diesen Straßen im Abstand von höchstens je 30 Kilometern Rastplätze und Wasserstellen. Allerdings sind dem Wasserangebot solcher Qanat-Oasen doch recht enge Grenzen gesetzt. Bei all ihrer Bedeutung für Handel und Verkehr sowie früher auch für die politische und militärische Beherrschung des Hochlandes schließen sie größere Bevölkerungskonzentrationen oder ausgedehntere Bewässerungskulturen weitgehend aus.

Iran: Von den beiden Staaten des iranischen Hochlandes ist der westliche, Iran oder Persien, nicht nur größer und volkreicher, sondern auch wirtschaftlich bereits höher entwickelt. Ein ehemaliger Kosakenoffizier, Reza Schah, hat in den Jahren 1925–1941 das Land befriedet und die Grundlagen für ein modernes Staatswesen geschaffen. Zwar arbeiten noch heute etwa 40 % aller Erwerbstätigen Persiens in der *Landwirtschaft;* auch ist das Land bis vor kurzem noch ein klassisches Beispiel für rentenkapitalistische Unterdrückung der Fellachen gewe-

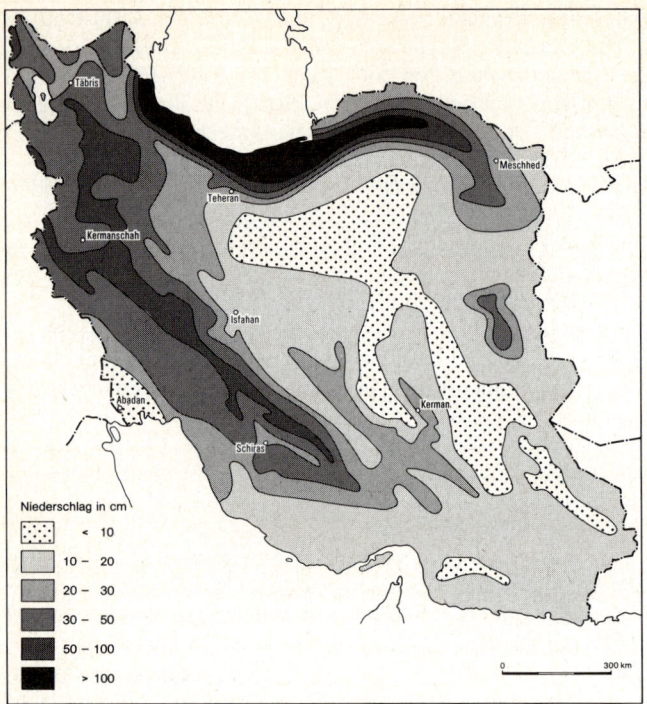

Fig. 45: Iran – Mittlerer Jahresniederschlag

sen (Vorherrschen von Großgrundbesitz, ungünstige Teilbau- und Pachtverträge, hohe Verschuldung; vgl. Abschn. 3.2 und H. BOBEK 1962). Seit 1962 und in der zweiten Phase seit 1964 wurde jedoch mit Nachdruck und beachtlichem Erfolg eine Bodenreform durchgeführt, welche die Aufteilung der meisten großen Feudalbesitztümer zur Folge hatte.

Gleichzeitig damit gelang es, die Produktivität der Landwirtschaftsbetriebe anzuheben und das Bewässerungsland durch den Bau großer Staudämme und das Aufstellen von Grundwasser-Motorpumpen auszudehnen. Das kaspische Küstentiefland ist ein besonders reiches und intensiv bewirtschaftetes Anbaugebiet mit Reis, Tee, Zitrusfrüchten, Tabak und Baumwolle als wichtigsten Nutzpflanzen. Im Hochland werden insbesondere Weizen und Gerste als die altüberlieferten Grundnahrungsmittel angebaut; daneben findet man hier, vor allem

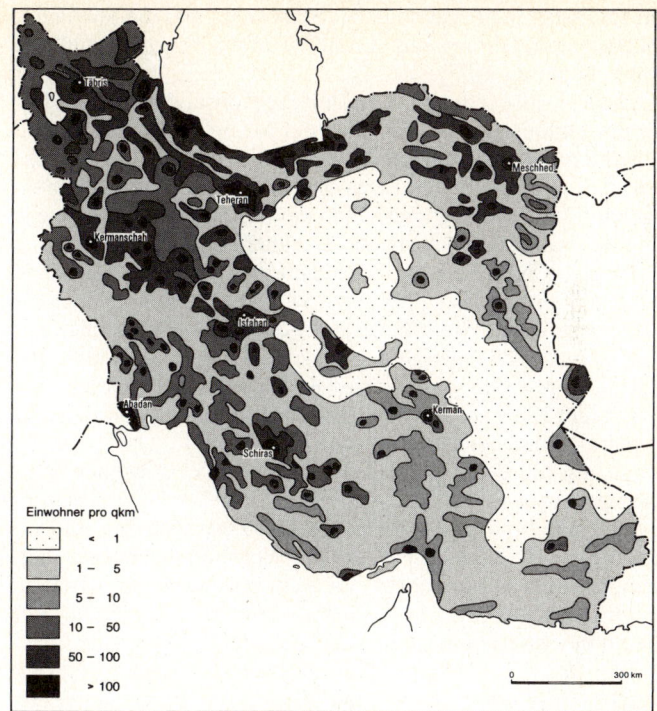

Fig. 46: Iran – Bevölkerungsdichte

im bewässerten Bereich, Weintrauben, Zuckerrüben und mediterrane Baumkulturen (z. B. Granatäpfel, Mandeln, Pistazien). Das sommerheiße, auch im Winter sehr milde Klima Südpersiens schließlich erlaubt den Anbau von Dattelpalmen, Südfrüchten und Zuckerrohr.

Das traditionelle städtische Handwerk und Kleingewerbe sowie das in Iran weit verbreitete ländliche Hausgewerbe verlieren in der Konkurrenz mit modernen *Industrien* zunehmend an Bedeutung, beschäftigen trotzdem aber noch mehr Arbeitskräfte als letztere. Vor allem bei der Teppichknüpferei (etwa 400 000 Beschäftigte!), bei Metall-, Holz- und Lederarbeiten und bei der Herstellung von Spezialgeweben hat sich die Handarbeit bis heute behaupten können (vgl. Abschn. 3.3). Die modernen, sehr dynamischen Industrien Irans sind auf wenige Standorte konzentriert. Wichtigstes Industriezentrum ist die Hauptstadt Teheran (moderne Fahrzeug- und Verbrauchsgüterindustrien);

263

daneben sind Isfahan (Textilindustrie, Stahlwerk) und die Städte der Kaspi-Niederung (Nahrungsmittel- und Baumwollverarbeitung) von Bedeutung (W. KORBY 1977).

Wesentliche Voraussetzung für die politische Konsolidierung und Befriedung des Landes, für die Brechung der Macht der Nomaden und für eine moderne wirtschaftliche und technische Entwicklung war die Schaffung leistungsfähiger *Verkehrswege*. Heute verfügt Iran über ein gut ausgebautes Netz von vielfach schon asphaltierten Straßen, welche die Weite des iranischen Hochlandes erschließen und den Übergang von der früheren Selbstversorgerwirtschaft zu Marktproduktion und Güteraustausch ermöglichen. Die innerhalb des iranischen Verkehrsnetzes zentral gelegene Stadt Teheran ist durch Eisenbahnlinien mit der Kaspisee und dem Arabisch-Persischen Golf, mit dem Wallfahrtsort Meschhed, mit den innerpersischen Oasenstädten (Kum, Keschan, Jazd und Kerman) sowie über Täbriz mit dem Eisenbahnnetz der Sowjetunion und der Türkei verbunden (Fig. 42).

Die Hauptstadt der persischen Reiche hat in den vergangenen Jahrhunderten oft gewechselt. Je nachdem, auf welche Bevölkerungsgruppen des Hochlandes sich die einzelnen Dynastien stützten und wo demzufolge die Kernräume der jeweiligen Staatsbildungen lagen, hatten Persepolis und Susa, Täbriz und Schiraz, Qaswin und Isfahan Hauptstadtfunktionen inne. Insbesondere *Isfahan*, die inmitten einer fruchtbaren Bewässerungsoase am Rande schroffer Bergmassive gelegene zweitgrößte Stadt Persiens, zehrt noch heute von der Blütezeit safawidischer Herrschaft im 17. Jahrhundert, während derer sie Hauptstadt eines großen und reichen Staates war. Nach wie vor ist Isfahan eines der Hauptzentren persischer Kultur und die wohl schönste Stadt Irans. Die großartige Freitagsmoschee und die vielen wohlerhaltenen Bauwerke aus der Glanzzeit von Schah Abbas machen Isfahan zum wichtigsten Anziehungspunkt des Fremdenverkehrs in Persien. Bazar und Altstadt sind noch heute sehr lebendige Zentren des persischen Gewerbes und Kunsthandwerks (GAUBE-WIRTH 1978).

Im Vergleich zu diesen alten, traditionsreichen Städten ist *Teheran* – mit über 5 Millionen Einwohnern die mit Abstand größte Stadt nicht nur Irans, sondern ganz Vorderasiens – recht junger Entstehung. Der Aufschwung Teherans begann erst 1796, als die damalige Kadscharendynastie die Hauptstadt ihres Reiches von Schiraz hierher verlegte. Damals zählte die Stadt noch kaum 15 000 Einwohner. Die entscheidenden Impulse erhielt Teheran seit 1925, als die Dynastie Pahlavi in betontem Bemühen um Zentralisierung alle wichtigen Funktionen des Reiches in der Hauptstadt konzentrierte und die winklige Altstadt zu

einer modernen Großstadt mit breiten Straßendurchbrüchen aus-
baute. Die junge Dynamik der Erdölerschließung in Iran und reicher
Kapitalzustrom ließen dann Teheran seit etwa 1955 im raschen Wachstum von Bevölkerung und Wirtschaft zu einer Weltstadt mit ausgedehnten Geschäftsvierteln und erdbebensicheren Hochhäusern werden. Bis
1978 war die Stadt nicht nur politischer und kultureller Mittelpunkt,
sondern auch das mit großem Abstand bedeutendste Verwaltungs-,
Finanz- und Großhandelszentrum Persiens sowie der größte Teppich-
Handelsplatz der Welt (vgl. P. G. AHRENS 1966, E. WIRTH 1976, M. SEGER
1978).

Teheran war auch der entscheidende Schauplatz der *islamischen Revolution*: Die Unruhen in der Hauptstadt im Verlauf des Jahres 1978
zwangen den Schah zum Verlassen des Landes, und nach dem trium-
phalen Einzug Chomeinis in Teheran im Februar 1979 wurde die islamische Republik proklamiert. Über die Ursachen und Hintergründe
der Revolution wird an anderer Stelle ausführlich berichtet (vgl.
die Beiträge von W. ENDE und E. EHLERS in F. SCHOLZ [Hg.] 1985,
S. 145 ff., 217 ff.). Eine Bilanz zehn Jahre nach dem Umsturz fällt für
die meisten Bewohner Irans wohl negativ aus. Ein sachgerechtes, be-
gründetes Urteil wird aber erst nach dem Tode Chomeinis und nach
einer vertraglich abgesicherten Beendigung des iranisch-irakischen
Krieges möglich sein.

Afghanistan: Gegenüber Iran erscheint Afghanistan in mancher Hinsicht benachteiligt. Einmal gehört es zu den wenigen Staaten der Erde,
die reine Binnenländer sind und keinen direkten Zugang zum Meer
besitzen. Zum zweiten ist Afghanistan noch heute ein Land ohne Eisenbahn. Auch wurde hier der traditionelle Karawanenverkehr wesentlich später als in fast allen anderen Teilen des Orients durch den
Kraftfahrzeugverkehr abgelöst; noch heute ist das Netz von mit nor-
malen PKWs befahrbaren Straßen äußerst weitmaschig. Des weiteren
besteht auch hinsichtlich der Landnutzung noch ein erheblicher Entwicklungsrückstand: Nach neueren Schätzungen werden in Afghanistan derzeit nur etwa 3–5 % der Staatsfläche ackerbaulich genutzt,
während sich die entsprechenden Werte für Iran immerhin zwischen 10
und 15 % bewegen. Schließlich hat sich Afghanistan auch besonders
spät dem Westen geöffnet. Ein erster, 1919 begonnener Versuch der
Erschließung für westliche Wirtschaft und Technik unter dem progres-
siven König Amanullah scheiterte 1929 an einem reaktionären Umsturz. Erst seit dem Zweiten Weltkrieg dringen jetzt wieder in stärkerem Umfang westliche Einflüsse in das Land ein. Desungeachtet
hatten Großgrundbesitzer und Nomaden bis zum Einmarsch sowje-

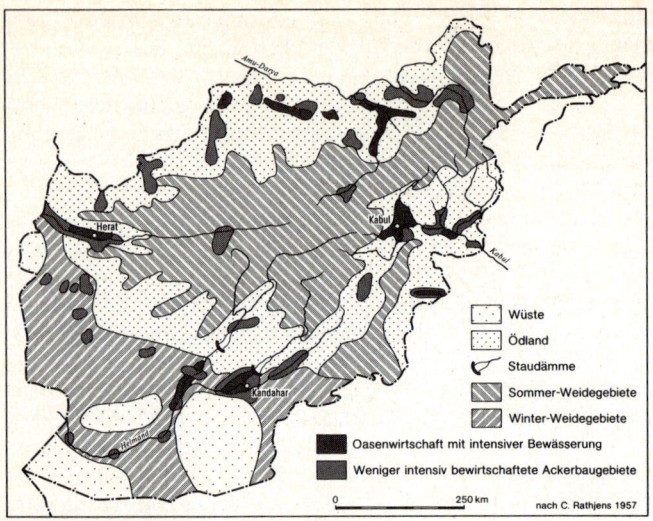

Fig. 47: Afghanistan – Landnutzung
(nach C. Rathjens, 1957)

tischer Truppen 1979 in Afghanistan eine stärkere Position als in fast allen anderen Ländern des Orients.

Aufgrund all dieser ungünstigen Faktoren verwundert es nicht, daß Afghanistan derzeit noch zu den wirtschaftlich überdurchschnittlich zurückgebliebenen und wenig erschlossenen Staaten des Orients gehört. Nur die stellenweise bewässerten intramontanen Becken und Hochtäler des zentralen Gebirgslandes und einige größere Bewässerungsoasen an dessen Rand sind dichter besiedelt. Viel kultivierbares Land wird nur als Weide genutzt. Immerhin haben die Bemühungen der Regierung um Förderung und Modernisierung der Landwirtschaft und um Hebung des allgemeinen Lebensstandards in den letzten Jahrzehnten bereits erfreuliche Fortschritte gebracht. Die landwirtschaftliche Produktion konnte gesteigert werden, durch den Bau von Staudämmen wurde das Bewässerungsareal vergrößert, einige moderne Industriewerke sind entstanden, und man bemühte sich überall im Lande um den Bau von Krankenhäusern und Schulen (vgl. C. RATHJENS Jr. 1956/57, 1957, 1965). Vor allem die Hauptstadt *Kabul* (1,5 Mill. E.), die in den 15 Jahren seit Erscheinen der stadtgeographischen Monographie von H. HAHN (1964) eine überraschende Dynamik gezeigt hat, spiegelt diese jungen Entwicklungen wider.

266

Der kommunistische Staatsstreich 1978 und der Einmarsch sowjetischer Truppen im Dezember 1979 hat alle hoffnungsvollen Ansätze zunächst einmal jäh gestoppt. Bürgerkrieg, Überfälle von Freiheitskämpfern und Strafaktionen der Russen gegen die wehrlose Zivilbevölkerung sowie ein immer stärker anschwellender Strom von Flüchtlingen bestimmen das heutige Bild. Die Zahl der Toten wird auf eine Million geschätzt; 90% davon sind Frauen, Kinder und alte Leute. Mehr als 5 Millionen Menschen – ein Drittel der afghanischen Bevölkerung – sind nach Pakistan oder Persien geflohen und leben dort meist in Flüchtlingslagern. Weite Landstriche wurden verwüstet. Trotz massiven militärischen Einsatzes kontrollierten die Sowjets nur einen kleinen Teil des Landes. Es steht zu befürchten, daß nach dem Abzug der sowjetischen Truppen die Auseinandersetzungen zwischen rivalisierenden Fraktionen andauern werden. Auf längere Sicht sind die Entwicklungsmöglichkeiten Afghanistans jedoch durchaus positiv einzuschätzen; denn im Verhältnis zu den vorhandenen Ressourcen ist das Land noch ausgesprochen dünn bevölkert. Voraussetzung einer gedeihlichen Entwicklung ist allerdings die Wiedergewinnung der politischen Stabilität (vgl. E. GRÖTZBACH 1972, 1975).

5.6 Das Problem Israel

Die Gründung eines souveränen jüdischen Staates auf dem Boden Palästinas im Jahre 1948 bedeutete nur den letzten Schritt einer Entwicklung, welche bereits im vergangenen Jahrhundert eingesetzt hatte: Seit etwa 1870 (1878 erste Kolonie Petach-Tikhwa bei Jaffa) wanderten jüdische Kolonisten vor allem aus Osteuropa legal oder illegal in das damals noch osmanische Palästina ein; sie folgten damit der Aufforderung der zionistischen Weltbewegung, die Zerstreuung der Juden über alle Welt zu beenden und das jüdische Volk wieder in seiner antiken Heimat Palästina zu vereinen. Schon der erste Zionistenkongreß 1897 in Basel erstrebte »für das jüdische Volk die Schaffung einer öffentlich-rechtlich gesicherten Heimstätte in Palästina«.
Die Erfolge dieser Bewegung waren zunächst allerdings recht bescheiden. 1914 gab es in ganz Palästina erst 43 jüdische landwirtschaftliche Siedlungen mit insgesamt 12000 Seelen (A. RUPPIN 1917, S. 85f.).
Auch hatten die Kolonisten in den ersten Jahrzehnten bei ihren Versuchen, moderne Methoden des Anbaus einzuführen, mit großen Schwierigkeiten zu kämpfen. Nur massive finanzielle Unterstützung durch den Baron Edmund von Rothschild in Paris seit 1885 bewahrte die jüdischen Siedlungen wiederholt vor finanziellem Ruin.

Im Rahmen des Prozesses der Verwestlichung brachten die jüdischen Kolonisten von Anfang an europäische Wirtschaftsformen und Lebensweisen nach Vorderasien. Man kann sie deshalb in vieler Hinsicht mit den französischen und italienischen Siedlern im Maghreb vergleichen (siehe Abschn. 4.1.4.1). Ihre Pionierleistung vor dem Ersten Weltkrieg wird von einem der besten Kenner der Materie folgendermaßen gewürdigt: »Zusammenfassend läßt sich über die jüdischen Kolonien sagen, daß ihre Pflanzungen mustergültig sind und daß sie durch ihren Unternehmungsgeist große neue Werte geschaffen und mit großem organisatorischen Geschick und starkem Gemeingeist nicht nur den Absatz ihrer Produkte in neuer und vortrefflicher Weise organisiert, sondern auch ihre Kolonien durch Schulen, Ärzte, Apotheken, Wasserleitungen zu Kulturoasen ausgestaltet haben« (A. RUPPIN 1917, S. 88).

Eine verhängnisvolle Problematik dieser jüdischen Siedlungen lag allerdings von Anfang an darin, daß sich die zionistischen Kolonisten nicht in einem – wie gelegentlich behauptet wird – fast menschenleeren Palästina niedergelassen haben, sondern in einem Land, das seit fast zwei Jahrtausenden zur Heimat einer recht dicht siedelnden arabischen Bevölkerung geworden war. Als Großbritannien nach dem Ersten Weltkrieg Palästina als Mandat übernahm, standen den (einschließlich der meist in Städten lebenden altansässigen orientalischen Juden) insgesamt 70000 Juden dort nicht weniger als 700000 Araber gegenüber. Die Araber bewohnten überwiegend die Bergländer Palästinas und bewirtschafteten sie mit den traditionellen Methoden mediterraner Landwirtschaft. Die jüdischen Siedler hingegen hatten sich vor allem in der von den Arabern nur sehr extensiv genutzten Küstenebene festgesetzt und sie für moderne, auf den Weltmarkt ausgerichtete Bewässerungskultur erschlossen. Diese Küstenebene Palästinas ist noch heute der Kernraum Israels. Etwa dreiviertel der Bevölkerung des jungen Staates (in den Grenzen vor 1967) wohnen hier in einer fast zusammenhängenden, stark verstädterten Siedlungsregion.

Unter dem britischen Mandat zwischen den beiden Weltkriegen nahm die Zahl der jüdischen Einwanderer trotz wiederholter Beschränkungen durch die Mandatsmacht rasch zu. 1938 standen innerhalb Palästinas den 850000 Arabern bereits 420000 Juden gegenüber. Nun kam es auch schon zu heftigen Auseinandersetzungen zwischen den arabischen und den jüdischen Bevölkerungsgruppen; die von den Landaufkäufern des Baron Rothschild angewandten Methoden haben bei den Arabern empörte Reaktionen hervorgerufen. Jüdische Kolonisten ließen sich jetzt auch schon in einigen recht dicht von Arabern besiedelten Gebieten nieder.

Trotzdem beschränkte sich noch am Ende des Zweiten Weltkrieges das Gebiet dichter oder sporadischer jüdischer Siedlung auf die von der Landesnatur am meisten begünstigten Teile Palästinas, d. h. auf verhältnismäßig schmale Streifen längs der Mittelmeerküste und im Norden des Landes (Fig. 48). Die kahlen, durch Abspülung ihrer Bodenfruchtbarkeit beraubten Kalkberglander im Inneren Palästinas und die bereits halbwüstenhaften Gebiete im Süden des Landes (Wüste Negev) blieben der arabischen Bevölkerung als Lebensraum vorbehalten. Mit etwa 960 000 Personen war der arabische Bevölkerungsanteil noch bei der Gründung des Staates Israel im Jahre 1948 den damals 675 000 Juden an Zahl überlegen. Erst die anschließende Flucht bzw. Vertreibung von ca. 840 000 Arabern hat der jüdischen Bevölkerung innerhalb des jungen Staatswesens auch zahlenmäßig das Übergewicht gegeben.

Die besondere Problematik des deutsch-jüdischen Verhältnisses, die Geschichte des Staates Israel und die Ereignisse seit 1948 können hier wohl als bekannt vorausgesetzt werden. Bevölkerungs- und Wirtschaftsstruktur Israels in geographischer Sicht sind von J. KARMON im Geographischen Taschenbuch (1962/63) knapp und klar dargelegt worden; demselben Autor verdanken wir eine umfangreiche länderkundliche Monographie (1983). Im folgenden seien deshalb nur noch einige Aspekte der Auseinandersetzung zwischen Israel und den Arabern diskutiert. Diese Auseinandersetzung stellt sicherlich eines der am schwersten zu lösenden Probleme im heutigen Orient dar. Nur bei einer sehr selbstgerechten Bewußtseinsverengung könnten wir Europäer hier als quasi Unbeteiligte zusehen oder uns sogar Richterfunktionen im Streit anmaßen. Denn das Problem Israel birgt nicht nur die ständige Gefahr eines weltweiten Konflikts in sich; Europa trägt durch seine frühere Politik auch ein gerüttelt Maß Schuld an dem gegenwärtigen Desaster (vgl. F. STEPPAT 1968, DODD-SALES 1970, H. MEJCHER 1976):
Bereits vor hundert Jahren haben die europäisch-christlichen Mächte beim Osmanischen Reich zum Schutze der ›Heiligen Stätten‹ interveniert und im Jahre 1873 für Palästina eine gewisse Sonderstellung (Autonomer Sandschak) durchgesetzt. Diese hat die Einwanderung und Ansiedlung christlicher wie zionistischer Kolonisten vor 1914 in mancher Hinsicht erleichtert. Während des Ersten Weltkriegs erhielten dann die Araber einerseits und die Juden andererseits von den Engländern und Franzosen territoriale Zusagen, die sich widersprachen, und die damit den Keim des Konflikts in sich bergen mußten. Das britische Mandat über Palästina brachte entsprechend

harte Konfrontationen zwischen Juden, Arabern und der Mandatsmacht.

Immerhin bedeuteten diese Auseinandersetzungen bis zum Jahre 1933 keinen existentiellen Konflikt; denn gerade in den damaligen Jahrzehnten erhielten die Juden in den westlichen Ländern völlige Gleichberechtigung zugebilligt, und sie wurden wirtschaftlich wie sozial in ihre jeweiligen Gastländer integriert. So war Auswanderung nach Palästina keine Überlebensfrage; die Romantik der Zionisten wurde selbst von vielen Juden nicht so ganz ernst genommen. Dann aber kommt in Deutschland mit dem Dritten Reich und der systematischen Judenvernichtung durch Adolf Hitler die große Wende: Für die in Deutschland (und in den von deutschen Truppen besetzten Gebieten) verfolgten, gequälten und vom Tode bedrohten Juden wird die Frage nach einer sicheren Heimstatt zur nackten Existenzfrage. Im verzweifelten Kampf ums Überleben fordern die Juden deshalb während des Zweiten Weltkriegs ganz offen einen eigenen Staat in Palästina.

England, das seit 1919 die Mandatsherrschaft über Palästina ausübte, hatte aus wohlerwogenen Gründen heraus einen souveränen Staat der Zionisten bisher immer abgelehnt. Nun aber erfährt die Weltöffentlichkeit nach Kriegsende 1945 von den grauenhaften Verbrechen, den systematischen Judenverfolgungen und den Massenmorden der Hitlerzeit. Eine weltweite Welle des Mitleids, der Hilfsbereitschaft und der Sympathie schlägt den Juden entgegen, und gleichsam als kollektiver Akt der Wiedergutmachung deutscher Verbrechen durch die ganze Welt wird jetzt den Zionisten in Palästina Eigenstaatlichkeit zugebilligt. In seltener Einmütigkeit erkannten sowohl die USA als auch die Sowjetunion den jungen Staat Israel direkt nach seiner Proklamation am 14. Mai 1948 an.

Kaum jemand dachte damals daran, daß diese Wiedergutmachung des an den Juden begangenen Unrechts neues Unrecht nach sich ziehen mußte – Unrecht an den Arabern. Denn ihnen wurden die von Israel beanspruchten Territorien weggenommen, und sie mußten nach Ausbruch der Feindseligkeiten im Mai 1948 in Massen aus ihrer angestammten Heimat fliehen. So stehen den 1,3 Millionen Juden, die seit 1948 nach Israel zugewandert sind, mindestens 1 Million vertriebener Araber gegenüber, die ohne jedes eigene Verschulden noch heute unter den Spätfolgen des Zweiten Weltkriegs zu leiden haben.

Seit der Gründung des Staates Israel vor nunmehr 40 Jahren vertreten beide Kontrahenten ihre Standpunkte unversöhnlich und ohne Bereitschaft zu einem Kompromiß. Sowohl die Juden als auch die Palästinenser können für ihre jeweilige Positionen gute Gründe anführen:

- Für die *Israeli* bedeutet ihr junger Staat die alte wie die neue Heimat. Nach den schrecklichen Verfolgungen durch die Nationalsozialisten erheben sie Anspruch darauf, in einem souveränen jüdischen Staat zu leben, dessen Gestaltung und Verteidigung in ihren eigenen Händen liegt. Die *Palästinenser* hingegen sehen im Staat Israel die letzte westlich-kapitalistische Siedlungskolonie auf dem Boden des Orients. Nachdem man seit dem Zweiten Weltkrieg bereits die Franzosen und Italiener aus ihren Siedlungskolonien in Nordafrika vertrieben habe, gehe es jetzt nur noch um die Vertreibung der Israeli aus Palästina, wenn man den Prozeß der ›Entkolonialisierung‹ vollenden wolle.

- Die *Israeli* betonen immer wieder, daß ihre Väter und Großväter das von ihnen besiedelte und kultivierte Land den Arabern ja nicht einfach weggenommen, sondern abgekauft hätten; damit sei es rechtens ihr Besitz. Die *Palästinenser* weisen demgegenüber darauf hin, daß sich diese Landkäufe typisch rentenkapitalistischer Praktiken bedient hätten; die zionistischen Grundbesitzer und Landkauf-Gesellschaft in Palästina seien – genau wie die städtischen Kaufleute und Feudalherren in den anderen arabischen Ländern – nur unter rücksichtsloser Ausnutzung ihrer überlegenen wirtschaftlichen Position in den Besitz von Grund und Boden gelangt. Im arabischen Bereich wird seit der ägyptischen Revolution 1952 dieses rentenkapitalistisch erworbene Land mit Hilfe der verschiedenen Bodenreformgesetzgebungen den Feudalherren wieder weggenommen; ganz analog müßten jetzt die Zionisten zur Rückgabe des seinerzeit erworbenen Landes gezwungen werden.

- Die *Israeli* behaupten, das Flüchtlingsproblem hätten die Araber selbst zu verantworten; denn die Flüchtlingsbewegung sei erst durch den Einmarsch arabischer Truppen nach der Unabhängigkeitserklärung Israels ausgelöst worden. Auch seien viele der Flüchtlinge freiwillig gegangen, teilweise sogar von den arabischen Führern zur Flucht aufgefordert worden. Die *Palästinenser* erinnern demgegenüber daran, daß die Palästinaflüchtlinge guten Grund gehabt hätten, ihre alte angestammte Heimat Hals über Kopf zu verlassen; sie machen geltend, daß es sich dabei um eine ganz analoge Situation gehandelt habe wie z. B. bei den deutschen Flüchtlingen und Heimatvertriebenen im Jahre 1945, und sie verweisen auf den israelischen Terrorakt des Massakers von Deir Yassin.
Darüber hinaus erinnern die Araber immer wieder an das Beispiel der ›Golan-Höhen‹ in Südsyrien: Deren gesamte Bevölkerung, mehr als 100000 Menschen, wurde im Jahre 1967 von den Israeli dazu gezwungen, wenige Stunden nach dem Einmarsch der israeli-

schen Truppen Haus und Hof zu verlassen und im noch unbesetzten syrischen Gebiet Zuflucht zu suchen. Bei diesem eklatanten Fall einer planmäßigen Massenvertreibung könne von ›Freiwilligkeit‹ wirklich nicht mehr die Rede sein.

- Die *Israeli* schließlich klagen immer wieder über den für sie unerträglichen Terror der palästinensischen Freischärler. Als eine zur Wahrung ihrer Lebensinteressen notwendige Reaktion darauf rechtfertigen sie selbst harte Maßnahmen gegenüber den Arabern der 1967 besetzten Gebiete, obwohl diese Maßnahmen allem Anschein nach nicht nur rechtsstaatlichen Grundsätzen, sondern teilweise auch der Genfer Konvention widersprechen. Die *Palästinenser* weisen demgegenüber darauf hin, daß sich ihre Freischärler nur derselben Methoden bedienten, wie sie während der britischen Mandatsherrschaft auch bei zionistischen Terroristen-Organisationen gebräuchlich gewesen seien. Sie erinnern damit an die Terrorakte radikaler jüdisch-zionistischer Gruppen vor 1948, die oft den Tod vieler ganz Unbeteiligter mit sich gebracht und sowohl die arabische Bevölkerung als auch die britische Mandatsregierung in Atem gehalten hatten. Selbst zwei der letzten israelischen Ministerpräsidenten, Begin und Shamir, waren dieserart zur britischen Mandatszeit als Terroristen tätig gewesen; an ihren Händen klebt das Blut vieler unschuldiger Menschen.

In diesem fast ausweglosen Dilemma bedeutet es wenig, daß die Vorschläge des *Sicherheitsrats* und der *Vereinten Nationen* zur Lösung des Israel-Konflikts bemerkenswert realistisch erscheinen und an sich wohl einen vernünftigen Kompromiß zwischen den beiden entgegengesetzten Standpunkten anstreben. Denn für einen solchen Kompromiß werden von beiden Seiten Zugeständnisse verlangt, die bis vor kurzem psychologisch noch nicht zumutbar erschienen: Die Palästinenser müßten ehrlich anerkennen und durch bindende Verträge besiegeln, daß der Staat Israel ein Lebensrecht und das Recht auf anerkannte, sichere Grenzen habe. Die Israeli hingegen müßten sich aus allen 1967 besetzten Territorien zurückziehen und zu einer Entschädigung für die arabischen Flüchtlinge bereit sein.

Eine Lösung des Konflikts in vorstehendem Sinne stellt sicher ein noch recht fernes Ziel dar. Der Friedensvertrag zwischen Israel und Ägypten im März 1979 dürfte jedoch einen entscheidenden Schritt zur Verständigung gebracht haben. Die militärische Überlegenheit Israels ist gegenwärtig noch so groß, daß die Araber bei einer neuen kriegerischen Auseinandersetzung wieder den kürzeren ziehen würden. Und doch hat der Yom-Kippur-Krieg 1973 eine Wende gebracht: Zum

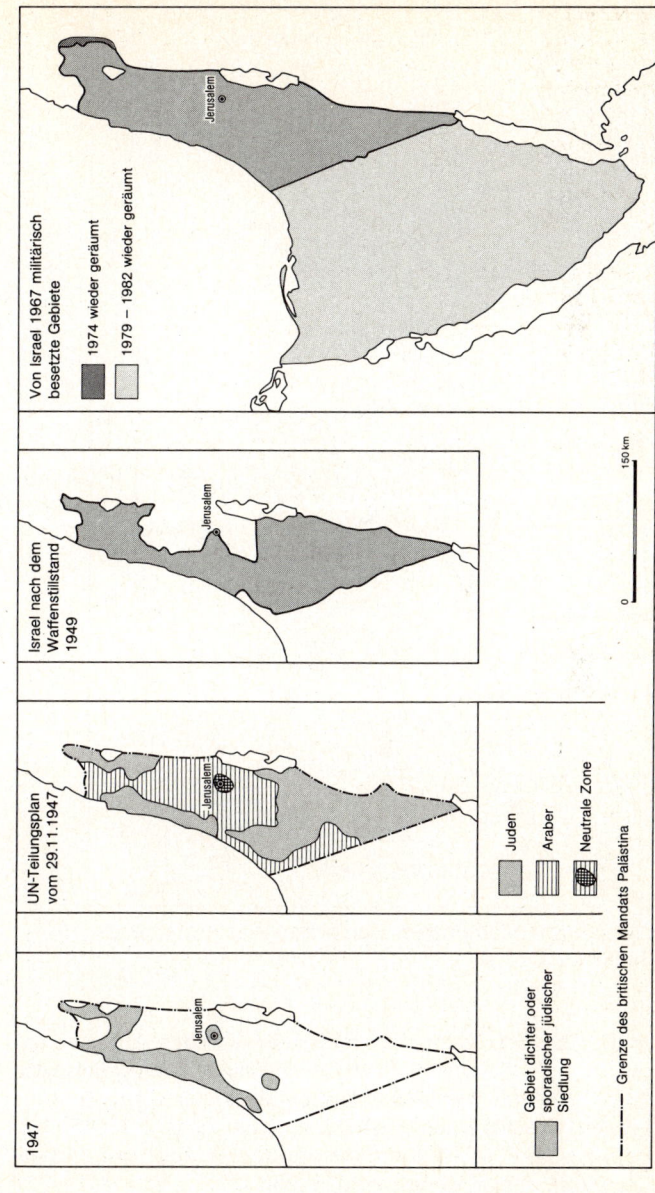

1947

UN-Teilungsplan vom 29.11.1947

Israel nach dem Waffenstillstand 1949

Von Israel 1967 militärisch besetzte Gebiete

- 1974 wieder geräumt
- 1979 – 1982 wieder geräumt

Jerusalem

Gebiet dichter oder sporadischer jüdischer Siedlung

Juden

Araber

Neutrale Zone

–·–·–·– Grenze des britischen Mandats Palästina

0   150 km

Fig. 48: Die räumliche Dynamik des Staates Israel

273

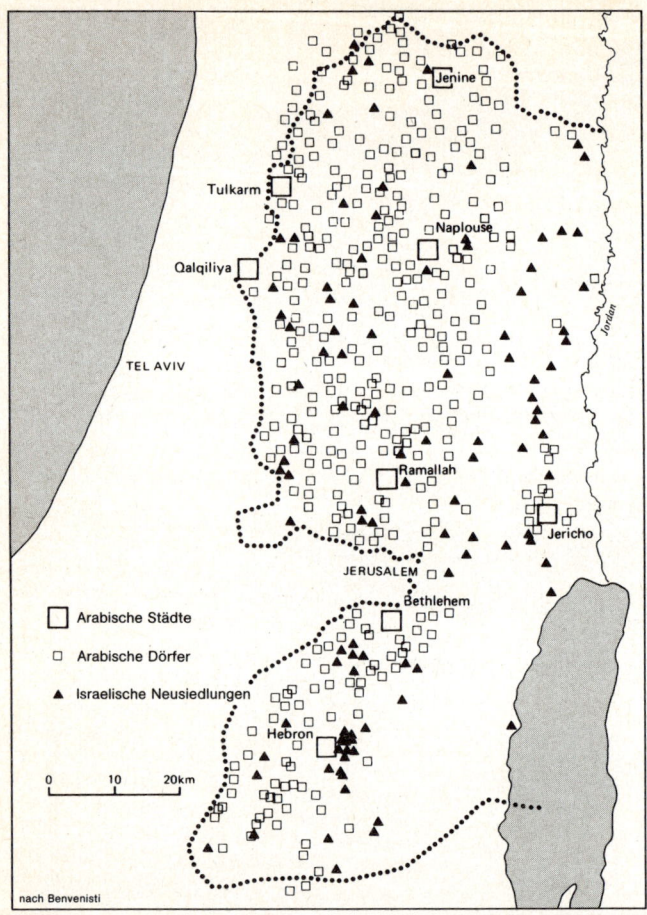

Fig. 49: Israelische Siedlung im arabischen Westjordanland (nach Benvenisti)

ersten Mal in der Geschichte der arabisch-israelischen Auseinandersetzungen konnten syrische und ägyptische Truppen beachtliche Anfangserfolge erzielen, waren die Araber nicht von vornherein die Unterlegenen, Geschlagenen, Verlierer. Das hat das arabische Selbstbewußtsein gestärkt, Minderwertigkeitskomplexe abgebaut und damit die Bereitschaft zum Kompromiß erhöht.

274

Einen ähnlichen psychologischen Effekt hatte die letztlich gescheiterte Besetzung Südlibanons und Beiruts durch israelische Truppen 1982 – eine jener völlig überzogenen Reaktionen auf Einzelaktionen palästinensischer Terroristen. Israel konnte diesen Einmarsch auf längere Zeit wirtschaftlich nicht verkraften, und es mußte einen ungewöhnlich hohen Blutzoll dafür entrichten. So wurden die israelischen Besatzungstruppen 1985 unrühmlich wieder zurückgezogen. Seitdem mehren sich in Israel die Stimmen, die für ein vorsichtigeres militärisches Taktieren plädieren.

Dem Staat Israel, der das von ihm kontrollierte Territorium von Feldzug zu Feldzug weiter ausdehnte (Fig. 48), wird eine weitere Rückgabe besetzter Gebiete mehr nützen als schaden; noch immer greift ja das von Israel besetzte Gebiet über die Grenzen des ehemaligen britischen Mandatsgebiets Palästina hinaus. Die Israeli bauen natürlich *kurz- und mittelfristig* auf die ›normative Kraft des Faktischen‹: Je länger sie die besetzten Gebiete behalten, um so mehr gewöhnen sich die Menschen daran, und um so schwieriger wird die Rückgabe. *Langfristig* erwachsen daraus aber immer bedrohlichere Probleme: Aufgrund ihrer sehr viel höheren Geburtenziffer wird die arabische Bevölkerung in Israel und den besetzten Gebieten die israelische schon bald an Zahl übertreffen, und sie wird sich in ein bis zwei Jahrzehnten nicht mehr als Menschen minderen Rechts abqualifizieren lassen. Darüber hinaus fragt die israelische Pioniergeneration schon heute besorgt, ob die jetzt heranwachsende Generation in zehn bis zwanzig Jahren noch bereit sein wird, eine kompromißlose Politik der Stärke in bewaffneter Auseinandersetzung unter Einsatz des Lebens mitzutragen.

5.7 Erdöl am Arabisch-Persischen Golf

Bereits in Abschnitt 3.4 wurde dargelegt, daß seit dem Zweiten Weltkrieg vielerorts im Orient ergiebige Erdölvorkommen gefunden worden sind und daß heute bereits die Mehrzahl aller Staaten des Orients an der Erdölförderung beteiligt ist. In diesem weiteren Rahmen der Erdölwirtschaft Vorderasiens und Nordafrikas kommt nun aber den um den *Arabisch-Persischen Golf* gruppierten Feldern eine besondere, nochmals herausgehobene Bedeutung zu. Nach den Schätzungen von 1986 bergen die dortigen Lagerstätten 57 % der gesamten Welt-Erdölvorräte, und mit 1015 Mill. t bestritten sie in den Jahren des Erdölbooms (1976–1980) mehr als die Hälfte des Welt-Erdölexports. Auch liegen von den insgesamt 14 Erdölfeldern der Welt mit je mehr als eineinhalb Milliarden t sicherer Reserven nicht weniger als 13 im Bereich des Arabisch-Persischen Golfs (Tab. 3).

An diesen Erdöllagerstätten haben die arabischen Anliegerstaaten des Golfs sowie die Staaten Irak und Iran Anteil. Durch eine je getrennte Betrachtung im Rahmen der jeweiligen Großräume (siehe Abschn. 5.3 Arabische Halbinsel, 5.4 Fruchtbarer Halbmond und 5.5 Hochländer des nördlichen Vorderasiens) würden die bestehenden Zusammenhänge verdeckt werden. Der Erdölreichtum der Region am Arabisch-Persischen Golf ist nämlich durch die übergreifende geologisch-tektonische Struktur einer großen, einheitlichen Senkungszone am Golf bedingt; auch wirtschafts- und verkehrsgeographisch ergeben sich aus der küstennahen Lage der meisten Felder gemeinsame Probleme. Deshalb sei die Erdölwirtschaft der Gebiete um den Arabisch-Persischen Golf aus der regionalen Betrachtung der betreffenden Staaten herausgenommen und nachfolgend in einem eigenen Abschnitt zusammenhängend dargestellt.

Zwischen den Hochländern des nördlichen Vorderasiens und dem alten Festlandsblock des Arabischen Schildes erstreckt sich eine langgezogene, vom Arabischen Meer und Indischen Ozean bis in den Raum von Kirkuk (Nordirak) reichende geologisch-tektonische Senkungszone (Geosynklinale), der sogenannte *Mesopotamische Trog*. Sie ist in ihrem Südostteil heute vom Meer überflutet (Arabisch-Persischer Golf); im Nordwesten hingegen wurde sie in geologisch vermutlich ganz junger Zeit durch die Anschwemmungen der beiden Flüsse Euphrat und Tigris landfest (Tiefland des Unterirak).

An den beiden Flanken dieser langgestreckten Mulde haben sich im Zusammenhang mit deren Absenkung infolge ausnehmend günstiger geologischer Voraussetzungen die mit Abstand bedeutendsten Erdöllagerstätten der Welt herausgebildet (Fig. 5; vgl. H. BOESCH 1949). Die *Vorkommen an der Nordostflanke*, im Grenz- und Übergangsraum gegen die iranischen und kurdischen Kettengebirge, finden sich in langen, steil gestellten Faltenzügen (Antiklinalen) tertiärer Schichten. Die geologischen Strukturen des dortigen Untergrundes zeichnen sich auch an der Oberfläche in Form von walfischrückenähnlichen Erhebungen oder langgestreckten Sätteln ab. Da hier überdies Spuren von Erdöl bereits seit der Antike bekannt sind (Asphaltvorkommen, ›heilige Feuer‹ von Erdgasaustritten), waren die Lagerstätten an der Nordostflanke des Mesopotamischen Trogs verhältnismäßig einfach aufzuspüren und zu erschließen. Die beiden wichtigsten Feldergruppen sind die von Chusistan (Iran) und von Kirkuk (Nordirak). Die entsprechenden Suchbohrungen wurden bereits 1908 bzw. 1927 fündig.

Im Gegensatz hierzu finden sich die *Lagerstätten an der Südwestflanke* des Mesopotamischen Trogs in weitgespannten, viel flacheren und oft schildförmigen Aufwölbungen und Strukturen des jurassischen und kretazischen Untergrunds. Sie lassen sich anhand der Oberflächenformen nicht erkennen und waren deshalb wesentlich schwieriger aufzuspüren; entsprechend sind fast alle der dortigen Felder erst seit dem Zweiten Weltkrieg für die Förderung erschlossen worden. Zur Gruppe der Südwestflanke gehören folgende Ölvorkommen (mit Jahr des Fündigwerdens): Südirak (1948), Kuwait (1938), Saudi-Arabien (1936), Neutrale Zone (1953), Katar (1939), Bahrain (1932), Verein. Arab. Emirate (1953) und Oman (1964) (vgl. Fig. 5).

Als vorläufig letzter Schritt der Erschließung wird seit nunmehr etwa zwei Jahrzehnten (mit ersten Anfängen 1957/58) der *Meeresboden des Golfs* selbst abgebohrt. Die dabei auftretenden technischen Schwierigkeiten können verhältnismäßig leicht bewältigt werden, da die mittlere Wassertiefe nur etwa 25 m beträgt und auch die größten Tiefen kaum über 100 m hinausgehen. Diese sog. Off-shore-Bohrungen sind inzwischen bei einer ganzen Reihe von geologischen Strukturen des Untergrundes fündig geworden. Um die Rechte der Anliegerstaaten auf Konzessionsvergabe und auf Erhebung von Royalties und Steuern eindeutig abzugrenzen, ist mittlerweile das gesamte Meeresgebiet des Arabisch-Persischen Golfs an die angrenzenden Staaten aufgeteilt worden.

Gerade auf den ergiebigsten Erdölfeldern um den Golf wird man vergeblich nach einem Wald von Bohrtürmen suchen, wie er z. B. für die Felder Nordamerikas charakteristisch ist. Im Abstand von je mehreren hundert Metern finden sich in meist ödem, wüstenhaftem Gelände mannshohe *Rohrsonden*, von den Erdölleuten ›Christbäume‹ genannt; in einem Geviert von etwa 4 m Seitenlänge werden sie von einem unauffälligen, 2 m hohen Drahtzaun umgeben. Ungeachtet ihrer Unauffälligkeit wären viele dieser Sonden in der Lage, bei vollem Betrieb pro Jahr je etwa 1 Million t Rohöl zu fördern (vgl. Tab. 4). Pumpen und andere Vorrichtungen zum Heben des Öls sind meist nicht erforderlich; im Gegenteil, der natürliche Lagerstättendruck, der das Öl in der Sonde nach oben treibt, ist vielfach so hoch, daß es technische Schwierigkeiten bereitet, seiner Herr zu werden.

Mit Ausnahme der Lagerstätten des nördlichen Irak befinden sich alle Erdölfelder des Mesopotamischen Trogs nahe der Küste des Golfs. Ein weitverzweigtes Netz von Rohrleitungen führt das Öl zu den dortigen *Verladestationen* am seeschifftiefen Wasser. Diese sind oft weit in den Golf hinaus gebaut; denn mit einem Tiefgang, der schon heute bei

Supertankern 30 m überschreitet, können sich die Tankschiffe in dem Flachmeer des Golfs der Küste an kaum einer Stelle nähern.

Im Zusammenhang mit der modernen Entwicklung der letzten zwanzig Jahre haben die Erdölstaaten am Arabisch-Persischen Golf den Umschlag des Rohöls auf Tanker in je einem großen Verladehafen konzentriert. Für Saudi-Arabien ist dies Ras Tanura, welches seit 1969 von Supertankern mit bis zu 350 000 tdw angelaufen werden kann, für die Neutrale Zone Mina Abdullah und für Kuwait Mina al-Ahmadi. In Mina al-Ahmadi wurde 1969 fast 19 km von der Küste entfernt eine Verladebrücke installiert, die von Supertankern mit bis zu 500 000 tdw angelaufen werden kann. Die entsprechenden Tanker-Terminals der Vereinigten Arabischen Emirate sind Jebel Dhanna und die Insel Das. Das Öl der Felder des Südirak wurde bis zum Kriegsausbruch 1980 in Khor al-Amaija unweit der Mündung des Schatt el-Arab auf Tanker verladen; das Öl der südiranischen Felder schließlich wird in großen Unterwasser-Pipelines auf die Insel Charak mitten im Golf gepumpt und dort dann umgeschlagen.

Anders als bei den günstig gelegenen künstennahen Lagerstätten bereitete der Abtransport des Öls aus dem Raum um Kirkuk (Nordirak) zunächst erhebliche Schwierigkeiten; liegen die dortigen Erdölfelder doch je mehr als 700 km sowohl vom Mittelmeer als auch vom Arabisch-Persischen Golf entfernt. Nach dem Fündigwerden im Jahre 1927 dauerte es deshalb noch 7 Jahre, bis 1934 zwei erste *Rohrleitungen* quer durch die Syrische Wüste zum Mittelmeer fertiggestellt wurden. Sie ermöglichten den Abtransport – und damit auch die Förderung – von 4 Millionen t Rohöl pro Jahr. Bei diesem sehr bescheidenen Durchfluß blieb es bis in die Zeit nach dem Zweiten Weltkrieg. Erst seit 1949 erhöhte sich dann durch den Bau zusätzlicher leistungsfähiger Rohrleitungen die Transportkapazität für Rohöl und damit auch die Förderkapazität für Erdöl aus den Feldern um Kirkuk entscheidend. Heute wird die Syrische Wüste nicht nur von den Rohrleitungen aus dem Nordirak gequert, sondern auch von den Pipelines der nordostsyrischen Felder und von der sog. TAP-line (Trans-Arabian-Pipeline). Letztere verbindet die Ölfelder Saudi-Arabiens mit einem Verladehafen im südlichen Libanon und gestattet es damit, einen Teil des arabischen Erdöls ohne den zeitraubenden Umweg um Afrika herum direkt ans Mittelmeer zu bringen.

Alle genannten Rohrleitungen sind im Verlauf der vergangenen Jahre zumindest zeitweise stillgelegt worden: Syrien und Israel wollten durch solche Sperrungen politischen Druck auf die das Erdöl entsendenden Staaten ausüben. Gelegentlich hat eine Stillegung aber auch ökonomische Gründe: Es muß ja nicht nur die Rohrleitung selbst finanziert, betrieben und unterhalten werden, sondern es sind auch noch an die Transitländer Konzessionsabgaben pro Tonne durchgepumpten Öls zu zahlen. Damit kann der Transport vom Golf im Supertanker selbst auf dem Umweg um Afrika herum billiger sein als der Transport per Pipeline.

Umgekehrt werden noch ständig neue Pipelines gebaut – z. B. von den großen Feldern am Arabisch-Persischen Golf quer durch Arabien zum Roten Meer oder zum Indischen Ozean, und von den irakischen Feldern durch die Türkei ans Mittelmeer. Diese Leitungen sollten eine Alternative für den Rohöltransport bieten, wenn die Tankschiffahrt im Arabisch-Persischen Golf durch den iranisch-irakischen Krieg ernstlich gefährdet würde. Auch dann, wenn sie nicht mehr oder noch nicht genutzt werden, geben Pipelines also den Großkonzernen der Ölwirtschaft die erwünschte Flexibilität.

Es versteht sich von selbst, daß durch die Erschließung der Erdöllagerstätten am Golf die dortigen Staaten in verstärktem Maße in den *Prozeß der Verwestlichung* mit einbezogen wurden. Im Bereich der Ölfelder, der Raffinerien und der Verladestationen entstanden nicht nur ganz moderne technische Anlagen, sondern auch Wohnsiedlungen oder ganze Städte westlichen Typs mit gepflegten Park- und Gartenanlagen, klimatisierten Bungalows, Shopping-Centers, Swimmingpools, Klubräumen, Schulen, Krankenhäusern usw. Ein Vergleich mit den kolonialzeitlichen Europäerquartieren der größeren Städte des Maghreb (Abschn. 4.1.4.3) ist nicht von der Hand zu weisen. Mit Ausnahme relativ weniger leitender Positionen werden heute alle Arbeitsplätze bei den im Lande tätigen Erdölfirmen entweder mit Einheimischen oder mit Gastarbeitern Vorder- und Südasiens besetzt. Diese ›Erdöl-Beschäftigten‹ werden gut bezahlt; sie eifern in ihrem Lebensstil und in ihren Konsumgewohnheiten sehr bewußt westlichen Vorbildern nach. Über die Wandlungen von Kulturlandschaft und Lebensformen Südirans, Saudi-Arabiens und Dubais unter dem Einfluß des Erdöls berichten die Arbeiten von DON E. TOTTEN (1959), I. DJAZANI (1963) und E. WIRTH (1988).

Abgesehen von den beiden Kriegsgegnern Irak und Iran bekennen sich heute noch alle Erdölstaaten am Arabisch-Persischen Golf zu einer liberalen Wirtschaftspolitik mit ungehemmtem Kapitalverkehr und freier Entfaltung privater wirtschaftlicher Initiativen. Schon durch den Kapitalzustrom im Zusammenhang mit der Erdölerschließung hat die Region des Golfs innerhalb Vorderasiens wirtschaftlich ein besonderes Gewicht bekommen. Als Folge der dauernd schwelenden Krise um Israel im Bereich der Levantestaaten bahnt sich überdies ein interessanter *Prozeß räumlicher Schwerpunktverlagerung* an: Das Kapital und die wirtschaftlichen Aktivitäten sowohl Europas als auch der reichen Erdölländer des Orients selbst ziehen sich mehr und mehr aus den Ländern der Levante zurück; sie scheinen sich zunehmend in den Bereich des Arabisch-Persischen Golfs zu verlagern.

Gerade der *Libanon*, bisher die ›Schweiz des Orients‹, hat seit 1975 viel von seiner Attraktivität verloren. Die ständigen Entführungen westlicher Diplomaten und Geschäftsleute, der Terror gezielter und ungezielter Bombenanschläge, die willkürliche Erhebung von Abgaben durch radikale Gruppen und Privatmilizen und die immer wieder aufflammenden bewaffneten Auseinandersetzungen in Beirut haben diese Stadt für Europäer fast unbewohnbar werden lassen. Fast alle westlichen Firmen haben ihre Nah- und Mittelostvertretung aus Beirut abgezogen – entweder zurück nach Athen oder Zypern oder nach Amman oder aber in die ebenso dynamischen wie ökonomisch-liberalen Wirtschaftszentren der Scheichtümer und Emirate am Golf.

Die *Region des Arabisch-Persischen Golfs* gilt heute immer mehr als Hort einer freien, liberalen Wirtschaft; politische und wirtschaftliche Ruhe und Stabilität scheinen hier gesichert. So wächst sie allmählich zu einem neuen attraktiven Schwerpunkt des Orients heran (Tab. 6). Das Scheichtum Dubai z. B., welches um 1970 mit 70 000 Seelen noch nicht einmal die Einwohnerzahl einer Stadt wie Erlangen oder Gladbeck erreichte, war 1969 der drittgrößte Importeur der Welt für Gold und der zweitgrößte Importeur der Welt für Schweizer Uhren; ist es doch zum bevorzugten Umschlagplatz des Schmuggels mit Indien geworden. Mit einem Wert von 1,2 Mrd. DM erreichte der Goldimport des Scheichtums im Jahre 1969 immerhin 20 % der gesamten Goldproduktion der nichtkommunistischen Welt (Middle East Express, Monthly Edition, Febr. 1971, S. IV).

Inzwischen dürfte Dubai 350 000 Einwohner zählen, und sein ›International Trade Centre‹ wird nicht nur anläßlich größerer Messe-Veranstaltungen von Geschäftsleuten aus dem gesamten Orient und der ganzen westlichen Welt aufgesucht. Sein Flugplatz wird von vielen bekannten Luftverkehrsgesellschaften – auch der Lufthansa – im Liniendienst angeflogen. Für zahlungskräftige Gäste stehen in Dubai nicht weniger als 11 moderne Deluxe-Hotels höchsten internationalen Standards mit insgesamt über 3000 Zimmern und fast 5000 Betten bereit (1983).

Sicher liegen Dubai und die anderen Dienstleistungszentren am Arabisch-Persischen Golf zwei Flugstunden weiter von Europa und den USA entfernt als Beirut. Dafür liegen sie entsprechend näher an Süd- und Südostasien, und das könnte in den kommenden Jahrzehnten sehr positiv zu Buche schlagen. Trotz des Rückgangs der Rohölpreise hatten die insgesamt nur 1,4 Millionen Einwohner der Vereinigten Arabischen Emirate im Jahre 1986 ein Pro-Kopf-Einkommen von 16 000 $ – das höchste der Welt; der Handelsbilanzüberschuß der VAE belief sich im gleichen Jahr auf 3,5 Mrd. $.

Der Krieg zwischen Irak und Iran 1980–1988 hat die Schiffahrt im Arabisch-Persischen Golf mit hohen zusätzlichen Risikoprämien belastet. Trotzdem haben die Vereinigten Arabischen Emirate auch während dieses Krieges gute Geschäfte gemacht: In den Trockendocks der Reparaturwerften wurden viele von Raketen getroffene Tankschiffe wieder instandgesetzt; auch der Hafenumschlag blühte, da viele für Irak oder Kuwait bestimmte Waren schon in den vor Raketenangriffen sicheren Häfen der Vereinigten Arabischen Emirate gelöscht und auf Lastkraftwagen umgeschlagen wurden. Nachdem die Waffen im Krieg jetzt seit Sommer 1988 schweigen, werden die Bemühungen Irans und Iraks um Wiederaufbau und wirtschaftliche Erholung weitere kräftige Impulse für die Region des Arabisch-Persischen Golfs bringen.

6 Schlußbetrachtung und Ausblick
(H. Mensching und E. Wirth)

Versuchen wir, in einer *kurz- bis mittelfristigen Prognose* ein Bild der Zukunft des Orients zu entwerfen, dann überwiegen die gedämpften, wahrscheinlich sogar die düsteren Farben: Es ist trotz des Friedensschlusses von Camp David 1979 immer noch keine Lösung des Palästina-Problems abzusehen. Der Staat Libanon ist durch einen fast fünfzehnjährigen Bürgerkrieg zerrissen, ausgeblutet, am Ende. Der iranisch-irakische Krieg hat einen hohen Blutzoll gefordert und die Wirtschaft beider Staaten bis an die Grenze des Erträglichen belastet. Ein großer Teil der für die Landesentwicklung dringend benötigten Kapitalien geht in die Rüstung – pro Jahr etwa 12–15 Mrd. $! Innere Streitigkeiten entzweien das arabische Lager. Viele hochqualifizierte Akademiker ziehen eine Beschäftigung in Europa oder Nordamerika der Rückkehr in ihre Heimatländer vor. Selbst die Wirtschaft relativ weit entwickelter Staaten, z. B. der Türkei, hat mit dauernden Schwierigkeiten zu kämpfen. Die Sprengkraft des islamischen Fundamentalismus wird sich künftig vielleicht noch stärker als bisher gegen die westlichen Industriestaaten richten, und sie kann den inneren Frieden in einigen Staaten des Orients gefährden. Israel schließlich versteht es, sich in seinem Konflikt mit den Arabern zum Vorkämpfer der westlichen Welt gegenüber den Interessen des Ostblocks zu deklarieren; immer wieder droht der Orient deshalb zu einem Feld der weltweiten Auseinandersetzungen Ost-West zu werden.

Der westliche Orient, der Maghreb also, hat sich dagegen weitgehend aus den Konflikten des vorderen und mittleren Ostens, einschließlich Ägyptens, herausgehalten, wenn auch verbale Verbundenheitserklärungen zu den politischen Problemen der arabischen Welt abgegeben wurden. So nahm Tunis nach den Friedensbemühungen Ägyptens mit Israel die Arabische Liga und die PLO auf, und der marokkanische König machte Vermittlungsversuche.

Überschattet wurde die innermaghrebinische Einheit durch den Saharakonflikt nach der Freigabe der kolonialzeitlichen ›Spanischen Sahara‹, die vor allem von Marokko beansprucht wurde und Algerien auf die Seite der Sahara-Freiheitskämpfer treten ließ. Aber auch in diesem Konflikt trat schließlich eine Beruhigung ein.

Demgegenüber sieht eine *langfristige Prognose* sehr viel freundlicher aus. Wer weiß, ob die heute so brennenden, kaum lösbar erscheinenden Probleme des Orients in zwanzig Jahren überhaupt noch aktuell sind? Wie rasch kann sich doch die Szenerie gerade im Orient ändern: Nach Nassers Tod stimmten fast alle Pressekommentare darin überein, daß es sich der Nachfolger Nassers noch viel weniger als dieser leisten könne, den Prestigeverlust einer Verständigung mit Israel hinzunehmen. Inzwischen aber hat Anwar Sadat einen Friedensvertrag unterzeichnet, der noch vor zehn Jahren undenkbar erschien. Und noch ein zweites Beispiel: Noch im Jahre 1970 schienen die palästinensischen Freischärler-Organisationen der entscheidende Faktor im Kampf gegen Israel zu sein. Ihre Flugzeugentführungen erregten weltweites Aufsehen, die Tage der Monarchie König Husseins schienen gezählt. Wer hätte damals gedacht, daß binnen weniger Jahre die politische und militärische Macht der Freischärler gebrochen sein würde?

Gegenüber solchen erstaunlich kurzlebigen Phänomenen der Tagespolitik wird die grundlegende geographische, wirtschaftliche und soziale Situation des Orients auf die Dauer vermutlich ein stärkeres Gewicht haben: Die direkte Nachbarschaft zu Europa, die hohen und auf längere Sicht weiter steigenden Erdöleinkünfte sowie die rasch fortschreitende Verwestlichung werden es den Ländern Nordafrikas und Vorderasiens wohl ermöglichen, den *wirtschaftlichen Take-off* im Sinne von w. w. ROSTOW (1956, 1960) zu vollziehen. Schon heute können einige von ihnen in die Gruppe der ›Schwellenländer‹ eingestuft werden. In absehbarer Zeit dürfte damit ihre weitere Entwicklung aus ihrer inneren Wirtschaftsdynamik heraus getragen werden, ohne daß hierfür noch starke Anstöße von außen nötig wären. Wie Fig. 50 zeigt, liegen viele Staaten des Orients bei einem weltweiten Vergleich der Entwicklung heute bereits im Mittelfeld. Auch heben sich die jährlichen Zuwachsraten des Sozialprodukts sehr positiv vom Durchschnitt der meisten anderen Entwicklungsländer ab.

Dies gilt grundsätzlich auch für die Staaten des Maghreb, von denen nur Algerien ein Erdölland ist. Dagegen konnten Marokko und Tunesien beachtliche Erfolge in der Entwicklung der Export-Agrarproduktion aufweisen. Hierbei ist besonders die enge wirtschaftliche Bindung der Maghrebländer an den europäischen Markt von Bedeutung, teilweise in Konkurrenz zu Israel. Engere Beziehungen zur Europäischen Gemeinschaft werden angestrebt. Von großer Bedeutung für die Entwicklung dieser Länder ist auch der europäische Ferientourismus, besonders nach Tunesien und Marokko, der ein wichtiger Devisenbringer für die Wirtschaft dieser Länder ist, solange sie nicht von politischen Unruhen erschüttert werden. Auch für Ägypten spielt dies eine Rolle.

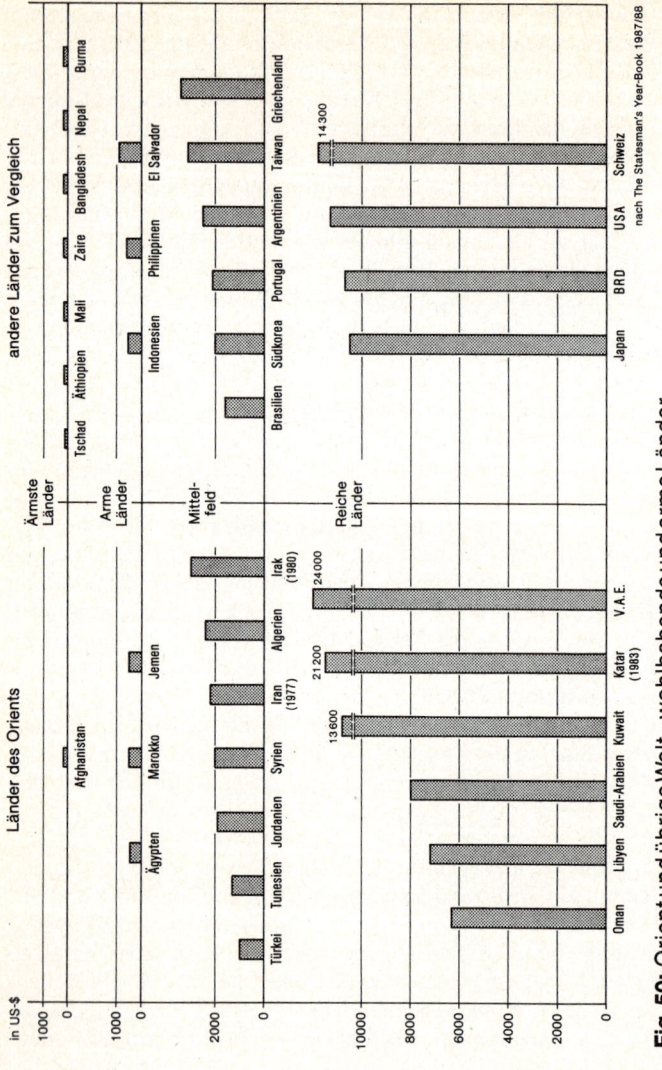

Fig. 50: Orient und übrige Welt – wohlhabende und arme Länder (GNP per capita)

in US-$

Länder des Orients

andere Länder zum Vergleich

Ärmste Länder

Arme Länder

Mittelfeld

Reiche Länder

Türkei · Tunesien · Jordanien · Syrien · Iran (1977) · Algerien · Irak (1980)

Ägypten · Marokko · Jemen · Afghanistan

Oman · Libyen · Saudi-Arabien · Kuwait · Katar (1983) · V.A.E.

13 600 · 21 200 · 24 000

Tschad · Äthiopien · Mali · Zaire · Bangladesch · Nepal · Burma

Indonesien · Philippinen · El Salvador

Brasilien · Südkorea · Portugal · Argentinien · Taiwan · Griechenland

Japan · BRD · USA · Schweiz

14 300

nach The Statesman's Year-Book 1987/88

284

Schließlich sei als wirtschaftlich schwerwiegender Faktor für den nordafrikanischen Orient die noch immer hohe Bevölkerungszuwachsrate genannt, die teilweise, besonders in Ägypten, alle positiven Wirtschaftsentwicklungen stark relativiert, zumal gerade hier das natürliche Ressourcenpotential begrenzt ist.

Wenden wir abschließend den Blick von solchen Sonderentwicklungen nochmals auf die Staaten des Orients insgesamt: Fast alle realistischen Vorausberechnungen kommen zu dem Ergebnis, daß der Weltverbrauch an Primärenergie in fünfzig Jahren dreimal höher sein wird als heute. Energie könnte dann nicht nur zu unserer wichtigsten, sondern auch zu unserer knappsten Ressource werden. Die Lagerstätten des Orients bergen fast zwei Drittel aller Erdölvorräte der Erde. Dies wird dem Orient in den kommenden Jahrzehnten politisch wie wirtschaftlich ein ungeheures Gewicht verleihen.

7 Anhang

7.1 Tabellen

Tabelle 1: Sichere Erdölreserven 1986 in Mill. t

Erde		*Orient*	
Orient	59100 (62%)	Saudi-Arabien	22700
Ostblock	10800	Kuwait	12700
Nordamerika	4200	Iran	6600
Lateinamerika	12500	Irak	6300
Westeuropa	2900	Ver. Arab. Emirate	4300
übrige Welt	5500	Libyen	2800
		Algerien	1100
		Ägypten	500
		übriger Orient	2100
	95000 (100%)		59100

Quelle: Öldorado 86 (ESSO AG Hamburg 1987)

Tabelle 2: Die Dynamik der Erdölerschließung im Orient

	1938	1950	1960	1970	1974	1977	1986
Erdölförderung Orient in Mill. t	16	87	274	913	1230	1280	737
Anteil an der Weltförderung in %	6	17	25	39	43	42	26

Quelle: ESSO

Tabelle 3: Die ergiebigsten Erdölfelder der Welt
(Sichere Reserven incl. bisheriger Förderung)

Name des Feldes	Ent- deckungs- jahr	Staat	Reserven 1985 (in Mrd. t)
Ghawar	1948	Saudi-Arabien	12.0
Groß-Burgan	1938	Kuwait	10,0
Bolivar Küstenfeld	1922	Venezuela	4,3
Safaniya-Khafji	1951	Saudi-Arabien	4,1
Rumaila	1953	Irak	2,7
Ahwaz	1958	Iran	2,4
Kirkuk	1927	Irak	2,2
Marun	1964	Iran	2,2
Gach Saran	1928	Iran	2,1
Agha Jari	1938	Iran	1,9
Abqaiq	1941	Saudi-Arabien	1,7
Berri	1964	Saudi-Arabien	1,6
Zakum	1964	Abu Dhabi	1,6
Manifah	1957	Saudi-Arabien	1,5

Zum Vergleich (Stand 1986):

USA, alle Felder:	3,3 Mrd. t
Sowjetunion, alle Felder:	8,0 Mrd. t
Westeuropa (incl. Nordsee), alle Felder:	2,9 Mrd. t

Tabelle 4: Mittlere Ölförderung pro Sonde 1968 (in t/Jahr)

Vereinigte Staaten	850	Libyen	149250
Sowjetunion	4950	Kuwait	233250
Venezuela	15050	Iran	591900 (?)

Quelle: Commerce du Levant, Edit. Mensuelle, Nr. 129 (Beirut, Mai 1971), S. 46.

Tabelle 5: Zusammensetzung des Verbraucherpreises für Benzin in der Bundesrepublik nach der Preiserhöhung für Rohöl 1973/74:

Förderkosten pro Liter Benzin	0,5 Pf.
Einnahmen der Förderländer	17,0 Pf.
Kosten für Rohöltransport	3,8 Pf.
Kosten für Raffinierung, Lagerung, Vertrieb	5,0 Pf.
Gewinne der Ölkonzerne	1,4 Pf.
Umsatzprovision für Tankstellen	5,7 Pf.
Mineralölsteuer	44,0 Pf.
Mehrwertsteuer	8,5 Pf.

Quelle: British Petroleum

Tabelle 6: Staatliche Erdöleinkünfte (Schätzungen)

	1980 insgesamt in Mrd. US$	1987 insgesamt in Mrd. US$	1987 pro Einw. (ohne Gastarbeiter) in US$
Saudi-Arabien	102,0	22,6	2000
Kuwait	17,9	6,6	3700
Verein. Arab. Emir.	19,5	7,5	4200
Irak	26,0	11,8	770
Iran	13,5	10,2	225
Libyen	22,6	6,0	1500
Algerien	12,5	4,8	210
Katar	5,4	1,7	5850

Zum Vergleich:

Gastarbeiterüberweisungen vom Golf
nach Pakistan 1980–1985: 2,5–3 Mrd. US$ jährlich

Gastarbeiterüberweisungen vom Golf
nach Jordanien 1986: 1,3 Mrd. US$

Entwicklungshilfezahlungen 1981 insgesamt:

Staaten der Europ. Gemeinschaft:	12,7 Mrd. US$
OPEC-Staaten:	7,8 Mrd. US$
Vereinigte Staaten von Amerika:	5,8 Mrd. US$
Ostblockstaaten	2,6 Mrd. US$

Tabelle 7: Wasserverbrauch der Bewässerungsprojekte am Euphrat

Staat	Bewässerungsfläche in ha	Bewässerungswasser in Mrd. m³	Verdunstung usw. in Mrd. m³	gesamt in Mrd. m³
Türkei				
1. Ausbaustufe	600 000 *	6,6	1,0	7,6
Syrien	600 000	6,6	1,4	8,0
Irak	1 600 000	17,8	1,1 (?)	18,9
Anliegerstaaten				
gesamt	2 800 000	31,0	3,5	34,5

---

* geplanter Endausbau: 1,3 Mill. ha mit einem geschätzten Wasserverbrauch von 14 Mrd. m³

7.2 Verzeichnis der Figuren

7.3 Literaturverzeichnis

7.3.1 Zitierte Literatur

ACHENBACH, H.: Die Halbinsel Cap Bon – Strukturanalyse einer mediterranen Kulturlandschaft in Tunesien, Hannover 1964 (Jahrbuch der Geographischen Gesellschaft Hannover 1963)

–: Die Agrarlandschaft der tunesischen Nordküste um Bizerte, in: Erdkunde 21 (1967), S. 132–146

–: Agrargeographische Entwicklungsprobleme Tunesiens und Ostalgeriens, Hannover 1971 (Jahrbuch der Geographischen Gesellschaft Hannover 1970)

–: Zum räumlichen Beziehungsverhältnis von Bevölkerungsdynamik und agrarer Tragfähigkeit in Tunesien, Kieler Geogr. Schriften 50 (1979), S. 395–416

–: Agrargeographie, Berlin/Stuttgart 1983 (Afrika-Kartenwerk, B. N. 11)

AHMAD, N. A.: Die ländlichen Lebensformen und die Agrarentwicklung in Tripolitanien, Heidelberg 1969 (Heidelberger Geogr. Arbeiten 25)

AHRENS, P. G.: Die Entwicklung der Stadt Teheran. Eine städtebauliche Untersuchung ihrer zukünftigen Gestaltung, Opladen 1966 (Schriften des Deutschen Orient-Instituts. Monographien)

ALLAN, J. A. (Hrsg.): The Sahara – Ecological change and early economic history, London 1978

ARNOLD, A.: Die Industrialisierung im Maghreb als Mittel der regionalen Strukturpolitik, in: Umschau in Wissenschaft und Technik, 71. Jg. 1971

–: Wirtschaftsgeographie, Berlin/Stuttgart 1980 (Afrika-Kartenwerk, B. N. 12)

ATTIA, H.: La répartition géographique de la population tunisienne à partir du recensement de 1966. Rev. Tun. de Sci. Soc., C.E.R.E.S., 1969, Nr. 17–18, S. 505–520

AYACHE, A.: Marokko, Bilanz eines Kolonialunternehmens, Berlin 1959

BANSE, E.: Die Türkei. Eine moderne Geographie, Braunschweig 1916, 3. Aufl. 1919

BATAILLON, C.: Le Souf. Etude de Géographie humaine, Inst. de Recherches Sahariennes, Mémoire Nr. 2, Alger 1955

–: Nomades et nomadisme au Sahara, Paris 1963

BERNUS, E.: Touaregs nigériens: Unité culturelle et diversité régionale d'un peuple pasteur, ORSTOM, Paris 1981

BIROT, P. und J. DRESCH: La Méditerranée et le Moyen-Orient, Paris 1953

BLISS, F.: Wüstenkultivierung und Bewässerung im »Neuen Tal« Ägyptens, in: Geogr. Rdsch. 36 (1984), S. 256–262

BOBEK, H.: Die Rolle der Eiszeit in Nordwestiran, in: Zeitschrift für Gletscherkunde XXV (1937), S. 130–183

–: Die natürlichen Wälder und Gehölzfluren Irans, Bonn 1951 (Bonner Geogr. Abh., H. 8)

–: Die Verbreitung des Regenfeldbaus in Iran, in: Geogr. Studien, Wien 1951, S. 9–30. (Festschrift für Johann Sölch)

–: Klima und Landschaft Irans in vor- und frühgeschichtlicher Zeit, in: Geogr. Jahresbericht aus Österreich XXV (1955), S. 1–42

–: Iran, in: Geogr. Taschenbuch 1954/1955, S. 372–376

–: Die Hauptstufen der Gesellschafts- und Wirtschaftsentfaltung in geographischer Sicht, in: Die Erde 90 (1959), S. 259–298

–: Iran. Probleme eines unterentwickelten Landes alter Kultur, Frankfurt/Berlin/Bonn 1962 (Themen zur Geographie und Gemeinschaftskunde)

BOESCH, H.: Erdöl im Mittleren Osten, in: Erdkunde 3 (1949), S. 68–82

BRIGOL, M.: L'habitat des nomades sédentarisés à Ouargla, T.I.R.S., Bd. XIV, 2. Semester, S. 181–197, Alger 1957

BUTZER, K. W.: Studien zum vor- und frühgeschichtlichen Landschaftswandel der Sahara und Levante seit dem klassischen Altertum. Teil I: Die Ursachen des Landschaftswandels der Sahara und der Levante seit dem klassischen Altertum. Teil II: Das ökologische Problem der neolithischen Felsbilder der östlichen Sahara. Teil III: Die Naturlandschaft Ägyptens während der Vorgeschichte und der Dynastischen Zeit. Akademie d. Wiss. und d. Literatur in Mainz, Abh. Math.-Naturwiss. Kl., Wiesbaden 1958, Nr. 1 und Nr. 2

–: Contribution to the Pleistocene. Geology of the Nile Valley, in: Erdkunde 18 (1959), S. 46–67

CAPOT-REY, R.: Les limites du Sahara français, T.I.R.S., Bd. VIII, Alger 1952

–: Le Sahara français, Presse Univ. France 1953

–: The present state of nomadism in the Sahara. Probl. of the Arid Zone, XVIII, UNESCO, 1962, S. 301–310

CHARLES-PICARD, G.: Nordafrika und die Römer (Übersetz. von »La Civilisation de l'Afrique Romaine«), Stuttgart 1962

CHEVALLIER, D.: Villes et travail en Syrie du XIXe au XXe siècle, Paris 1982

DESPOIS, J.: La colonisation italienne en Libye, Paris 1935

–: L'Afrique du Nord (L'Afrique blanche, 1. Teil), Paris 1949/64

–: La Tunisie orientale. Sahel et basse steppe, Étude Géographique, Paris 1955

– und R. RAYNAL: Geógraphie de l'Afrique du Nord-Ouest, Paris 1967

DETTMANN, K.: Damaskus. Eine orientalische Stadt zwischen Tradition und Moderne, in: Mitt. Fränk. Geogr. Ges. 15/16 (1968/69), S. 183–311, Erlangen 1969 (Erlanger Geograph. Arbeiten 26)

DJAZANI, I.: Wirtschaft und Bevölkerung in Khuzistan und ihr Wandel unter dem Einfluß des Erdöls, Tübingen 1963 (Tübinger Geogr. Studien 8)

DODD, C. H. und M. E. SALES: Israel and the Arab World, London 1970

EHLERS, E.: Südkaspisches Tiefland (Nordiran) und Kaspisches Meer. Beiträge zu ihrer Entwicklungsgeschichte im Jung- und Postpleistozän, Tübingen 1971 (Tübinger Geogr. Studien 44)

–: Ägypten, in: Geogr. Rdsch. 36 (1984), S. 220–228

EMBERGER, L.: Une classification biogéographique des climats, Trav. de l'Inst. Bot. Montpellier 1955, Bd. 7, S. 3–43

FLOHN, H.: Zur Frage der Einteilung der Klimazonen, in: Erdkunde 11 (1957), S. 161–175

FRANKENBERG, P. und CHR. MERGARD: Tourismus in Südosttunesien. Arbeiten

a. d. Fachgebiet Geogr. der Kath. Univ. Eichstätt 1, München (1985), S. 1–26

FREUND, W.: Die Djerbi in Tunesien, Kölner Beitr. z. Sozialforschung und angewandte Soziologie 11, 1970

GANSSEN, R.: Trockengebiete. Böden, Bodennutzung, Bodenkultivierung, Bodengefährdung, Hochschultaschenbücher, Bibliograph. Institut, Nr. 354–354a, Mannheim/Zürich 1968

GAUBE, H.: Geschichte und soziale Hintergründe des libanesischen Bürgerkrieges, in: Geogr. Rdsch. 29 (1977), S. 286–290

– und E. WIRTH: Der Bazar von Isfahan, Wiesbaden 1978 (Beihefte zum TAVO, B, Nr. 22)

– und E. WIRTH: Aleppo. Historische und geographische Beiträge zur baulichen Gestaltung, zur sozialen Organisation und zur wirtschaftlichen Dynamik einer vorderasiatischen Fernhandelsmetropole, 2 Bde. Wiesbaden 1984 (Beihefte zum TAVO, B, Nr. 58)

GAUSSEN, H. und F. BAGNOULS: Les climats biologiques et leur classification, Ann. de Géographie 66 (1957), S. 193–220

GIESSNER, K.: Die jungquartäre Klimageschichte der Sahara – Stand und Vergleich der bisherigen Forschungsergebnisse, in: K. Gießner und H.-G. Wagner (Hrsg.): Geographische Probleme in Trockenräumen der Erde, Würzburger Geogr. Arb. 53 (1981), S. 111–127

GRÖTZBACH, E.: Kulturgeographischer Wandel in Nordost-Afghanistan seit dem 19. Jahrhundert, Meisenheim/Glan 1972 (Afghanische Studien Bd. 9)

– (Hrsg.): Aktuelle Probleme der Regionalentwicklung und Stadtgeographie Afghanistans, Meisenheim/Glan 1976 (Afghanische Studien Bd. 14)

HAHN, H.: Die Stadt Kabul (Afghanistan) und ihr Umland. Gestaltwandel einer orientalischen Stadt, Bonn 1964 (Bonner Geograph. Abh. 34)

HÜTTEROTH, W.-D.: Ländliche Siedlungen im südlichen Inneranatolien in den letzten vierhundert Jahren, Göttingen 1968 (Göttinger Geogr. Abh. 46)

–: Das Wüstungsproblem im Orient – dargestellt am Beispiel des inneren Anatolien, in: Geogr. Rdsch. 21 (1969), S. 60–63

–: Zum Kenntnisstand über Verbreitung und Typen von Bergnomadismus und Halbnomadismus in den Gebirgs- und Plateaulandschaften Südwestasiens, in: Vergleichende Kulturgeographie der Hochgebirge des südlichen Asien (Erdwissenschaftliche Forschung Bd. V). Wiesbaden 1973, S. 146–156

IBN KHALDOUN: Kitab el Ibar »Histoire des Berbères«, Alger 1852–1856 (Übersetzung aus dem Arabischen)

IBRAHIM, F. N.: Das Handwerk in Tunesien – eine wirtschafts- und sozialgeographische Strukturanalyse, Hannover 1975 (Jahrb. G. G. Hannover, Sonderheft 7)

–: Der Hochstaudamm von Assuan – eine ökologische Katastrophe? in: Geogr. Rdsch. 36 (1984), S. 236–247

JÄKEL, D.: Eine Klimakurve für die Zentralsahara. Handbuch zur Ausstellung SAHARA, 10000 Jahre zwischen Weide und Wüste, Museen der Stadt Köln 1978, S. 382–396

JULIEN, CH.: Études maghrébines, Paris 1968

KARMON, Y.: Israel. Bevölkerungs- und Wirtschaftsstruktur, in: Geogr. Taschenbuch 1962/1963, S. 141–156

–: Israel. Eine geographische Landeskunde, Darmstadt 1983 (Wissenschaftl. Länderkunden 22)

KASSAB, A.: Quelques données récentes sur les systèmes de production des agro-combinats, Cahiers de Tunisie, Tunis 1977, S. 211–222

KLITZSCH, E. et al: Grundwasser der Zentralsahara, in: Geol. Rdsch. 65 (1976), S. 264–287

KOPP, H.: Die Arabische Republik Jemen. Entwicklungsprobleme und Entwicklungsmöglichkeiten eines rohstoffarmen Landes der Vierten Welt, in: Geogr. Rdsch. 30 (1978), S. 88–93

–: Agrargeographie der Arabischen Republik Jemen. Landnutzung und agrarsoziale Verhältnisse in einem islamisch-orientalischen Entwicklungsland mit alter bäuerlicher Kultur, Erlangen 1981 (Erlanger Geogr. Arb., Sonderband 11)

KORBY, W.: Probleme der industriellen Entwicklung und Konzentration in Iran, Wiesbaden 1977 (Beihefte zum TAVO, B, Nr. 20)

LAUER, W. und P. FRANKENBERG: Zur Klima- und Vegetationsgeschichte der westlichen Sahara, Wiesbaden 1979 (Akad. d. Wiss. und d. Literatur Mainz, Abh. d. Math.-Naturwiss. Kl. 1979, Nr. 1)

LAUTENSACH, H.: Der geographische Formenwandel. Studien zur Landschaftssystematik, Bonn 1952 (Colloquium Geographicum, Bd. 3)

LE COZ, J.: Le Rharb. Fellahs et Colons. Bd. 1: Les cadres de la nature et de l'histoire. Bd. 2: Une région géographique mouvante, Rabat 1964

LEIDLMAIR, A.: Hadramaut. Bevölkerung und Wirtschaft im Wandel der Gegenwart, Bonn 1961 (Bonner Geograph. Abh. 30)

–: Umbruch und Bedeutungswandel im nomadischen Lebensraum des Orients, in: Geogr. Zschr. 53 (1965), S. 81–100

LOUIS, H.: Das natürliche Pflanzenkleid Anatoliens, geographisch gesehen, Stuttgart 1939 (Geogr. Abh. 3, Heft 12)

–: Über den geographischen Europabegriff, in: Mitt. Geogr. Ges. München 39 (1954), S. 73–93

–: Die junge kulturgeographische Entwicklung der Türkei, in: Verh. 30. Dt. Geographentag Hamburg 1955, Wiesbaden 1957, S. 59–72

MANSHARD, W.: Afrika – südlich der Sahara, Fischer Länderkunde Bd. 5, Frankfurt 1970 (überarbeitete Neuausgabe 1988)

MECKELEIN, W.: Libyen – Geographisches Strukturbild eines Wüstenstaates, Geogr. Taschenbuch 1956/57, S. 374–382

–: Forschungen in der zentralen Sahara. Klimageomorphologie, Braunschweig 1959

–: (Hrsg.): Geographische Untersuchungen am Nordrand der tunesischen Sahara, Stuttgart 1977 (Stuttgart Geogr. Studien 71)

MEJCHER, H.: Die Arabische Welt. Aufbruch in die Moderne, Stuttgart 1976

MENSCHING, H.: Das Quartär in den Gebirgen von Marokko, Petermanns Geograph. Mitt., 1955, Erg.-H. Nr. 256

–: Marokko. Landschaften im Maghreb, Heidelberg 1957

–: Das Medjerda-Projekt in Tunesien, in: Die Erde 93 (1962), S. 117–135

–: Zur Länderkunde des westlichen Mittelmeergebietes und Nordwestafrikas, in: Geogr. Zeitschrift 55 (1967), S. 225–229

–: Tunesien. Eine geographische Landeskunde, Darmstadt 1968, 3. verb. Aufl. 1979 (Wissenschaftliche Länderkunden 1)

–: Algerien – Geographische Grundlagen seines Lebensraumes, H. 2 (Algerien), Jg. 1970, Inst. f. Auslandsbeziehungen Stuttgart

GIESSNER, K. und G. STUCKMANN: Die Hochwasserkatastrophe in Tunesien im Herbst 1969, in: Geogr. Zeitschrift 58 (1970). S. 81–94

–: Der Maghreb. Eine regionalgeographische Einführung, in: Geogr. Rdsch. 23 (1971), S. 289–296

– und F. IBRAHIM: Desertifikation im zentraltunesischen Steppengebiet, Nachr. der Akad. der Wiss. in Göttingen, II Math.-Phys. Kl., 8, Göttingen 1976, S. 1–20

–: Das Naturpotential und seine Nutzung in Trockengebieten, in: Berliner Geograph. Studien 20 (1986), S. 47–58

MERNER, P. G.: Das Nomadentum im nordwestlichen Afrika, Berlin 1937 (Berliner Geogr. Arbeiten 12)

MEYER, G.: Ländliche Lebens- und Wirtschaftsformen Syriens im Wandel. Sozialgeographische Studien zur Entwicklung im bäuerlichen und nomadischen Lebensraum, Erlangen 1984 (Erlanger Geogr. Arb., Sonderband 16)

NACHTIGALL, H.: Beiträge zu Feldbau und Nomadismus bei Beni Mguild (Marokko), Zeitschrift f. Ethnologie 1967

NOIN, D.: Casablanca, Paris 1965, 1971

OBST, J.: Die Erdölexploration in Libyen. Erfolge und Aussichten, in: Die Erde 99 (1968), S. 265–277

OTREMBA, E.: Allgem. Agrar- und Industriegeographie. Erde und Weltwirtschaft Bd. 3, 3. Aufl., Stuttgart 1968

PACHUR, H. J. und G. BRAUN: The paleoclimate of the central Sahara, Libya and the Libyan desert. Paleoecology of Africa and the surrounding islands 12 (1980), S. 351–363

PLANCK, U.: Iranische Dörfer nach der Bodenreform – Sozialorganisation und Sozialökonomik, Opladen 1974 (Schriften d. Dt. Orient-Instituts)

PLANHOL, X. DE: Expansion et problèmes de l'agriculture turque, in: Revue de Géographie de Lyon 35 (1960), S. 91–103

–: Les nomades, la steppe et la forêt en Anatolie, in: Geogr. Zschr. 53 (1965), S. 101–116

PLUM, W.: Sozialer Wandel im Maghreb, Hannover 1967

PONCET, J.: Paysage et problèmes ruraux en Tunisie, Tunis 1962

–: Les champs et l'évolution du paysage agraire en Tunisie, in: Ann. de Géographie 71 (1962), S. 620–629

POPP, H.: Bodenreform und Genossenschaftswesen in Marokko, in: Z. f. ausländische Landwirtschaft 19 (1980), S. 49–66

–: Entkolonialisierung und Agrarreform in Marokko. Das Beispiel des Gharb, in: Erdkunde 34 (1980), S. 257–269

–: Moderne Bewässerungslandwirtschaft in Marokko. Staatliche und individuelle Entscheidungen in sozialgeographischer Sicht, 2 Bde., Erlangen 1983 (Erlanger Geogr. Arb., Sonderband 15)

–: Die mediterranen Küstenbereiche Nordmarokkos. Entwicklungsprobleme und staatlich gelenkte Entwicklungsprozesse in einer benachteiligten Region, in: H. Popp und F. Tichy (Hrsg.): Möglichkeiten, Grenzen und Schäden der Entwicklung in den Küstenräumen des Mittelmeergebietes, Erlanger Geogr. Arb., Sonderband 17 (1985), S. 191–229

PRESS, H. et al: Gutachten über Talsperrenbauten im Euphrat auf syrischem Gebiet zum Zwecke der Hochwasserabfangung, der Niedrigwasseranreicherung, der Energiegewinnung und der Bewässerung. Vervielf. Manuskr., 2 Bde. (Text, Anl.), Berlin 1962

RATHJENS JR., C.: Die Staats- und Wirtschaftsstruktur Afghanistans, in: Geogr. Taschenbuch 1956/1957, S. 382–392

–: Afghanistan in der jüngeren Entwicklung des Orients, in: Verh. 30. Dt. Geographentag Hamburg 1955, Wiesbaden 1957, S. 73–84

–: Afghanistan, ein Land junger Wirtschaftsentwicklung, in: Geogr. Rdsch. 9 (1957), S. 463–472

–: Afghanistan – ein Entwicklungsland, in: Bild der Wissenschaft, Oktober 1965, S. 840–848

RATHJENS SEN., C.: Die Pilgerfahrt nach Mekka. Von der Weihrauchstraße zur Ölwirtschaft, Hamburg 1948 (Hamb. Abh. zur Weltwirtschaft)

– und H. v. WISSMANN: Rathjens-v. Wissmannsche Südarabien-Reise, Band 3: Landeskundliche Ergebnisse, Hamburg 1934 (Hamburgische Universität, Abhandlungen aus dem Gebiet der Auslandskunde, Bd. 40)

ROGNON, P. (Hrsg.): Essai d'interprétation des variations climatiques au Sahara depuis 40000 ans, Revue de Géogr. phy. et de Géol. dyn. 28, 1976

ROSTOW, W. W.: The Take-Off into Self-Sustained Growth, in: Economic Journal 66 (1956), S. 25–48.

–: Stadien wirtschaftlichen Wachstums. Eine Alternative zur marxistischen Entwicklungstheorie, Göttingen 1960.

RUPPERT, H.: Beirut. Eine westlich geprägte Stadt des Orients, in: Mitt. Fränk. Geogr. Ges. 15/16 (1968/69), S. 313–448 (Erlanger Geogr. Arbeiten Heft 27, Erlangen 1969)

RUPPIN, A.: Syrien als Wirtschaftsgebiet, Berlin 1917, 2. Aufl. Berlin/Wien 1920 (auch als Beiheft zum Tropenpflanzer Nr. 3/5, 1916 erschienen)

SAHARA – 10000 Jahre zwischen Weide und Wüste. Sammelband mit 50 Beiträgen – Museen der Stadt Köln 1978 (anläßlich einer Sahara-Ausstellung)

SALIBI, K. S.: Crossroads to civil war, Lebanon 1958–1976, New York 1976

SARNTHEIN, M. (Hrsg.): Sahara and surrounding seas. Sediments and climatic changes; Proceeding of an internat. sympos., Akad. der Wiss. und der Lit. Mainz, 1–14 April 1979, Rotterdam 1980

SCHARLAU, K.: Zum Problem der Pluvialzeiten in Nordost-Iran, in: Zeitschr. f. Geomorph. (1958), Bd. 2, S. 258–277

SCHIFFERS, H.: Die Sahara und die Syrtenländer, Hannover 1950

–: Die Sahara und ihre Randgebiete, Bd. Physiogeographie, München 1971

SCHMIEDER, O. und H. WILHELMY: Die faschistische Kolonisation in Nordafrika, Leipzig 1939

SCHOLZ, F.: Seßhaftwerdung von Beduinen in Kuwait, in: Erdkunde 29 (1975), S. 223–234

–: Entwicklungstendenzen im Beduinentum der kleinen Staaten am Persischen/Arabischen Golf – Oman als Beispiel (Versuch einer Analyse), in: Mitt. d. Österr. Geogr. Ges. Bd. 118, H. 1. Wien 1976, S. 70–108

–: Sultanate of Oman. Aerial Photographic Atlas: Natural Regions and Living Areas in Text and Photographs, Stuttgart 1978

– (Hrsg.): Wirtschaftsmacht im Krisenherd. Die Golfstaaten, Braunschweig 1985 (Forum Erde)

–: – und J. JANZEN (Hrsg.): Nomadismus – ein Entwicklungsproblem? Beiträge zu einem Nomadismus-Symposium, veranstaltet in der Gesellschaft für Erdkunde zu Berlin vom 11. bis 14. Februar 1982, Berlin 1982 (Abh. des Geogr. Inst., Anthropogeographie 33)

SCHWEIZER, G.: Nordost-Azerbaidschan und Shah Sevan-Nomaden. Strukturwandel einer nordwestiranischen Landschaft und ihrer Bevölkerung, in: Strukturwandlungen im nomadisch-bäuerlichen Lebensraum des Orients, Wiesbaden 1970, S. 81–148 (Geograph. Zeitschrift, Beihefte Heft 26)

–: Bevölkerungsverteilung im Vorderen Orient, in: Geogr. Rundsch. 30 (1978), S. 98–100

SEGER, M.: Teheran. Eine stadtgeographische Studie, Wien/New York 1978

SONNTAG, C. et al.: Paläoklimatische Information im Isotopengehalt ^{14}C-datierter Saharawässer Kontinentaleffekt in D und ^{18}O, in: Geol. Rdsch. 67 (1978), S. 413–424

Statistisches Bundesamt Wiesbaden (Hrsg.): Statistik des Auslandes: Länderbericht Ägypten, Stuttgart 1986

Statistisches Bundesamt Wiesbaden (Hrsg.): Statistik des Auslandes: Länderbericht Algerien, Stuttgart 1987

Statistisches Bundesamt Wiesbaden (Hrsg.): Statistik des Auslandes: Länderkurzbericht Libyen, Stuttgart 1984

Statistisches Bundesamt Wiesbaden (Hrsg.): Statistik des Auslandes: Länderbericht Marokko, Stuttgart 1986

Statistisches Bundesamt Wiesbaden (Hrsg.): Statistik des Auslandes: Länderbericht Tunesien, Stuttgart 1986

STEPPAT, F.: Zionism–Judaism. Some historical aspects of the clash between zionism and arab nationalism, University Christian Center Forum (Beirut) 1968, S. 1–13

STREBEL, O.: Bodengesellschaften Syriens und des Libanon, in: Geol. Jb. 84 (1965), S. 1–22

TAIEB, M.: La structure urbaine d'Alger. Eléments pour les études urbaines en pays sous-développés, in: Ann. de Géographie 80 (1971), S. 33–44

TAUBERT, K: Der Sahel von Sousse und seine Randlandschaften. Naturgeogr. Voraussetzungen und postkoloniale Entwicklung einer alten tunesischen Kulturlandschaft, Hannover 1967 (Jahrbuch der Geographischen Gesellschaft Hannover)

TAUBERT, K. und CHR. BECK: Entwicklungsplanung in Trockenräumen – Probleme und Lösungen am Beispiel der Souassi-Region in Tunesien, in: Die Erde 110 (1979), S. 145–164

TOPF, E.: Die Staatenbildung in den arabischen Teilen der Türkei seit dem Weltkriege nach Entstehung, Bedeutung und Lebensfähigkeit, Hamburg

1929 (Hamburgische Universität, Abhandlungen aus dem Gebiet der Auslandskunde. Bd. 31)

TOTTEN, D. E.: Erdöl in Saudi-Arabien, Heidelberg/München 1959 (Heidelberger Geogr. Abh. Heft 4)

TRAUTMANN, W.: Entwicklung und Probleme der Agrarreform in Algerien, in: Erdkunde 33 (1979), S. 215–226

–: Zum gegenwärtigen Stand der staatlichen Umstrukturierungsmaßnahmen in der algerischen Steppe, in: Essener Geogr. Arb. 1, Paderborn 1982, S. 91–111

TROLL, C.: Qanat-Bewässerung in der Alten und Neuen Welt, Mitt. der österr. Geograph. Gesellschaft, Wien 1963

– und K. H. PAFFEN: Karte der Jahreszeitenklimate der Erde, in: Erdkunde 18 (1964), S. 5–28

UNESCO: Répartition Mondiale des Régions Arides (mit Note Technique 7, du MAB 1977), Paris 1977

UNESCO-FAO: Carte bioclimatique de la région méditerranéenne, Paris, Rom 1963

UNESCO: Nomades et nomadisme au Sahara, Paris 1963

WALTER, H.: Vegetationszonen und Klima, Stuttgart 1970

WILLIAMS, M. A. J. und H. FAURE: The Sahara and the Nile. Quaternary environments and prehistoric occupation in northern Africa, Rotterdam 1980

WIRTH, E.: Der heutige Irak als Beispiel orientalischen Wirtschaftsgeistes, in: Die Erde 8 (1956), S. 30–50

–: Agrargeographie des Irak, Hamburg 1962 (Hamburger Geographische Studien, Bd. 13)

–: Zur Sozialgeographie der Religionsgemeinschaften im Orient, in: Erdkunde 19 (1965), S. 265–284

–: Damaskus–Aleppo–Beirut. Ein geographischer Vergleich dreier nahöstlicher Städte im Spiegel ihrer sozial und wirtschaftlich tonangebenden Schichten, in: Die Erde 96 (1966), S. 96–137, 166–202

–: Strukturwandlungen und Entwicklungstendenzen der orientalischen Stadt. Versuch eines Überblicks, in: Erdkunde 22 (1968), S. 101–128

–: Das Problem der Nomaden im heutigen Orient, in: Geogr. Rdsch. 21 (1969), S. 41–51

–: Der Orient, in: Hinrichs, E. (Hrsg.): Illustrierte Welt- und Länderkunde in drei Bänden, Band III, Die Großräume der Erde, Zürich 1970, S. 259–319

–: Syrien. Eine geographische Landeskunde, Darmstadt 1971 (Wissenschaftliche Länderkunden, Bd. 4/5)

–: Die Beziehungen der orientalisch-islamischen Stadt zum umgebenden Lande. Ein Beitrag zur Theorie des Rentenkapitalismus, in: Festschrift Ernst Plewe, Wiesbaden 1972, S. 323–333

–: Zum Problem des Bazars (sūq, çarşi). Versuch einer Begriffsbestimmung und Theorie des traditionellen Wirtschaftszentrums der orientalisch-islamischen Stadt, in: Der Islam 51 (1974), S. 203–260; 52 (1975), S. 6–46

–: Die orientalische Stadt. Ein Überblick aufgrund jüngerer Forschungen zur materiellen Kultur, in: Saeculum 16 (1975), S. 45–94

–: Der Orientteppich und Europa, Erlangen 1976 (Erlanger Geogr. Arbeiten Heft 37)

– (Hrsg.): Deutsche geographische Forschung im Orient. Ein Überblick anhand ausgewählter gegenwartsbezogener Beiträge zur Geographie des Menschen. German geographical research in the Middle East. A survey on the basis of selected articles on human geography which are of current relevance, Erlangen/Beirut 1983 (Erlanger Geogr. Arb., Sonderband 14)

–: Tradition und Innovation im Handwerk und Kleingewerbe der vorderorientalischen Stadt. Strukturwandlungen und Überlebensstrategien in den vergangenen 150 Jahren, in: Die Welt des Islam, Neue Ser. 25 (1985), S. 174–222

–: Dubai. Ein modernes städtisches Handels- und Dienstleistungszentrum am Arabisch-Persischen Golf, in: Mitt. Fränk. Geogr. Ges. 33/34 (1986/87), S. 17–128 (Erlanger Geographische Arb. Heft 48, Erlangen 1988)

WISSMANN, H. VON: Stellung und Bedeutungswandel des Orients in den Lebensräumen der Alten Welt, in: Zeitschr. der Ges. für Erdk. zu Berlin 1942, S. 353–368

–: Geographische Grundlagen und Frühzeit der Geschichte Südarabiens, in: Saeculum 4 (1953), S. 61–114

7.3.2 Ergänzende und weiterführende Literatur
(bereits unter 7.1 angeführte Titel sind nicht mehr genannt)

7.3.2.1 Orient allgemein

Die arabische Welt. Geschichte, Probleme, Perspektiven, Freiburg/Würzburg 1978 (Arabien-Ploetz)

BAER, G.: Population and Society in the Arab East, New York 1969

BARRUCAND, M: Urbanisme princier en Islam, Paris 1985 (Bibliothèque d'études islamiques 13)

The Cambridge Atlas of the Middle East and North Africa, Cambridge 1987

The Cambridge History of Islam. Bd. I: The Central Islamic Lands. Bd. II: The Further Islamic Lands. Islamic Society and Civilization, Cambridge 1970

CHEVALLIER. D. (Hrsg.): Renouvellements du Monde Arabe 1952–1982. Pensées politiques et confrontations internationales, Paris 1987

ENDE, W. und U. STEINBACH (Hrsg.): Der Islam in der Gegenwart, München 1984

HAARMANN, U. (Hrsg.): Geschichte der arabischen Welt, München 1987

HAUDE, W.: Über vieljährige Schwankungen des Niederschlages im Vorderen Orient und nordöstlichen Afrika und ihre Auswirkungen auf die Ausbreitung von Tier und Mensch, in: Die Erde 94 (1963), S. 281–312

HITTI, PH. K.: History of the Arabs from the earliest times to the present, London/Melbourne/Toronto, 9. Aufl. 1968

HOTTINGER, A.: Die Araber. Werden, Wesen, Wandel und Krise des Arabertums, Zürich 1960

ISSAWI, CH. (Hrsg.): The Economic History of the Middle East 1800–1914. A Book of Readings, Chicago/London 1966

KRAUS, W. (Hrsg.): Nomadismus als Entwicklungsproblem, Bielefeld 1969 (Bochumer Schriften zur Entwicklungsforschung und Entwicklungspolitik 5)

KÜHNEL, E.: Die Kunst des Islam, Stuttgart 1962 (Kröner Taschenausgabe, Bd. 326)

LONGRIGG, S. H.: Oil in the Middle East. Its discovery and development, London 1954

The Middle East and North Africa 1987. 33. Aufl., London 1986

Oxford Regional Economic Atlas: The Middle East and North Africa, London 1960

PLANHOL, X. DE: Caractères généraux de la vie montagnarde dans le Proche-Orient et dans l'Afrique du Nord, in: Ann. Géogr. 71 (1962), S. 113–130

–: Les fondements géographiques de l'histoire de l'Islam, Paris 1968 (Nouvelle Bibliothèque Scientifique) – Deutsche Übers.: Kulturgeographische Grundlagen der islamischen Geschichte (Aus dem Französischen übertragen von Heinz Halm), Zürich/München 1975

– und P. ROGNON: Les zones tropicals arides et subtropicales, Paris 1970

RAYMOND, A.: Grandes villes arabes à l'époque ottomane, Paris 1985

SCHARABI, M.: Der Bazar. Das traditionelle Stadtzentrum im Nahen Osten und seine Handelseinrichtungen, Tübingen 1985

SOURDEL, D. und J.: La civilisation de l'Islam classique, Paris 1968 (Collection les grandes Civilisations)

STEINBACH, U. und R. ROBERT (Hrsg.): Der Nahe und Mittlere Osten. Politik, Gesellschaft, Wirtschaft, Geschichte, Kultur, 2 Bde., Opladen 1988

TAESCHNER, F. und F. STEPPAT: Geschichte der arabischen Welt, Stuttgart 1964 (Kröners Taschenausgabe, Band 359)

WARRINER, D.: Land Reform and Development in the Middle East. A Study of Egypt, Syria, and Iraq, London/New York 1957, 2. Aufl. 1962 (Royal Institute of International Affairs)

WEULERSSE, J.: Paysans de Syrie et du Proche-Orient, 2. Auf. Paris 1946 (Coll. Le Paysan et la Terre)

WIRTH, E.: Orientalistik und Orientforschung. Aufgaben und Probleme aus der Sicht der Nachbarwissenschaften, 19. Dt. Orientalistentag Freiburg 1975, in: Z. der Dt. Morgenländischen Gesellschaft, Supplement Band III, 1. Wiesbaden 1977, S. LV–LXXXII

–: German geographical research in the Middle East and North Africa, in: E. Wirth (Hrsg.): German Geographical Research Overseas, Tübingen 1988, S. 93–132

7.3.2.2 Nordafrika

ACHENBACH, H.: Agronomische Trockengrenzen im Lichte hygrischer Variabilität – dargestellt am Beispiel des östlichen Maghreb, in: Geogr. Probleme in Trockenräumen der Erde (Hrsg.: K. Gießner und H.-G. Wagner), Würzburger Geogr. Arb. 53 (1981), S. 1–22

AFRICAIN, J. L.: Description de l'Afrique, trad. par Epaulard, 2 Bde., Paris 1956

African Statistical Yearbook 1975, Part 1, North Africa, Addis Abeba 1976

ARNOLD, A.: Verkehrsgeographie, Berlin/Stuttgart 1981 (Afrika-Kartenwerk, B. N. 13)

BARTH, H.: Reisen und Entdeckungen in Nord und Central Afrika in den Jahren 1849 bis 1856, Gotha 1858

BERNARD, A.: Afrique septentrionale et occidentale: L'Afrique du Nord, Geogr. Universelle, Bd. XI, Paris 1937

BIROT, P. und J. DRESCH: L'Afrique du Nord: Les Problèmes Physiques, in: La Méditerranée Occidentale, Paris 1953, S. 391–452

Centre de Recherches et d'Etudes sur les Sociétés Méditerranéennes. Faculté de Droit. Aix-en-Provence (Hrsg.): Rapports de dépendance au Maghreb, Ed. du CNRS, Paris 1976

DESPOIS, J.: Les paysages agraires traditionnels du Maghreb et du Sahara septentrional, in: Ann. de Géographie 73 (1964), S. 129–171

DRESCH, J.: Réforme agraire du Maghreb, Paris 1963

DUBIEF, J.: Le climat du Sahara, Institut de Recherches Sahariennes, Alger 2. Bde., 1959, 1963

ESCHER, A.: Studien zum traditionellen Handwerk der orientalischen Stadt. Wirtschafts- und sozialgeographische Strukturen und Prozesse anhand von Fallstudien in Marokko, Erlangen 1986 (Erlanger Geogr. Arb. 46)

GIESSNER, K.: Der mediterrane Wald im Maghreb, in: Geogr. Rundschau, 23 (1971), S. 390–400

–: Relief und Formenschatz, Berlin/Stuttgart 1982 (Afrika-Kartenwerk, B. N. 2)

–: Hygrische und thermische Klimatypen, Berlin/Stuttgart 1983 (Afrika-Kartenwerk, B. N. 5)

GLAUERT, G.: Veränderungen in der Bevölkerungsstruktur Nordafrikas in den letzten Jahrzehnten, in: Die Erde 88 (1957), S. 298–319

–: Bevölkerung und Städtewesen des östl. Maghreb im Zeitabschnitt der Entkolonialisierung, in: Mitt. d. Geogr. Ges. München 1962, Bd. 47, S. 117–156

HAFEMANN, L.: Historische Geographie, Berlin/Stuttgart 1977, 1981 (Afrika-Kartenwerk, B. N. 15)

HERZOG, R.: Ethnographie, Berlin/Stuttgart 1981 (Afrika-Kartenwerk, B. N. 10)

HOTTINGER, A.: Die Arabischen Staaten Nordafrikas, Hannover 1971

HOUSTON, J. M.: The Western Mediterranean World, London 1964

ISHOW, H.: Réformes agraires au Maghreb, in: Actual Développement, Paris, Nr. 15. 1976, S. 52–56

ISNARD, H.: Le Maghreb, P.U.F. Paris 1966

JULIEN, C.-A.: Histoire de l'Afrique du Nord. Tunisie – Algérie – Maroc, Paris 1952, 2. Aufl.

KIRSTEN, E.: Nordafrikanische Stadtbilder – Antike und Mittelalter in Libyen und Tunesien, Heidelberg 1961

KNAPP, W.: North West Africa. A political and economic survey, Oxford 1977

LEIPPERT, H. und H. ZEIDLER: Vegetationseinheiten, Berlin/Stuttgart 1983 (Afrika-Kartenwerk B. N. 7)

LERY, F.: L'agriculture au Maghreb. Techniques agricoles et productions méditerranéennes, 3. Aufl., Paris 1982

MAIRE, R.: Flore de l'Afrique du Nord, Paris 1952

MARTINI, H. J.: Geologische Grundlagen der Wasserversorgung im ariden Nordafrika. Wasserwirtschaft in Afrika, Bonn 1963

MENSCHING, H.: Bedeutung und Wert geographischer Forschung im Rahmen der Entwicklung der Länder des Maghreb, in: Die Erde 94 (1963), S. 210–224

–: Die Maghrebländer – Eignungsraum und geographische Grenzen in Nordafrika, Tag.-Ber. u. wiss. Abh. d. Dt. Geographentages, Bochum 1965, Wiesbaden 1967

– K. GIESSNER und G. STUCKMANN: Sudan – Sahel – Sahara. Geomorphologische Beobachtungen auf einer Forschungsexpedition nach West- und Nordafrika 1969, Hannover 1970 (Jahrb. der Geogr. Ges. Hannover, Jahrb. f. 1969)

MÜLLER-HOHENSTEIN, K.: Nordafrikanische Trockensteppengesellschaften. Zur ökologischen Erklärung der räumlichen Differenzierung der Vegetation zwischen Mittelmeer und Sahara, in: Erdkunde 32 (1978), S. 28–39

–: Das bilaterale Entwicklungshilfeprojekt DERRO im Rifgebirge Marokkos. Möglichkeiten und Grenzen der Entwicklung in einem Peripherraum, in: G. Meyer (Hrsg.): Geographische Aspekte der Entwicklungsländerproblematik, Reihe der Forschg. 8. Rheinfelden 1981, S. 54–60

NACHTIGALL, G.: Sahara und Sudan, Berlin 1879, Bd. 1

PLUM, W.: Nordafrika. Der Maghreb, Nürnberg 1961

POPP, H.: Westalgerien und Ostmarokko, in: Probleme peripherer Regionen, Berlin, Vilseck 1987, S. 23–49

SCHACK, A. V.: Der Maghreb zwischen den Mächten, in: Internationales Afrikaforum, München, 11 (1975), 1/2. S. 85–93

SCHLIEPHAKE, K.: Die ländliche Wasserversorgung in Nordafrika. Probleme und Zukunft der landwirtschaftlichen Bewässerung, in: Afrika spectrum 2. 1972, S. 52–74

–: Agrare Wandlungen am nördlichen Rand der Sahara, in: Afrika spectrum 3. 1972, S. 105–111

–: Erdöl und regionale Entwicklung. Beispiele aus Algerien und Tunesien, Hamburg 1975 (Hamburger Beitr. zur Afrika-Kunde 18)

TEUTSCH, L.: Das römische Städtewesen in Nordafrika, Berlin 1962

TROIN, J.-F. (Hrsg.): Le Maghreb. Hommes et espaces, Paris 1985

WAGNER, H.-G.: Bevölkerungsgeographie, Berlin/Stuttgart 1981 (Afrika-Kartenwerk B. N. 8)

–: Siedlungsgeographie, Berlin/Stuttgart 1983 (Afrika-Kartenwerk B. N. 9)

WISSMANN, H. VON: Bauer, Nomade und Stadt im islamischen Orient, in: R. Paret (Hrsg.): Die Welt des Islam und die Gegenwart, Stuttgart 1961, S. 22–63

WOHLFAHRT, M. und E.: Nordafrika: Tunesien, Algerien, Marokko, Berlin 1955

Algerien

ARNOLD, A.: Die Verstädterung in Algerien, in: Würzburger Geogr. Arb. 53 (1981), S. 23–50

BOUKHOBZA, M'H.: Les conditions d'un developpement de la production pastorale en milieu steppique, in: Rev. Alg. Sci., Jur., Ec., Pol. Alger 1977, S. 111–201

BOURDIEU, P.: Sociologie de l'Algérie. Presse Univ. France, 1961

Bundesstelle für Außenhandelsinformationen (1977): Algerien. Wirtschaftsdaten und Wirtschaftsdokumentation, Köln 1977

DURAND, J. H.: Les sols d'Algérie, Alger 1954

ELSENHANS, H.: Algerien. Koloniale und postkoloniale Reformpolitik. Institut für Afrika-Kunde, Hamburg 1977

ISNARD, H.: Agriculture européenne et agriculture indigène en Algérie, in: C.d.O.M., 1959, Nr. 46, S. 147–159

JAEGER, F.: Trockengrenzen in Algerien, in: Pet. Geogr. Mitt., 1963, Bd. XLIX. Nr. 223, S. 7–65

–: Landschaft und Landwirtschaft Algeriens, in: Boletim Paranaense de Géographie, 1964, Nr. 10–15, S. 233–267

KLOOS, H.: Algerien. Die Länder Afrikas, Bonn 1968

PELLETIER, J.: Alger 1955. Essai d'une géographie sociale, Paris 1959

PLANHOL, X. DE: Les transformations récentes de l'habitat et du paysage rural en Algérie, in: C.d.O.M., 1960, 13, Nr. 51, S. 355–365

ROUVERAUX, P.: La réforme agraire en Algérie, in: Soc. belge d'études et d'expansion, 59 (1960), S. 516–522

SCHLIEPHAKE, K.: Changing the traditional sector of Algeria's Agriculture, in: Land Reform, FAO. No. 1 (1973), S. 19–28

–: Die algerische Erdölwirtschaft: Binnenwirtschaftliche Probleme und energiepolitische Konsequenzen, in: Afrika spectrum, Hamburg, 9. 1974. S. 139–151

–: Industriearbeiter und Kulturkontakt in Algerien und Tunesien, in: Vierteljahresberichte, Bonn, Nr. 63. 1976, S. 49–62

VIVATELLE, G.: L'Algérie algérienne, Paris 1970

WAGNER, H.-G.: Das Siedlungsgefüge im südlichen Ostalgerien (Nemencha), in: Erdkunde 25 (1971), S. 118–135

Libyen

ABBAS HILMI AL-HILLI: Grundlagen, Stand und Entwicklungsmöglichkeiten der Wirtschaft in Libyen, Forschungsberichte des Landes Nordrhein-Westfalen, Westdt. Verlag, Köln–Opladen 1961

Arabische Republik Libyen, in: Libyen heute, Bonn. Nr. 1, 1974

DESIO, A.: Übersicht über die Geologie Libyens, in: Geol. Rundschau, 1942, S. 415–421

DESPOIS, J.: Aperçu sur l'économie libyenne. Etudes sur la Libye septentrionale, in: Ann. de Géogr. 71, (1962), S. 334–35

HECHT, F., M. FÜRST und E. KLITZSCH: Zur Geologie von Libyen, in: Geol. Rundschau. 53 (1964), S. 413–470

KANTER, H.: Libyen – eine geographisch-medizinische Landeskunde, Heidelberg 1967

KNETSCH, G.: Beobachtungen in der libyschen Sahara, in: Geol. Rundschau 38 (1950), S. 40–59

SCHIFFERS, H.: Libyen und die Sahara, Bonn 1962

–, H. REDMER und H. WEIS: Libyen. Brennende Wüste – blühender Sand, Berlin 1975

SPÄTH, H.-J.: Agronomic problems in designing water erosion control structures in semi-arid regions (Example Libya), in: Appl. Sciences and Development 13 (1979), S. 27–64

SPÖCKER J.: Die wirtschaftliche Entwicklung Libyens, Zeitschrift für Wirtschaftsgeographie, 1962, 6. Jg., H. 1

WEIS, H.: Beitrag zur Kulturgeographie des Fezzan und der östlichen Zentralsahara, Mitt. Österr. Geogr. Ges., Wien 1961

WITTHAUER, K.: Länderbericht Libyen, in: PGM, 112. Jg., 1968, H. 3, S. 220 ff., Gotha

WITTSCHELL, L.: Der tripolitanische Dschebel, eine große Denudationsstufe, Zeitschrift f. Geomorphologie, 1928/29

Marokko

ARNOLD, A.: Die industrielle Entwicklung Marokkos. Zeitschrift für Kulturaustausch, 21. Jg., H. 3, Stuttgart 1971

BASLER, A.: Regionale Entwicklung und regionale Wirtschaftspolitik in Marokko unter Berücksichtigung der räumlichen Lenkung des Industrialisierungsprozesses, Berlin 1976

BEGUIN, H.: L'organisation de l'espace au Maroc, Brüssel 1974

CELERIER, J.: Maroc, Paris, Berger-Levrault, 1954

CHOUBERT, G. und J. MARCAIS: Géologie du Maroc, Notes et mém. Serv. géol., Rabat 1952, Nr. 100

EICKENBERG, CH.: Wassererschließung und -versorgung in Marokko, in: Afrika Information. Hamburg 1976, 9. S. 1–4

–: Marokko. Rahmenbedingungen und Struktur der marokkanischen Wirtschaft, Hamburg (Afrika-Verein) 1977

ESCALLIER, R.: Espace urbaine et flux migratoires: Les cas de la métropole marocaine Casablanca, in: Méditerranée Nr. 1 (1980), S. 3–14

FISCHER, TH.: Marokko. Eine länderkundliche Skizze. Geogr. Zeitschrift, 9. Jg., H. 2, 1903 abgedruckt in: ›Mittelmeerbilder‹, Berlin-Leipzig 1906

JÄGER, H.: Das Talfilalet. Modernisierung einer Flußoase durch Staudammbau in Marokko, in: Geogr. Rundschau 28 (1976), S. 339–341

JOLY, F.: Etudes sur le relief du Sud-Est marocain, Trav. de l'Inst. scientif., 1962, Nr. 10, Rabat

MARTIN, J., H. JOVER, J. LE COZ, G. MAURIER, D. NOIN: Géographie du Maroc, Hatier, Librairie nationale, Casablanca 1970

MAURER, G.: Les Montagnes du Rif Central, Étude Géomorph. 499 S., Rabat 1968

MENSCHING, H.: Morphologische Studien im Hohen Atlas von Marokko. Ein Beitrag zur Geomorphologie und zum Klimagang des Quartärs in Nordafrika, Würzburger Geogr. Arb., H. 1, Mitt. d. Geogr. Ges. Würzburg 1953

MIKESELL, W.: Northern Morocco. A cultural geography, Berkeley and Los Angeles 1961

NESER, L.: Planung und Ordnung in Marokko, Inst. f. Raumforschung, Informat. 1–2, Bonn 1955

NOIN, D.: La population rurale du Maroc. P.U.F., Paris 1970, Bd. I und II

–: Aspects du sous-développement au Maroc, in: Ann. de Géogr. 75 (1966), S. 410–431

PLETSCH, A.: Traditionelle Landwirtschaft in Marokko, in: Geogr. Rundschau 29 (1977), S. 107–114

POPP, H.: Les périmètres irrigués du Gharb, in: Bull.écon. et soc. du Maroc, Bd. 139 (1978), S. 157–177

RAYNAL, R.: Quelques aperçus géographiques sur l'évolution des régions humaines au Maroc, Hesperis, 1952, Nr. 1–2

–: Bodenerosion in Marokko, Mitt. Geogr. Inst. d. Martin-Luther-Universität, H. 4, Halle 1957

–: Plaines et piedmonts du bassin de la Moulouya (Maroc Oriental), Étude géomorphologique, Thèse, Rabat 1961

SCHMITZ, H.: Der marokkanische Souk, in: Die Erde 104 (1973), S. 320–335

SUTER, K.: Marokko in der Nachkriegszeit, in: Geogr. Helvetica II, H. 4, (1947), S. 229–242

TERRASSE, H.: Histoire du Maroc, 2 Bde., Casablanca 1949

TREYDTE, K.-P.: Marokko – Wachstum und sozio-ökonomische Stagnation im Agrarsektor, Bonn 1973 (Friedrich-Ebert-Stiftung)

–: Agrarpolitik in Marokko. Zwischen Modernisierung und innerer Kolonisation, in: Afrika heute, Bonn 1974, S. 57–61

Tunesien

ARNOLD, A.: Die Industrialisierung in Tunesien und Algerien. Entwicklungsprobleme nordafrik. Länder im Vergleich, in: Geogr. Rdsch. 23 (1971), S. 306–316

–: Der Fremdenverkehr in Tunesien, in: Gerling-Festschrift. Würzburger Geograph. Arb. 37 (1972), S. 453–489

ATTIA, H.: L'évolution des structures agraires en Tunisie depuis 1962, in: Rev. Tun. Sci. Soc. 7 (1966), S. 33–58

BECK, C. und K. TAUBERT: Das Nebhana-Bewässerungsprojekt in Tunesien, in: Geogr. Rdsch. 29 (1977), S. 336–340

BONNIARD, F.: La Tunisie du Nord. Le Tell septentrional, Études de géographie régionale, Paris 1934

CASTANY, G.: Carte géologique de la Tunisie au 1:500000. Notice explicative, 1953, 2. Aufl.

DESPOIS, J.: Régions naturelles et régions humaines en Tunisie, in: Ann. Géogr. 51 (1942), S. 112–128

–: La Tunisie. Ses régions, Paris 1961

DONNER, W.: Die agrarische Entwicklung des Medjerdatales in Tunesien, in: Z. f. Ausl. Landw. (1963), S. 96–111

FAKHFAKH, M.: Evolution des relations de Sfax et de sa région, in: Rev. Tun. Sci. Soc. 15 (1968), S. 263–273

–: La grande exploitation agricole dans la région Sfaxienne, Tunis 1976 (Centre d'Études et de Recherches Économiques et Sociales)

FRANKENBERG, P.: Tunesien. Ein Entwicklungsland im maghrebinischen Orient, Stuttgart 1979 (Klett Länderprofile)

–: Zur Landschaftsdegradation in Südosttunesien, Wiesbaden 1983 (Akad. d. Wiss. und d. Literatur. Mainz. Abh. d. Math.-Naturwiss. Kl., Nr. 4)

GIESSNER, K.: Naturgeographische Landschaftsanalyse der tunesischen Dorsale, Hannover 1964 (Jahrb. G. G. Hannover 1964)

GLAUERT, G.: Tunesien, in: Geogr. Rdsch. 15 (1963), S. 89–102

KOOL, R. G. A.: L'Agriculture Tunisienne. Analyse d'une économie en voie de modernisation, Wageningen 1963

KASSAB, A.: L'agriculture tunisienne, in: Information géographique 40. Paris 1976, S. 119–128

KLUG, H.: Die Insel Djerba. Wachstumsprobleme und Wachstumsprozesse eines südtunesischen Kulturraumes, in: Schriften des Geogr. Inst. d. Univ. Kiel, Bd. 38. Kiel 1973, S. 45–90

MAKHLOUF, E.: La modernisation de l'agriculture en Tunisie, in: Rev. Tun. Sci. Soc. 15 (1968), S. 17–53

MATAR, K.: Tunesien. Die Länder Afrikas, Bonn 1967

MENSCHING, H.: Morphologie des südtunesischen Stufenlandes, Man. u. Ref. I. G. U., Comm. Arid Zone, Iraklion/Kreta 1962

–: Die südtunesische Schichtstufenlandschaft als Lebensraum, Mitt. Fränk. Geogr. Ges. Erlangen 10 (1963), S. 82–93

– und H. ACHENBACH: Tunesien. Geogr. Strukturskizze eines Maghreblandes, in: Geogr. Taschenb. 1964/65, S. 170–185

PIQUE, M.: Evolution récente du peuplement de l'agglomération du Tunis, in: Cah. ORSDOM, Sér. Sci. Hum. XII (1975), S. 345–377

PONCET, J.: La colonisation et agriculture européennes en Tunisie dépuis 1881. Étude de géographie historique et économique. Recherches Méditerranéennes, Etude II., Paris–Den Haag 1961

–: La colonisation agricole en Tunisie, in: Ann. G. (1963) 72, S. 494

–: Les apports entre les modes d'exploitation agricole et l'érosion des sols en Tunisie, Secr. d. Etat à l'Agr., 1964

SCHLIEPHAKE, K. (Hrsg.:) Tunesien, Stuttgart 1984 (Ländermonographien 14)

SCHMITTHENNER, H.: Tunesien und Algerien, die Landschaft und ihre Bewohner, Stuttgart 1924

SOLIGNAC, M.: Étude géologique de la Tunisie septentrionale, Publ. de la Soc. des Mines. Tunis 1927

STUCKMANN, G.: Hydrogeographische Untersuchungen im Bereich der mittleren Medjerda und ihre Bedeutung für den Landschaftshaushalt in Nordtunesien (Jb. Geogr. Ges. Hannover, Sonderheft 3) Hannover 1968

TIXERONT, J.: Conditions historiques de l'érosion en Tunisie, in: C. R. de l'Ass. gén. de la Comm. d'Érosion du Sol, Brüssel 1951, Bd. III., S. 73–81

WINKLER, E.: Wirtschaftsgeographische Untersuchungen in Tunesien 1963, in: Mitt. Öst. Geogr. Ges., 1964, Bd. 106, H. 1, S. 54–65

WOLKOWITSCH, M.: L'émigration des Français de Tunisie, in: Ann. G., 68 (1959), S. 253–257

Ägypten

BLISS, F.: Entwicklung und traditionelle Kultur. Die ägyptischen Oasen im Wandel, Bonn 1981

BLANCKENHORN, M.: Ägypten, Heidelberg 1921

BRECHTEL, R.: Die Ausdehnung der Bewässerungsfläche im Nildelta und ihre Folgen, in: Gießener Beiträge zur Entwicklungsforschung, Reihe 1, Band. 2, Gießen 1976, S. 73–78

BUTZER, K. V.: Environment and human ecology in Egypt during predynastic and early dynastic times, in: Bull. Soc. Geogr. Egypt., 1959, 32, S. 43–88

EHLERS, E.: Ägypten. Bevölkerungswachstum und Nahrungsspielraum, in: Geogr. Rundschau 29. 1977. S. 98–107

GIRGIS, M.: Industrialization and trade patterns in Egypt. Univ. Kiel. Inst. f. Weltwirtschaft, Kieler Studien 143, Tübingen 1977

GRIENIG, H. und M. VOGT: Die wirtschaftliche Entwicklung der VAR. Dokumentation der Zeit, 1967, S. 28–37

HAUDE, W.: Die naturgegebene Wasserspende an Ägypten und den Nil, in: Die Erde 92 (1961), S. 18–42

HURST, H. E.: The Nile, Londres 1952

ISSAWI, C.: Egypt in revolution, Londres 1963

KNETSCH, G.: Über Boden- und Grundwasservorkommen in der Wüste (am Beispiel westägyptischer Vorkommen), Nova acta Leopoldina, 1966, S. 160–166

LEEMANN, E.: Vom Nildelta, in: Geogr. Helvetica, 1964, S. 160–166

LITTLE, T.: High dam at Aswan, the subjugation of the Nile, Londres 1965

LOZACH, J.: Le delta du Nil, Le Caire 1935

MARCHAL, L.: Alexandria, in: Cahiers Inf. Géogr. Paris 1954, S. 12–19

MECKELEIN, W.: Probleme der Oasenkolonisation in der Libyschen Wüste Ägyptens, in: Mannheimer Geogr. Arbeiten 1 (1977), S. 445–458

MEYER, G.: Erschließung und Entwicklung der ägyptischen Neulandgebiete, in: Erdkunde 32 (1978), S. 212–227

–: Auswirkungen des Projekts »Neues Tal« auf die Entwicklung der ägyptischen Oasen, in: G. Z. 67 (1979), S. 240–262

RADWAN, S.: The impact of agrarian reform on rural Egypt, 1952–1975 Hrsg.: World Employment Programme Research (ILO), Geneva 1977

REH, H.: Geologie. Lagerstätten und Bergwirtschaft der VAR, in: Zeitschrift f. angew. Geologie. 1965, S. 608–613

RITTER, W.: Das Kattara-Projekt, in: Mitt. d. Ö. Geogr. Ges. Wien 1966, S. 360–363

–: Die Fremdenverkehrsgeographie Äyptens, in: Zeitschrift für Wirtschaftsgeogr., 1966, S. 44–52

SCHAMP, H.: Die Sinai-Halbinsel, in: Erdkunde 7 (1953) S. 232–235

–: Ägypten, in: Geogr. Taschenb. 54/55, S. 363–371

–: Der Nil und seine wasserwirtschaftlichen Probleme, in: Geogr. Rundschau 11 (1959), S. 465–472

–: Die Umsiedlung der Nubier in Oberägypten, eine sozialgeographische Studie, in: Tag.-Ber. und wiss. Abh. Dt. Geographentag Bochum, 1965, S. 283–292

–: Ägypten, das Land am Nil im wirtschaftlichen und sozialen Umbruch, Frankfurt 1966

–: Der Hohe Damm von Assuan und das Gabgaba-Projekt, in: Geogr. Rundschau, 18 (1966), S. 468–474

–: Kharga. Von der Oasis magna zum Neuen Tal, in: Die Erde 98 (1967), S. 173–202

–: Sozialismus und Bodenreform in Ägypten, in: 38. Deutscher Geographentag Erlangen-Nürnberg 1971, Wiesbaden 1972, S. 278–288

– (Hrsg.): Ägypten. Das alte Kulturland am Nil auf dem Weg in die Zukunft, Tübingen/Basel 1977 (Ländermonographien 9)

–: Sadd el-Ali, der Hochdamm von Assuan. Fakten, Ziele, Konsequenzen, in: Geowiss. in unserer Zeit 1 (1983), S. 51–59, 73–85

SAHIN, I.: Egypt's policy for industrialization (The Middle East Development Conference. Egypt the Next Five Years), Cairo 1976

VOIGT, M.: Die Entwicklung der Industrie in Ägypten (VAR), in: Dtsch. Außenpolitik 1967, S. 1103–1109

WERKMEISTER, H. F.: Studien zur Wüstenkultivierung in Ägypten, in: Beitr. zur Landespflege, 1966, S. 53–92

WOHLFAHRT, M. und E.: Das neue Ägypten, Berlin 1962

WRAGE, W.: Die sterbende Fellachenkultur, in: Geogr. Rundschau 17 (1965), S. 317–323

ZIMMERMANN, J.: Neue Städte in Ägypten, in: Geogr. Rdsch. 36 (1984), S. 230–235

ZIOCK, H.: VAR – Ägypten, Bonn 1964

7.3.2.3 Vorderasien

ABDULFATTAH, K.: Mountain Farmer and Fellah in 'Asir, Southwest Saudi Arabia. The Conditions of Agriculture in a Traditional Society, Erlangen 1981 (Erlanger Geogr. Arb., Sonderband 12)

AL-GENABI, HASHIM K. N.: Der Suq (Bazar) von Bagdad. Eine wirtschafts- und sozialgeographische Untersuchung, Erlangen 1976 (Erlanger Geogr. Arb. 36)

AMIRAN, D. H. K.: L'utilisation du sol en Israel, in: Ann. Géogr. 72 (1963), S. 693–719

BARTH, H. K.: Probleme der Wasserversorgung in Saudi-Arabien, Wiesbaden 1976 (G. Z. Beihefte, Erdkundl. Wissen 45)

BECKER, H. und H. KOPP (Hrsg.): Resultate aktueller Jemen-Forschung. Eine Zwischenbilanz, Bamberg 1978 (Bamberger Geogr. Schriften 1)

BETZLER, E.: Sozialer Umbruch und Kulturlandschaftswandel in Südarabien. Agrargeographische Untersuchungen im Umland von Sana'a (Arabische Republik Jemen), Wiesbaden 1987 (Jemen-Studien 5)

BHARIER, J.: Economic Development in Iran 1900–1970, London/New York/ Toronto 1971

BILL, J. A.: The Social and Economic Foundations of Power in Contemporary Iran, in: The Middle East Journ. 17 (1963), S. 400–413

BLUME, H. (Hrsg.): Saudi-Arabien. Natur, Geschichte, Mensch und Wirtschaft, Tübingen–Basel 1976

CASKEL, W.: Die Bedeutung der Beduinen in der Geschichte der Araber, Köln/ Opladen 1953 (Arbeitsgemeinschaft für Forschung des Landes Nordrhein-Westfalen, Geisteswiss. Abh., Heft 8)

CHRISTIANSEN-WENIGER, F.: Ackerbauformen im Mittelmeerraum und Nahen Osten, dargestellt am Beispiel der Türkei – Bewässerungs-, Trocken-, Feuchtlandwirtschaft, Frankfurt/Main 1970

DEQUIN, H.: Die Landwirtschaft Saudisch-Arabiens und ihre Entwicklungsmöglichkeiten, Frankfurt 1963 (Zschr. für ausl. Landwirtsch., Sonderheft 1)

DETTMANN, K.: Zur Variationsbreite der Stadt in der islamisch-orientalischen Welt. Die Verhältnisse in der Levante sowie im Nordwesten des indischen Subkontinents, in: G. Z. 58 (1970), S. 95–123

DODD, C. H. und M. E. SALES: Israel and the Arab World, London 1970 (The World Studies Series)

dtv-Perthes-Weltatlas Bd. 1: Naher Osten, München 1973

EHLERS, E.: Traditionelle und moderne Formen der Landwirtschaft in Iran, Marburg 1975 (Marburger Geogr. Schriften 64)

–: Kulturgeographische und agrarsoziale Aspekte großer Bewässerungsprojekte in Trockengebieten: Das Dez-Irrigation-Projekt/Iran, in: Z. f. Bewässerungswirtschaft 12 (1977), S. 127–149

– (Hrsg.): Beiträge zur Kulturgeographie des islamischen Orients, Marburg 1979 (Marburger Geogr. Schriften 78)

–: Iran. Grundzüge einer geographischen Landeskunde, Darmstadt 1980 (Wissenschaftliche Länderkunden 18)

EHMANN, D.: Bahtiyären – Persische Bergnomaden im Wandel der Zeit, Wiesbaden 1975 (Beihefte zum TAVO, B, Nr. 15)

FENELON, K. G.: The Trucial States. A brief economic survey, Beirut 1967 (Middle East Economic and Social Monographs 1)

FISCHER, W.: Periodische Märkte im Vorderen Orient, dargestellt an Beispielen aus Nordostanatolien (Türkei) und Nordafghanistan, Hamburg 1984 (Mitt. des Dt. Orient-Inst. 24)

FISHER, W. B. (Hrsg.): The Cambridge History of Iran, Bd. I: The Land of Iran, Cambridge 1968

GABRIEL, E. (Hrsg.): The Dubai Handbook, Ahrensburg 1987

GEBHARDT, H.: Entwicklungsimpulse durch Verkehrserschließung. Wirt-schafts- und sozialgeographische Auswirkungen des jungen Infrastruktur-ausbaus in der Arabischen Republik Jemen, Wiesbaden 1987 (Jemen-Studien 6)

GEHRKE, U. und H. MEHNER (Hrsg.): Iran. Natur – Bevölkerung – Geschichte – Kultur – Staat – Wirtschaft, Tübingen – Basel 1975

GIBB, H. und H. BOWEN: Islamic Society and the West. A Study of the Impact of Western Civilization on Moslem Culture in the Near East, Vol. I: Islamic Society in the Eighteenth Century, Part I, London 1950; Part II, London 1957

GRANT, C. P.: The Syrian Desert. Caravans, Travel and Exploration, London 1937

GRÖTZBACH, E.: Junge sozialgeographische Wandlungen im afghanischen Hin-dukusch, in: Mitt. Geogr. Ges. München 54 (1969), S. 115–134

–: Städte und Basare in Afghanistan. Eine stadtgeographische Untersuchung, Wiesbaden 1979 (Beihefte zum TAVO, B, Nr. 16)

HAHN, H.: Die Stadt Kabul (Afghanistan) und ihr Umland, Bd. 2: Sozialstruk-tur und wirtschaftliche Lage der Agrarbevölkerung im Stadtumland, Bonn 1965 (Bonner Geogr. Abh. 35)

–: Ländliche Sozialstruktur und Entwicklungsmöglichkeiten in Afghanistan. In: Lauer, W. (Hrsg.): Argumenta Geographica. Festschrift Carl Troll, Bonn 1970, S. 271–285 (Colloquium Geographicum, Band 12)

HAUDE, W.: Witterung und Weizenanbau in Jordanien, in: Meteor. Rdsch. 19 (1966), S. 97–111

HEARD-BEY, F.: From Trucial States to United Arab Emirates. A society in transition, London/New York 1982

HÖHFELD, V.: Anatolische Kleinstädte. Anlage, Verlegung und Wachstums-richtung seit dem 19. Jahrhundert, Erlangen 1977 (Erlanger Geogr. Arb., Sonderband 6)

–: Städte und Städtewachstum im Vorderen Orient. Vergleichende Fallstudien zur regionalen Differenzierung jüngerer städtischer Entwicklungsprozesse im orientalisch-islamischen Kulturkreis, 2 Bde., Wiesbaden 1985 (Beihefte zum TAVO, B, Nr. 61)

HOSRY, M.: Sozialökonomische Auswirkungen der Agrarreform in Syrien, Saarbrücken/Fort Lauderdale 1981 (Sozialökonomische Schriften zur Agrarentwicklung 43)

HÜMMER, PH.: Siedlungsstrukturen und sozialräumliche Beziehungsmuster in der ländlichen Türkei. Aktionsräume altbäuerlicher und ehemals noma-discher Gruppen im Tertiärhügelland der Cukurova, Bayreuth 1984 (Bayreuther Geowiss. Arb. 5)

HÜTTEROTH, W.-D.: Bergnomaden und Yaylabauern im mittleren kurdischen Taurus, Marburg 1959 (Marburger Geogr. Schriften 11)

–: Getreidekonjunktur und jüngerer Siedlungsausbau im südlichen Innerana-tolien, in: Erdkunde 16 (1962), S. 249–271

–: Schwankungen von Siedlungsdichte und Siedlungsgrenze in Palästina und Transjordanien seit dem 16. Jahrhundert, in: Verh. 37. Dt. Geographentag Kiel 1969, Wiesbaden 1970, S. 463–475

–: Fragestellungen und Ergebnisse anthropogeographischer Forschung in Anatolien, in: Mitt. Geogr. Ges. München 56 (1971), S. 77–94

–: Palästina und Transjordanien im 16. Jahrhundert. Wirtschaftsstruktur ländlicher Siedlungen nach osmanischen Steuerregistern, Wiesbaden 1978 (Beihefte zum TAVO, B, Nr. 33)

–: Türkei, Darmstadt 1982 (Wissenschaftliche Länderkunden 21)

– und K. ABDULFATTAH: Historical Geography of Palestine, Transjordan and Southern Syria in the Late 16th Century, Erlangen 1977 (Erlanger Geograph. Arb., Sonderband 5)

INTERNATIONAL BANK FOR RECONSTRUCTION AND DEVELOPMENT: The Economy of Turkey. An Analysis and Recommendations for a Development Program, Baltimore 1951

–: The Economic Development of Iraq. Report of a Mission organized by the IBRD at the request of the Government of Iraq, Baltimore 1952

–: The Economic Development of Syria. Report of a Mission organized by the IBRD at the request of the Government of Syria, Baltimore 1955, 3. Aufl. 1963

–: The Economic Development of Jordan. Report of a Mission organized by the IBRD at the request of the Government of Jordan, Baltimore 1957

–: The Economic Development of Kuwait. Report of Missions organized by the IBRD at the Request of the Government of Kuwait, Baltimore 1965

JABALE, J.: Le problème Israelo-Arabe, in: Cahiers de l'Orient Contemporain 66 (Juni 1967), S. 5–25

JANZEN, J.: Die Nomaden Dhofars/Sultanat Oman. Traditionelle Lebensformen im Wandel, Bamberg 1980 (Bamberger Geogr. Schriften 3)

– und F. SCHOLZ: Die Weihrauchwirtschaft Dhofars (Sultanat Oman). Eine wirtschaftsgeographische Studie zur Frage nach der Bedeutung einfacher Wirtschaftsressourcen in einem erdölreichen Entwicklungsland, in: Innsbrucker Geogr. Studien 5 (1979), S. 501–541

JEBENS, A.: Wirtschafts- und sozialgeographische Untersuchung über das Heimgewerbe in Nordafghanistan, Tübingen 1983 (Tübinger Geogr. Studien 87)

JENTSCH, CH.: Das Nomadentum in Afghanistan, Meisenheim 1973 (Afghan. Studien 9)

– und R. LOOSE: Zur Geographie der ländlichen Siedlungen in Afghanistan, Mannheim 1980 (Mannheimer Geogr. Arb. 6)

JUNGFER, E.: Zur Frage der Grundwasserneubildung in Trockengebieten. Fallstudien aus der Arabischen Republik Jemen und dem Königreich Marokko, Erlangen 1988 (Erlanger Geogr. Arb., Sonderband 18)

KARMON, Y.: Israel. A Regional Geography, London/New York/Sydney/Toronto 1971

KLAER, W.: Libanon, in: Geogr. Taschenbuch 1966/1969. S. 117–129

KOCHWASSER, F. H. (Hrsg.): Kuwait. Geschichte, Wesen und Funktion eines modernen arabischen Staates, Tübingen/Basel 1969 (Ländermonograph. 1)

KOPP, H.: Städte im östlichen iranischen Kaspitiefland. Ein Beitrag zur Kenntnis der jüngeren Entwicklung orientalischer Mittel- und Kleinstädte, Erlangen 1973 (Erlanger Geogr. Arb. 33)

313

–: Die räumliche Differenzierung der Agrarlandschaft in der Arabischen Republik Jemen (Nordjemen), in: Erdkunde 29 (1975), S. 59–68

–: Der Einfluß temporärer Arbeitsemigration auf die Agrarentwicklung in der Arabischen Republik Jemen, in: Erdkunde 31 (1977), S. 226–230

–: Al-Qāsim. Wirtschafts- und sozialgeographische Strukturen und Entwicklungsprozesse in einem Dorf des jemenitischen Hochlandes, Wiesbaden 1977 (Beihefte zum TAVO, B, Nr.31)

– und G. SCHWEIZER (Hrsg.): Entwicklungsprozesse in der Arabischen Republik Jemen, Wiesbaden 1984 (Jemen-Studien 1)

KORBY, W.: Probleme der industriellen Entwicklung und Konzentration in Iran, Wiesbaden 1977 (Beihefte zum TAVO, B, Nr. 20)

KORTUM, G.: Die Marvdasht-Ebene in Fars. Grundlagen und Entwicklung einer alten iranischen Bewässerungslandschaft, Kiel 1976 (Kieler Geogr. Schriften 44)

KRAUS, W. (Hrsg.): Afghanistan. Natur, Geschichte und Kultur. Gesellschaft, Staat und Wirtschaft, Tübingen/Basel 1972

KREEB, K.: Ökologische Grundlagen der Bewässerungskulturen in den Subtropen. Mit besonderer Berücksichtigung des Vorderen Orients, Stuttgart 1964

KREISER, K. et al. (Hrsg.): Lexikon der islamischen Welt, 3 Bde., 1974. Urban-Taschenbücher Bd. 200/1-200/3

LAMBTON, A.: Landlord and Peasant in Persia, London 1953

LEWIS, B. (Hrsg.): Welt des Islam – Geschichte und Kultur im Zeichen des Propheten, Braunschweig 1976

LOUIS, H.: Probleme der Kulturlandschaftsentwicklung in Inneranatolien, in: Erdkunde 2 (1948), S. 146–151

MEDER, O.: Klimaökologie und Siedlungsgang auf dem Hochland von Iran in vor- und frühgeschichtlicher Zeit, Marburg 1979 (Marburger Geogr. Schriften 80)

MELLAART, J.: Earliest Civilization of the Near East, London 1965 (The Library of Early Civilizations)

MEYER, G.: Arbeitsemigration, Binnenwanderung und Wirtschaftsentwicklung in der Arabischen Republik Jemen, Wiesbaden 1986 (Jemen-Studien 2)

MOMENI, M.: Malayer und sein Umland. Entwicklung, Struktur und Funktion einer Kleinstadt in Iran, Marburg 1976 (Marburger Geogr. Schriften 68)

ORNI, E. und E. EFRAT: Geographie Israels, Jerusalem 1966

PAPE, H.: Er Riad. Stadtgeographie und Stadtkartographie der Hauptstadt Saudi-Arabiens, Paderborn 1977 (Bochumer Geogr. Arb., Sonderreihe 7)

PHILIPP, H.-J.: Geschichte und Entwicklung der Oase al-Hasa (Saudi-Arabien), Bd. 1: Historischer Verlauf und traditionelles Bild. Saarbrücken 1976 (Sozialökonomische Schriften zur Agrarentwicklung 23)

–: Die landwirtschaftliche Modernisierung Saudi-Arabiens im 20. Jahrhundert, Hamburg 1984 (Mitt. des Dt. Orient-Inst. 25)

PLANCK, U.: Der Teilbau im Iran, in: Z. f. ausländische Landwirtschaft 1, (1952), S. 47–81

–: Die ländliche Türkei. Soziologie und Entwicklungstendenzen, Frankfurt/M. 1972 (Z. f. ausländische Landwirtschaft, Materialsammlung 19)

–: Die Reintegrationsphase der iranischen Agrarreform, in: Erdkunde 29 (1975), S. 1–9

PLANHOL, X. DE: Traits généraux de l'utilisation du sol en Perse, in: UNESCO: Land Use in semi-arid mediterranean Climates, Paris 1964, S. 95–99 (Arid Zone Research Bd. 26)

–: Nous partons pour la Turquie, Paris 1981

RASWAN, C. R.: Tribal Areas and Migration Lines of the North Arabian Beduins, in: Geogr. Rev. 20 (1930), S. 494–502

RATHJENS JR., C.: Karawanenwege und Pässe im Kulturlandschaftswandel Afghanistans seit dem 19. Jahrhundert, Tübingen 1962, S. 209–221 (Herrmann von Wissmann-Festschrift)

–: Kulturgeographischer Wandel und Entwicklungsfragen zwischen Turan und dem Arabischen Meer, in: Arb. aus d. Geogr. Inst. der Univ. d. Saarlandes Bd. 10 (1965), S. 5–22

–: Fragen der horizontalen und vertikalen Landschaftsgliederung im Hochgebirgssystem des Hindukusch, in: C. Troll (Hrsg.): Landschaftsökologie der Hochgebirge Eurasiens, Erdwiss. Forschg. 4, Wiesbaden 1972, S. 205–220

–: Witterungsbedingte Schwankungen der Ernährungsbasis in Afghanistan, in: Erdkunde 29 (1975), S. 182–188

–: Anliegen und Aufgaben deutscher geographischer Forschung in Afghanistan, in: Orient 25 (1984), S. 551–560

RATHJENS SEN., C. und H. VON WISSMANN: Sanaa. Eine südarabische Stadtlandschaft, in: Z. G. E. zu Berlin (1929), S. 329–353

RAYMOND, A. (Hrsg.): La Syrie d'aujourd'hui, Paris 1980

RIST, B.: Die Stadt Zābol – Zur wirtschaftlichen und sozialen Entwicklung einer Kleinstadt in Ost-Iran (Sistān-Projekt I), Marburg 1981 (Marburger Geogr. Schriften 86)

RITTER, W.: Qatar. Ein arabisches Erdölemirat, Nürnberg 1985 (Nürnberger wirtschafts- und sozialgeogr. Arb. 38)

ROTHER, L: Gedanken zur Stadtentwicklung in der Cukurova (Türkei). Von den Anfängen bis zur Mitte des 14. Jahrhunderts, Wiesbaden 1972 (Beihefte zum TAVO, B, Nr. 3)

SANLAVILLE, P.: Les régions agricoles du Liban, in: Rev. Géogr. Lyon 38 (1963), S. 47–90

SAUVAGET, J.: Alep. Essai sur le développement d'une grande ville syrienne des origines au milieu du XIXᵉ siècle, 2 Bde., Paris 1941 (= Bibl. Archéol. et Hist. Bd. 36)

SAYIGH, Y. A.: Entrepreneurs of Lebanon. The Role of the Business Leader in a Developing Economy, Cambridge/Mass. 1962

SCHOLZ, F.: Belutschistan (Pakistan). Eine sozialgeographische Studie des Wandels in einem Nomadenland seit Beginn der Kolonialzeit, Göttingen 1974 (Göttinger Geogr. Abh. 63)

– (Hrsg.): Beduinen im Zeichen des Erdöls, Wiesbaden 1981 (Beihefte zum TAVO, B, Nr. 45)

SCHWEIZER, G.: Bevölkerungsentwicklung und Verstädterung in Iran, in: Geogr. Rundsch. 23 (1971), S. 343–353

–: Untersuchungen zur Physiogeographie von Ostanatolien und Nordwestiran, Tübingen 1975 (Tübinger Geogr. Studien 60)

– (Hrsg.): Beiträge zur Geographie orientalischer Städte und Märkte, Wiesbaden 1977 (Beihefte zum TAVO, B, Nr. 24)

– (Hrsg.): Interdisziplinäre Iran-Forschung. Beiträge zur Kulturgeographie, Ethnologie, Soziologie und Neueren Geschichte, Wiesbaden 1979 (Beihefte zum TAVO, B, Nr. 40)

ŞEN, E.: Die Entwicklung der Wohngebiete der Stadt Ankara. Ein Beitrag zum Gecekondu-Problem, in: G. Z. 60 (1972), S. 25–39

SOYSAL, M.: Die Siedlungs- und Landschaftsentwicklung der Cukurova. Mit besonderer Berücksichtigung der Yüregir-Ebene, Erlangen 1976 (Erlanger Geogr. Arb., Sonderband 4)

SPIEKER, U.: Libanesische Kleinstädte. Zentralörtliche Einrichtungen und ihre Inanspruchnahme in einem orientalischen Agrarraum, Erlangen 1975 (Erlanger Geogr. Arb., Sonderband 3)

STEWIG, R.: Bursa, Nordwestanatolien. Strukturwandel einer orientalischen Stadt unter dem Einfluß der Industrialisierung, Kiel 1970 (Schriften des Geogr. Inst. der Univ. Kiel 32)

– et al.: Bursa, Nordwestanatolien. Auswirkungen der Industrialisierung auf die Bevölkerungs- und Sozialstruktur... Kiel 1980 (Kieler Geogr. Schriften 51)

STÖBER, G.: Die Afshār. Nomadismus im Raum Kermān/Zentraliran, Marburg 1978 (Marburger Geogr. Schriften 76)

STRUCK, E.: Landflucht in der Türkei. Die Auswirkungen im Herkunftsgebiet – dargestellt an einem Beispiel aus dem Übergangsraum von Inner- zu Ostanatolien (Provinz Sivas), Passau 1984 (Passauer Schriften zur Geogr. 1)

THOUMIN, R.: Géographie humaine de la Syrie Centrale, Tours 1936

TOEPFER, H.: Wirtschafts- und sozialgeographische Fallstudien in ländlichen Gebieten Afghanistans, Bonn 1972 (Bonner Geogr. Abh. 46)

Tübinger Atlas des Vorderen Orients, Wiesbaden 1978 ff.

VAUMAS, E. DE: Le Liban (Montagne libanaise, Bekaa, Anti-Liban, Hermon, Haute Galilée libanaise). Etude de géographie physique, 3 Bde., Paris 1954

–: Structure et morphologie du Proche-Orient. Nouvel essai de synthèse et orientation de recherche, in: Rev. de Géogr. Alpine 49 (1961), S. 225–274, 433–509, 645–739

WIEBE, D.: Stadtstruktur und kulturgeographischer Wandel in Kandahar und Südafghanistan, Kiel 1978 (Kieler Geogr. Schriften 48)

–: Afghanistan. Ein mittelasiatisches Entwicklungsland im Umbruch, Stuttgart 1984 (Klett Länderprofile)

WISSMANN, H. V.: Arabien, in: Klute, F. (Hrsg.): Handbuch der Geogr. Wiss., Band Vorder- und Südasien, Potsdam 1937, S. 178–211

ZIMPEL, H.-G.: Bevölkerungsdichte und Siedlungsverteilung im Bereich der mediterranen Randschwelle der Arabischen Halbinsel (Zum Entwurf einer Karte im Maßstab 1:1 Mill.), in: Mitt. Geogr. Ges. München 50 (1965), S. 47–75

Politische Reiseberichte

Renate von Gizycki
Begegnung mit Vietnam
Geschichte einer Reise
Fischer

Band 3885

Renate von Gizycki
Nachbarn in der Südsee
Reiseberichte über Inseln im Pazifik
Fischer

Band 3884

Gertraud Heise
Das dritte Paradies
Reisereportagen
Fischer

Band 3883

Dieter Kampe
Südostwärts
Reisereportagen aus Arabien und Asien
Fischer

Band 3881

Heinz Kotte
Das Parlament der Straße
Berichte von den Philippinen 1983-1987
Fischer

Band 3887

Sabine Schwartz
Wenn Laeduma träumt
Nomadenleben in Kenia
Fischer

Band 3886

Fischer Taschenbuch Verlag

fi 508/6

Zum Thema Afrika

Ellen Kuzwayo
Mein Leben
Frauen gegen Apartheid
Band 4720
Sowohl in privater als auch in
politischer Hinsicht verkörpert
Ellen Kuzwayo, die »Mutter
von Soweto«, den alltäglichen
Widerstand vieler schwarzer
Frauen gegen ihre doppelte
Unterdrückung als Schwarze
und als Frauen. »Für mich«, so
schreibt Nadine Gordimer in
ihrer Einleitung zu dieser fes-
selnden und bewegten Lebens-
geschichte, »gehört sie zu
jenen Menschen, die mich an
ein neues und anderes Südafrika, das unter ihren Händen
entsteht, glauben lassen.«

Dorothea Razumovsky
Frauen im Männerstaat
Südafrika
Band 3794
Mehr als dreißig Frauen aus
allen Lebensbereichen Südafri-
kas – schwarze wie weiße, linke
wie rechte, gemäßigte wie radikale – kommen hier entweder
selbst zu Wort oder werden in
ihrer alltäglichen Umgebung,
bei ihrer Arbeit und ihren Aufgaben von einer Journalistin
porträtiert, die seit mehr als
sechs Jahren im Lande lebt.

Fischer Taschenbuch Verlag

Fischer Weltgeschichte

Das Zwanzigste
Jahrhundert III
**Weltprobleme zwischen
den Machtblöcken**
Band 36

Mit dem vorliegenden Band
36 wird die Fischer Weltgeschichte abgeschlossen. Dieser war ebenso wie der Band
35 außerhalb der ursprünglichen Konzeption notwendig
geworden, um dem Benutzer
dieser Reihe aktuelle politische, zeitgeschichtliche und
sozioökonomische Informa-
tionen im Zusammenhang zu
vermitteln. Die Herausgeber
sind sich ebenso wie der Verlag darüber im klaren, daß
diese beiden Bände, besonders aber der vorliegende, ein
Wagnis sind, weil die Methoden der Geschichtswissen-
schaft bei zunehmender
Nähe zur Gegenwart nur
partiell greifen und andere
zusätzlich in Anspruch
genommen werden. In die-
sem Band werden die wich-
tigsten zeitgenössischen Kon-
fliktherde beschrieben und
auf ihren strukturellen
Zusammenhang hin unter-
sucht. Die Spannweite reicht
von Nordirland bis Kam-
bodscha, vom Aufbruch der
arabisch-islamischen Welt
über die Befreiungsbewegun-
gen in Afrika und Asien bis
hin zur Entstehung der
Volksrepublik China als
neuem Machtfaktor in der
Weltpolitik.

Fischer Taschenbuch Verlag

Henri Pirenne
Geschichte Europas
Von der Völkerwanderung
bis zur Reformation
Band 7321

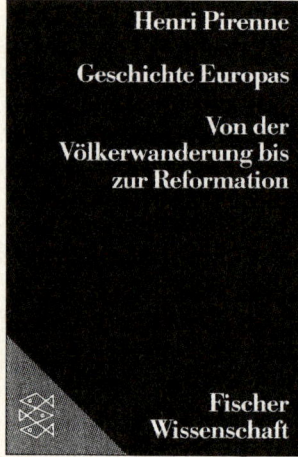

Henri Pirenne hat mit diesem
Werk seine Sicht der wesentlichen Entwicklungslinien
und Ereignisse in Europa
vom Zerfall des römischen
Reiches und dem Ansturm
des Islam bis zur Renaissance
und Reformation gegeben.
Die Kontinuitäten und
Brüche dieser rund tausend
Jahre europäischer
Geschichte finden eine prä-
gnante Darstellung. Einen
breiten Raum nehmen dabei
die wirtschaftlichen und
sozialen Aspekte ein.
Das Buch ist erst 1936
posthum veröffentlicht worden. Geschrieben hat es
Pirenne in deutscher Int-
ernierung während des
Ersten Weltkrieges, ohne
eine Bibliothek zur Ver-
fügung zu haben. Und diesen
außergewöhnlichen Entste-
hungsbedingungen verdankt
das Buch seinen Charakter:
nämlich aus einem Guß zu
sein, anschaulich zu erzählen.
Golo Mann hat es als eine
»sehr schön zu lesende, tiefe,
breit und stetig fließende
Geschichte Europas«
bezeichnet und Pirenne, weil
»er wunderbar zu ver-
anschaulichen weiß«, in die
Reihe »der großen Erzähler,
der Schiller, Macaulay,
Ranke« gestellt.

Fischer Taschenbuch Verlag

fi 562 / 1

Henri Pirenne
Mohammed und
Karl der Große
Untergang der Antike
am Mittelmeer und
Aufstieg des
germanischen Mittelalters
Band 4345

Pirenne befaßt sich mit jener
Epoche der Weltgeschichte,
in der die spätantike Mittelmeerwelt in das mittelalter-
liche Abendland übergeht.
Für ihn stellt die Völkerwanderung keinen Bruch in der
Einheit der Kultur des Mittelmeerraumes dar. Wesentliche
Elemente der römischen Kultur leben in den neu entstehenden Germanenreichen
auf dem Boden des Impe-
rium Romanum fort und
prägen das Gesicht der
abendländischen Völkerge-
meinschaft.
Der entscheidende Umbruch
wird erst mit dem Vordringen
des Islam im 7. und 8. Jahrhundert erkennbar. Orient
und Abendland werden von-
einander geschieden. Der ger-
manische Norden erlangt
sehr bald das kulturelle Übergewicht über den bisher ausschließlich römischen Mittel-
meerbereich. Karl der Große
und Leo III. gehen das längst
vorbereitete Bündnis zwi-
schen Kaiser und Papst ein,
das in seiner Zwiespältigkeit
die Geschichte des europäischen Mittelalters so maßge-
blich bestimmen sollte. Das
römische Kaisertum lebt in
den byzantinischen Caesaren
fort.

Fischer Taschenbuch Verlag

fi 560 / 1

Joseph Ki-Zerbo
**Die Geschichte
Schwarz-Afrikas**
Band 6417

Als dieses Buch erstmals 1979
in der Bundesrepublik
erschien, schrieb G. Péus in
der ZEIT: »Da ist sie nun
endlich, ... die große populär-
wissenschaftliche Gesamtge-
schichte Afrikas in deutscher
Sprache, zum erstenmal und
auf nahezu 800 Seiten von
einem Afrikaner niederge-
schrieben ...«
Das besondere an diesem
Buch ist der Glücksfall, daß
hier ein afrikanischer Gelehr-
ter, mit den wissenschaftlichen Methoden europäischer
Forschung vertraut, aus der
Perspektive seines Kontinents
die Geschichte des Schwarzen
Erdteils erforscht und in einer
großen Darstellung vorgelegt
hat.
Joseph Ki-Zerbos großes Ver-
dienst besteht darin, daß er
mit seinem Werk die Mauer
der Mythen über Afrika
durchbrochen hat: Er zeigt,
daß sein Kontinent – im
Gegensatz zu einem beliebten
Vorurteil – durchaus schon
lange vor David Livingstone
eine eigene Geschichte und
richtungweisende Kultur
gehabt hat: Nach den
sensationellen Knochenfun-
den in Ostafrika liegt der
Schluß sogar nahe, Afrika als
Wiege der Menschheit sehen
zu müssen.

Fischer Taschenbuch Verlag